中华文明探源论丛

主　编◎闫德亮　副主编◎李　娟

编辑　李玲玲　姬亚楠　张冬宁

中华文明之源

ON THE ORIGIN OF
CHINESE CIVILIZATION

社会科学文献出版社
SOCIAL SCIENCES ACADEMIC PRESS (CHINA)

前　言

2022 年 5 月 27 日，中共中央政治局就深化中华文明探源工程进行第三十九次集体学习。中共中央总书记习近平在主持学习时强调，中华文明源远流长、博大精深，是中华民族独特的精神标识，是当代中国文化的根基，是维系全世界华人的精神纽带，也是中国文化创新的宝藏。在漫长的历史进程中，中华民族以自强不息的决心和意志，筚路蓝缕，跋山涉水，走过了不同于世界其他文明体的发展历程。要深入了解中华文明五千多年发展史，把中国文明历史研究引向深入，推动全党全社会增强历史自觉、坚定文化自信，坚定不移走中国特色社会主义道路，为全面建设社会主义现代化国家、实现中华民族伟大复兴而团结奋斗。习近平总书记的重要讲话，充分肯定了中华文明探源工程取得的重大成果，明确了中华文明探源工程重大的政治意义、深远的历史意义和紧迫的现实意义，系统提出了把中国文明历史研究引向深入的重大要求，为中华文明探源工程指明了方向。

河南地处中华腹地，优渥的自然地理环境造就了河南悠远辉煌的文明史。作为中国现代考古学的摇篮和中华文明起源的核心地区，河南从考古学一诞生就肩负着探索中华文明起源的伟大使命。河南作为中华文明探源工程的中坚力量，围绕仰韶文化、龙山文化、二里头文化等，逐步建立起各考古学文化的年代序列，明晰了各考古学文化在中华文明起源过程中的文化定位，确立了各考古学文化在中华文明形成过程中的作用与地位。

2022 年伊始，河南站在中华文明的高度重新思考中原文化，以全新的眼光重新审视作为现代化总体布局重要组成部分的文化的力量，大力推动实施"兴文化工程文化研究"计划，推动发轫于河南的中华优秀传统文化创造性转化、创新性发展，更好地服务中国特色社会主义文化繁荣发展，服务于新时代社会主义现代化强国建设。

《中原文化研究》是河南省社会科学院主管主办的文化研究类学术期刊，自 2013 年创刊伊始，始终秉持科学理性、兼容并包的文化精神，深入挖掘整理中原文化资源，开展系统理论研究，传承和弘扬中华文化，密切关注中国文化建设发展的前沿理论与实践问题，充分展示当代学人的思考与探索，努力打造国内文化研究的高端学术平台。"文明探源"栏目作为与《中原文化研究》期刊一起诞生成长的重点栏目，一直以来备受国内学者的大力支持与帮助，该栏目选题不仅关注文明起源形成发展的重大理论问题，也聚焦具象的实证性文明研究，截至目前该栏目刊文 128 篇，包括文明起源、文明发展、文明路径、文明模式、文明要素、文明成果、文明理论、国家形成、国家性质、国家制度、国家礼仪等内容，成为中华文明起源形成发展和中华文明探源工程高质量研究成果的重要学术平台，引起了学界业界的普遍关注与一致好评。

《中华文明探源论丛》（全三册）精心遴选近 10 年来部分学者在《中原文化研究》期刊"文明探源"栏目刊发的 75 篇学术文章，旨在借助河南"兴文化工程文化研究"计划，进一步做好中华文明学术研究成果的展示、宣传与推广，拓展深化对中华文明起源、形成、发展的历史脉络，对中华文明多元一体格局的形成和发展过程，对中华文明的特点及其形成原因等的认识，提升中华文化的影响力与感召力。

衷心期望《中华文明探源论丛》（全三册）的出版能够为中华文明研究提供借鉴与启示，能不断推动中国文明历史研究向纵深发展，增强历史自觉、坚定文化自信，为建立中国特色、中国风格、中国气派的文明研究学科体系、学术体系、话语体系贡献力量，为人类文明新形态实践提供理论支持。

2022 年 10 月

目　录

中华文明是世界四大文明之一，绵延至今未曾中断，在人类文明史上占有独特而重要的地位。中华文明是中国历史研究，也是世界文明研究的重要课题。中华文明的优秀基因融入了中华民族的血脉，塑造了中华民族的思想品质和价值观。研究中华文明起源、形成和发展的历史脉络，彰显中华文明的成就和对人类文明做出的伟大贡献，对于增强民族历史自信和文化自信具有极为重要的意义。

中华文明起源的背景、契机及演进机制、规律研究，迫切需要与中华文明特质与形态等重大问题研究相结合，需要深入阐释中华文明起源所昭示的中华民族共同体发展路向和中华民族多元一体演进格局，进而研究阐释中华文明的精神内核和发展形态。20世纪初叶至今，一百多年来中国学术界对中华文明起源和早期文明史的探索历程，主要采用从成熟的文明社会所表现出的明显特征中探究早期文明某些本质的萌芽及其发生发展过程的方法。在这一推论方式以及传统文明观的影响下，结合历史文献依托考古资料探寻中华文明起源与形成的动力与模式一直是文明起源研究的重点：无论是苏秉琦先生的"满天星斗"说、张光直先生的文明"相互作用圈"说，还是严文明先生的"重瓣花朵"说，都将中华文明起源归纳为多元或多源，这业已成为学界的广泛共识。而与国家形成密切相关的社会组织与结构的考察，则是国家起源研究的关键切入点。

本册从宏观的理论层面梳理总结了中华文明起源和早期国家发展的理论与方法。"古史辨"运动兴起后，为找到中国真正的古史，学界开启了从考古学上探索中国文明化的历程。在经历了"信古—疑古—释古"的转变过程后，由酋邦（古国或邦国）到王国，再到帝国，构成了古代中国从文明、国家的起源、形成、发展的复杂过程。同时，因为地区、环境和文化传统的差异，不同地域和文化背景下出现的文明与国家也必然会有一些不同的特点，甚至遵循不同的发展模式。所以在研究中华文明和早期国家的起源发展时，应结合古代文献将之放在中国所处的特定文化和地理环境中，建立具有中国特色的文明标准。本册深入分析了中国早期国家的形态构成、血缘联系、地缘关系、封建制度和以大禹为代表的古史考辨，实现了对早期国家研究和古史研究的新突破。本册聚焦于中华文明和早期国家的制度演进，一方面探讨了以"礼制"为代表的早期制度对于中国早期文明演进模式和延续模式所产生的影响；另一方面则将禅让、盟誓、巡狩和贵族专制的等级制度等与中华文明的演变融合联系起来，为研究中华文明的起源发展提供了新的视角。

习近平总书记在主持中共中央政治局第三十九次集体学习时强调，中华文明源远流长、博大精深，是中华民族独特的精神标识，是当代中国文化的根基，是维系全世界华人的精神纽带，也是中国文化创新的宝藏。本册对于推进、深化中国古代文明史研究具有积极意义，对于确立中华文明古国的崇高地位乃至探讨世界文明和文化的多样性，具有深远的历史意义和重要的现实意义。

从中国文明化历程研究看国家起源的若干理论问题

李伯谦

摘　要："古史辨"运动兴起后，为找到自己真正的古史，学界开启了从考古学上探索中国文明化的历程。由酋邦，到王国，再到帝国，构成了古代中国从文明、国家的起源、形成、发展到衰亡的全过程。回顾这一过程，可以清楚地看到，国家是阶级斗争的工具，是阶级斗争发展到不可调和时才出现的强制性机构，但它也具有随着社会复杂化而提出的社会管理和保持社会运转的职能。地区不同，环境不同，文化传统也不一样，不同地区不同文化背景下出现的国家也必然会有一些不同的特点，甚至遵循不同的发展模式。研究中国国家的起源、形成和发展，应该将之放在中国所处的特定地理自然环境中，放在中国社会所处的特定文化格局中。

关键词：酋邦；王国；帝国；文明化；国家起源

由汉代史学家司马迁《史记》一书所构建的"三皇五帝夏商周"古史体系，两千多年来未曾遭到怀疑。20 世纪 20 年代兴起的以顾颉刚为首的"古史辨"运动，通过疑古书、疑古事、疑古人的方式，提出以往的古史都是"层累地造成的"，从而彻底否定了司马迁古史体系的真实性。[①]那么中国还有没有自己的古史，怎样才能找到自己真正的古史？通过讨论，大家一致认可李玄伯教授在《古史问题的唯一解决方法》一文中提出的"走考古学之路"[②]，即从野外调查发掘的古人留下来的遗迹、遗物中去寻找真实的史料，如此才能建设可信的历史。于是继 1921 年瑞典人安特生发掘河南渑池仰韶村③，1926 年李济对山西夏县西阴村的发掘④、1928 年中央研究院史语所成立以李济为组长的考古组对河南安阳小屯的发掘[1]，便开启了从考古学上探索中国文明化的历程。

一　考古学上探索中国文明化的历程

1928 年开始的小屯遗址的发掘，发现了成组的大型宫殿基址、多座商王陵墓、大量的甲骨文字，还有制作精良的玉器、骨器，造型奇特、花纹瑰丽的青铜器和铸铜、制陶、制玉等手工业作坊遗址，特别是甲骨文中商王世系的释读，证明安阳小屯就是古本《竹书纪年》盘庚迁殷"二百七十三年更不徙都"的商朝最后一个国都殷的所在地，商后期历史成为信史。

1950 年早于安阳小屯的郑州二里岗商文化的发现和 1955 年开始的与其同时期的郑州商城的发掘[2]，发现了宫城、内城、外廓城三重城垣，大型储水池和给排水设施，大型宫殿基址，随葬青铜器的贵族墓葬，青铜器窖藏坑，铸铜、制玉、制陶手工业作坊遗址和周邻不远起拱卫作用的诸如望京楼商城等多座次级城邑。由于战国"亳丘"陶文的多次出土，以及范围广大的遗址规模和延续时间，邹衡考证此地应即文献讲的"汤始居亳"的商朝第一个国都"亳"的所在地[3]，此说得到学术界的普遍认同。

司马迁《史记》和不少先秦文献都记载商朝之前有一个夏朝。1959 年徐旭生以 71 岁高龄赴豫西进行的"夏墟"调查[4]和当年对偃师二里头遗址的发掘[5]，开启了从考古学上对夏文化的艰难探索。之后陆续发掘了山西夏县东下冯遗址[6]、河南登封王城岗遗址[7]。1977 年安金槐在王城岗发掘到一座河南龙山文化晚期城址，随即召开了被称为首次夏文化研讨会的"登封告成王城岗遗址发掘现场会"，时任中国社会科学院考古研究所所长夏鼐出席会议并讲话，指出夏文化"是夏时期夏族创造和使用的文化"，为研究指明了方向[8]。会上，二里头、东下冯、王城岗等考古队汇报了各自的收获，总结了围绕夏文化探索提出的各种观点，共有二里头文化一期和河南龙山文化晚期是夏文化，三、四期是商文化；二里头文化一、二期是夏文化，三、四期是商文化；二里头一至三期是夏文化，四期是商文化；二里头文化一、二、三、四期是夏文化，河南龙山文化不是夏文化等四种看法。

1996 年启动的"夏商周断代工程"[9]设立的"夏文化研究课题",下辖"早期夏文化研究""二里头文化分期研究""夏商分界研究""新砦期遗存研究""商州东龙山遗址研究"等六个专题,明确将河南龙山文化晚期和二里头文化作为探索夏文化的对象,并拟定了需重新发掘的遗址,扩大了探索夏文化的范围,同时采集系列含碳样品进行年代测定。"夏商周断代工程"开展期间和其后的连续发掘,发现了早于小城的面积达 34.8 万平方米的王城岗大城[7]b、新密新砦河南龙山文化晚期城和含有较多东方文化因素的新砦期城[10]、巩义花地嘴有两条环壕的单纯的新砦期大型聚落[11]、荥阳大师姑二里头文化城[12]、偃师二里头宫城[5]b、郑州东赵新砦期城和二里头文化城等[13],参之系列 C^{14} 测年结果,使我们得以构建起公元前 21 世纪至公元前 16 世纪的以王城岗河南龙山文化晚期大城为代表的夏早期文化——以新砦期遗存为代表的"夷羿代夏"时期的夏文化——以二里头文化为代表的"少康中兴"至夏桀灭国时期的夏文化这一完整的夏文化发展系列⑤,夏文化也从虚无缥缈的传说逐渐变成了清晰可见的真实历史。

夏商由传说变为信史,是中国考古学取得的重大收获,但事实表明,它并不是中国文明和国家起源的最早源头。根据考古学家对中国新石器时代、青铜时代乃至早期铁器时代的研究,学界已将中国文明和国家的起源、形成和发展划分为三个阶段,即苏秉琦提出的"古国—方国(王国)—帝国"三大阶段⑥,夏商王朝只是进入王国阶段的第二个小阶段。

"古国"阶段大体处在公元前 3500 年至公元前 2500 年,是社会复杂化发展的必然结果。苏秉琦将"古国"定义为"高于部落以上的、稳定的、独立的政治实体",他心目中的古国主要是指红山文化牛河梁的"坛、庙、冢"等遗迹反映出的社会结构,在以牛河梁为中心的 50 平方公里范围内没有发现日常生活遗迹,而是清一色的与祭祀密切相关的充满宗教色彩的遗存[14]。本人认为,属于这一阶段的"古国"还可以举出长江下游的与崧泽文化、北阴阳营文化有密切关系的安徽含山凌家滩遗址[15]和黄河中游河南灵宝铸鼎原西坡仰韶文化晚期遗址[16]。三者反映出的社会状况既有相同之处,也有一定的区别。从其身份最高的大型墓葬墓主随葬的玉器观察⑦,"红山古国"有玉猪龙、箍形器、勾云形佩、玦、璜、坠及鸟、蝉、龟等祭祀用玉而不见表示世俗权力的钺等兵器，"凌家滩古国"两者兼而有之而以宗教祭祀类玉器为主，"仰韶古国"则仅见玉钺一种。这似乎反映了三者在文明化历程中所走的道路不同：红山文化古国走的是清一色的神权道路，凌家滩古国走的是军权、王权和神权相结合而突出神权的道路，仰韶古国走的则是军权、王权的道路。选择的道路不同，发展的轨迹也不同，崇尚神权的，因过度浪费社会财富而难以继续扩大社会再生产，逐渐萎缩消亡了；崇尚军权、王权的，因考虑传宗接代和永续发展比较简约而继承发展下来了。关于"古国"的性质，诚如苏秉琦先生所言，它是"高于部落以上的、稳定的、独立的政治实体"，显然已不是新石器时代早中期那种基本平等的社会结构，但又与以后学术界公认的已是典型阶级、国家社会的商周不同，我认为它处在从基本平等的氏族部落社会向阶级、国家社会过渡的阶段，一方面它已有明显的社会分层和个人权力突显的现象，另一方面还保留有强固的血缘关系，看不到显著的对抗和暴力痕迹。对这一过渡阶段，国内有学者称之为"邦国"，我则觉得它和西方学术界所说的"酋邦"比较相像，中国古代也有特指少数民族部落首长为"酋长""酋帅"的，有鉴于此，笔者比较倾向用"酋邦"来指称这个发展阶段。

"古国"或曰"酋邦"的进一步发展便进入了"王国"的第一个小阶段，其代表就是长江下游的良渚文化良渚遗址⑧和黄河中游的中原龙山文化陶寺遗址⑨。关于良渚和陶寺的材料很多，有兴趣可以去查阅与之相关的发掘简报、报告、研究论著和展览图录，这里不再重复。2010年在河南新密召开的"聚落考古研讨会"上，本人曾有过一个在考古学上判断文明或曰国家形成标准的发言⑩，主要谈了10个方面：聚落是否发生了分化、出现了特大型聚落；大型聚落是否出现了围沟和城墙；大型聚落中是否出现了大型宗教礼仪中心；大型聚落的墓葬是否发生了分化、出现了特设的墓地；大型聚落是否出现了专业手工业作坊和作坊区、是否出现了大型仓储设施；大型聚落是否出现了专门的武器和象征权力的仪杖；大型聚落是否出现了文字和垄断文字使用的现象；大型聚落中是否出现了异族文化的因素；各级聚落间是否出现了上下统辖的现象；大型聚落对外辐射的范围有多大、辐射的渠道和手段是什么。从这些方面来衡量，良渚遗址和陶寺遗址，无疑大部分可以契合，本人和学术界不少学者都认为它们已经是科学意义上的"国家",较之前的"古国"或曰"酋邦"有了明显的进步。

王国阶段的第三个小阶段,是以礼仪和分封制为特征的西周、东周时期。经过秦的兼并战争,至秦始皇统一,中国便进入了以制度化和高度中央集权的官僚体系为特征的秦至清的帝国阶段。

由以"红山古国""凌家滩古国""仰韶古国"为代表的酋邦,发展到以良渚王国、陶寺王国为代表的王国第一小阶段,以夏商王朝为代表的王国第二小阶段,以西周、东周王朝为代表的王国第三小阶段,再到从秦至清帝国灭亡的帝国阶段,便构成了古代中国从文明、国家的起源、形成、发展到衰亡的全过程。[①]

二 国家起源理论的体会与认识

那么,回顾这一过程,我们对国家起源的理论有哪些体会与认识呢?我认为以下几点是不可或缺的。

国家既是统治阶级的暴力机器,也是维持社会运转的管理机构。对国家性质的认识,既要强调它是阶级统治工具的本质,也不可忽视其社会管理的职能。《周礼》是记录周代官吏设置及其职掌的一部书,从《周礼》的规定可以看出,上至国家行政、司法、军事、外交、经济……下及医疗、丧葬、占卜、百工……社会生活的方方面面,都有专人管理。国家的确是一部机器,它不仅仅有暴力性质的专政职能,也有关乎民生的管理职能。

国家出现的前提是社会阶级的形成和阶级斗争的加剧,以及社会复杂化提出的社会管理的要求。而阶级则是随着社会生产力的发展、剩余产品的增加和占有的不均而出现。不能设想,在马家浜文化、磁山—裴李岗文化等新石器时代早中期社会生产力还比较低下、社会产品还较少剩余的情况下,会出现对社会财富占有不均的阶级;也不能设想,在没有利益冲突的阶级和阶级斗争的情况下会出现作为阶级斗争工具的国家。

部落之间、部族之间为争夺资源、土地、人口而展开的战争是国家出现和国家权力不断强化的加速器。良渚遗址、陶寺遗址大型城址城壕、大型宗教礼仪建筑、大型仓储设施、专用玉石兵器、随葬大量随葬品的显贵大墓及专用的贵族墓地等的出现,散见于遗址内的非正常死亡遗骸的存在等，便是战争频仍、国家权力不断强化的证明。

作为统治阶级意志体现的国家政权，其形式可以是民主制的，也可以是中央集权制的。由多个势均力敌的部落或部族通过彼此斗争、联合而形成的国家可能采用以选举或轮流执政为特征的民主政体，传说中的尧、舜、禹"禅让"可能即是这种政治体制的一种反映；而部落或部族间通过兼并战争而形成的国家，则多是采用中央集权的政治形式。至少从夏代开始，中国古代国家发展的历程是强势部落、部族不断融合，同化周边异部落、异部族的过程，也是中央集权的政治体制不断强化的过程。

作为社会上层建筑的国家的组成，既有军队、法庭、监狱等实体机构，也有法律、宗教信仰、哲学思想等精神文化层面的意识形态与之配套。良渚文化玉器上随处可见的神徽图像、陶寺遗址贵族墓葬多见的彩绘龙纹图案，都是当时两个王国最高的膜拜对象，它们在巩固各自王国的稳定发展中发挥了重要的作用。

国家是社会发展到一定阶段的产物，它的形成应该有最基本的标准。在我看来，国家是阶级斗争的工具，是阶级斗争发展到不可调和时才出现的强制性机构，但它也具有随着社会复杂化而提出的社会管理和保持社会运转的职能。地区不同、环境不同，文化传统也不一样，不同地区、不同文化背景下出现的国家也必然会有一些不同的特点，甚至遵循不同的发展模式。研究中国国家的起源、形成和发展，应该将之放在中国所处的特定地理自然环境中，放在中国社会所处的特定文化格局中。考察中国古文化发展的全过程，在马克思主义国家学说指引下，本着实事求是的原则，具体问题具体分析，并参考和借鉴其他学科、其他学者研究的成果，从中提炼和总结出自己的认识，这才是正确的途径。

（此文曾提交 2015 年 11 月 14 日～15 日在上海大学
召开的"国家起源理论与方法国际学术研讨会"会议）

注释

①顾颉刚：《古史辨》第一册序言，1926 年 6 月朴社出版；1982 年 3 月上海古籍出版社
    重印。

②李玄伯：《古史问题的唯一解决方法》，1924 年发表于《现代评论》1 卷 3 期；顾颉刚：《答李玄伯先生》，1925 年发表于《现代评论》第 1 卷第 10 期。后两文均收入《古史辨》第一册下编。

③安特生：《中华远古之文化》，袁复礼译，载《地质汇报》第 5 号，京华印书局 1923 年版。又见陈星灿《中国史前考古学研究（1895～1949）》之介绍，三联书店 1997 年版。

④李济：《西阴村史前的遗存》，清华学校研究院印行 1927 年版，转载于《三晋考古》第二辑，山西人民出版社 1996 年版。

⑤李伯谦：《新砦遗址发掘与夏文化三个发展阶段的提出》，此为《新密新砦——1999～2000 年田野考古发掘报告》所写前言，后以此名收入李伯谦《文明探源与三代考古论集》，文物出版社 2011 年版。

⑥苏秉琦：《辽西古文化古城古国——试论当前考古工作重点和大课题》，《辽海文物学刊》创刊号，1986 年，后收入苏秉琦《华人·龙的传人·中国人——考古寻根记》，辽宁大学出版社 1994 年版。

⑦李伯谦：《中国古代文明演进的两种模式——红山、良渚、仰韶大墓随葬玉器观察随想》，初刊于北京大学震旦古代文明研究中心编《古代文明研究通讯》总第 38 期，正式发表于《文物》2009 年第 3 期，后收入李伯谦《文明探源与三代考古论集》，文物出版社 2011 年版。

⑧良渚遗址发掘报告如《反山》《瑶山》等多已出版，最新发现和研究成果可见浙江省文物考古研究所等编著《权力与信仰——良渚遗址群考古特展》，文物出版社 2015 年版。

⑨关于陶寺遗址基本情况请参见科学出版社 2006 年出版的解希恭主编《襄汾陶寺遗址研究》一书。其后新材料有中国社会科学院考古研究所山西队等：《山西襄汾县陶寺中期城址大型建筑ⅡFJT1 基址 2004～2005 年发掘简报》，《考古》2007 年 4 期；中国社会科学院考古研究所山西队等：《山西襄汾陶寺遗址 2007 年田野考古新收获》，《中国社会科学院古代文明研究中心通讯》第 15 期，2008 年 1 月；中国社会科学院考古研究所山西队等：《山西襄汾县陶寺城址发现陶寺文化中期大型夯土建筑基址》，《考古》2008 年第 3 期；中国社会科学院考古研究所山西队等：《山西襄汾县陶寺遗址Ⅲ区夯土基址发掘简报》，《考古》2015 年第 1 期；《2013～2014 年山西襄汾陶寺遗址发掘收获》，《中国社会科学院古代文明研究中心通讯》第 28 期，2015 年 8 月。

⑩李伯谦：《关于文明形成的判断标准问题》，《中国聚落考古的理论与实践（第一辑）——纪念新砦遗址发掘 30 周年学术研讨会论文集》，科学出版社 2010 年版。后分别收入李伯谦《文明探源与三代考古论集》（文物出版社 2011 年版）和《感悟考古》（上海古籍出版社 2014 年版）。

⑪李伯谦：《中国古代文明进程的三个阶段》，本文根据 2010 年 12 月 1 日至 2 日在台北"东亚考古学的再思——纪念张光直先生逝世十周年学术研讨会"上的发言修改，收入李伯谦《文明探源与三代考古论集》，文物出版社 2011 年版。

参考文献

[1] 中国社会科学院考古研究所. 殷墟的发现与研究［M］. 北京：科学出版社，1994.

[2] a 河南省文物考古研究所. 郑州商城 1953～1985 年考古发掘报告（上、中、下）［M］. 北京：文物出版社，2001；b 河南省文物考古研究所. 郑州商城北大街商代宫殿遗址的发掘与研究［J］. 文物，2002（3）；c 袁广阔. 郑州商城外郭城的调查与试掘［J］. 考古，2004（3）.

[3] 邹衡. 郑州商城即汤都亳说［J］. 文物，1978（2）.

[4] 徐旭生. 1959 年夏豫西调查"夏墟"的初步报告［J］. 考古，1959（11）.

[5] a 中国社会科学院考古研究所. 偃师二里头：1959 年～1979 年考古发掘报告［M］. 北京：中国大百科全书出版社，1999；b 中国社会科学院考古研究所. 二里头 1999～2006［M］. 北京：文物出版社，2014.

[6] 中国社会科学院考古研究所等. 夏县东下冯［M］. 北京：文物出版社，1988.

[7] a 河南省文物研究所等. 登封王城岗与阳城［M］. 北京：文物出版社，1992；b 北京大学考古文博学院，河南省文物考古研究所. 登封王城岗考古发现与研究（2002～2005）［M］. 郑州：大象出版社，2007.

[8] 夏鼐. 谈谈探讨夏文化的几个问题：在"登封告成遗址发掘现场会"闭幕式上的讲话［J］. 中原文物，1978（1）.

[9] 夏商周断代工程专家组. 夏商周断代工程 1996～2000 年阶段成果报告：简稿［M］. 北京：世界图书出版公司北京公司，2000.

[10] 北京大学震旦古代文明研究中心，郑州市文物考古研究院. 新密新砦：1999～2000 年田野考古发掘报告［M］. 北京：文物出版社，2008.

[11] 郑州市文物考古研究所，北京大学考古文博学院. 河南巩义市花地嘴遗址"新砦期"遗存［J］. 考古，2005（6）.

[12] 郑州市文物考古研究所. 郑州大师姑（2002—2003）［M］. 北京：科学出版社，2004.

[13] 张家强，郝红星. 沧海遗珠：郑州东赵城发现记［J］. 大众考古，2015（8）.

[14] 辽宁省文物考古研究所. 牛河梁红山文化遗址发掘报告（1983～2003 年度）［M］. 北京：文物出版社，2012.

[15] a 安徽省文物考古研究所. 凌家滩：田野考古发掘报告之一［M］. 北京：文物出

版社，2006；b 安徽省文物考古研究所．安徽含山县凌家滩遗址第五次发掘的新发现［J］．考古，2008（3）．

[16] a 中国社会科学院考古研究所河南一队等．河南灵宝市西坡遗址2006年发现的仰韶文化中期大型墓葬［J］．考古，2007（2）；b 河南省文物考古研究所等．河南灵宝市西坡遗址墓地2005年发掘简报［J］．考古，2008（1）；c 马萧林，李新伟，杨海青．河南灵宝西坡遗址第五次发掘获重大突破［N］．中国文物报，2005 - 08 - 26；d 马萧林，李新伟，杨海青．灵宝西坡仰韶文化墓地出土玉器初步研究［J］．中原文物，2006（2）．

作者简介：李伯谦，男，北京大学考古文博学院教授

原文刊于：《中原文化研究》（郑州），2016.1：5～9

中国考古学中"古国""方国""王国"的理论与方法问题

林　沄

摘　要：中国五位顶尖考古学家苏秉琦、严文明、张忠培、李伯谦、王巍在运用考古学材料进行国家起源研究方面有着重要的理论建树。新材料层出不穷，故而应不断仔细观察和检测材料，反复比较不同的个案，对深思熟虑得到的结论，进行坦诚直率的讨论，如此才能切实将国家起源研究推进到一个新水平。考古材料作为社会发展的物化表现，对其的认识和理解有相当多的客观困难。因而，应重视已有材料的片断性和残存性；努力在年代上求得一致的看法；充分估计不同自然环境、不同文化传统下，大致相同的社会发展水平会有不同的物化表现；在比较不同的考古案例时应参照人类学和历史学的研究成果，逐步细化。应进一步加强对国家形成动力的研究。

关键词：古国；方国；神王之国；王国

在研究国家起源问题时，依据的资料通常有三大类：历史文献记载、人类学实例和考古学的发现。前两类资料的数量有一定限制，只有考古学正在不断地提供新的资料，从而推动研究新的问题、提出新的理论。

一　五种国家起源的理论

20世纪80年代以来，中国考古学进入了一个黄金时代，出现了一个个令人意想不到的新发现，使人们对中华文明的诞生产生许多新的见解。由于不少学者赞同恩格斯"国家是文明社会的概括"这一见解，国家起源的研究自然成为中国考古学热议的话题。这里先简述中国五位顶尖考古学家对国家起源研究的理论建树。

苏秉琦是在 1982 年辽宁喀左县东山嘴红山文化祭坛的发现和 1983 年辽宁凌源牛河梁"女神庙"及其附近高规格的随葬有大量精美玉器的积石冢的发现的刺激之下，根据红山文化晚期到末期的"坛庙冢"遗迹，提出了"中华五千年文明曙光"的论断。①这种五千年文明曙光的论断，一方面使他所写的《华人·龙的传人·中国人》一文[1]被选为 1988 年高等学校入学考试语文试题必读范文，使近 300 万考生同时阅读。另一方面引起学界展开了对文明起源的大讨论。

其实，在 1985 年于辽宁兴城座谈会上作《辽西古文化古城古国》[2]的学术报告时，苏秉琦还是把红山文化的"坛庙冢"放在"古文化"的时期之中的。只是强调了这些早到五千年前的遗迹，"反映原始公社氏族部落制的发展已达到产生基于公社又凌驾于公社之上的高一级的组织形式，在我国其他地区还没有发现过类似遗迹，与它们相应的生活聚落猜想也会有某种程度的分化，典型的此种聚落现在还没有发现，这应该是我们下一步工作的重点"。在这个报告中，他虽然指出红山文化已达到"凌驾于公社之上的高一级的组织形式"，但同时还说"早于西周的燕山以北的'古国'还没有被发现"，可见那时他认为这种"高一级的组织"并非"古国"。

在文明起源的大讨论中，有不少人反对将红山文化的"坛庙冢"作为文明的体现。理由正是恩格斯所说"国家是文明社会的概括"，红山文化时期尚未形成国家，何以进入文明呢？

苏秉琦在 1986 年作《文化与文明》的讲话时说："什么是文明，对文明如何解释，这不是顶关重要的，重要的是如何认识文明的起源，如何在实践中、在历史与考古的结合中加深对文明起源的认识。"并提出了中华文明火花的爆发有三种形式：裂变、撞击、熔合。关中仰韶文化庙底沟类型的玫瑰花和大凌河红山文化的龙结合在一起，便产生文明的火花。红山文化坛庙冢包括玉龙的出现，是两种文化接触后的结果，"这是两种不同文化传统撞击产生的文明火花"[3]。这里用强调"文明的起源"来代替文明形成的标准。用"文明火花"的爆发来代替进入文明时代，似乎有意模糊争论的焦点。但在20世纪80年代到90年代，苏秉琦确实"在实践中、在历史与考古的结合中"深思着文明起源的过程。在1991年"中国文明起源研讨会"上讲话时，他明确指出："文明起源，我意就等于恩格斯《家庭、私有制和国家的起源》的另一种简化的提法。"[4]到了1993年在和赤峰史学工作者谈话时，他说："《史记·五帝本纪》中所记黄帝时代的活动中心，只有红山文化时空框架可以与之相应……'五帝'前期活动中心是燕山南北。"这是他把历史和考古结合起来思考的结果。同时又说："红山文化时期是古国的开始，夏家店下层文化则是方国的开始。"[5]这是把他原来的"古国"概念明确分为"古国"和"方国"两个发展阶段，而认为红山文化已经进入了"古国"。

到1993年5月，他在北京大学考古专业建立四十周年和赛克勒考古与艺术博物馆开馆而举行的国际学术讨论会开幕式上讲话，第一次系统提出了中国古代国家形成三部曲：古国—方国—帝国。可惜，这个讲话现在只留下一个提纲[6]139~140,142。同年11月在济南召开的中国考古学会第九次年会闭幕词中，他继"三部曲"后又提出国家形成的三模式：原生型、续生型、次生型[6]231~232。这是他对文明起源和中国国家形成过程的更为系统的论述。较详细的展开则见于1994年1月他为《中国考古文物之美》大型丛书作的序[6]233~234和被推选为"海峡两岸考古学与历史学学术交流研讨会"名誉主席而提交的论文提纲《国家起源与民族文化传统》[6]132~134。他提出三部曲的典型材料是北方的红山文化—夏家店下层文化—秦帝国。典型遗迹是红山文化的坛庙冢（古国），夏家店下层文化在赤峰北、英金河畔和燕、赵、秦、汉长城大体平行的小型石砌堡垒带（方国），秦长城和绥中—北戴河之间的"碣石宫"建筑群（帝国象征）。三者年代距今分别约6000年、4000年、2000年。"原生型"起点最早，早于中原，在三种模式中最具典型意义。中原地区的国家起源是从北方突破引申出来的，洪水和治水在其中至关重要。考古工作证明沿京广线和陇海路距今四五千年至少有三处洪水遗迹现象：邯郸、洛阳、武功，武功的材料丰富，最典型。与山西襄汾陶寺年代相当的武功赵家来遗址，是迄今中原唯一近似社会分化达到国家（古国）规模的大遗址。绝对年代距今约4500~4000年间，与传说中洪水泛滥和禹治水成功时期大致吻合。中原古国起于四五千年前，"三代"明显已是"方国"之君。夏商周秦的始祖都与治水事业有关，各有自己的开国史。秦最具典型性，自襄公（古国）、缪公（方国）到始皇帝（帝国）三部曲，史籍记载和考古资料对应清楚，其国家形成模式可称为"次生型"。秦汉帝国解体后一两千年间，北方草原民族大迁徙、大融合，各自的开国史也都经历了古国、方国、帝国，其国家形成模式可谓"续生型"。这三种模式立体交叉，多次重复，贯穿我国整个有文字记载的历史全过程，也就是我国多民族一体格局形成与发展的历史，构成我国文明历史的独一无二的中国特色。

苏秉琦的"三部曲"和"三模式"理论，是他对中国考古新发现结合历史记载勤于思索的宝贵结晶。可是他在提出这一理论后，只有三年多就与世长辞了，来不及作充分的反思和进一步详细的论证。但是他提出的应该在"实践中、在历史与考古的结合中"不断加深对文明起源的认识，也就是以完成恩格斯未能完成的对家庭、私有制和国家起源的认识的任务，显然是中国考古学者都应该自觉继承的历史责任。

苏秉琦把原先的"古国"分为"古国"和"方国"两个发展阶段后，并没有详细界定两者的不同。他在 1985 年的讲话中仅指出："古国指高于部落以上的、稳定的、独立的政治实体"，而后来提出的"方国"，也只是笼统地说明"已是比较成熟，比较发达、高级的国家"[7]120。所以，过分推崇苏秉琦的研究者，实际上是难以用他的理论来具体分析考古材料的。

在苏秉琦生前的最后一年，严文明发表了《黄河流域文明的发祥与发展》一文[8]，该文是 1995 年在日本大阪的"95 东亚社会与经济国际会议"上的讲话。这篇文章表明严文明是独立思考文明起源（亦即国家形成过程）问题的。他并不像苏秉琦那样认为黄帝活动中心是在燕山南北，而认为应该和公元前 3000 年开始黄河流域进入龙山时代的考古发现相对应。而且，他认为龙山时代黄河流域大部分地方的发展水平符合 Service 和 Earle 对"酋邦"的概括（包括简单酋邦和复杂酋邦），主张用中国古代习用名称称其为"国"更好，故名之为"原始国家"或"古国"，这显然比苏秉琦的解说清晰许多。而他把二里头文化开始兴起的更成熟的国家，包括成都平原的三星堆文化和江西新干大洋洲大墓代表的政治体都称为"王国"。此后，许多考古学家也纷纷用"王国"一名来代替苏秉琦的"方国"一名了。

不过，严文明后来把他所说的"古国"的产生年代提到龙山时代之前，即公元前 3500 年开始的铜石并用时期前段，认为这时五大区块——中原仰韶文化、黄河下游大汶口文化、长江中游的大溪—屈家岭—石家河文化、长江下游的崧泽—良渚文化、燕辽地区的红山—小河沿文化——都"已经迈出了从部落到国家的关键一步"，所以赞成把公元前 3500 年到公元前 2000 年都名为"古国时代"[9]。

在"区系类型"理论上十分虔诚追随苏秉琦的张忠培，在国家起源问题上却有独立见解。他在 1995 年发表了《良渚文化的年代和其所处社会阶段——五千年前中国进入文明的一个例证》[2]。此文根据良渚文化玉殓葬情况，认为墓主人有仅掌军权者、仅掌宗教祭祀权者、兼掌两种权力者。这三种人已形成一个高踞于一般民众之上的阶层，所以已进入国家的阶段。而其时军（王）权尚未高于神权，政治上尚未定于一尊，暂可称为"方国"（此定义不同于苏秉琦的"方国"）。并将良渚文化和大汶口文化的陶器比较，确定良渚文化年代远达距今 5300～5200 年，即也在五千年前就进入了文明。

嗣后，张忠培在 1997 年发表的《中国古代文明之形成论纲》[10]中继续思考古代中国在进入文明时代之后，是王权日益高于神权、凌驾于神权之上，还是执神权者聚王权？王权何时掌控神权？是在夏代，还是早到龙山时代？

到 2000 年张忠培所写的《中国古代的文化与文明》[11]概括中国的文明时期为三期五段，即"一曰方国时期，或亦可称为古国时期。此期可分为公元前三千年初期前后和龙山时代或尧舜时代两段。二曰王国时期，夏商和西周存在区别，可分为夏商和西周两段。三曰帝国时期"，指秦汉开始，而把东周大致作为从王国到帝国的过渡时期。该文概括了进入方国时期的六项特征。1. 氏族组织已松散。父权家族成为联结单偶家庭的社会基层单位。2. 劳动与社会分工在家族之间展开，不同家族在权力、财富和身份等方面均明显分化。居民相应分为穷人和富人，无权者和掌权者，平民与贵族。3. 聚落出现分化。技术、财富、军事与宗教及政治权力，乃至对外关系集中于中心聚落，导致部分聚落城镇化。4. 祀和戎的发展使专职人员成为社会的权贵，掌握神权和王权的人成为控制国家机器的主人。5. 王权和神权同等并立。6. 同一考古学文化分布区内有多个政权存在，并无统一中心。而对尧舜时代，张忠培则在补充了由协商产生主持人的、国与国建立的"国联"组织。

到了 2011 年在嘉兴召开的中国考古学会第十四次年会的开幕辞中，张忠培给他认为是王权和神权并立的国家定名为"神王之国"[12]。到 2013 年在西安召开的中国考古学会第十六次年会开幕辞[13]中，张忠培特别强调了渭河流域孕育出来的半坡—西阴这支谱系的考古学文化才是中华远古文化的主根。这支文化在半坡四期最初成长起来的最初文明，是中华文明形成时期满天星斗中的一颗亮星，在同时期的诸谱系考古学文化中无与伦比。张忠培还完整地表述了中国国家形态的"神王之国—王国—帝国—党国"的四个阶段。在这个讲话中，他已经认为"龙山时代即尧舜时代，很可能已进入王国阶段"。龙山时代的同一考古学文化或族群分属不同王国，夏商王国实行排他性的单一考古学文化国家，西周王国则以周族为主容纳众多考古学文化于一国之内，可分别称之为古王国、中王国和新王国。这应该说比苏秉琦把黄帝时代文明的直根置于北方红山文化地区，并只是笼统分出"古国—方国"两大阶段，大大前进了一步。

夏商周断代工程首席专家之一李伯谦至今仍持"古国—王国—帝国"三阶段说[14]，只是把苏秉琦的"方国"改为"王国"。从 2005 年对《人民日报》记者的谈话[15]来看，他认为："古国是指红山文化、良渚文化、大汶口文化等所反映的社会结构。在这些文化遗址中，存在着大型祭坛，表明这时的社会充满宗教狂热，主持宗教事务者就是社会的主宰。神权支配一切，这是古国阶段的特征。"这和张忠培认为当时是王权和神权并立显然不同。而他认为："王国是指王权国家，国家的主宰是通过战争涌现出来的军事首领，是军权与王权集于一身的人。在这个阶段，除了凌驾于社会之上的权力，也开始产生维护、实行这些权力的制度，形成了真正意义上的国家。夏商周都可以说是这类性质的王权国家。"而古国则处于"距今五千至四千年这个阶段，也就是公元前三千至两千年，文明发展到社会转型期，即由原始社会向阶级社会转型的时期。这段时间就相当于考古学上讲的仰韶文化晚期和龙山时代，也就是传说中的五帝时代。对于五帝，是否真有其人不必太过在意，但他们分别代表了不同的历史阶段则是完全可信的。这个阶段是一个转型时期，此时社会发生急剧变化，贫富分化与阶级分化愈演愈烈，区域政治中心纷纷涌现，以军权为支撑的王权、军权、神权相结合的王权国家开始形成。因此，把龙山时代称为中国古代文明的形成期是符合实际情况的"。

李伯谦在研究"古国"时有自己的创见，从 2005～2006 年发掘河南灵宝西坡遗址仰韶文化中期（约距今 5300 年）墓地后，他就破除了古国都是神权至上的旧观点，提出了中国古代文明演进有不同模式的新见解。2009 年他在《文物》上发表了重要文章[16]。这篇文章比较红山文化、良渚文化和仰韶文化大墓中出土的玉器，认为代表三个不同类型。"如果说他们都属'古国'，则红山文化古国是以神权为主的神权国家，良渚文化古国是神权、军权、王权相结合的国家，仰韶文化古国是军权、王权相结合的王权国家。"不同的模式导致不同的发展前途，王权国家"因能自觉不自觉地把握社会可持续发展的方向，避免社会财富的浪费，因而要高于、优于神权国家。仰韶文化从进入分层社会开始，社会上层即选择了在军权、王权结合基础上突显王权、发展王权的道路，并为后继者所传承，这应该是由仰韶古国创造的文明模式得以发展、数千年绵延不断的根本原因"。

2009 年年底到 2010 年年初，李伯谦进一步接触了张家港市东山村崧泽文化聚落的房屋和墓葬，早期大墓 M90 随葬品竟有 56 件之多，包括大型石钺 5 件，大型石锛 1 件，镯、璜、玦、管、耳珰、饰件等玉器 19 件，鼎、豆、罐、鬶、壶、盘、缸等陶器 26 件，有一件石钺上发现有朱绘痕迹；中期也有类似的大墓[17]。他著文称"长江下游地区较其他地区为早，在距今五千七八百年以前，已存在明显的社会分化，初级王权已经产生，社会已进入苏秉琦先生所称的'古国'阶段"[18]。也就是说，长江下游的这项发现，把社会开始转型的时间提早了 300 年，红山文化的"坛庙冢"并不是最早的文明曙光。而"到良渚文化时期，作为判断文明形成标准的标志性因素更为充分，其社会发展阶段很可能已进入苏秉琦先生所说的'方国（王国）'阶段"（2006～2008 年良渚文化古城已发现）。

李伯谦还进一步指出，崧泽文化大墓并没有崇尚神权的表现，"从崧泽文化到良渚文化，其文明演进的模式却发生重大变化，如果只是单纯从两者遗迹、遗物的物质形态着眼，而忽视对其蕴含和反映的思想观念等更深层次的东西的研究，这一重大变化便难以揭示出来"。

中华文明探源工程的首席专家之一王巍，自然也是研究中国国家起源问题的核心人物之一。他在 2006 年发表的《中国古代国家形成论纲》[19]可以作为当前考古学界有代表性的理论总结。他提出中国古代国家发展的三个阶段：邦国、王国、帝国，显然受到另一位专门研究中国古代国家形成过程的历史学家王震中的影响[20]。

王巍所说的“邦国”是从龙山时代开始的。早于龙山时代的已经有社会层级化现象的考古发现，包括红山文化的“坛庙冢”，按王震中的意见属于“中心聚落形态”（相当于“酋邦”），即属于国家起源之前的阶段，而“邦国”则是进入国家形态以后的阶段了。典型的例子是良渚文化的方形祭坛遗迹和玉殓葬（当然包括后来发现的古城和宫殿基址）、陶寺城址和墓地等。他总结邦国阶段国家的特点是：①王的出现；②官僚机构已具雏形；③神权具有相当的地位；④阶层分化严重；⑤血缘组织仍然基本保留；⑥不同集团之间的战争频发，尚未形成较为稳固的统治和从属关系。所以他所说的“邦国”和苏秉琦原来提出的“古国”有很大不同。不过，他也并不因此否认“古国”的存在。所以在 2015 年 8 月由内蒙古敖汉旗举办的红山文化大讲堂上，还是说在“五千年前进入红山文化晚期……四千年前西辽河流域文明出现挫折，开始慢慢接受中原文明影响，开启了古国文明向王国文明（夏王朝）过渡”，即沿用了红山文化晚期是“古国”的说法。

王巍所说的“王国”则包括了夏、商、周三个王朝。他指出这时的国家有六个特点：1. 王的权力比邦国阶段有了较大的加强，集军权和王权于一身，有很高的权威，但还要受高级官僚和王族长老的影响和牵制，未达到下一阶段的皇帝那种权威；2. 血缘关系仍然较为完整地保存，与地缘组织结合形成聚族而居的村落——邑、聚；3. 等级制度与血缘关系结合形成公墓与邦墓的制度；4. 夏商时期王朝直接控制的地区不很大，周围方国有相对独立性，西周分封制后，王朝控制范围大大扩展，被分封诸侯成为王朝的屏障；5. 出现比邦国阶段更为固定的官僚机构，并在西周日趋完备；6. 神权逐渐沦为王权的附庸。

王巍所说的“帝国”是从公元前 221 年秦统一全国之时进入的。

王巍在研究国家起源问题时的特点，是思考造成这种变化物质基础、距今 4000 年前后发生大范围文化兴衰变化的原因、王国为何在中原地区形成等[21]。这类非属“When”“What”而属“Why”的问题，正是我们今后应该着力研究的。

上面只是考古学界几位代表人物在中国国家起源问题上各自作出的理论性结论。显然，要达到一个比较一致的看法，绝不可能一蹴而就。新的考古材料层出不穷，而不会自己说话的考古材料又是要由研究者来代它们说话的，因此中国国家起源的研究，必然像苏秉琦说的那样，要"在实践中，在历史和考古的结合中"不断仔细观察和检测材料，反复比较不同的个案，每个研究者应该有经过深思熟虑得到的总结，又彼此能坦诚直率地讨论和争辩，如此才能把这方面的研究切实推进到一个新的水平。

二 研究方法上应重视的问题

考古材料作为社会发展的物化表现，在认识和理解上有相当多的客观困难。就中国考古学目前状况而言，以下问题应得到充分重视。

第一，由于考古遗存本身的片断性和残存性，以及考古工作并不能一下子揭露每个遗存的全部，要详细说明和比较各个案例，往往会存在很多缺项。以触发了中华文明起源大讨论的红山文化"坛庙冢"遗址群为例，1985年，苏秉琦曾说："它们相应的生活聚落猜想也会有某种程度的分化，典型的此种聚落还没有发现，这应该是我们下一步工作的重点。"可是，已经过去了30年，还不曾发现过和"坛庙冢"反映的社会层级化能相应的典型聚落，并进行哪怕是局部性的揭露，因此至今缺少可据以分析该文化社会层级化的很重要方面的实际材料，只能根据积石冢的情况来分析社会上出现的等级，这种间接的推想显然是不够坚实的。这么多年来，考古工作者在田野调查中已经发现了大量的红山文化聚落，却并没有针对性地选择有代表性的聚落群作有计划的发掘，因而只能对年代相对早晚尚不明确的聚落群作逻辑推理来构想"古国"的形成[22]。用这种逻辑推理方法，可以把东山嘴的祭坛遗迹推理为本来三个氏族或部落相对独立，后来融合为不可分割的部落联盟。而把牛河梁遗址推定为"具有红山文化共同体共祖性质的祭祀性质的祭祀中心的出现和神权的独占，是红山文化进入古国阶段的标志"。其实，所谓的"女神庙"因为只发掘了一小部分就回填了，其全貌究竟如何仍是一个很大的谜！和真人大小相近的女神头部是在南北纵长的主室的西壁下发现的，从位置来说不可能是"庙"的主神。发掘中只发现了女性特有的乳房残块，而没有男性性征的残件，又加上东山嘴先已发现了多件小型孕妇陶塑，所以牛河梁的遗迹以"女神庙"名声远扬中外。可是，有真人三倍大的人像残件究竟是男是女并无确证，还有其他禽、兽塑像的残件原先的布局如何，也都有疑问[23]。即使真是以女神为主神，究竟是生育之神还是始祖之神，也只有弄清全部塑像及其布局才能作较确切的判断。就目前已有的发现，这座"庙"的性质是无法定论的。其他案例也有类似的情况，这就造成进一步研究的障碍。

第二，目前，部分重要案例的年代并未取得一致看法。以红山文化的"坛庙冢"为例，苏秉琦在提出"古国"时，是把"坛庙冢"视为一体的。而近来朱乃诚发表文章认为红山文化表现"一人独尊"的社会发展阶段的文化遗存，主要见于牛河梁第二地点、第三地点、第五地点、第十六地点有中心大墓的积石冢，以及其他地点出《牛河梁》发掘报告所划分的B型筒形陶器的单位。牛河梁诸地点的下层积石冢（敷石冢）、"女神庙"及"山台"建筑遗址是红山文明形成之前的文化遗存。而以牛河梁第二地点一号冢9号墓为代表的遗存，以及其他以石钺为代表的遗存是红山文明之后的遗存[24]。这样对"红山文明"的认识就会有很大不同。朱乃诚还从类型学上论证了苏秉琦作为"华山玫瑰燕山龙"的核心证据——翁牛特旗三星他拉玉龙（？）根本不是红山文化的遗存，而应该是夏家店下层文化之遗存。这就使红山文化大量出土的所谓"玉猪龙"（或以为是"熊龙"）也失去了称"龙"的重要依据[25]。那么说这种玉器作为中国人是"龙的传人"的物证也就失去了说服力。

第三，处于不同自然环境下的考古遗存，各有其自身的文化传统，即使在大致相同的社会发展水平下，也会有不同的物化表现。因而考古案例的比较切忌表面化和简单化。比如北方山地很早流行石构的祭坛和积石的墓葬，在中原黄土地带就没有这种建筑和墓葬。中原地区很早就出现夯土建造的城，在北方地区就出现得晚。如果再考虑石构遗存不易彻底破坏，土木建筑容易被后期活动消灭痕迹，自然就不应该把红山文化的石构遗存推崇到最早的文明曙光的地步。就手工业制品而言，大汶口文化的黑色、白色、橙色的陶器和象牙器所反映的专业化水平和红山文化的玉器反映的专业化水平如何评定高下，也不是可以简单决定的（更何况如纺织、刺绣、竹编、木雕之类的工艺，不可能同玉器一样历久长存）。所以，我们今后在比较各个考古学案例时，应该汲取曾经发生过的表面化、简单化的教训，更全面、周到地考虑问题。

第四，在对考古学物化现象进行分析和比较时，应参照人类学和历史学研究的成果，力图逐步细化。例如，中国考古学中很常用的把墓葬遗存分等级的方法，墓葬出现了级差现象，反映的究竟是等级社会？还是分层社会？抑或阶级社会？这就需要参照人类学的案例和中国丰富的史籍记载，细致考察不同级别墓葬的差异所在，结合与之相关的其他遗存现象，才能得到正确的认识。又如，古代斧钺是军事指挥权的标志，王权又是由军权演变而成的。那么墓葬中出现了斧钺，墓主究竟是一般军事头目？还是军事首领？还是邦国的首脑？还是王国的王？应该和哪些方面的物化现象联系起来考虑，才能得到较准确的判断？只有参照人类学和历史学研究的成果，才能使我们的研究成果一步步上升到更高的水平。

总之，从考古学材料总结中国国家起源过程的理论建设，既需要有计划、有目的的田野工作的进一步开展（重要的是，田野工作应该按照科技考古的新要求获取更多样的资料，而所获资料更应该用新的科技手段取得更多的古代信息），也需要在不断积累的新资料基础上的认真分析、比较和总结，这当然会是一个长期的过程。

三　理论建设中应加强的方面

在理论建设过程中，我们应力图用中国考古学的新发现勾画出中国国家起源的方式和道路的特点，绝不能躺在摩尔根、恩格斯和现代酋邦或早期国家的已有理论上无所作为，而应不断丰富国家起源这一世界性课题的内容。

目前，在中国国家起源的研究中，论述推动国家形成的动力方面还应该加强。研究早期国家的著名外国专家克赖森（Claessen）说，早期国家发展的特点是一种滚雪球式的效应，它是多种因素互相影响和强化的结果，他称之为"正反馈"，并列举了以下因素：

> 人口增长和人口压力；
>
> 战争，战争威胁或者征服，突袭；
>
> 生产的发展与剩余产品的增加；

意识形态与合法性；

社会分层的发展；

一定规模的领土。[26]

我国研究者过去多注意其中的第二、第三、第五项。实际上，就我国流传最久的有关国家起源的文献《尚书·尧典》来看，以下几点是应该着重下功夫的。

第一，"敬授民时"。据《尧典》，尧即位后的大事之一是"乃命羲和，钦若昊天，历象日月星辰，敬授人时"。古籍中"人"和"民"往往互相代用，也就是说，尧有向人民颁行历法之举。在古代中原地区普遍从事农耕的条件下，历法是保证农业正常生产和获得丰收的基础。因此，掌控观测天象和制定历法的专门人才和权力的首脑人物，也就自然会成为多个政治体共同拥戴的核心人物，促成更庞大而复杂的社会组织。从这个意义上，才可以理解《夏小正》《月令》成为政书的原因，以及历代"奉正朔"的原始意义。因此，已经在陶寺古城中发现的大型建筑基址[27]以及被它触发的天文观测和古历法研究[28]，当然应受到特别重视。今后还应继续发现不同时代的同类遗迹，进一步了解这种"敬授民时"的传统在中国古代国家发展过程中的重要作用。

第二，治水。中国古代文献和青铜器铭文中都把夏王朝的兴起和大禹治水紧密联系在一起，但在考古上如何认识夏王朝之前是否有过大范围的洪水，大禹治水的实际地理范围如何，是确定治水在中国古代国家形成过程中具体起过什么作用的关键所在。近时王巍关注了这方面的问题[20]，但总的说来，还只有少数迹象的露头，真相还在推测之中。这需要各地考古工作者在共同的目标下分头关注此事，既要在田野工作中找到不同地点洪水的证据，又要从宏观地形地貌角度做出科学的推断，如此才能使"洪水滔天，浩浩怀山襄陵"的历史真相大白于后世。而对因需要规划和组织大批人力从事公共事业对古代国家形成的作用要有更具体的认识。

第三，《尧典》在叙述尧的功德时，一开始就说："克明俊德，以亲九族，九族既睦，平章百姓，百姓昭明。协和万邦。"据古注，"九族"是指父系家族（或扩大而言为"宗族"）的高祖到玄孙各代的亲属，"百姓"指百官，最后才说"万邦"，可见"百姓"是本邦的成员。我国研究古史的学者多强调在国家形成之初父系家族仍很强固，将其作为中国的特点；甚至否认恩格斯把超血缘的地缘组织出现作为国家形成的标志之一。而他们不明白最早的超于部落或部落联盟之上的政治体，必须有超于血缘联系之上的"百姓"作为社会基础，如此才能获得进一步发展的动力。试看《尧典》中的"百官"，做司空的禹是姒姓、做后稷的弃是姬姓、做司徒的契是子姓、做士的皋陶是偃姓、做虞的益是嬴姓、做秩宗的伯夷是姜姓，可见只有在本邦中团结了大量超血缘关系的不同来源的族姓成员，才能使本邦有超出于"万邦"之上的实力，成为"万邦"心悦诚服的首领[29]。考古学上的现象也反映了这一点，夏、商、周三代的王，在成为王之前，代表其实力的考古学文化都吸收了多种文化成分而标志着超血缘关系的人群集团的形成。现在很多专家都倾向认为是尧都的陶寺古城遗址，也反映出多种文化成分的汇集，因而也就间接反映了不同血缘关系人群的汇集。因此，直到周代文献中仍反映的父系血缘集团的强固和超血缘关系的人群的不断大规模团聚，并不是互相排斥，而是平行不悖的社会现象。如果我们在研究中国古代国家的形成和发展过程时，忽略了团聚超血缘关系人群集团的组织能力的重要意义，那将是一种可悲的错误。

（2015 年 12 月 9 日定稿）

注释

①1986 年苏秉琦接受中国国际广播电台专访，谈话提纲整理后以《中华文明的新曙光》为题发表于《东南文化》1988 年第 5 期。

②张忠培：《良渚文化的年代和其所处社会阶段——五千年前中国进入文明的一个例证》，《文物》1995 年第 5 期。并可参看张忠培《良渚文化墓地与其表述的文明社会》，《考古学报》2012 年第 4 期，该文对良渚文化墓葬进行更细致的分等，并对其社会政权改称"神王国家"。

参考文献

[1] 苏秉琦. 华人·龙的传人·中国人：考古寻根记 [J]. 中国建设, 1987 (9).

[2] 苏秉琦. 辽西古文化古城古国：试论当前考古工作重点和大课题 [J]. 辽海文物学

刊，1986（创刊号）.

[3] 苏秉琦. 文化与文明 [J]. 辽海文物学刊，1990（1）.

[4] 白云翔，顾智界. 中国文明起源研讨会纪要 [J]. 考古，1992（6）.

[5] 苏秉琦. 苏秉琦先生论西辽河古文化 [J]. 北方民族文化，1993（增刊）.

[6] 苏秉琦. 华人·龙的传人·中国人：考古寻根记 [M]. 沈阳：辽宁大学出版社，
1994.

[7] 苏秉琦. 中国文明起源新探 [M]. 香港：商务印书馆，1997.

[8] 严文明. 黄河流域文明的发祥与发展 [J]. 华夏考古，1997（1）.

[9] 严文明. 重建早期中国的历史 [M] //中华人民共和国科学技术部，国家文物局.
早期中国：中华文明起源. 北京：文物出版社，2009.

[10] 张忠培. 中国古代文明之形成论纲 [J]. 考古与文物，1997（1）.

[11] 张忠培. 中国古代的文化与文明 [J]. 考古与文物，2001（1）.

[12] 张忠培. 文化·人物·考古：贺宿白先生九十华诞 [J]. 中国历史博物馆馆刊，
2012（3）.

[13] 张忠培. 渭河流域在中国文明形成与发展中的地位 [J]. 中国国家博物馆馆刊，
2014（11）.

[14] 李伯谦. 中国古代文明化历程的启示 [J]. 决策探索：下半月，2015（3）.

[15] 何民捷. 文明的源头在哪里：访北京大学中国考古学研究中心主任李伯谦 [N].
人民日报，2005 - 06 - 10（15）.

[16] 李伯谦. 中国古代文明演进的两种模式：红山、良渚、仰韶大墓随葬玉器观察随
想 [J]. 文物，2009（3）.

[17] 南京博物院等. 张家港市东山村遗址抢救性考古发掘取得重大收获 [N]. 中国文
物报，2010 - 01 - 29（4）.

[18] 李伯谦. 中国古代文明与国家起源：崧泽文化大型墓葬的启示 [J]. 历史研究，
2010（6）.

[19] 王巍. 中国古代国家形成论纲 [G] //韩国河，张松林. 中原地区文明化进程学
术研讨会文集. 北京：科学出版社，2006.

[20] a 王震中. 邦国、王国与帝国：先秦国家形态的演进 [J]. 河南大学学报：社会
科学版，2003（4）；b 王震中. 中国古代国家的起源与王权的形成 [M]. 北京：
中国社会科学出版社，2013.

[21] a 王巍. 关于中华文明起源与形成的几点思考 [G] //河南省文物考古研究所. 华
夏文明的形成与发展：河南省文物考古研究所建所五十周年庆祝会暨华夏文明的
形成与发展学术研讨会论文集. 郑州：大象出版社，2003；b 王巍. 公元前 2000

年前后我国大范围文化变化原因探讨 [J]. 考古，2004（1）.

[22] 徐昭峰等. 红山文化的聚落群聚形态与辽西区文明的发生 [J]. 北方文物，2015（3）.

[23] 辽宁省文物考古研究所. 辽宁牛河梁红山文化"女神庙"与积石冢群发掘简报 [J]. 文物，1986（8）.

[24] 朱乃诚. 中国早期文明的红山模式 [J]. 中国社会科学院古代文明研究中心通讯，2013（25）.

[25] 朱乃诚. 论三星他拉玉龙的年代 [J]. 中国社会科学院古代文明研究中心通讯，2008（15）.

[26] 克赖森. 国家起源的方式与原因 [J]. 中国社会科学院古代文明研究中心通讯，2007（13）.

[27] 中国社会科学院考古研究所山西队等. 山西襄汾县陶寺城址发现陶寺文化大型建筑基址 [J]. 考古，2004（2）.

[28] a 何驽. 陶寺中期小城内大型建筑ⅡFJT1发掘心路历程杂谈 [G] //中国社会科学院考古研究所. 新世纪的中国考古学：王仲殊先生八十年华诞纪念论文集. 北京：科学出版社，2005；b 何驽. 陶寺中期观象台实地模拟观测资料初步分析 [G] //北京大学中国考古学研究中心，北京大学震旦古代文明研究中心. 古代文明：第6卷. 北京：文物出版社，2007；c 陈久金. 试论陶寺祭祀遗址揭示的五行历 [J]. 自然科学史，2007（3）；d 江晓原等. 山西襄汾陶寺城址天文观测遗迹功能讨论 [J]. 考古，2006（11）.

[29] 林沄. "百姓"古义新解：兼论中国早期国家的社会基础 [J]. 吉林大学社会科学学报，2005（4）.

作者简介：林沄，男，吉林大学教授、博士生导师

原文刊于：《中原文化研究》（郑州），2016.2：5～12

中国早期国家研究中一些概念意义的理解问题

谢维扬

摘　要： 对有关"早期国家"概念与定义问题的讨论进行梳理和分析仍具有重要意义。"早期国家"应该是关于国家的概念。对夏商周国家作为早期国家的成熟程度应有恰当的估计。就中国个案而言，作为"成熟国家"应该可以考虑具有完整的疆域概念和疆域制度这个条件。对于人类学的相关理论，应在对概念的定义问题有深入说明和对有关学术史背景有完整介绍的基础上来利用，并将历史学的研究成果丰富到人类学的理论建构中。在特定地域内建立合法统治的传统，是国家制度形成的重要历史性作用，对于探讨中国早期国家进程具有指标性意义。恰当地分析国家制度形成后对周边区域发展产生的巨大历史性影响的具体情况，对于研究中国早期广袤区域内的国家化进程也具有重要价值。

关键词： 早期国家；成熟国家；国家制度

一　早期国家

"早期国家"概念是随着对从前国家时期开始的人类早期政治组织演进和发展过程研究的不断深入而提出的。20 世纪 70 年代克列逊（H. J. M. Claessen）与斯卡尔尼克（P. Skalnik）主编的《早期国家》一书是运用这一概念开拓人类政治组织演进研究新的水平的代表性成果，对于这项研究无疑有重要的推动作用，而"早期国家"这一概念也随之被广泛运用和得到更多研究。但是，与"国家"概念定义的复杂情形类似，不同学者对"早期国家"概念意义的认定始终不能说是完全相同和一致的。因此，迄今对国内外有关"早期国家"概念与定义问题的讨论进行全面的梳理、确当的评述和深入的分析仍然是早期国家研究中的基础性工作。

然而，即使这样，在"早期国家"概念使用的问题上，有一个大的界限我想还是可以明确的。那就是，"早期国家"应该是关于国家的概念，而不应是其他。目前有些研究所涉及的"早期国家"，按研究者的定义，还并不是"真正意义上的"国家，实际上指的应该还是前国家组织。这反映许多研究者已经看到前国家政治组织可以达到很复杂的程度，但它们的形成与真正的国家的形成还是应该区分开来。在将早期国家作为国家的一些早期类型来理解的研究中，虽然对于如何合理区别"早期国家"与"成熟国家"还未能有确定和完整的结论，但这种区分应该是在属于国家的早期政治制度类型范围内，也就是说即使是"早期国家"也应该是属于国家的类型，而不宜指前国家组织。明确这一点，早期国家研究主要概念的体系才能获得稳定的基础，同时，对于在正确的布局上展开早期国家研究并对其核心课题开展有效的讨论还是十分重要的。

二 "成熟国家"

上面提到的研究对中国早期国家最初出现时期的认定甚早（早于文献记载的夏代），并且认为中国的夏、商、周时期已"处于成熟国家阶段"。但这一点，并不像有关学者表示的那样是代表了"西方学者关于早期国家的概念"。如美国学者哈斯在《史前国家的演进》中将中国的商代（指二里头至殷墟）称为"早期原始国家"[1]，看得出是将商朝认定在国家演进的较早阶段。另外如果从法律和刑罚的法典化这一特征看，中国夏商时期无疑还只是国家演进阶段中的"初始期"（即"尚未出现法律和刑罚的法典化"），周代自春秋时起始具备"典型期"特征（即"开始出现法律和刑罚的法典化"），甚至不能说已进入"转型期"[2]。因此总的说来我也并不支持夏商周已进入"成熟国家"阶段的判断。对夏商周国家在整个古代中国国家制度演进中的成熟程度估计过高，或者过于忽视其仍表现出的某些"原始性"或早期性的特征（尤其是对夏、商），可能为进一步研究三代之后的中国国家制度带来需要解释的其他问题。

在构成"成熟国家"的各种条件中，就中国个案而言，应该可以考虑具有完整的疆域概念和疆域制度这个条件。因为在这个指标上，三代的国家制度都不同程度地存在不完整、不确定等各种早期性特征。战国是向具有确定和完整疆域概念和疆域制度急剧演变的时期，而秦汉以后具有明确和完整的疆域概念和疆域制度的国家形态才真正定型。这个过程也反映了早期国家对于针对特定地域表明控制和统治权力的"主权"意识是从模糊的、原始的状态逐渐向明确和完整的状态演变的。因此，在一定意义上也可以把对于"主权"的明确和完整的意识作为"成熟"国家的一种表现。

三 "前国家复杂政治制度"与"酋邦"

对于上述一些研究中所说的实际上还不是"真正意义上的"国家的所谓"早期国家"，从其作为人类早期政治制度类型所具有的特征的角度，也可以称之为"前国家复杂政治制度"。这个提法一方面表明这些早期制度具前国家性，另一方面也显示其在政治组织发展上有超出普通氏族部落社会的高度和复杂性（在这个意义上，"前国家复杂政治制度"也是一种"准国家复杂政治制度"或"类国家复杂政治制度"）。当我们援用人类学中"酋邦"这一概念时，就政治组织发展的表现而言，所指的实际上也就是这里所说的"前国家复杂政治制度"。"酋邦"作为来自英语文献的一个术语，其在学术上的重要意义是帮助我们注意到在国家制度形成和早期国家发展过程中"前国家复杂政治制度"的存在及其重要作用，在中文文献中原来并没有与之相当的词，所以是有其使用的合理性的。尽管在确定合适的译名上仍然可以继续讨论，但这应不是问题的实质。

然而在另一方面，人类学研究提出"酋邦"概念后，不同的人类学学者对这一概念的理解和认识并不完全一致，在人类学本身发展过程中，对于这一概念也有很多讨论甚至争议，在不同的人类学方法影响下，不断有新的研究对这一概念提出新的理解和解释，赋予这一概念不同的内涵。因此在很大程度上研究者对这一概念的运用并不能以学术界完全一致的认识为依据，而概念本身实际上也并没有公认和唯一的定义。这会为使用这一概念带来一些问题。例如在有些讨论中一些学者会依据部分人类学研究对于"酋邦"概念的理解和解释来批评另一些人类学研究对这一概念的理解和解释,同时又缺乏对有关问题的完整阐述和比较,这往往难以使相关研究取得真正进展。历史学有关研究利用"酋邦"概念和人类学相关理论时,对这种情况尤其需要有清楚的认识。为此,首先需要注意的是在对中国早期国家问题的研究中,应尽可能做到在对概念的定义问题有深入说明和对有关学术史背景有完整介绍的基础上来使用"酋邦"概念和相关人类学理论。这对研究者无疑是很高的要求,但只有这样才能准确地利用人类学有关成果,使其对于中国早期国家研究真正有推动作用。其次,人类学研究在"酋邦"问题上事实上仍然存在对于概念和理论的许多不同认识和理解,因此在有关讨论中要求研究者必须以某一部分人类学研究的意见为参照是不适宜的,需要鼓励对于不同意见所涉及的实质性学术问题更深入的探讨,以推进学界在这些问题上获得更合理的认识。

由此便可以提到另一个相关的问题,那就是:中国早期国家研究作为一项历史学研究的课题,尽管在理论和方法上需要借鉴诸如人类学这样一些学科的相关成果,整个研究本身毕竟还是要以贯彻来自历史学方法的各种要求为基础。例如,对于人类学理论和田野资料的援引和运用,在历史学研究中应该做到怎样的程度和在怎样的方式上才是合理的,对此还非常需要在研究的实践中探讨和取得恰当的认识。而当前许多研究总体上还没有对这一问题引起重视和进行认真思考,因而造成研究中的某些缺陷。例如对于中国早期国家的形成和演进过程,当我们援用来自人类学的某些概念做出某些解释时,本来同时还应当将这一过程看作一个属于特定地区和特定时期的特定历史进程,并以这个视角来揭示其某些独有的、非常个性化的特征和表现,同时从相关理论的高度对其做必要的解释和分析。目前国内的研究在理论性阐释的建构上有时还显得比较简单化,往往在解释和说明中国个案的特征性方面缺乏有足够深度和完整性的理论内容。因此有时表现出对于一些来自人类学的概念和理论的运用和阐释,与对中国个案中特征性事实的意义的分析及论述结合得还不是十分紧密;有些研究则更多致力于对所研究个案的特别表现的挖掘,但对这些表现与其他同类历史现象间的关系及其意义的理论性分析和阐释则有较大欠缺。这些情况都对中国早期国家研究达到更高水平有一定影响。因此,深入认识历史学与人类学等学科各自方法的特点及相互间关系，在研究中做到历史学与人类学等相关学科方法的结合，对于推进中国早期国家研究向更高水平发展仍然非常重要。

由上述情况，我们实际上还可以认识到这样一点，即像"酋邦"这样对于中国个案有明确适用性的概念，由中国个案研究提出的某些特别问题，反过来也应当和可能对更完整、准确地定义这一概念有重要价值。也就是说，对于"酋邦"概念和相关理论完整的讨论应当参考中国早期发展的有关资料。当然这需要研究者在各相关学科方向上均掌握很严谨的方法，这无疑也会促进历史学对人类学理论的丰富。事实上，如果"酋邦"最终被证明是对中国个案有解释价值的概念，它就自然会吸取中国个案研究所给出的某些认识，从而更完整地显示出运用这一概念对推进中国早期国家研究的意义，无论其最终被采用的具体名称是什么，其本身将成为解释中国早期国家进程的一个有机的概念，并促使相关理论的形成。

四 在特定地域内建立合法统治的传统

国家的本质是针对特定地域内所有人群管理的权力，因此国家制度的出现应该意味着在特定区域内形成了在理论上任何人只要具备条件便可以获得对该地域实施合法统治的权力的传统。换言之，国家权力是对特定地域内众多人群开放的，如果他们有能力获取这种权力的话。国家的合法性统治的权力在同一地区、同一时期内是排他的。正如塞维斯所说："一个国家是合法地构成自己的，它使它使用强力的方式和条件明确化，并使所有其他像它在对个人和人群间的争执予以干涉时那样使用强力的做法成为非法。"[3] 而国家一经产生，权力竞争的胜利者将获得这个权力，它就如同一种新的游戏规则一样，在特定地域内成为被普遍接受的，或者说是"合法的"传统。对于一个地区的发展来说，谁最先获得这种权力不是最重要的结果，问题的核心就是这个传统的形成，即这一地区从此将总是承认特定人群对整个地域建立起"合法"的统治。这就是国家制度形成的意义深远的历史性作用，它使得国家制度具有强大的持续发展的动力，并成为真正区域性的制度。中国古代文献记述的三代中后朝统治者对前代和再前代国家合法性的承认，便清楚说明了这一点。而这个情形目前在更早时期的史实中还是观察不到的。这应该是古代中国国家制度形成和演进过程本身造成的结果，在一定意义上反映出古代中国在特定地域内建立合法统治的传统最初形成的最可能的时期。对这方面问题的研究，可能会对于探讨中国早期国家进程较早阶段的特点有帮助，甚至可能具有重要的指标意义。

五 国家制度发展的历史性影响

国家制度形成后对周边区域发展的巨大和长期影响是有目共睹的。其中非常重要的一点是，在相邻区域中，先进国家会对后进文化人群发展的路向有改变的作用。这一点在中国早期国家发生和发育的过程中表现得尤其明显。古代中国中原王朝发生、发展的历史完全表明了这一点。但是至今可以完整地从周边人群文化和历史的发展中观察到某个古代国家制度存在与发展的事实的案例，在中国早期，还只有中原王朝（夏、商、周）一例，这是非常值得引起我们全面思考的。近年来受到高度关注的一些有很高物质发展水平，同时也可以观察到较复杂政治和社会发展状况的史前文化，可以说在许多方面已非常接近存在国家制度的某些特征。在对这些史前文化意义的讨论中，除了有关证据方面的问题外，对于这些史前文化与其相邻及周边文化的关系及相互影响，以及由此形成的相关历史过程，也应该有完整和深入的研究。而目前来看，似乎还没有真正完整的资料能从这个方面（即从这些史前文化与同时期中原文化相互影响和作用的内容中）反映这些史前文化已表现出因国家制度的形成而对周边文化有特别和长期影响的明显迹象。这只要同中原王朝发展中出现的对周边地区文化和人群有巨大、深刻和长期性影响的情况相比较，就会有强烈感受。这或许并不是偶然的。如果主张中原周边区域早于中原王朝形成国家制度，那么对于导致已确认的中原王朝政治出现的种种条件，包括相邻区域文化和政治制度发展情况对于中原政治发展的作用和影响等做出真正合理的解释，就可能存在很大困难；对与上述结论相呼应的一些条件性的假设也有可能是比较难以证明的。总之，在一些史前文化对于周边文化的影响，以及由此形成的相关历史过程方面，目前所了解的还十分不清晰，因此需要更深入研究的问题还有很多。这表明在对中国早期广袤区域内国家化进程的研究中，需要有更全面的思路。其中除了要对大量相关考古资料做更完整和深入的分析外，恰当地分析国家制度形成后对周边区域发展可能产生的巨大历史性影响的具体情况，应该也具有重要意义。

参考文献

［1］乔纳森·哈斯. 史前国家的演进［M］. 罗林平，等译. 北京：求实出版社，1988：76.

［2］ClAESSEN H J M, SKALNIC P, ed. The Early State［M］. Monton Publisher, 1978：640 – 641.

［3］SERVICE E R. Profiles in Ethnology［M］. Harper & Row Publishers, 1971：498.

作者简介：谢维扬，男，上海大学古代文明研究中心主任，教授、博士生导师

原文刊于：《中原文化研究》（郑州），2013.4：5～8

中国古代国家起源、发展
与王权形成论纲

王震中

摘　要： 近二十年来，笔者先后提出了文明与国家起源路径的"聚落三形态演进"说、进入国家社会之后的"邦国—王国—帝国"说，以及"夏商周三代复合制国家结构"说，并对早期华夏民族的形成过程进行了深入研究。其中，"聚落三形态演进"说采用聚落考古学与社会形态学相结合的方法，提出文明与国家起源是以农业的发明和农耕聚落的出现为起点，经历了由平等的农耕聚落形态，发展为含有初步不平等和社会分化的中心聚落形态，再发展为都邑邦国形态这样三大阶段。这一理论框架把以往学术界曾流行的文明起源的所谓"三要素"或"四要素"看作国家社会即文明社会到来时的一些现象和物化形式，放在阐述国家和文明起源过程中来分析这些文明现象。至于"聚落三形态演进"说对于酋邦等理论的扬弃，主要是通过考古学所发现的"中心聚落形态"来解决从史前向早期国家过渡阶段的社会不平等、阶级和阶层起源的途径、社会组织结构和权力特征等问题。对于国家形态所经历的三个阶段，"邦国"的提出，旨在说明最早的国家并不一定是由王权支配的王国，而是小国寡民、单一制结构的邦国；"王国"是与复合制国家结构的夏商周王朝相联系的，与以往学术界或者主张三代王朝为统一的中央集权国家或者主张三代王朝为"平等的"方国联盟的观点相比，"复合制国家结构"说更符合夏商周三代王朝的历史实际。以上既属于理论体系的创新，亦为对中国上古史重建做出的新探索。

关键词：中心聚落；都邑邦国；复合制；部族国家；民族的国家

国家与文明起源的研究，既是一个考古学实践问题，亦是一个理论问题，而且还需二者紧密地结合。这是因为在国家起源的过程及国家形成的早期阶段是没有文字记载的，因而对它的研究必须依靠考古学的发掘。考古学是通过古代人类的实物遗存来进行研究的，所以它是有确凿根据的，也不受历史记载的约束，而且考古学的文化编年是以地层的先后叠压或打破关系为基础的，所以，从考古学所反映的社会文化方面的变化中，可以寻找出逻辑与历史的统一。然而，考古学又是阐释性的，遗迹遗物本身不会说话，它需要人们利用技术、经济、环境、人口等方面的知识对人类活动的方式做出符合上古实际的解释和分析。在对考古资料的分析和解释中，往往会形成一些理论，也会借鉴一些原有的理论，这就是我们所说的理论与考古学实践相结合的问题。本文将中国几十年来的考古发现、文献资料与理论创新相结合，对中国古代国家的起源、发展与王权的形成以及早期华夏民族的形成过程做一系统的阐述，以此对重建中国上古史做出新的探索。

一 "聚落三形态演进"说与"邦国—王国—帝国"说等理论框架

若从理论创新着眼，国家与文明起源的研究，最具魅力的是对起源的过程、路径和机制的研究。百余年来国内外学界在这一领域所产生的一个个理论模式和学术观点，总是以"后来者居上"的姿态为这一课题的解决做着不懈努力。近几十年来，文明起源的所谓"三要素"或"四要素"的文明史观以及"酋邦"等人类学理论，代替了摩尔根的"部落联盟"说和"军事民主制"说，而且甚为活跃。它们有理论和学术上的建树，但也有其局限性和不足。那么，如何在整合和吸收诸种理论模式中的合理因素，并克服其不足的基础上，做出符合实际的理论创新，就成为推进文明与国家起源研究的关键所在。近二十年来，我们采用聚落考古学与社会形态学相结合的方法，提出文明与国家起源路径的"聚落三形态演进"说①，其后又提出国家形态演进的"邦国—王国—帝国"说[1]，就是在这一研究领域进行的一种尝试和努力。

国家与文明起源路径的"聚落三形态演进"说，提出文明与国家起源是以农业的发明和农耕聚落的出现为起点，经历了由平等的农耕聚落形态，发展为含有初步不平等和社会分化的中心聚落形态，再发展为都邑邦国形态这样三大阶段。在这一理论框架中，对以往学术界曾流行的文明起源的所谓"三要素"或"四要素"，采取了把它们看作国家社会即文明社会到来时的一些现象和物化形式来对待，在阐述国家和文明起源过程中分析这些文明现象。至于"聚落三形态演进"说对于酋邦等理论的扬弃，主要是通过考古学所发现的"中心聚落形态"来解决从史前向早期国家过渡阶段的社会不平等、阶级和阶层起源的途径、社会组织结构和权力特征等问题。

"邦国—王国—帝国"说解决的是进入国家社会之后国家形态的演进问题。它与日本学术界提出的"城市国家—领土国家—帝国"说、我国学者提出的"族邦时代—封建帝制时代"说与"古国—方国—帝国"说以及"早期国家—成熟的国家"说等理论模式的区别，不仅仅是名称概念的不同，而且涉及国家形态的问题。以"王国"问题为例，在"邦国—王国—帝国"说中，它包含了夏商周三代复合制国家结构和形态的问题，也包含着夏商周三代王朝国家中的王国（王邦）与邦国（属邦）的关系问题[2]，还包含了由部族国家走向民族的国家以及华夏民族形成过程中由"自在民族"发展为"自觉民族"的问题。所以，我们说"聚落三形态演进"说和"邦国—王国—帝国"说前后衔接、递进，构成一个内涵较为丰富、较为周全的学术体系。

在"聚落三形态演进"说和"邦国—王国—帝国"说中，我们不但划分出了社会历史发展的几个阶段和相关的社会类型及其前后的演进过程，而且涉及一系列专题性课题，诸如：阶级形成的途径问题；在史前权力的演进中，其公共权力是如何突破聚落乃至酋邦的空间限制而形成国家权力的，权力的空间性与宗教的社会性在史前权力演进中是如何互动的；史前战争对于权力集中的作用；最高酋长、邦君与王权三者的联系与区别问题；古代国家概念、定义与标志问题；古代民族与部族的概念、定义以及二者的区别与关系问题；国家与王权的关系问题等。要回答这些问题，就必须做出理论上的创新和研究上的推进。

二 从村邑聚落到都邑国家的三大发展阶段

中国古代国家起源的过程也就是史前社会不断复杂化的过程。作为这一发展过程的起点，我们之所以要从"平等的农耕聚落形态"这一阶段说起，是因为农业的发明乃人类历史上的巨大进步，以农耕畜牧为基础的定居聚落的出现，是人类通向文明社会的共同起点。农耕聚落的定居生活促进了人口增长，土地集体所有制即聚落所有制得到了发展，从而以聚落为单位的经济、军事、宗教礼仪和对外关系等一系列的活动开始形成，社会一反过去的分散状态，朝着区域与集中化的方向发展。

农业起源并初步发展于新石器时代早期。新石器时代早期距今12000～9000年。属于这一时代的遗址，在南方，有距今1万年以上的湖南道县寿雁镇白石寨村玉蟾岩遗址、江西万年仙人洞和吊桶环遗址以及距今10000～8500年的浙江浦江县黄宅镇上山遗址等；在北方，有距今11000～9000年的河北徐水县南庄头遗址、河北阳原县于家沟遗址、北京门头沟区东胡林遗址、北京怀柔县转年遗址等。这些遗址说明中国农业的起源分为南北两个系统，无论是南方的稻作农业，还是北方粟黍旱作农业，都应该是多元分散式的起源，而绝非起源于某一中心地然后向外扩散传播。与中国多元分散式的农业起源相联系的是，中国新石器时代文化的起源既是本土的亦是多元的。

大体说来，新石器时代早期的这些聚落，在采集、捕鱼、狩猎和种植谷物的广谱的取食经济中，虽说农作物比例在逐步增大，农业技术也在逐渐发展，可是生产力水平十分低下，人口不多，物质也不丰富，人们过着平等但又贫乏的聚落生活，所以这是一种原始的极简单的平等社会类型，然而通向文明社会的步伐却从此迈出。

距今9000～7000年，是中国新石器时代中期。这是农业在起源之后第一个发展时期，也是农耕聚落扩展的第一个阶段。这一时期的农业生产较之前的新石器时代有明显的发展。在聚落中有相当量的谷物储藏；聚落的人口，有的为100多人，有的为300多人。这时的社会是平等的聚落社会。

从内蒙古敖汉旗兴隆洼遗址出土的玉玦、河南舞阳贾湖遗址出土的七孔骨笛和占卜用的内装石子的龟甲、浙江萧山跨湖桥遗址出土的大型独木舟和余姚河姆渡遗址出土的船桨等出土文物可以看出，此时聚落社会的物质生活和精神生活都是丰富多彩的，江南已呈现出鱼米之乡的景象。贾湖遗址有23座墓中有随葬龟甲，似乎与《国语·楚语》所说的"绝地天通"之前"家家为巫史"的情景很相似。

距今7000~6000年，是新石器时代中晚期或晚期的前段，也是考古学文化中的仰韶文化早期。此时社会仍处于大体平等的农耕聚落形态。陕西临潼姜寨、西安半坡、宝鸡北首岭，甘肃秦安大地湾第二期遗存的聚落最具典型性：壕沟围起的村落中，几十座至上百座的房屋被分成若干组群，各群房屋的门均朝向中央广场，形成一个圆形向心布局，从而使聚落内部呈现出高度团结和内聚。综合各方面情况看，此时的一个聚落似乎就是一个氏族，在聚落内即氏族内，又可划分出大家族和核心家庭。他们既从事农业，也兼营狩猎、采集和陶器的制作。聚落在经济上自给自足，内部大小血缘集体之间以及个人之间关系平等和睦。

姜寨、半坡等遗址保存得较为完整，使我们可以从政治经济学的角度对聚落内生产的组织与管理、分配和消费做一些分析。概括地讲，这一时期生产的组织管理及分配关系至少存在两个层次，即以大家族为单位的生产与分配和以家庭为单位的生产与分配。前者在农业、家畜饲养、制陶手工业各方面都有体现，后者主要体现在农业生产的部分环节和农产品的分配。这一时期的消费是以小家庭为单位进行的。一个个小型房屋内既有火塘，又有生活用具和生产工具，还有少量口粮储放在陶罐内，就是这一情况极生动的写照。但这种消费又是同更大一级的组织——大家族结合在一起进行的。由于农业是当时经济的基础，所以在农业中首先出现生产、分配和储藏方面家族与家庭并举的格局，将会带动整个社会脱离氏族的束缚和限制，走向家庭—家族经济和家庭—家族—宗族经济结构。

仰韶文化的早期社会虽然仍为大体平等的农耕聚落，而仰韶文化半坡类型的鱼纹、人面鱼纹、蛙纹等彩陶纹样东西横跨陕、甘、豫诸省的现象，使我们看到原始宗教中的图腾崇拜及其转型对于突破权力在聚落空间上的限制，发挥了它的作用。河南濮阳西水坡蚌壳堆塑的龙虎人组合造型，说明此时有的部落酋长也兼任巫师。河南临汝阎村出土的作为瓮棺葬具使用的、画有鹳鱼石斧图的彩陶缸，反映出部落或部落集团的军事首领的出现，这也使得某些酋长权力的空间范围不再局限于一个聚落。所以，从仰韶文化早期开始，原始宗教和军事战争就成为酋长权力突破各自聚落空间限制的两大机制。

关于史前权力系统的演进，我们提出用"权力的空间性与宗教的社会性"这个命题来研究国家起源过程中原始宗教是如何使权力突破其空间限制的。在大体平等的农耕聚落形态阶段，聚落首领要想将自己的权力（准确地说是权威）拓展到其他聚落的范围内，无非有两种情况：一是在因军事需要而组成的部落联盟中设立最高军事首领；二是因宗教崇拜的扩展、升华而突破了聚落界限。仰韶文化早期的鱼纹、人面鱼纹、鳖纹（蛙纹）都具有图腾崇拜的含义，而这些图腾纹样分布之广泛，则说明此时的图腾崇拜已完全突破了聚落间的限制，原始宗教崇拜的社会性在此得到了充分展现。特别需要指出的是这些含有图腾的纹样不属于图腾起源阶段的纹饰，已属于图腾转型阶段的产物，而图腾的转型与神权的拓展是密不可分的。所谓图腾转型，是说随着氏族制的发展，某一动植物，对于早期以此为图腾的某一氏族团体来说，尚具有图腾祖先的含义，仍同氏族徽号、标志、氏族团体相联系，但作为其保护神的另一重要作用，获得了独立的发展，并随着这一氏族部落在本部族集团中地位的上升，渊源于这一氏族部落的图腾保护神，升华为本部族集团的保护神，其他氏族部落将会自觉地引之为崇拜物，从而呈现一种所谓"时代风尚"。这种崇拜对于别的氏族部落来说，不是作为"图腾祖先"对待的，而是取其保护神的意义。久而久之，这一崇拜物就具有维系本部族集团团结的功能，成为这一部族集团区别于其他部族或部落集团的标志物[3]369-393。

聚落形态演进的第二阶段——"中心聚落形态"阶段，是从仰韶文化中期即仰韶文化庙底沟期开始的。对于中心聚落形态阶段的时间范围，以前我们把它划在距今6000～5000年前的范围内。新的研究表明，在有些地方这一时期可能要延长至距今4500年前后。作为中心聚落形态阶段的考古学文化，主要包括仰韶文化中期和后期（也许还包括庙底沟二期文化），红山文化后期，大汶口文化中期和后期，屈家岭文化、崧泽文化和良渚文化早期等。这些考古学文化都属于中国新石器时代晚期。中心聚落形态这一阶段，相当于酋邦模式中"简单酋邦"和"复杂酋邦"两个时期，也相当于弗里德（Morton H. Fried）社会分层理论中"阶等社会"和"分层社会"两个时期。

中心聚落形态的社会是不平等的，这表现为两个方面：一是在聚落内部出现贫富分化和贵族阶层；二是在不同聚落间，出现了中心聚落与普通聚落相结合的格局。所谓中心聚落，往往规模较大，有的还有规格很高的特殊建筑物，它集中了高级手工业生产和贵族阶层，与周围其他普通聚落，构成了聚落之间初步的不平等关系。

值得注意的是，同为中心聚落形态，但其在社会复杂化程度上是有区别的。河南灵宝西坡村仰韶文化庙底沟时期的遗址，虽发现两座 200 多平方米的特大房屋遗址，但墓葬材料说明，此时聚落内部出现的仅是初步分化。在随葬品较丰富的几座墓中，有一位年仅 4 岁的小孩，随葬有 12 件器物，包括 3 件玉钺、1 件象牙镯等。而玉钺无论是作为武器还是作为斧类工具的象征物，都不是一个 4 岁小孩所真正能使用的，这似乎告诉我们这个小孩原本是要成为巫师的，却不幸夭折，故而其死后随葬的器物不但在数量上与那些被发掘者划分为大型墓者相比有过之而无不及，而且在种类上竟有玉钺。因此，如果说西坡遗址各类墓葬的墓坑规模大小以及随葬品的多寡反映出的是所谓社会地位等级与初步的不平等的话，那么这种等级与不平等并非完全是由其生前的个人能力之类的因素决定的，而是由其血缘"身份"之类的因素决定的，当然也是世袭的，因而一个 4 岁的小孩就可随葬含有 3 件玉钺在内的与其他所谓大型墓一样多的随葬品。这一情形与酋邦模式中的尖锥体氏族按照人们和酋长血缘关系的远近来确定其身份地位的原则，以及人类学者弗里德所说的"等级社会"（rank society）中的"等级"（或译作"阶等"）的产生有相似之处。这样，仰韶文化中期亦即庙底沟时期的西坡遗址，我们可以把它视为初级阶段的中心聚落形态，或者是中心聚落形态的雏形，其社会复杂化程度要低于大体同一时期的江苏张家港市金港镇东山村遗址。东山村遗址是崧泽文化早期的聚落遗址，距今五千七八百年。该遗址墓地大型墓随葬品之丰富以及大、中、小型三级墓葬随葬品的数量与精美程度之悬殊，都足以说明这里是一处较为发达的中心聚落。

作为典型的中心聚落，山东泰安大汶口遗址、莒县陵阳河、莒县大朱家村遗址，安徽含山凌家滩遗址，甘肃秦安大地湾第四期遗址都是著名的。从前四个遗址中，可以看到聚落内贵族与普通族众之间明显的身份地位不平等和财富悬殊，也可以看到原始宗教神权和军权对财富的集中所起的作用，还可以看到聚落中家族与宗族的结构及其它们在原始宗邑中所发挥的作用。大地湾第四期聚落遗址中的 901 号特大房子，其规模和特殊的结构以及在整个聚落中具有的核心地位，都可以说明它是权力中心的殿堂式建筑物；而该房屋内出土的一套量粮食的量器[4]，则透露出该权力中心包含着对公有经济的分配权。

中心聚落形态这一阶段的另一个重要现象是，有的地方已由环壕聚落转向城邑，修建了城墙。湖南澧县城头山遗址和河南郑州西山遗址就是中心聚落形态阶段的城邑遗址。城邑在此时的出现，既是建筑技术上的巨大进步，同时也是危险增加和防卫需要增加的标志，这大概是人们对自己聚落群内的政治、军事、文化和宗教祭祀中心非常重视，大力保护的缘故。

在山东莒县陵阳河、大朱家村、诸城前寨和安徽蒙城尉迟寺等遗址中都发现几例"🜨"和"🜨"图像文字。我们将之解读为是负责天文历法的"火正"对辰星大火观象授时的表现[5]。这几处遗址同属大汶口文化晚期，但陵阳河和大朱家村聚落出现了贵族，聚落内的贫富分化严重，社会不平等显著，社会复杂化程度较高；而尉迟寺聚落没有贵族，社会有分化但并不严重。尉迟寺聚落中"🜨"和"🜨"图像文字的出现，不是以明显的社会复杂化发展为背景的。这说明不是先有社会不平等，后有社会职能的分工，而是与此相反。此外，尉迟寺刻画"🜨"和"🜨"图像文字的大口尊主要见于埋葬婴儿和儿童的瓮棺葬和祭祀坑中，而没有一件出自成人的墓葬中，这说明担任对大火星进行观察和祭祀的所谓"火正"职务是与生俱来的，是在一个特殊家族或宗族中传承和世袭的。此外，尉迟寺有 3 例刻画"🜨"和"🜨"图像文字的大口尊摆放在两个祭祀坑中，这也有助于说明"🜨"和"🜨"这样图像文字的神圣性。也就是说，尉迟寺瓮棺葬 M96、M177、M215、M289、M321 五位死者原本在其成长过程中通过该家族和宗族中长辈的传授，来掌握对大火星的观察和观象授时的本领，然后继承"火正"一职；然而他们尚未长大成人，就不幸夭折，聚落的人们（也许是他的家族）为了纪念他，就在他的瓮棺葬具上刻画了"🜨"和"🜨"这样的图画文字。

中心聚落形态时期的权力特征是民事与神职相结合，以神权为主导的权力系统。红山文化中神权对聚落空间的突破最为突出，这也是我们提出"权力的空间性与宗教的社会性"这一命题在中心聚落形态阶段的具体情景。红山文化的先民们在远离村落的地方专门营建独立的庙宇和祭坛，形成规模宏大的祭祀中心场，这绝非一个氏族部落所能拥有的，而是一个部落群或部族崇拜共同祖先的圣地。在原始社会末期，各地方酋长正是通过对祖先崇拜和对天地社稷祭祀的主持[6]，才使得自身已掌握的权力进一步上升和扩大，使其等级地位更加巩固和发展。

山东泰安大汶口、安徽含山凌家滩等许多遗址也都表现出神权政治的性格。特别是凌家滩，著名的 87M4 号墓，其大量的随葬品中有特别突出的玉龟和琢刻着表示"天圆地方""四极八方"宇宙观等观念的玉版以及8 件玉钺、18 件石钺；著名的 07M23 号墓，其大量的随葬品中也有玉龟、玉龟状扁圆形器以及 2 件玉钺和 44 件石钺。由此可见，这两座大墓墓主集宗教占卜之权与军事权力于一身，即他们既执掌着宗教占卜和祭祀，也拥有军事指挥权。这显然是《左传·成公十三年》所说的中国古代"国之大事，在祀与戎"现象在中心聚落形态阶段的表现。大约从中心聚落形态后期开始，随着阶级和阶层的产生，权力的阶级性和阶层性也凸显出来，然而权力的阶层性又是与社会职能分不开的。这种社会职能在史前社会主要体现在祭祀、管理、公共工程等公众事务之中，由此产生了上层巫师等神职人员、各种酋长首领之类的社会分工和社会阶层。这点与我们论述阶级产生的途径之一就是"社会职能"的担当者从对公共事务的管理上升为对加以社会统治是一致的。

在中心聚落形态阶段，战争在国家形成过程中的作用也在进一步加强。战争对于社会形态演变和国家产生的影响，可分为三个方面：在外部，战争加剧了地区与地区、部族与部族、聚落与聚落之间的不平等，使邦国部落之间出现了臣服纳贡式的关系；在内部，战争为战胜者中的统治阶层提供了新的财富和奴隶来源；在权力系统方面，战争促进了权力的集中，在由原始社会的酋长之权走向邦国的邦君之权，以及由早期国家的邦君之权走向王朝国家的王权，战争都发挥了重要作用。

社会复杂化的过程也包括阶级和阶层的产生，这也是由史前走向国家过程中的重要现象。关于阶级的起源，恩格斯提出的两条道路是有普遍意义的，即社会职能转变为对社会的统治和战俘转化为奴隶。在此基础上，我们提出阶级产生还有一种途径，即父权家族和父家长权的出现是阶级产生的广泛基础与主要途径。这一理论观点的提出，应该说使这一问题的研究又深入一步，也是欲解决弗里德社会分层理论中没有解决的一个问题。关于分层社会产生的原因，弗里德提出以下几点：人口增长的压力和婚后居住模式的变化、基本资源的缩减或急剧的自然变化、技术变化或者市场制度冲击所引起的生计经济模式的变化，以及作为社会与礼仪制度成熟表征的管理功能的发展。弗里德所说的这几点，并非问题的实质，它不属于从"阶等"到"分层"的演变机制。其实，社会分层问题也就是阶级和阶层起源的问题。结合我国古代历史实际，我们认为父权家族即父家长权的出现是阶级和阶层起源的契机，这也是从亲族制的血缘性身份地位性质的"阶等"转变为含有经济权利性质的社会分层的关键所在。

聚落形态演进的第三阶段——都邑邦国阶段，主要指距今 5000～4000 年的龙山时代后期（距今 4500～4000 年）所诞生的早期国家阶段，当然，早期国家的形成过程包括龙山时代的前期（距今 5000～4500 年）。这一时期考古学上一个重要现象是发现了大批城邑，有的明显属于国家的都城。诚然，我们并不主张一见城邑或城堡即断定国家已存在，其实早在中心聚落阶段即已出现城邑，如大溪文化和屈家岭文化时期澧县城头山城址和仰韶文化晚期的郑州西山城址就属于中心聚落。而作为早期国家的都城，是需要附加条件的。其条件，我们以为一是阶级和社会分层；二是城邑的规模、城内建筑物的结构和性质，例如出现宫殿、宗庙等特殊建制。这是因为，只有与阶层和阶级的产生结合在一起的城邑，才属于阶级社会里的城邑；而只有进入阶级社会，在等级分明、支配与被支配关系基本确立的情况下，城邑的规模和城内以宫殿宗庙为首的建制，才能显示出其权力系统是带有强制性质的，而权力的强制性则是国家形成的重要标志之一。

中国的早期国家或最初的国家，之所以称为"都邑邦国"，是因为中国古代有国就有城，建城乃立国的标志，并形成"都鄙"结构。"都"是指国都、都城；"鄙"是指鄙邑，有的属于都城周围的村邑，有的属于边陲地域的村邑。那些较大的都邑邦国，在都城之外还可以有二级、三级聚落中心，在二级、三级聚落中心的周边也有鄙邑存在。所以，都邑邦国是有城又有领土的，它不同于日本学者所说的"城市国家—领土国家"中城市的概念。

都邑邦国在龙山时代还有另一大特征，这就是邦国文明的多中心与邦国林立。在70余座史前城址中，虽然有的尚属中心聚落形态或酋邦，但也有相当数量的城邑已属于早期国家的邦国之都城。例如：山西襄汾陶寺，河南登封王城岗、新密古城寨，山东章丘城子崖、邹平丁公、淄博田旺（桐林）、日照两城镇，山西夏县尧王城，湖北天门石家河，四川新津宝墩，陕西神木石峁，浙江余杭莫角山等，就属于邦国的都城。当时的黄河流域和长江流域所形成的这种邦国林立的格局，与史称尧舜禹时期为"万邦""万国"的情形是一致的。

从个案研究的角度来看，陶寺都邑邦国和良渚文化的余杭莫角山都邑邦国都是很典型的。对于陶寺都邑邦国，我们可以描述为这样一幅历史画面：修筑有城墙的规模庞大的陶寺都邑，与其周围村邑以及更大范围内聚落群所具有的都鄙邑落结构，是早期国家邦君的都城、贵族的宗邑和普通的村邑这样一种组合结构。对于陶寺都邑与附近的村邑而言，它们可构成"国野"结构；而对于陶寺都邑与其聚落群内的二级、三级中心聚落而言，陶寺邦国是以陶寺都邑为核心且拥有一定领土和地域范围的、具有不同层次的都鄙邑落结构。陶寺墓葬的等级制表明社会存在着阶级和阶层的分化。陶寺的经济生产不但有发达的农业和畜牧业，而且制陶、制玉、冶金等手工业也已从农业中分离了出来。生产的专门化使产品空前丰富，但不断增多的社会财富却愈来愈集中在少数人手中。陶寺遗址中发现的两个朱书陶文已说明都邑内文字的出现和使用。陶寺遗址中在特定区域内发现的观象授时的天文台建筑，以及在可能是邦君墓的M22号墓中发现的残长171.8厘米的"漆木圭尺"，反映了陶寺邦国天文历法的发达。陶寺的邦君通过颁布历法，"钦若（敬顺）昊天，历象日月星辰，敬授民时"（《尚书·尧典》），不但在本国，而且在族邦联盟中也树立了绝对权威。陶寺文明是当时众多邦国文明中的佼佼者。

对于良渚文明的特殊性我们曾进行过研究[②]，其城墙的发现使我们也可以称它为都邑邦国文明。至今在良渚文明遗址中没有发现冶铸铜器的遗迹，但良渚文明以其发达的玉器闻名于世。我们过去已论述说良渚文明的玉礼器发挥了铜礼器的作用，更何况我们不能过高地估计铜器在文明初期的实际功用。在莫角山城邑内虽没有发现文字，但在良渚文化吴县澄湖遗址的陶罐上发现了被李学勤先生释读为"巫钺五俞"的四字陶文[7]。在现收藏于美国哈佛大学沙可乐博物馆的黑陶贯耳壶上也发现多字陶文等。这些说明在良渚文明的地域内也已开始使用文字。良渚文化墓葬材料所表现出的社会分层和严重的不平等也是十分突出的。总之，在中国众多璀璨的远古文化中，环太湖地区的良渚文化是一颗非常耀眼的明珠。它以发达的稻作农业、大量精美的玉器、精制的制陶技术、成句子的陶器符号文字资料以及由墓葬、规模巨大的城墙和城内大型土建工程所反映出的不平等和社会分层等现象，使我们有理由认为它已进入文明社会，已形成一个个文明古国——邦国，而整个环太湖地区则组成了族邦联盟（邦国联盟）或集团。

良渚文明的独特性在于玉器的精美和制作技艺的精湛。玉器上雕刻的兽面纹和人兽结合的所谓"神徽"等纹样，表现出统一而强烈的宗教崇拜意识。我们从良渚文化玉器发达这一现象，看到了它的宗教气氛之浓厚，看到了礼制和贵族名分制度的形成。良渚文化玉器的发达远远超出同一时期的其他文化，而各类玉器上生动的或抽象化的神的形象（或称为神徽纹样），不但告诉我们，宗教发达、崇尚宗教的观念甚为强烈，是良渚文明的显著特色；还告诉我们，在良渚都邑邦国的君权所含有的族权、神权和军权这三项中，神权居于更突出的位置。良渚文明中神权政治太过强烈，过于强大，这大概是其文明崛起和一度发达的动因，但当它遭遇自然环境变故时③，也将会不堪重负而崩溃。在良渚文化的后继者马桥文化中，良渚文化原来的玉文化特色和玉礼文化所达到的高度，再也未能重现。我们推测，大概是良渚文明的上层集团因自然灾害等原因而离开了家乡，或者是走散了，他们到了别的地方也再未能聚集起创造辉煌玉文化的能量，而那些没有走的普通民众融合到"马桥人"中之后，因"马桥人"并不崇尚玉礼文化，这些良渚文明的"遗民"没有条件也没有必要发展原来的玉礼文化，从而使得良渚文化的特质并未被马桥文化所继承，故二者的文化面貌截然不同。

三 颛顼至尧舜禹时期的部族国家与族邦 联盟及其向华夏民族的迈进

我们在研究龙山时期的早期国家和族邦联盟时，必然要面对夏代之前的古史传说。而研究古史传说，首先要处理的是它的时空关系。《左传·昭公十七年》载："昔者黄帝氏以云纪，故为云师而云名；炎帝氏以火纪，故为火师而火名；共工氏以水纪，故为水师而水名；太暤氏以龙纪，故为龙师而龙名。我高祖少暤挚之立也，凤鸟适至，故纪于鸟，为鸟师而鸟名……自颛顼以来，不能纪远，乃纪于近，为民师而命以民事，则不能故也。"我们可以把五帝传说做一个时代分期，即以颛顼为界，划分为两大时代：黄帝时代与颛顼帝喾尧舜禹时代[8]。

黄帝时代是国家诞生前夕的"英雄时代"。《商君书·画策》说："黄帝之世，不麛不卵，官无供备之民，死不得用椁。事不同，皆王者，时异也。神农之世，男耕而食，妇织而衣，刑政不用而治，甲兵不起而王。神农既没，以强胜弱，以众暴寡，故黄帝作为君臣上下之义（仪），父子兄弟之礼，夫妇妃匹之合；内行刀锯，外用甲兵，故时变也。由此观之，神农非高于黄帝也，然其名尊者，以适于时也。"从中我们可以看到，神农之世是一个男耕女织、刑政不用、甲兵不起、大体平等的农耕聚落社会；黄帝之世，开始出现尊卑礼仪，以强胜弱，以众暴寡，外用甲兵，战争突起，这是一个出现不平等，社会发生分化，但尚未产生国家的所谓"英雄时代"。对于这样的时代，摩尔根称之为"军事民主制"时期，恩格斯也使用"军事民主制"，同时称其为"英雄时代"。这是野蛮时代的高级阶段，也是向国家转变的阶段。

颛顼帝喾尧舜禹时代属于早期国家形成时期。《淮南子·齐俗训》说："帝颛顼之法，妇人不辟（避）男子于路者，拂（《太平御览》作'祓'，当是）于四达之衢。"即颛顼时期，男尊女卑和父权已成为制度——"颛顼之法"。这当然不属于刚刚进入父系社会的事情，而是父系制度经过了相当长时间发展的结果。《国语·楚语》说颛顼"乃命南正重司天以属神，命火正黎司地以属民……是谓绝地天通"（《尚书·吕刑》也有同样的记载）。说明当时已出现专职的神职人员，这意味着一个祭祀兼管理阶层的形成，宗教祭祀已被统治阶层所垄断，从而使得社会进一步复杂化，这是文明化进程中划时代的现象之一。还有，我们知道，酋邦即中心聚落形态与国家的重要区别是后者出现了凌驾于全社会之上的强制性公共权力。而这种强制性公共权力的一个重要表现就是出现了刑罚。《左传·昭公十五年》引《夏书》讲述的"皋陶之刑"，《尚书·吕刑》篇说苗民"制以刑，惟作五虐之刑，曰法"，都强有力地说明颛顼至禹时期（当然主要是尧舜禹时期）是一个具有强制性公共权力的早期国家时期。

颛顼至尧舜禹时期中原地区有两大政治景观：邦国林立和族邦政治联盟。尧舜禹禅让传说生动描述了族邦联盟的盟主职位在联盟内转移和交接的情形。尧舜禹时期的"万邦"中，因尚未产生像三代那样的作为中央王国的"国上之国"，所以当时邦国联盟领导权的产生，多以和平推举的方式进行，这就是尧舜禹禅让传说的由来；也许有时候，盟主的产生需要依靠政治军事实力，这就会出现所谓"舜逼尧，禹逼舜"（《韩非子·说疑》）这种事情。尧舜禹禅让传说反映的所谓民主制，说的是邦国与邦国间的平等关系，并不是某一邦国内部的关系，因而不能用尧舜禹禅让的古史传说来衡量各邦国内部的社会性质。过去用尧舜禹禅让传说来解释各邦国内部的社会性质，似乎是一个误区。同样，《礼记·礼运》所说的天下为公的大同世界，是因为当时政治实体体制的最高层次为邦国和邦国联盟，尚未出现一元政治的王朝体系；《礼运》说"小康"的"家天下"始于夏朝，是因为从夏代开始才出现了多元一体的王朝体系。没有"国上之国"王国的出现，就不会有"家天下"的政治格局。"家天下"之"天下"，既包括中原的王国，也包括王国之外的诸邦国，其结构是以存在一个"共主"为条件的。

从尧舜禹的古史传说中，我们可以看到，尧舜禹具有双重身份：他们首先是本邦本国的邦君，又都曾担任过联盟的"盟主"亦即"霸主"。唐尧禅位给虞舜，所传的是联盟的盟主之位，而不是唐国君主的君位。对于尧舜禹时期的联盟，过去学术界一般称之为"部落联盟"。但是，既然在尧舜禹时期的"万邦"的政治实体中确已出现一些早期国家，我们称之为"族邦"或"邦国"，那么，从事物的性质总是由其主要矛盾的主要方面予以规定来看，尧舜禹时期诸部族之间的关系，与其称为"部落联盟"，不如称之为"邦国联盟"或"族邦联盟"。唐尧、虞舜、夏禹之间的关系实为邦国与邦国之间的关系，只是当时随着势力的相互消长，唐尧、虞舜、夏禹都先后担任过"族邦联盟"的盟主而已。这种盟主地位就是夏商周三代时"天下共主"之前身，也就是说，夏商周三代之君"天下共主"的地位，就是由尧舜禹时期族邦联盟的"盟主"或"霸主"转化而来的[9]。

从民族形成的视角来看，颛顼尧舜禹时期的国家属于部族国家。部族是历史上比部落更高层次的，比部落范围更大的，有共同语言、共同文化，内部各部地理位置相连（起初各部分地理位置相连，其后某部亦可迁徙），带有血统特征（如姓族或族的谱系）的族共同体。部族国家的特点是国家的民众或主体民众属于某一部族，因而在国家的政治生活中血缘关系还发挥着很大的作用；有时国君之名与部族之名可以重合；国家的最高保护神也是部族祖先神（部族宗神）。在有些时候，部族可以等同于国家；但由于部族迁徙等原因，同属一个部族的人们可以建立若干小国家。在从部落到民族的发展过程中，部族和部族国家是其中间的重要一个环节。而在已形成部族的情况下，各个部族之间的族邦联盟，则是由部族走向民族、由部族国家走向民族国家的重要一环。中原地区的尧舜禹族邦联盟正是由不同部族组成，它为自夏代开始的华夏民族的形成奠定了基础。

我们把民族分为"古代民族"和"近代民族"两类，这样就突破了斯大林对民族出现时间的限定。就中国古代民族出现的时间上限而论，即使根据马克思恩格斯经典理论，也不能以是否消除血缘关系作为民族形成的标准④。对于古代民族，我们根据民族的自然属性而主张将它定义为：古代民族是人们从古代就开始形成的一个有共同语言、共同地域、相同经济生活以及具有共同文化的、稳定的、比部落更高的、更大范围的共同体。在上述共同语言、共同地域、相同经济生活、共同文化这四大要素中，我们在这里使用的是"相同经济生活"，而斯大林的用语是"共同经济生活"。这个"共同经济生活"，斯大林是指资本主义时期的经济联系。对于近代民族而言，这种共同的经济生活可以指民族市场、民族的经济中心、民族贸易等民族的经济联系，但对于古代民族来说，社会还没有发展出这种程度的经济联系，为此，我们把它修改为"相同经济生活"，这样才更符合古代历史的实际。关于民族的"共同地域"问题，需要辨析的是，虽说每个民族都有自己的共同地域，但"有共同地域"与"按地域划分"是两个不同的概念。一个政治实体（如国家）是否按地域来划分它的居民或国民，与它是否有自己"共同的地域"是不同的；同样的道理，民族问题也是这样。有些时候，一个民族共同体形成之后，本民族中一部分人的迁徙或殖民，致使说同一种语言、具有相同文化的人们分散在相距遥远的不同地域，在这种情况下，同一民族的人到后来是可以居住在不同地域、不同国度的。因此，对于"共同地域"等民族的自然属性也要作动态的、辩证的分析。

尧舜禹族邦联盟的时间较为长久，这就会逐步产生超越部族意识的某些新文化因素。而这种新文化因素就是促使各部族的人们朝着民族方向发展的动因，并由血缘的部族走向文化的民族。然而，族邦联盟毕竟是松散的、不稳定的，随着盟主的更换，联盟的中心也是游移的。所以，对于民族的形成来说，仅仅有某些新文化因素是远远不够的，它需要一种更大范围的、超越邦国限制的、能容纳和包裹诸部族的"大国家机制"。而从其后出现的夏王朝的历史实际来看，这种"大国家机制"就是我们所说的"复合制国家结构"。只有在复合制国家结构中才会出现多元一体的政治格局，才能在一个国家内容纳众多的部族，从而使分散的部族国家走向某种形式的统一的民族的国家，出现王朝体制下的以大文化为血脉和纽带的华夏民族。

四 王国、王朝国家与复合制
国家结构中的王权

夏朝是中国历史上第一个王朝国家。夏王朝的出现使得中国的早期国家由邦国形态转变为王国和王朝国家形态。对于夏商时期的国家结构和形态，以往的学术界或者认为是统一的中央集权制国家；或者认为是"城邦联盟""方国联盟"等。笔者认为夏商周三代王朝都是一种复合制国家形态，它的复合制是指在王朝内包含有王国和从属于王国的属国（属邦）两大部分，这两大部分不是平等的联盟关系，而是以王为"共主"，属国受王的调遣和支配，在不平等的结构中构成多元一统（或称多元一体）的王朝国家。

复合制的夏王朝由夏后氏与从属于夏王的其他族邦所组成。其属邦，有的是和夏后氏同姓的族邦，如《史记·夏本纪》所载，"太史公曰：禹为姒姓，其后分封，用国为姓，故有夏后氏、有扈氏、有男氏、斟寻氏、彤城氏、褒氏、费氏、杞氏、缯氏、辛氏、冥氏、斟戈氏"等。有的则是异姓族邦，如韦、顾、昆吾、有虞氏、商侯、薛国等。韦、顾、昆吾都是商汤灭夏时首先征伐的属于夏王朝内的族邦。《国语·郑语》说"昆吾为夏伯"，说的是昆吾乃从属于夏的侯伯之国。《左传·定公元年》说："薛之皇祖奚仲，居薛，以为夏车正。"这是说薛国之邦君担任夏的车正之官，负责为夏王造车。《国语·鲁语上》说"冥勤其官而水死"，今本《竹书纪年》也说"（帝少康十一年）使商侯冥治河""（帝杼十三年）商侯冥死于河"，这是说商部族首领担任过夏王朝的治水之官职，并因此而殉职。这些从属于夏王朝的各地邦君之所以能在朝廷任职为官，就在于复合制的王朝国家结构[2]a。

商王朝的复合制是由"内服"之地的王国与"外服"之地的侯伯等属邦所组成[2]b。商王朝内的属邦在甲骨文中多有记载，如甲骨文中听命于商王调动的侯伯等国。在商代，最能说明它的复合制王朝国家结构的就是《尚书·酒诰》所说的"内服""外服"制。《酒诰》说"在昔殷先哲王……自成汤咸至于帝乙……越在外服：侯、甸、男、卫、邦伯；越在内服：百僚、庶尹、惟亚、惟服、宗工，越百姓里居（君）"，这是说在商王之属下分内、外两服，其内服为百僚、庶尹、亚服、宗工，还有百姓里君；其外服为侯、甸、男、卫、邦伯。《酒诰》的记载恰可以与《大盂鼎》"惟殷边侯田粤殷正百辟"铭文对应起来，可知《酒诰》的说法是有根据的。联系甲骨文中"商"与"四土四方"并贞的卜辞，内服之地就是甲骨文中的"商"即商国，外服之地就是与分布在"四土"中的附属于商的侯伯等国。对于从属于商王的侯伯等国，按照传统的称呼则为诸侯国。因此，将《酒诰》中的"内服""外服"与《大盂鼎》铭文以及甲骨文中"商"与"四土"的结构关系联系起来，可以断言，商代"内服"与"外服"相结合的"大国家结构"确实存在过。《酒诰》所说商代的"内服"和"外服"，与《国语·周语上》等书所说的"五服"不同，其不同之处在于商代的"内服""外服"属于王朝国家内的结构关系；而《国语·周语上》等书所说的"五服"⑤则既包含王朝国家内的结构关系，也含有王朝国家与蛮夷戎狄之间的关系，是既有内部关系又有王朝与外部的关系。

商王朝中各地方邦君在朝廷为官的情形，无论是甲骨文、金文还是史书文献都有记录。如甲骨文中的朝臣"小臣丑"（《甲骨文合集》，以下简称《合集》36419）与山东青州苏埠屯发现的带有四个墓道大墓主人"亚丑"[10]。殷墟花园庄54号墓是一位在朝为官的显赫贵族[11]，由墓内青铜器"亚长"铭文中的"亚"以及随葬大量青铜武器来看，他是"内服"之中领兵打仗的武官，但他来自甲骨文中称为"长伯"（《合集》6987）

的侯伯之国，说不定就是卜辞中长族将领"长友角""长友唐"（《合集》6057 正、6063 反）之类的人物。在殷墟梅园庄村一带发现铸有族徽铭文"光"的墓葬，其墓主应是来自"侯光"（《合集》20057）这一侯伯之国。殷墟西区第三墓区 M697 出土"丙"的族徽铭文，其墓主来自甲骨文中称为"丙"（《合集》4475、2478）的族邦。这个族邦应当在山西灵石旌介。灵石旌介丙国商墓出土的铸有族徽铭文的 42 件铜器中，有 34 件是"丙"形徽铭[12]。在殷墟刘家庄南的 M63 出土 2 件铸有族徽"息"铭铜器，其墓主是来自甲骨文中"息伯"（《合集》20086）诸侯国，其地在河南罗山县蟒张乡天湖村一带。在这里发现的 20 座晚商墓葬中，出土有"息"族徽铭文的青铜器 24 件[13]。所以，殷墟刘家庄南 M63 墓主来自罗山天湖的"息伯"诸侯国。《史记·殷本纪》记载商纣王以西伯昌、九侯（一作鬼侯）、鄂侯为三公，也属于以地方邦君为朝廷要职[14]。

部分朝臣由地方邦君来担任，体现了复合制国家结构某种程度的一体性。但这种一体性绝不属于统一的中央集权国家。这是因为这一结构内处于属邦地位的侯伯等国，与后世郡县制下的行政机构不同，不是一类；有一些商王朝的属邦是夏朝时即已存在的邦国，在商时这些属邦与商王有隶属或从属关系，可以受商王的调遣和支配，但并没有转换为商王朝的地方一级权力机构，它们臣服或附属于商王朝，只是使得该邦国的主权不能完全独立。但它们作为邦国的其他性能都是存在的，所以，形成了王朝内的"国中之国"。因此，如果把商王朝定性为与秦汉王朝差不多一样的统一的中央集权国家，显然不符合历史实际。但是，也有学者走到了另一极端，说夏商王朝是"城邦联盟"或"方国联盟"。这种说法忽视了夏商王权对于属邦即地方邦国的支配，忽视了地方邦国在政治上不具有独立主权；在经济上，地方邦国要向朝廷贡纳，经济资源尤其是战略资源要输送到中央王国；在军事上，地方邦国的军队要随王出征或接受王的命令出征。我们若用复合制国家结构和形态来解释这一切，问题即可迎刃而解。"复合制王朝国家说"这一理论观点，揭示了夏商周三代国家形态和结构的历史特点。这一历史特点既不同于三代之前和三代之后，也不同于古希腊罗马时的古典社会和西欧的封建社会。

中国古代真正的王权是随着夏商周王朝国家的出现而确立起来的。由于三代的国家形态是复合制王朝国家，对于王权的研究也就应当放在这种复合制结构中加以考察。王权是邦国君权的进一步发展，二者的共同性在于：它们都是强制性的，都属于凌驾于各自的全社会之上的公共权力。二者的区别在于：邦君的君权只行使在本邦的范围内，它是对本邦民众的支配力；而中国古代的王权则行使在王朝国家的范围内，它不但支配着本邦（王邦即王国），也支配着其他属邦（王朝国家内从属于王的其他邦国）。所以，中国夏商周三代的王权是与夏商周三代复合制的大国家结构联系在一起的。由于王权的作用，王朝国家中的王国处于"国上之国"的地位。这种"国上之国"的地位，不仅仅因为它位于中央地域，可称之为中央王国，更主要的是因为它乃王的本邦，是王用来支配其他属邦的基本力量，王的"天下共主"的地位决定了王国的"国上之国"的地位。而从属于王朝的邦国，则可视为"国中之国"，即王朝国家内不具有独立主权或者说是主权不完整的"国中之国"，它们不但受王权的支配，而且处于不平等的结构之中。当然，由于王朝的复合制结构，王权的统治方式也有它的历史特点。以商王朝为例，商的王权对于王邦（即"内服"之地）与侯伯等属邦（即"外服"之地）的统治方式有直接统治与间接支配的差别，但有时也表现出这两种方式的混用，即直接统治与间接统治相结合[15]，地方邦君与朝臣身份相结合。此外，对于异族邦国，也采用军事征服与精神笼络相结合的方法。商代王权所呈现出的这些统治方式，并非由商王的个性所决定，而是由商代的国家体制、国家结构和国家形态的发展程度所决定的。

夏商王朝的复合制还决定了它属于民族的国家，其民族就是华夏民族。只是夏商时期的华夏民族还属于"自在民族"。所谓"自在民族"就是民族意识还处于朦胧、潜在状态的民族；自己作为一个民族已经存在，但其自身还没有完全意识到。夏商时期的华夏民族就处于这样的状态。到了西周时期，华夏民族的共同文化得到进一步的扩充和发展，民族文化中的礼仪制度、典章制度也更加完善，民族意识也开始显现，这才使得周人自称"我有夏"，以夏为正统。再到春秋战国时期，以周天子为"天下共主"的复合制国家结构名存实亡，礼仪征伐不出自天子，天下处于混乱状态，在本民族共居之地时常出现异族的人们，这才产生"华夷之辨"思想和危机意识，它强调了华夏民族的一体性。这种华夏民族的自觉意识是随着强烈的"华夷之辨"的需要和危机感而凸显出来的。"华夷之辨"中所

"辨"的是华夏与蛮夷戎狄的不同，它通过"华夏"这样的民族称呼，强调了根在中原的本民族衣冠服饰、礼仪制度、典章制度与夷狄的不同。这样就使华夏民族由"自在民族"转变为"自觉民族"。自觉民族是一种"文化民族"，是有强烈的民族自觉意识的民族。

夏商时期的华夏民族还是一个自在民族，在民族内部，亦即在复合制王朝国家内，部族间的界线并没有消除。民族内保留有部族，这是因为构成王朝国家的许多属邦分属于不同部族。维系夏商西周时期华夏民族的纽带，一是这种复合制国家结构，二是自夏而来的、为商周所继承的以礼制、典章为核心的大中原文化。这就是孔子所言，殷因于夏礼，周因于殷礼，它们之间只是有所损益而已。夏商周复合制王朝国家是此时华夏民族的外在框架，是民族的外壳，也是它的基础，是维系民族一体性的基本保障。

王国和复合制王朝之后是帝制帝国，中国古代帝国阶段始于战国之后的秦王朝。帝国时期的专制主义中央集权，是自上而下、层层行政隶属的、单一制的中央集权国家结构，其机制就是郡县制。在帝制国家结构中实行的郡县制，与先秦时期的采邑和分封制是完全不同的。采邑与分封都是世袭的，而郡县制中的各级官吏都是皇帝和中央直接任免的。王朝与封国，王朝内王与贵族的封地和采邑，诸侯国内邦君与贵族的封地和采邑，它们之间虽有上下隶属关系，但不是行政管理关系，因而无论是封国、封地还是采邑，都与战国秦汉以来的地方行政机构不同，不能据此而划分出地方行政管理级别。这就是复合制的王朝与郡县制中央集权的帝国王朝在国家结构和统治方式上的差别。

注释

① 参见王震中《中国文明起源的比较研究》，陕西人民出版社 1994 年版。关于笔者在该书中把聚落考古学与社会形态学相结合来研究中国文明和国家起源的理论框架，杨升南、马季凡称之为"中国文明起源途径的聚落'三形态演进'说"，参见扬升南、马季凡《1997 年的先秦史研究》，《中国史研究动态》1998 年第 5 期。

② 参见王震中《良渚文明研究》，《浙江学刊》2003 年增刊，后收入王震中《中国古代文明的探索》，云南人民出版社 2005 年版。

③ 在良渚文化末期，许多遗址的良渚文化层上部都发现有一层淤泥层，为洪水泛滥所

致，参见陈杰、吴建民《太湖地区良渚文化时期的古环境》。有人认为，这一时期的洪水泛滥，或许与公元前 2133 年和公元前 1953 年发生的气象上的九星地心会聚而引起自然灾害频繁发生有关，参见王青《距今 4000 年前后的环境变迁与社会发展》。以上两文均载于徐湖平主编《东方文明之光——良渚文化发现 60 周年纪念文集（1936—1996）》，海南国际新闻出版中心 1996 年版。最近，根据 2012 年中华文明探源工程有关课题组对良渚文化自然环境和气候研究的报告，良渚文化曾遭遇较大的环境变化。

④关于摩尔根、恩格斯、马克思认为民族出现于原始社会末期的论述，参见易建平《部落联盟与酋邦——民主·专制·国家：起源问题比较研究》，社会科学文献出版社 2004 年版，第 24～51 页。

⑤《国语·周语上》祭公谋父曰："夫先王之制：邦内甸服，邦外侯服，侯、卫宾服，蛮、夷要服，戎、狄荒服。甸服者祭，侯服者祀，宾服者享，要服者贡，荒服者王。日祭、月祀、时享、岁贡、终王，先王之训也。"此为《国语·周语》所说的"五服"。

参考文献

[1] 王震中．邦国、王国与帝国：先秦国家形态的演进［J］．河南大学学报：社会科学版，2003（4）．

[2] a 王震中．夏代"复合型"国家形态简论［J］．文史哲，2010（1）；b 王震中．论商代复合制国家结构［J］．中国史研究，2012（3）．

[3] 王震中．中国古代文明的探索［M］．昆明：云南人民出版社，2005．

[4] 刘莉．中国新石器时代：迈向早期国家之路［M］．陈星灿等，译．北京：文物出版社，2007：79-80；赵建龙．从高寺头大房基看大地湾大型房基的含意［J］．西北史地，1990（3）．

[5] 王震中．从符号到文字：关于中国文字起源的探讨［M］∥西北大学文博学院．考古与文物研究——纪念西北大学考古专业成立四十周年文集（1956—1996）．西安：三秦出版社，1996；王震中．试论陶文"⚓""⚓"与"大火"星及火正［J］．考古与文物，1997（6）．

[6] 王震中：东山嘴原始祭坛与中国古代的社崇拜［J］．世界宗教研究，1988（4）．

[7] 李学勤．良渚文化的多字陶文［J］．苏州大学学报：吴学研究专辑，1992．

[8] 王震中．三皇五帝传说与中国上古史研究［G］∥中国社会科学院历史研究所学刊编委会．中国社会科学院历史研究所学刊：第七集．北京：商务印书馆，2011．

[9] 王树民．五帝时代的历史探秘［J］．河北学刊，2003（1）．

［10］山东省博物馆．山东益都苏埠屯第一号奴隶殉葬墓［J］．文物，1972（8）；殷之
　　　彝．山东益都苏埠屯墓地和"亚醜"铜器［J］．考古学报，1977（2）；山东省文
　　　物考古研究所，青州市博物馆．青州市苏埠屯商代墓地发掘报告［G］∥张学海．
　　　海岱考古：第一辑．济南：山东大学出版社，1989．

［11］中国社会科学院考古研究所安阳工作队．河南安阳市花园庄54号商代墓葬［J］．
　　　考古，2004（1）．

［12］李伯谦．从灵石旌介商墓的发现看晋陕高原青铜文化的归属［J］．北京大学学报：
　　　哲学社会科学版，1988（2）；殷玮璋，曹淑琴．灵石商墓与丙国铜器［J］．考古，
　　　1990（7）．

［13］河南省信阳地区文管会，河南省罗山县文化馆．罗山天湖商周墓地［J］．考古学
　　　报，1986（2）．

［14］李学勤．释多君、多子［M］∥胡厚宣．甲骨文与殷商史．上海：上海古籍出版
　　　社，1983．

［15］王震中．商代都鄙邑落结构与商王的统治方式［J］．中国社会科学，2007（4）．

作者简介：王震中，男，历史学博士，中国社会科学院历史
研究所副所长、研究员、博士生导师，河南大学黄河文明与可持
续发展研究中心兼职教授、博士生导师

原文刊于：《中原文化研究》（郑州），2013.6：5～17

中国考古学界国家起源探索的
心路历程与相关思考

许 宏

摘 要：20世纪初叶至今，百年来中国学术界对国家起源和早期文明史的探索历程，主要采用从成熟的国家社会所表现出的明显特征中探究早期国家某些本质的萌芽及其发生发展过程的方法。在这一推论方式以及传统文明观的影响下，中原王朝中心说长期占据主导地位，此后虽然出现了多种认知模式，但其基本思路和结论仍然认为各区域的史前文化虽相对独立，但联系密切，大体连续进化，对远古时期区域文化间在社会发展进程上的差距、不平衡性和差异性则一定程度上存在淡化和忽视。再加上理论上的缺陷、民族主义思想影响和考古学学科的局限，中国国家起源的研究结论具有相对性和不可验证性。如果用东亚大陆来表述讨论的空间范畴，以公元前1800年前后东亚地区最早的核心文化——二里头文化，最早的广域王权国家——二里头国家的出现为界，就可以把东亚大陆的早期文明史划分为两个大的阶段，即以中原为中心的"中原（中国）王朝时代"和此前政治实体林立的"前中国时代"或"前王朝时代"。以此为界，东亚大陆的国家起源进程则呈现出非连续性和多歧性，不支持东亚文明与国家数千年来由小到大、单线进化的认知模式。

关键词：国家起源；东亚大陆；二里头文化

在中国，绝大多数学者认同把"文明"（civilization）作狭义的理解和把握，指的是人类社会的进步状态，而非"文化"（culture）的代名词。进而，多数学者赞同恩格斯"国家是文明社会的概括"的论断[1]172，即把国家的出现作为文明社会到来的主要标志。通观 20 世纪初叶至今百年来中国学术界对国家起源和早期文明史的探索历程，其重要的研究方法之一是由已知的文明实体往上推，从其成熟的国家社会所表现出的明显特征中，探究早期国家的某些本质的萌芽及其发生发展过程。由于丰富的文献材料及由此产生的史学传统，这一探索理所当然地以对具体王朝的确认为中心和出发点，即便在现代考古学诞生之后也是如此。由此显现出的若干特征，耐人寻味，值得重视。

一　20 世纪 20 年代至今：文献本位的"证经补史"与王统的考古学

20 世纪初叶，王国维成功释读了安阳殷墟出土的甲骨文，证明《史记·殷本纪》所载商王世系表基本可靠、商王朝的事迹为信史[2]。这一重大学术收获给中国学术界以极大的鼓舞。由《史记·殷本纪》被证明为信史，推断《史记·夏本纪》及先秦文献中关于夏王朝的记载也应属史实，进而相信夏王朝的存在，这一由此之可信得出彼之可信的推论方式得到广泛的认可，成为国内学术界的基本共识，奠定了百年来"证经补史"研究的基调[3]。

1928 年开始的对安阳殷墟的发掘，确认该地系商王朝的晚期都城遗址[4]。至 20 世纪 50 年代，又由于早于殷墟而文化特征与之近同的二里岗文化和郑州商城的发现，考古学上的商文化遂被上推至二里岗期[5]。1959年，徐旭生等在梳理文献的基础上对可能的"夏墟"进行踏查的过程中，又发现了二里头遗址[6]。在考古材料还相当匮乏的情况下，关于夏文化探索和夏商王朝分界问题的讨论成为最受关注的议题。相对于考古学层面的基础研究，运用有限的考古材料进行狭义史学范畴的整合研究更受关注[7]。而 20 世纪 90 年代启动的"夏商周断代工程"，显然也是以文献为基本立论前提的[8]。诚如有学者指出的那样，其中的"夏"仍属预设而非被证实。这反映了 20 世纪下半叶以来中国考古学界乃至史学界的总体学术取向和研究思路。

总体上看，直到 20 世纪 70 年代，由于考古工作集中于黄河流域，受考古发现的限制以及传统文明观的影响，中国学术界大致持一元起源的中原王朝中心说，认为商王朝或夏王朝是最早的国家。

二　20 世纪 50 年代至今：单线连续进化论为主流，上限不断提前

中国学术界关于文明与国家起源的考古学探索，在 20 世纪下半叶以来有过多种认知模式。除"中原中心说"[9]外，还有"满天星斗说"[10]、"中国相互作用圈说"[11]①、以中原为中心的"重瓣花朵说"或"多元一体说"[12]、"以中原为中心的历史趋势说"[13]、"新中原中心说"[14]等。

"中原中心说"以外的其他各说，大致可以看作多元认知视角下的新中原中心论，其基本思路和结论仍然是认为各区域的史前文化虽相对独立，但联系密切，大体连续进化，最终"百川归海"。尽管普遍认可一般意义上社会发展的不平衡性，但学者们会讳言区域文化间在社会发展进程上的差距，远古时期区域文化间的不平衡性和差异性则在一定程度上被淡化。单线的"一般进化论"的思考方法一直居于主流，各地史前社会大体同步向文明迈进的思路成为中国学界的基本共识。在关于中国史前文化发展、文明起源与形成过程的叙事上，宏观的纵向断代综述成为主流，如"新石器时代晚期""铜石并用时代"等，其分量远远重于区域本位的动态分析[15]。由大一统的当代中国追溯单一（含"多元一体"）的中原国家的起源，仍是目前的主流认识。即便良渚这样地处中原以外、在中原王朝文明诞生前数百年即告消亡的早期文明实体，都被认为是连绵不断的中华文明的重要组成部分。

大致从 20 世纪 70 年代后期开始，以考古发现为先导，中国学术界开始依据日渐丰富的考古成果提出重新评估中国古代文明，其关注重点提前至尚属于"原史（proto-history）时代"的夏代甚至"五帝"时代，即所谓的中国古史的传说时代。尽管讨论涉及的问题十分广泛，但中心议题是中国何时进入文明时代，也即国家出现的问题，国家出现的时间则不断被提前。

20 世纪 70 年代，唐兰通过对大汶口文化陶器刻画符号（或称陶文）

的研究，提出中国有 6000 多年的文明史[16]。基于 20 世纪七八十年代良渚文化的重要发现，学者提出了良渚文化出现私有制、处于文明前夜甚至进入了"国家时期"等观点。与此大体同时，不少学者认为河南登封王城岗城址、山西襄汾陶寺遗址等龙山时代重要遗址的发现，与传说中的夏王朝或"五帝"时代林立的邦国相吻合，已进入初期文明社会[17]。20 世纪 80 年代，苏秉琦在辽西地区红山文化重要发现的基础上，提出红山文化时期是我国历史上古国的开始。随后，他提出了中华文明"满天星斗"说、"古文化—古城—古国"说和"古国—方国—帝国"发展模式说[18]。但像红山文化那样的大规模宗教现象和社会公共工程，是否就能证明强制性权力机构的存在，其已进入早期国家阶段，即便在中国学术界也不乏异议。已有学者指出，中华 5000 年文明的提法，是着眼于长期的文化传统和大范围的文化认同，如果我们以国家的出现界定文明的形成，相关问题显然需要进一步思考。

这样的心路历程，有中原中心的传统中国史观和民族主义的影响，同时，考古材料的变化导致解释上的变化也是很重要的[19]。

三 若干思考：理论缺陷、民族主义与学科局限

中国考古学研究历来有漠视理论的传统，"特别重视考古材料的获取和考证，而不信任主观的理论，常以为'理论'不过是一种成见，因而把理论硬套在考古材料上便不是严谨的治学方式"[20]张光直序言。关于国家起源研究的理论建设严重不足，就直接影响了研究的深度与质量。一个典型的例子是苏秉琦给"古国"所下的定义为"植基于公社、又凌驾于公社之上的高一级的社会组织形式"，一般认为"从学术上分析，这是一个内涵不明确、外延不清晰的概念"[21]。在相关理论、概念未经充分讨论并达成基本共识的情况下，缺乏公认的话语平台，歧见纷出也就不足为奇了。

中国学者注意到中国国家起源进程的特殊性，意识到从后世文献的珍贵史料中汲取本土"话语"可能更近于史实，在本土的研究实践中也进行了一定的理论探索。这是难能可贵的，有望在理论和方法论上对全球国家起源的研究有所贡献。国家起源研究本来是全球性的研究课题，但由于种种原因，中国学界与国外学界交流不畅甚至存在隔膜，在具体研究中也就

难免有闭门造车、自说自话的倾向。一些特有概念如"古国""方国""邦国"等如何与"酋邦""早期国家"等人类学或历史学概念对接，都是需认真加以思考的问题。

"酋邦"（chiefdom）概念在欧美以及中国学界尽管仍存争议，但用其表示前国家阶段的复杂社会，作为由大体平等的社会到国家社会的中间环节，大致不误。中国学界至今没有普遍采纳这一概念，大多仍持前国家社会与国家社会两段论，导致论证上的简单生硬。

中国的传世文献，最早为东周至汉代的作品，彼时已是成熟的国家社会，在记录上古事迹时，多将当时很可能属前国家社会的政体称为"邦""国"之类，本土学者追溯国家起源，每每望文生义，牵强比附。同时，前述中国国家起源的上限不断被提早，认为可以比肩世界上最早的一批文明古国，著名学者直言"近代考古学的目标就是修国史"[18]b，这样的治学态度显然具有较鲜明的民族主义色彩。

所谓文明与国家起源，一般早于当地包含丰富历史信息的文书问世的时代。毋庸置疑，对历史时代之前也即史前或原史时代的研究，考古学具有不可替代的地位。但考古学探究文明与国家起源问题，只能通过对"物"也即文化现象、文明要素或曰其物化形式的发掘、记录和观察入手，而对国家的分析界定，多涉及制度层面，显非考古学的强项。一方面，这些遗存是断片的、非系统的甚至是蛛丝马迹；另一方面，文字文书的阙如，增大了探讨研究的不确定性。

考古学通过遗存探究过去，具有极强的阐释性。考古材料本身不会说话，而考古学者的代言，不可避免地会融入研究者的主观认识，而且在借鉴其他学科理论与方法论的过程中，也会产生适配性的问题。因此可以说，中国考古学在国家起源研究领域的结论具有相对性和不可验证性，这是我们需要警惕的。

四 一个提案：东亚大陆国家 起源两大阶段论

这里，我们不取"中国"一词，而是用"东亚大陆"来表述讨论的空间范畴，旨在对地域与政治实体加以区分。

公元前 3500 ~ 公元前 1800 年，也就是考古学上的仰韶时代后期至龙山时代，被称为东亚"大两河流域"的黄河流域和长江流域的许多地区进入了一个发生着深刻社会变革的时期，众多相对独立的部族或古国并存且相互竞争。那是一个"满天星斗"的时代，"邦国林立"是那个时代最显著的特征。有的学者将其称为"古国时代"或"邦国时代"，有的则借用欧美学界的话语系统，将其称为"酋邦时代"。

随着人口的增长，这一时期开始出现阶层分化和社会复杂化现象，区域之间的文化交流和摩擦征服都日趋频繁。许多前所未见的文化现象集中出现，聚落形态上也在发生着根本的变化。如大型中心聚落及以其为中心形成的一个个大遗址群，城墙、壕沟、大型夯土台基、殿堂建筑、大型祭坛、大墓等耗工费时的工程，墓葬规模和随葬品数量质量上所反映出的巨大差别等，都十分令人瞩目。这些人类群团在相互交流、碰撞的文化互动中，逐渐形成了一个松散的交互作用圈，但显然它们是相互独立和分散的。随后，兴盛一时的中原周边地区的各支考古学文化先后走向衰落甚至彻底退出历史舞台。

到了公元前 1800 年前后，中原龙山文化系统的城址和大型中心聚落也纷纷消亡。代之而起的是地处中原腹地嵩（山）洛（阳）地区的二里头文化，其在极短的时间内吸收了各地的文明因素并最终崛起。二里头文化的分布范围首次突破了地理单元的制约，几乎分布于整个黄河中游地区。二里头文化的因素向四围辐射的范围更远大于此，它与二里头都邑的出现，表明当时社会由若干相互竞争的政治实体并存的局面，进入广域王权国家阶段。黄河和长江流域这一东亚文明的腹心地区开始由"多元化"的邦国文明走向"一体化"的王朝文明[22]。

我们倾向于以公元前 1800 年前后东亚地区最早的核心文化——二里头文化、最早的广域王权国家——二里头国家的出现为界，把东亚大陆的早期文明史划分为两个大的阶段，即以中原为中心的"中原（中国）王朝时代"和此前政治实体林立的"前中国时代"和"前王朝时代"。值得注意的是，这两大阶段也恰是东亚大陆青铜时代和前青铜时代的分野。以此为界，东亚大陆的国家起源进程呈现出非连续性和多歧性。以良渚、石峁、陶寺文明为代表的众多邦国都走完了其生命史的全过程，而与后起的中原青铜文明仅有或多或少的间接关系，呈现出"连续"中的"断裂"态势[23]。以良渚文化为例，这个过早消逝了的、充满巫术色彩的巨大存在，显现出其与后来的中原文明在文化认同上的较大差异。可以认为，考古学所揭示的良渚文明的庞大化和复杂化，以及其与中原青铜时代王朝文明间的"断裂"，不支持东亚文明与国家数千年来由小到大、单线进化的认知模式。当然，对曲折而复杂的东亚大陆国家起源进程之细节的把握，还有待于今后的田野考古工作和相关的整合研究。

注释

①较早的中文译本，参见张光直《中国相互作用圈与文明的形成》，收入《庆祝苏秉琦考古五十五年论文集》，文物出版社1989年版。

参考文献

[1] 中共中央马克思恩格斯列宁斯大林著作编译局. 马克思恩格斯选集：第4卷. 北京：人民出版社，1995.

[2] 王国维. 观堂集林：卷九［M］. 北京：中华书局，1959.

[3] 许宏. 方法论视角下的夏商分界研究［G］∥中国社会科学院考古研究所夏商周考古研究室. 三代考古：三. 北京：科学出版社，2009.

[4] 李济. 安阳：殷商古都发现、发掘、复原记［M］. 苏秀菊等，译. 北京：中国社会科学出版社，1990.

[5] a 邹衡. 试论郑州新发现的殷商文化遗址［J］. 考古学报，1956（3）；b 河南省博物馆，郑州市博物馆. 郑州商代城遗址发掘报告［G］∥文物编辑委员会. 文物资料丛刊：1. 北京：文物出版社，1977.

[6] 徐旭生. 1959年夏豫西调查"夏墟"的初步报告［J］. 考古，1959（11）.

[7] a 河南省考古学会，河南省博物馆. 夏文化论文选集［M］. 郑州：中州古籍出版社，1985；b 中国先秦史学会. 夏史论丛［M］. 济南：齐鲁书社，1985；c 郑杰祥. 夏文化论集［M］. 北京：文物出版社，2002.

[8] 夏商周断代工程专家组. 夏商周断代工程1996 - 2000年阶段成果报告：简本［M］. 北京：世界图书出版公司，2000.

[9] a 安志敏. 试论黄河流域新石器时代文化［J］. 考古，1959（10）；b 石兴邦. 黄河流域原始社会考古研究上的若干问题［J］. 考古，1959（10）.

[10] 苏秉琦，殷玮璋. 关于考古学文化的区系类型问题［J］. 文物，1981（5）.

［11］CHANG K C . The Archaeology of Ancient China：Fourth edition ［M］. New Haven：Yale University Press，1986.

［12］严文明 . 中国史前文化的统一性与多样性 ［J］. 文物，1987（3）.

［13］a 赵辉 . 以中原为中心的历史趋势的形成 ［J］. 文物，2000（1）；b 赵辉 . 中国的史前基础：再论以中原为中心的历史趋势 ［J］. 文物，2006（8）.

［14］张学海 . 新中原中心论 ［J］. 中原文物，2002（3）.

［15］许宏 . "新中原中心论"的学术史解析 ［G］//佟柱臣纪念文集编委会 . 无限悠悠远古情：佟柱臣先生纪念文集 . 北京：科学出版社，2014.

［16］a 唐兰 . 中国有六千多年的文明史：论大汶口文化是少昊文化 ［G］//大公报编辑部 . 大公报在港复刊三十周年纪念文集 . 香港：香港大公报出版，1978；b 唐兰 . 中国奴隶制社会的上限远在五、六千年前：论新发现的大汶口文化与其陶器文字 ［G］//山东大学历史系考古教研室 . 大汶口文化讨论文集 . 济南：齐鲁书社，1981.

［17］中国社会科学院考古研究所，中国社会科学院古代文明研究中心 . 中国文明起源研究要览 ［M］. 北京：文物出版社，2003.

［18］a 苏秉琦 . 华人·龙的传人·中国人：考古寻根记 ［M］. 沈阳：辽宁大学出版社，1994；b 苏秉琦 . 中国文明起源新探 ［M］. 北京：生活·读书·新知三联书店，1999.

［19］陈星灿 . 从一元到多元：中国文明起源研究的心路历程 ［J］. 中原文物，2002（2）.

［20］布鲁斯·炊格尔 . 时间与传统 ［M］. 蒋祖棣，等译 . 北京：生活·读书·新知三联书店，1991.

［21］朱乃诚 . 中国文明起源研究 ［M］. 福州：福建人民出版社，2006.

［22］a 许宏 . 最早的中国 ［M］. 北京：科学出版社，2009；b 许宏 . 何以中国：公元前 2000 年的中原图景 ［M］. 北京：生活·读书·新知三联书店，2014.

［23］许宏 . "连续"中的"断裂"：关于中国文明与早期国家形成过程的思考 ［J］. 文物，2001（2）.

作者简介：许宏，男，中国社会科学院考古研究所研究员、博士生导师

原文刊于：《中原文化研究》（郑州），2016.2：13～17

新世纪以来中国文明起源与形成研究的回顾和反思

高江涛

摘　要： 21 世纪以来，中国文明起源与形成研究进入深入研究新阶段。新阶段的中国文明起源与形成研究有许多值得反思的地方。中国文明起源与形成的动力与模式应该成为今后研究的重点与趋势。与国家形成密切相关的社会组织与结构的考察，是中国文明起源研究的切入点。中国文明起源是多元或者多源的，要避免陷入单线进化论。同时，考古学是中国文明起源与形成问题多学科研究中的基础。国内外有关文明起源与形成问题的互动探索交流，极大地推动了这一课题的发展，在文明起源问题研究的推动下，中国考古学呈现一种前所未有的发展新态势。

关键词： 文明起源；国家形成；中国古代社会

中国古代文明的起源与形成研究是学术界的一个重大课题。对这一课题的最早探索，可追溯至 20 世纪 20 年代末郭沫若对中国古代社会的研究[1]，迄今已有百余年历史，取得了丰富的研究成果。尤其 21 世纪以来，在中华文明探源工程的推动下，中国文明起源与形成研究走向一个新阶段。回顾近年来的研究历程，硕果累累，但也有许多问题需作进一步的反思。

一 新世纪新阶段

进入 21 世纪之前的中国文明起源问题研究大体分为两大阶段，一是 20 世纪 20 年代末至 80 年代初；二是 80 年代初至 20 世纪末。

20 世纪 20 年代在新文化运动的洗礼下，以顾颉刚为首的"古史辨"派摧毁了大一统的"三皇五帝古史体系"，在科学与民主思想的影响下提出了以科学态度研究中国文明起源的问题。科学态度要求重视地下发掘材料，考古学的作用凸现出来，于是就有了 1928 年安阳殷墟的发掘，就有了 1930 年郭沫若《中国古代社会研究》唯物史观的尝试。这些早期的研究虽不是明确地对中国文明起源的研究，但却将这一问题提了出来。殷墟发掘使人们认识到殷墟文化并非商文明的源头，如此繁荣的文明肯定有一个发展的过程，于是开始了殷墟文明溯源的研究。20 世纪 50 年代二里岗遗址和郑州商城的发现[2]，使学者们逐渐认识到二里岗文化是商代早期文化。商代确已是文明社会，那么同为早期文献记载的夏是否亦如商代。1959 年徐旭生对豫西的"夏墟"调查揭开了探索夏文化的序幕[3]。调查中发现了二里头遗址，1977 年，夏鼐先生正式将此类遗存命名为"二里头文化"[4]。随后，对二里头文化的性质学术界争论不一，70 年代末邹衡先生较为全面地论述了二里头文化，认为二里头文化是夏文化[5]。夏是文献记载的我国第一个王朝，因此对夏文化的探索与研究实际上已触及中国文明起源问题研究的实质。

20 世纪 80 年代以来，大量考古发现和材料涌现，尤其龙山时代城址的发现，又将学者探索的眼光引向龙山时代，以至安金槐先生在王城岗城址发现不久便撰文认为城堡的出现是进入文明社会的重要标志，王城岗城址标志着豫西龙山文化中晚期社会已进入奴隶制时代[6]。1985 年，夏鼐先生《中国文明的起源》一书出版，该书是中国文明起源研究史上一部划时代的专著，标志着中国文明起源研究全面展开。夏先生之后，有关文明起源研究的专著增加，有关文明起源的单篇论述剧增，专题学术会议出现，聚落考古引入并尝试用于文明起源研究[7]。以上两个阶段是中国文明起源与形成问题的提出并逐步走向全面开展的阶段。

21 世纪以来，文明起源研究进入深入探索阶段。中华文明探源工程逐步启动，并持续开展了十余年；有关文明起源及形成研究的专著、专刊大量增加，研究层次深入；全国性和地区性的文明起源学术研讨会相继召开。

探源工程是继国家"九五"重点科技攻关项目——"夏商周断代工程"之后，又一项由国家支持的多学科结合专门研究中国文明起源问题的重大科研项目。2002 年始进行了为期两年的"预研究"，为正式开展中华文明探源工程奠定了坚实基础。2004 年以来开展了三个阶段的研究，单对某一学术专题多学科联合攻关持续十余年，这在人文哲学领域史无前例，极大地促进了这一课题研究，同时也将中国文明起源及形成研究推进到一个新阶段。相关成果与学术会议大量增加，更重要的是新阶段呈现出多学科、多角度、多层次、全方位的特点。多学科中涉及考古学、历史学、社会人类学、地理环境、动植物、体质人类学等，以及物理化学分析、空间遥感技术、计算机技术、天文学等，涵盖了几乎所有相关的人文与自然科学各大门类。多角度探索这些学科与文明的关系，有专门探讨文明与人地关系的[8]，有从经济技术、礼制等角度探索这一问题的，视角多样，不再赘述。多层次主要是就研究深度而言，主要表现在三个方面。一是不再将注意力集中于对"文明要素"的追溯，而是注意考察社会结构的发展变化，注意研究文明起源与形成的"过程""动力""背景""模式"等。二是聚落考古较多地用于文明起源的研究，如伊洛河地区、洛阳盆地等的系统区域考古调查[9]，陶寺、王城岗、新砦、二里头等都邑性中心聚落的布局和结构考察与发掘，聚落形态与文明起源的关系探讨[10]。三是认识到中国文明起源是多元的，黄河下游、长江下游、长江中游等地区性的文明起源研究逐渐兴起。这同时也提出了一个全方位的问题，研究地域不再局限于中原地区，迅速推及黄河流域，长江流域以及辽河流域等全国七大流域。专门研究区域文明起源与形成的专著较多涌现，如《中原地区文明化进程的考古学研究》[7]《长江中下游地区史前聚落研究》[11]等。

然而，新阶段的中国文明起源与形成研究也有许多值得反思的地方。多学科参与的同时更要强调学科间的紧密结合。考古学以外的其他学科必须深入长期地参与进来，甚至参与考古发掘。多层次探索中应该有一个重点和今后努力的方向，中国文明起源与形成的动力与模式应该成为今后研究的重点与趋势。中国文明区别于世界其他文明最大的特点就是几千年来延续相承，基本没有中断，个中原因是什么呢？这应该是我们以后长期探索的重点。另外，虽然各地区文明化进程研究蓬勃发展，但却十分缺乏将区域研究成果加以整合的研究。

二 文明内涵、标志及相关概念的讨论

我国对文明问题的探讨开始于 20 世纪二三十年代，然而真正专门的文明内涵或概念的研究却是随着 20 世纪 80 年代以来对中国文明起源与形成问题的广泛研究而展开的。夏鼐、苏秉琦、张光直等先生分别提出了对文明内涵或概念的认识与界定，由此引出了对于文明形成标志或标准以及文明要素的大讨论，直到最近仍有学者在讨论这一问题。21 世纪以来有关讨论呈现两种趋势。一是，不再局限于文明某一单纯内涵或某一要素的探索，而是多层次、多方面、全方位的探讨。如认为文明是人类文化和社会发展的一个新的阶段。这一阶段的特征是：物质资料生产不断发展，精神生活不断丰富，社会不断复杂化，由社会分工和阶层分化发展成为不同阶级，出现强制性的公共权力——国家[12]。这些认识显然已提升至一定高度，从物质、精神和社会三大方面理解与认识文明内涵。二是，不再将注意力集中于对"文明要素"的追溯，注意研究文明起源与形成的"过程""动力""背景""模式"等。文明形成的标志或要素以往虽众说纷纭，莫衷一是，但概括起来集中于两个不同层次，即可直接或间接考察的物化形态因素和上层建筑方面的社会形态因素。物化形态因素包括传统看法的城市、文字、青铜器和近年来为学者们关注的礼器及礼仪性建筑、宫殿、宫城等。社会形态因素主要指社会分工扩大、社会分层及阶级、君主及政治权力机构等。两个层次中的后者是较高层次的研究内容，是文明起源与形成研究的核心问题。前者因地区不同，其表现形式不尽一致，没有普遍性，而把它们作为通用标志受到相当多学者的批评，甚至有学者从哲学的视角论述不存在一个非此不可、确定不移的"文明标志"[13]。社会形态的因素又因其属于上层建筑而难以具体开展研究。

需要思考的是，人们可以基于不同的根据，突出强调某一个或几个文明要素的重要地位，进而把它作为文明内涵的特征或标志。但我们更应清楚地认识到文明社会或文明时代显然是一个内涵丰富的系统，所以其不可

能仅表现在一个层次、一个方面，而是多个层次、多个方面，这正是我们提出多层次、多方面、全方位探索文明起源与形成问题的内在原因。此外，虽然存在文明内涵的复杂性、标准的非一性等，但不可因噎废食，更不应陷于"无标志"论。我们强调多方面研究的同时，更要探索文明起源与形成问题的突破点或重点。恩格斯关于"国家是文明社会的概括"，是指国家的形成是文明社会的最突出标志，而与国家形成密切相关的社会组织与结构考察应是我们研究的切入点和重点。

文明是社会发展到一定阶段的结果，换言之，文明形成有一个长期的过程，是一个包含起源、形成及早期发展的进程。近年来中国学术界较多采用的"文明化进程"概念即是指此[14]。文明起源与文明形成显然是文明化进程的不同阶段，是两个不同的概念，早年的研究往往将二者混同。文明起源是文化的高度发展和社会复杂化的开始，或言社会开始向文明社会迈进，是文明诸要素的形成，是一个"量"的积累；文明形成是社会进入一个显著进步的新阶段，即进入了文明社会，是一个质变的时期。文明的早期发展是指进入文明社会后各个方面初步发展的时期。具体到古代中国，各地区都可有自己的文明化进程，而且可以是不同步的，也可以是不对等的，应当避免陷入单线进化论。从史前考古的事实看，中国史前不同区域的考古学文化社会演进及文明化进程均非单线，而是多线或者多元。此外，所谓进化也是相对而言的，有进化，也有退化；有连续进化，也有断裂或中断。

文明与国家虽是两个不同的概念，然而前文已言国家是文明社会的概括，是文明社会形成的最突出标志。对文明起源与形成问题的探讨不可避免地伴生对国家起源和形成的探索。21世纪以来最热门的就是对"酋邦"和"早期国家"的讨论。塞维斯（Elman R. Service）的酋邦理论引入国内，在学术界产生了较为广泛的影响，对于探索中国文明与国家起源问题研究具有一定的积极意义，同时也引起了激烈争论。暂且勿论从20世纪60年代酋邦理论提出以来半个多世纪的发展变化，也暂时不要纠结于对其本身概念理解层次的争辩[15]。对待国外相关理论我们首先要有一个正确的态度，切莫走入两种极端：一种以为其是新理论新方法，一味地强调与国际接轨，不加分析完全迎合、全盘照搬；另一种是存在分歧就一概否定排斥。"早期国家"的研究同样存在这些问题。20世纪70年代提出"早期国家"的概念[16]，将早期国家分为三类或者三个阶段，即 inchoate early state（未完全成形的早期国家或未发达的早期国家）、typical early state（典型的早期国家）、transitional early state（过渡形态的早期国家）。后来又将 in-choate early state 更改为 incipient early state（初始的早期国家），概念本身有所变化[17]。此外，中国学者对早期国家概念的看法与国外学界提出的早期国家又有明显不同，甚至差别很大[18]。如何划分命名，暂且勿论，这里必须强调一个老生常谈的逻辑问题，理论源于材料。值得注意的是，克赖森教授 2006 年来到中国进行学术交流后明显地对其早期国家的认识有所修改，那应该是他学习到了中国开展探源工程以来大量新的考古发现与资料的结果。

近年来，中国学者在总结大量新材料新发现的基础上，开始探索中国文明进程的相关理论与模式。恩格斯在论述国家兴起时指出了雅典形式、罗马形式和德意志形式等三种主要形式，最近有学者将之概括为国家形成的三种途径，即"内发式"、"外发式"和"扩张式"[19]。结合中国实际，其中的任何一种都不适合，古代中国的国家形成途径显然复杂，不仅呈现多样性，还兼含上述三种形式。限于篇幅，另文探讨。对文明起源与形成模式的探讨，目前基本上有一些共识，大多数学者认同"多元一体"的模式，但需要强调的是，"多元"与"一体"是文明化进程中的不同阶段，二者并不同时，文明化是一个多源演进并逐渐走向一体的过程。中华文明在史前时期是无中心的多种区域文化的多元并存，各区域文化均有自己的文化特点，似乎不易断定哪一区域文化是中国当时的文化中心。而大约至二里头文化，尤其二里头文化二期后，中原地区成为中国文明中心，"一体"真正形成，但同时又存在着文化的多元。所以，中国文明起源与形成是从无中心的多元到有中心的多元或多元一体[7]。

三　考古学及科技考古在文明起源研究中的作用地位

目前，中国文明起源与形成问题的研究虽然是多学科结合探讨，但却是以考古学为基础的研究。这是探索历程的必然选择，也是考古学的学科特点使然。

从前文有关中国文明起源问题研究的回顾可见，中国探索文明起源和中国考古学的开始几乎是同步的。20世纪20年代提出了重新认识上古史的要求，与此大致同时，以田野调查发掘为特征的现代考古学传入中国。以河南渑池仰韶、山西夏县西阴村、河南安阳小屯等为代表的一系列发掘与重大发现，震动了当时的学术界。由此，李玄伯先生提出走考古学之路重建中国上古史，顾颉刚先生极力支持，也以为解决古史问题应该依靠考古。可见，中国文明起源问题的提出一开始就与中国考古学有着十分密切的关系，之后考古学不断将中国文明起源研究一步步推向深入，同时考古学也逐步成为这一重大学术课题的研究主体和基础。

百余年的中国文明起源研究，中国学术界形成了四个前后相继的主流观点：20世纪20年代以来的中国文化西来说，20世纪30年代以来的东、西二元说，20世纪50年代以来的中原中心说，20世纪80年代以来的多元一体说，四大主流观点都是考古学研究否定之否定推动的结果。1921年安特生发掘渑池仰韶彩陶后，结合自己已知的中亚和欧洲彩陶研究背景，提出中国文化西来说。1928年中央研究院历史语言研究所对安阳小屯殷墟进行了科学发掘。殷墟的重大发现使学者们认识到殷墟文化已是较为成熟的文明社会，探寻其源头成为当时研究的重要任务。1930年始中国考古学家又在山东历城（今济南市章丘区）城子崖遗址发现了早于殷墟的龙山文化，引起重大讨论，徐中舒很快就提出这一龙山文化是殷墟文化最紧密的一个源头[20]。与此同时梁思永发现著名的安阳后岗三叠层后发展了这一认识[21]，从而形成了龙山文化自东向西、仰韶文化自西向东的东、西二元说。受其影响，傅斯年结合古史文献提出"夷夏东西说"[22]，这一学说一直流行至50年代中期。20世纪50年代始，郑州二里岗遗址及郑州商城、陕县庙底沟、偃师二里头遗址、山西襄汾陶寺遗址等一系列重大考古发现相继而出，而且年代上也连续直线由商及夏至龙山文化及更远，这些重大发现的最大特点就是地域上均属中原地区，中原中心说自然而出，成为中国学术界有关中国文明起源问题的主流观点，影响深远。进入20世纪80年代以来，中原地区以外的其他地区如黄河下游地区、长江下游地区、长江中游地区以及辽西地区也不断出现众多的重要考古发现，尤其是龙山时期城址的发现，极大地冲击了中原中心说，学者们意识到中国文明应有多个起源，以苏秉琦为首的学者提出了一种多元化的"满天星斗"说，进而发展成为多元一体说。可见，没有考古学，就不会有中国文明起源问题研究的深入与发展。

考古学是通过古代人类活动遗留下来的文化遗存来认识古代社会，甚至复原古代社会。正是由于考古材料是古人遗留的实物，所以具有无可比拟的真实性和实证性。在研究中国文明起源问题时我们强调考古材料和文献材料的结合，同时必须意识到历史文献记载具有更大的局限性和不确定性。尤其史前时期，文献材料追记极少，而且大多支离破碎，甚至多属神话传说。拿个别零碎的文献材料作为依据简单得出结论，显然不合适。早年范文澜先生就依据《墨子》有关"禹作祭器，朱绘其内而墨染其外"而臆合龙山文化的黑陶，提出龙山文化是夏的错误看法。而中国文明起源问题更多属于对史前时期相关材料的研究，显然不能以传说为基础，而应以考古发现与研究成果为基础[23]。当然，考古材料也有局限性，因为考古材料是古人遗留实物，既然是"遗留"，就显然不是全部而是局部甚至是残存。但相比较而言，这些遗留实物比支离破碎的传说更具事实性。这并不是否定考古与文献结合的主张，而是正视二者在中国文明起源问题研究中的不同作用。在可信性研究基础上的文献可以为考古学探索提供重要线索，自然也会推动对考古材料的深入分析。另外，需要我们思考的是怎样尽可能减少考古资料的局限性。笔者认为多学科参与的聚落考古的方法能在一定程度上补充这一不足。对某一聚落尤其中心性聚落进行宏观的、微观的、长期的调查发掘与研究，可以较全面地反映历史真实。近年陶寺、良渚、二里头等都邑聚落遗址的研究即是佳例。

多学科参与中国文明起源研究已成为一种趋势，其中自然科技手段被日益广泛地应用，科技考古当下十分流行。科技考古为考古学研究提取更多的古代社会信息，开拓更多的视角和领域。考古学研究不再单纯局限于发现多少遗迹或遗物，遗物分什么型式、处于什么年代等，还要依据科技手段通过环境分析探索当时的气候环境，通过动植物考古了解当时人们所处的生物背景及经济情况，通过碳氮分析推测当时人们的饮食状况，通过体质人类学研究考察当时人们的生存健康状况等。其结果给人留下了科技手段似乎无所不能的感觉，这样就存在一个如何认识当前考古与科技考古的关系问题。有学者就敏锐地意识到目前存在的两种不良认识：一种认为科技手段过多运用冲击了考古学的主体地位，改变了考古学的性质；另一种认为科技考古才是真正科学的考古[24]。两种认识显然均过于极端，科技手段只是手段，是服务于认识或复原古代社会目的的，不是目的本身。科技考古因考古而存在，从属于考古，许多科技层面的考古学分支的出现也是正常而必要的。而且这些分支与考古学不应该是简单结合，更不能是"两张皮"，恰恰应是紧密结合，从人员到技术等都要与考古程序尤其是考古发掘始终相沟通、相配合。

四 中国文明起源与形成研究中的
国内外互动

文明起源同人类起源及农业起源是三个世界性重大学术课题。既然是世界性的，中国自然离不开国际学术的大背景。国外文明起源与形成研究的相关理论与方法的传入，或者准确地说国内外有关文明起源与形成研究的互动探索交流，极大地推动了中国文明起源问题的研究。

有学者总结中国文明起源的研究历程，甚至认为前文四种主流观点都是由外国考古学家率先提出，引起讨论而逐渐确立的。中国文化西来说由瑞典人安特生提出，而明确否定东、西二元说，提出仰韶—龙山—商文化直线发展模式的是两位日本人水野清一和关野雄，这种直线发展模式进而发展成为中原文化始终高于周围地区的中原中心说。同样，首先挑战中原中心说的是英国人秦威廉，他在1977年就痛批把一切进步的东西都归功于中原地区的看法，而国内在20世纪80年代初才跳出中原中心说的模式[25]。无论如何，中国文明起源问题研究的推进与深入确是由中外学者互动探索而完成的。

一些没有国际学术背景的国内学者同时或稍晚一些时间提出了相近的观点。水野清一和关野雄于20世纪50年代中期提出仰韶—龙山—商文化直线发展论。1956年安志敏等发掘河南陕县庙底沟，发现了既有仰韶文化特点又有龙山文化新因素的庙底沟二期文化，之后不久提出了由仰韶文化发展为龙山文化进而发展为商文化的中原一元直线发展论[26]。秦威廉否定中原中心论的同时，苏秉琦已提出中国新石器时代多地区古文化区系类型[27]，1981年正式提出中国考古学文化的"区系类型"学说[28]，实际上就是提出了中国文明起源的多元论。中外学者在没有直接交流的情况下大体同时地"殊域同归",提出了基本相同的看法。

国外探索文明起源与形成的理论方法对中国具有积极重大影响的是聚落形态考古的理论与方法。聚落形态（settlement patterns）的定义最早见于《秘鲁维鲁河谷史前的聚落形态》一书[29]。聚落形态考古主要探讨当时人们的社会组织与结构以及人地关系。而对社会组织与结构的研究也正是中国文明起源研究的核心问题和重点[30]，从这个意义上来说，聚落形态考古是中国文明起源研究的重要方法和手段。1984年张光直在北京大学讲授《考古学专题六讲》，聚落形态考古的方法才为国内考古学界所熟知[31]。而实际上之前国内许多遗址的发掘也大体属聚落形态考古的方法，最早可以追溯到1954年至1957年西安半坡遗址的发掘。这些发掘就是对单个聚落的发掘，只不过国内的学者并未将之上升到理论与方法的层次。聚落形态考古传入中国之后，中外学者有了共同研究的平台。聚落形态考古在中国空前发展，单个聚落的发掘与研究大大增加，而且不仅局限于单个聚落的研究，更多地开展聚落之间的关系和聚落群的研究，甚至开始尝试结合中国的聚落考古材料来推进聚落形态考古理论与方法本身的发展与研究[32]。同时我们要注意到，聚落形态考古是研究中国文明探源问题的重要方法，但绝非唯一的方法，而且二者的结合问题，也很值得学者作更多更细致的思考。

文明起源与形成相关的国外理论，无论是酋邦、早期国家，还是社会分层理论、社会复杂化等，都为中国文明起源问题的研究提供了新视野、新思路，具有明显的积极意义，但这些理论同样要经得起中国考古材料包括文献资料的检验。更为重要的是，我们应从中国丰富的考古与文献资料出发，提炼出规律性的认识，完善有关文明起源与形成研究的理论。

此外，中外学者更加频繁地交流互访，国际性的学术研讨会较多地召开。如2005年中国—瑞典考古学论坛、2009年欧亚考古学国际学术研讨会、2010年"考古学的过去、现在和未来——中国与世界"国际学术研讨会以及第四届东亚考古学大会等国际会议中较多涉及文明起源问题的交流。还有专门的文明起源研究的国际学术讨论会，如2009年古代文明国际论坛暨考古研究所与斯坦福大学第一届双边学术讨论会等。更为重要的是，中外对中国文明起源与形成的研究不仅限于会议层次的短期交流与合作，还将合作较多延伸到具体的、长期的田野考古调查与发掘。20世纪末，中、澳学者就联合对中国文明腹地的伊洛河地区进行了四次拉网式考古调查[9]a，中、美学者联合先后对洹河流域[33]、山东日照地区[34]进行了区域系统考古调查。中国文明起源与形成问题从基础资料到理论研究都在中外学者的互动、交流、合作中得到长足的发展。

余论　新考古学时代

21世纪以来，中国文明起源与形成研究整体上呈现以下几点趋势或曰转变。第一，文明起源与形成从研究"何时何地"问题转向"如何为何"等深层次研究。与此同时，中国考古学的研究也从简单的"文化、年代、性质"内容讨论转向更多关注其社会、政治、经济及精神领域等问题。第二，文明起源问题从历史文献与考古资料包括古文字、古物等两个学科的结合研究（历史考古学）转向了众多学科交叉研究。第三，中外学术交流合作从单向的引进与学习国外理论逐渐转变为互动与借鉴，更加关注基于中国考古实际的新理论框架的建构。第四，文明起源问题研究促使中国考古学的内涵外延与学科体系空前扩大，除自然科技手段或者科技考古更广泛地运用外，其他人文学科更多深入参与结合，延伸出民族考古、实验考古、公共考古、文物保护与文化遗产等相关学科，考古学更接近社会大众。中国文明起源这一重大课题的研究不仅极大地推动了中国考古学的发展，同时也决定了中国考古学的发展趋势与变化。21世纪以来中国考古学呈现一种前所未有的发展新态势，不妨称之为"新考古学时代"。

注释

①中国社会科学院考古研究所、中国社会科学院古代文明研究中心：《中国文明起源研究要览·前言》，文物出版社2003年版。张光直先生评价夏先生这方面的贡献时说："最近几年以来，'中国文明的起源'——或与此类似的题目——成为中国考古学、古史学界热烈讨论的一个论题。开这个风气之先的是1985年在北京出版的夏鼐的《中国文明的起源》的中文版。"（张光直：《论"中国文明的起源"》，《文物》2004年第1期。）徐苹芳先生更是直接指出夏鼐先生对中国文明起源的研究是中国文明形成研究史上一个划时代的分水岭，他把中国文明形成的考古学研究推向一个新阶段（见徐苹芳《中国文明形成的考古学研究》，《中国文物报》2005年2月25日第

7 版)。

②安特生：《中华远古之文化》，《地质汇报》第 5 号，1923 年。中国文明起源问题的早期研究中由于认识有限，多将"文化"与"文明"等同。

参考文献

[1] 郭沫若. 中国古代社会研究［M］. 上海：上海联合书店，1930.

[2] 河南省文化局文物工作队. 郑州二里冈［M］. 北京：科学出版社，1959.

[3] 徐旭生. 1959 年夏豫西调查"夏墟"的初步报告［J］. 考古，1959（11）：592 - 600.

[4] 夏鼐. 碳 - 14 测定年代和中国史前考古学［J］. 考古，1977（4）：217 - 232.

[5] 邹衡. 夏商周考古学论文集［M］. 北京：文物出版社，1980：95 - 182.

[6] 安金槐. 近年来河南夏商文化考古的新收获：为中国考古学会第四次年会而作［J］. 文物，1983（3）：1 - 7.

[7] 高江涛. 中原地区文明化进程的考古学研究［M］. 北京：社会科学文献出版社，2009.

[8] 宋豫秦等. 中国文明起源的人地关系简论［M］. 北京：科学出版社，2002.

[9] a 陈星灿，刘莉. 中国文明腹地的社会复杂化进程：伊洛河地区的聚落形态研究［J］. 考古学报，2003（2）：161 - 268；b 中国社会科学院考古研究所二里头工作队. 河南洛阳盆地 2001 ~ 2003 年考古调查简报［J］. 考古，2005（5）：18 - 37.

[10] 王巍. 聚落形态研究与文明探源［J］. 郑州大学学报：哲学社会科学版，2003（3）：9 - 13.

[11] 张弛. 长江中下游地区史前聚落研究［M］. 北京：文物出版社，2003.

[12] 王巍. 对中华文明起源研究有关概念的理解［J］. 史学月刊，2008（1）：10 - 13.

[13] 林锋. 是否存在一个非此不可、确定不移的"文明标志"?：对文明起源研究中一个重要问题的哲学探讨［J］. 江汉论坛，2010（1）：23 - 25.

[14] 王巍. 长江中游地区文明化进程研究的几点认识［J］. 中国社会科学院古代文明研究中心通讯（6），2003；高江涛. 中原地区文明化进程的考古学研究［M］. 北京：社会科学文献出版社，2009.

[15] 易建平. 文明起源研究中的"国家"与"社会"［J］. 历史研究，2012（3）：4 - 17.

[16] JOANNES H, CLAESSEN M, SKALNÍK P. The Early State［M］. The Hague：Mouton，1978.

[17] 克赖森. 关于早期国家的早期研究［J］. 胡磊，译. 中国社会科学院古代文明研

究中心通讯（12），2006.

［18］沈长云.联系实际引进国外人类学理论［J］.史学月刊，2008（1）：16－18.

［19］卢钟锋."亚细亚生产方式"的社会性质与中国文明起源的路径问题［J］.历史研究，2011（2）：160－172.

［20］徐中舒.再论小屯与仰韶［R］//安阳发掘报告：第三期.南京：中央研究院历史语言研究所.1931：523－558.

［21］梁思永.小屯龙山与仰韶［M］//中国科学院考古研究所.梁思永考古论文集.北京：科学出版社，1959：91－98.

［22］傅斯年.夷夏东西说［M］//岳玉玺.傅斯年选集.天津：天津人民出版社，1996：247－292.

［23］严文明.以考古学研究为基础多学科探讨中国文明起源：在2012年张家港"中国文明起源与形成学术研讨会"闭幕式的讲话［J］.东南文化，2012（3）：6－8.

［24］李伯谦.中国文明起源与形成研究需要注意的几个问题［J］.中国历史文物，2009（6）：4－8.

［25］陈星灿.考古学对于认识中国早期历史的贡献：中外考古学家的互动及中国文明起源范式的演变［J］.南方文物，2011（2）：85－88.

［26］安志敏.试论黄河流域新石器时代文化［J］.考古，1959（10）；石兴邦.黄河流域原始社会考古研究上的若干问题［J］.考古，1959（10）.

［27］李伯谦.中国考古学思想发展史上的一场革命：重读苏秉琦考古学文化区、系、类型理论札记（提纲）［J］.南方文物，2010（3）：1－3.

［28］苏秉琦，殷玮璋.关于考古学文化的区系类型问题［J］.文物，1981（5）：10－17.

［29］WILLEY G R. Prehistoric Settlement Patterns in the Viru Valley［J］，Peru Bulletin 155，Bureau of American Ethnology，Smithsonian Institution，1953：1.

［30］王巍.关于长江下游地区文明化进程研究的几点意见［G］//上海博物馆.长江下游地区文明化进程学术研讨会论文集.上海：上海书画出版社，2004：10－12；唐际根.文明起源研究的核心问题与中国文明进程的基本估计［J］.古代文明研究通讯（15），2002.

［31］张光直.考古学专题六讲［M］.北京：文物出版社，1986：74－93.

［32］高江涛.聚落形态考古与中国文明起源问题［G］//中国社会科学院考古研究所夏商周考古研究室.三代考古：三.北京：科学出版社，2009.

［33］中国社会科学院考古研究所、美国明尼苏达大学科技考古实验室中美洹河流域考

古队. 洹河流域区域考古研究初步报告 [J]. 考古，1998（10）：13-22.

[34] 方辉等. 山东日照地区系统区域调查的新收获 [J]. 考古，2002（5）：10-18.

作者简介：高江涛，男，中国社会科学院考古研究所副研究员

原文刊于：《中原文化研究》（郑州），2013.1：28~35

从史前考古研究成果看古史
传说的五帝时代

郭大顺

摘　要：以考古与文献相结合看五帝时代的时空框架，可分为以黄帝为代表的前期和以尧舜为代表的后期，这同考古学上的仰韶时代（晚期）到龙山时代的阶段变化正相对应。五帝时代前期以个性充分发展为主并频繁交汇即"诸侯相侵伐"与"绝地天通"为时代特点，后期以四周向中原汇聚为主导方向即"之中国"或"帝王所都为中"，使中华文化共同体初现。此现象表明北方红山、石峁，东南大汶口、良渚、屈家岭等文化，在五帝时代都非配角。而中原地区作为文化大熔炉和五帝时代诸代表部族活动的主要舞台，将不同经济类型和不同文化传统的诸文化融为一体，而不是分道扬镳，实现了"文化认同"即"共识的中国"，为夏商周三代先后入主中原及中华统一多民族国家的形成奠定了第一块基石。所以，五帝时代是中国历史上最为丰富多彩也是决定民族、国家走向和命运的伟大时代。

关键词：五帝时代；文化认同；共识的中国

有关五帝时代的历史，文献记载少，翔实程度低，不同理解多。所以，复原五帝时代历史，主要依靠考古学，老一辈学者对此冀予希望。[①]考古学者既要避免以往的简单比附，也不必因此而过于谨慎，应抱积极态度。因为这是考古学者特别是史前考古学者义不容辞的责任，要"念念不忘"（苏秉琦语）。同时考古学作为一门独立的学科，要实现考古与古史传说的有机结合，必须有一个依靠本学科理论和方法论进行指导的问题，而不是消极等待有类似于殷墟那样可以直接对号的文字发现。而且随着考古成果的积累，我们还体会到，文献记载的可信度和理解的准确度，要靠考古学研究成果来检验和印证。

可喜的是，目前从中华多元一体的历史发展态势看待包括五帝时代的史前时期，在历史和考古学界已渐多共识：多认识到五帝时代不只《史记》中所记载的那五个代表人物，几个代表人物更不是前后一脉相承的关系，而是众多部族集团并行发展、相互接触交流的形势，这就使考古与古史传说中五帝时代结合的眼界大为开阔。对于以上问题，笔者曾遵照苏秉琦先生的研究思路和观点，从时空框架和时代特点这两方面入手，对史前考古与古史传说的五帝时代试作了整合。[②] 从目前研究状况和成果看，确定五帝时代的时空框架和时代特点，仍是将考古与文献进行整合的最佳结合点。为此，本文再以此为主要内容进行论证。

一 五帝时代的年代与分期

关于五帝时代的年代，一般将五帝时代定在龙山时代，这也可能与辛亥革命时期对黄帝纪年的综合认定有关[③]。苏秉琦先生则从考古学的年代、分期、社会变革等方面分析，除了将五帝时代的下限仍定在龙山时代以外，主要是将五帝时代的上限定在距今 5500 年前后的仰韶文化后期：

> 五帝的时代究竟相当于考古学上的哪个时代，假如这个判断（指二里头文化更像是夏文化——郭注）没有大错，那么五帝时代的下限应是龙山时代。
>
> 五帝时代之始，战争连绵不断。这种情况只有在社会财富有所积累，社会分化日趋尖锐的情况下才能发生。从考古学文化来看，这是仰韶后期即相当于公元前 3500 年以后的事，所以五帝的时代上限应不早于仰韶时代后期。[④]

有关五帝时代的年代研究，又以考古学分期与文献记载五帝时代的阶段划分这两者的对应最切中要害。其也见于苏秉琦先生的一段论述：

按照古史传说，五帝的时代又可分为两大阶段，黄帝至尧以前是第一阶段，尧及其以后是第二阶段。先秦儒家言必称尧舜，《尚书》就是从《尧典》开始编纂的。墨家常是虞夏商周连称，把尧舜的历史同三代相联系而与以前的历史相区别。问题是这两个阶段能否同考古学文化相对照。仰韶时代与龙山时代之间确实有一个明显的变化，无论从农业和手工业的发展，社会的分工与分化，还是从文化区系的重新组合等各方面都看得出来。④

以彩陶为主要特征之一的仰韶文化及以其为代表的仰韶时代，以黑陶为主要特征之一的龙山文化及以其为代表的龙山时代，这两个时代的划分，是中国近百年来史前考古研究最重要的成果。⑤虽然对仰韶文化与龙山文化的关系经过了"东西二元对立说"到前后承袭、区域划分又相互影响等认识的不断深化，但将中国新石器时代最繁荣时期以大约距今 5000 年为界划分为两个大的时代是明确无疑的。⑥以此与文献记载的五帝时代前期与五帝时代后期相对应，是从考古学研究五帝时代的前提。

这样，关于五帝时代时间框架的考古与历史整合的结果为：五帝时代可以分为前期和后期，即以黄帝为代表的前期与以尧舜为代表的后期。考古学上大约以距今 5000 年为界，距今 5000 年前的仰韶时代后期和距今 5000 年后的龙山时代，即为五帝时代前期与后期在考古学上的反映。

以仰韶文化后期作为五帝时代的上限，以仰韶时代与龙山时代的考古学分期将文献记载中古史传说五帝时代前后期的线索明朗化，为五帝时代历史的研究建立了科学的时间框架，同时由于理顺了这一整合研究的时代顺序，头绪极其繁杂的五帝时代也由此向系统化方向迈进了一大步。

二 五帝时代的空间框架和时代特点

五帝时代的时间框架确定后，五帝时代的空间框架和时代特点，即诸多有影响的部族和代表人物的分布地域，他们的活动轨迹和相互关系，就成为用考古材料复原五帝时代历史的重头戏。

关于上古时期主要部族的分布，有 20 世纪三四十年代徐旭生、蒙文通等治古史家依古史传说提出史前三大集团的划分。三大集团指中原华夏（河洛）、东方夷族（海岱）和南方蛮族（江汉）。⑦之后苏秉琦先生对其著述甚多。20 世纪 60 年代苏秉琦先生在研究中原地区与东南地区文化关系时，从考古学文化方面提出过中原地区后期"仰韶文化"、鲁南苏北"青莲岗—大汶口"诸文化和江汉间"屈家岭文化"三个文化区的划分及相互交流，应是受到此前史学前辈们的启发。⑧当时还尚未提到长城地带的北方地区。不过 20 世纪 70 年代末到 80 年代初苏秉琦先生在创建考古学文化区系类型理论，将中国人口密集地区的古文化划分为六个大区时，已将"以燕山南北长城地带为重心的北方地区"纳入其中，并赫然列于六大区之首，尽管当时红山文化的考古新发现尚刚刚露头。⑨苏先生还倡议吉林大学与河北省文物研究所在古史传说有黄帝与炎帝、蚩尤活动记载的桑干河上游选点发掘，发现了仰韶文化庙底沟类型与红山文化共出的遗存。⑩

此外，苏先生还回忆其与梁思永先生的一次有关"三集团"划分的对话。梁先生说自己有不同于徐旭生先生的"三集团"想法，可惜当时未再深入谈出它的具体内容。从梁先生于 20 世纪 30 年代初在西辽河流域调查时特别关注赤峰地区和锦西沙锅屯遗址彩陶遗存的发现和由此而生的长城南北文化的接触，并把此现象与古史传说相结合的思路推测⑪，梁先生的"三集团"说很可能包括了长城以北地区。

所以当 20 世纪 80 年代初牛河梁遗址刚一发现，苏先生在提出中华五千年文明曙光的同时，就将红山文化及其与仰韶文化的北南关系，作为以考古学为依据研究五帝时代历史的一个突破口，以北方区与中原区、东南区为五帝时代诸代表人物和部族活动的三个主要区域，并从这三大区诸考古学文化之间的交流中寻找五帝时代诸代表人物和部族的活动轨迹："关中华山下庙底沟类型仰韶文化——冀西北桑干河上游三种不同渊源文化相汇合——大凌河上游红山文化后期坛庙冢（文明火花）——河套出现酉瓶与斝（原始鬲）衔接形成如甲骨文所示三部曲——晋南陶寺大遗址文化多源性，反映源于西北方古文化系与源于东南方古文化系之间的大熔合。其时、地、文化面貌与传统史学五帝本纪相符合，从距今六千年到距今四千年间先史考古与文献史料汇合。"⑫

"七千年前华山脚下的仰韶文化，沿太行山向北发展，与辽西大凌河流域的红山文化碰撞，又同河套文化结合，三个原始文化结合在一起，又折回到晋南，就是陶寺，在晋南与东南沿海、西部地区结合在一起。或者说，华山一个根，泰山一个根，北方一个根，三个根在陶寺结合，这就是五帝时代的中国。"⑬

结合苏先生在其他文章中的有关论述，对以上观点可再作三个方面的解读。

第一，五帝时代诸代表人物和部族的活动地区即五帝时代的空间框架，中原是主要地区，五帝时代前期以华山周边为中心、五帝时代后期以晋南陶寺为中心（华山一个根）；与之并立的有东方的大汶口文化到山东龙山文化，和东南方的凌家滩、崧泽文化到良渚文化，以及屈家岭文化到石家河文化（泰山一个根）；此外还将相当于五帝时代前期的红山文化和相当于五帝时代后期的河套地区史前文化为代表的北方纳入视野（北方一个根）。这就是说，五帝时代主要族属及诸代表人物的活动范围远不限于中原地区，不仅包括东方和东南地区，还包括东北南部的西辽河流域和其以西的"三北"（指冀北、晋北、陕北与内蒙古中南部地区）地区。

第二，五帝时代又是各人群及其文化接触交流十分活跃的时期。"神农氏衰，诸侯相侵伐"（《史记·五帝本纪》）就是对前五帝时代（神农氏时代）和五帝时代两个不同发展阶段的时代交替、一个新时代开始及这个新时代特点（多区域多文化交汇频繁，形式多样）的概略而又准确的描述。考古学上的印证是：从仰韶时代后期始各地区考古学文化形成以个性为主又频繁交汇、相互吸收的态势，你中有我，我中有你，导致龙山时代诸考古学文化的共性大为增加，中华文化共同体得以最初实现。这其中，红山文化与仰韶文化的北南交汇、西北与东南的交汇为五帝时代文化交汇的主流。

第三，交汇的导向是先由中原影响四周为主，从仰韶文化后期开始，以四周（西北及东南）向中原汇聚为主。苏先生形象地比喻为"由光、热等向四周放射"到"车辐聚于车毂"⑭，具体就是"三个根在陶寺结合"。

这样，从考古学看五帝时代的空间框架和时代特点，不仅扩大了五帝时代诸代表人物和集团的分布范围，而且也使他们的活动轨迹多有可寻。所以苏秉琦先生说："当我们提出，从华山脚下延伸到大凌河流域和河套地区，再南下到晋南，这一古文化活动交流的路线时，我们并没有引《五帝本纪》，但却与《史记》记载相同，我们是从考古学角度提出自己的观点，再去对照历史传说，就可以相互印证，这不是生搬硬套的比附，而是有机的结合。多少年来梦寐以求的历史与考古的结合终于找到了一条理想的通路。"⑮

三 五帝时代部族人物与考古学文化的对应

至于五帝时代主要部族的诸代表人物与考古学文化的对应，则是一个更为敏感的题目，但也不是没有线索可寻。

依考古学文化区系类型理论，各大区系考古学文化所代表的部族集团大都是同步发展的，同时又有不平衡的一面，各区系诸考古学文化所起的作用也不是等同的，而是有主有次、此消彼长的。在诸多考古学文化中寻找和分辨主要，甚至更主要的考古学文化和他们的中心遗址，与史书所记五帝时代诸代表人物相比对，是较为有效的途径从而更能接近于历史真实。

目前从考古学上可确认的与五帝时代有关的三大地区的主要考古学文化大都已显现，即相当于五帝时代前期的西辽河流域的红山文化、中原地区仰韶文化庙底沟类型、海岱地区的大汶口文化早中期、长江下游的凌家滩—崧泽文化；相当于五帝时代前后期之间和五帝时代后期的大汶口文化晚期、龙山文化、良渚文化、屈家岭文化和石家河文化。红山文化、良渚文化、中原和"三北"地区龙山文化都已找到各自的中心遗址即牛河梁遗址、良渚遗址、陶寺遗址和石峁遗址。华山脚下的西坡遗址、泰山南麓的大汶口遗址、长江下游的凌家滩遗址和长江中游的石家河遗址⑯，也都接近于该文化中心遗址的规格。红山文化的"坛庙冢""玉龙凤"和大汶口、崧泽、屈家岭诸文化的"鼎豆壶"以及良渚文化的"钺璧琮"组合，分别由西辽河流域和东南地区向中原地区汇集，长期成为中国传统礼制的典型载体；"三北"地区也被认定为是中华古文化代表性化石——三袋足器的发源地⑰，这些都表明，中原地区以外的西辽河流域的红山文化、东方的大汶口文化、环太湖地区的良渚文化、长江中游的屈家岭文化和石家河文化以及"三北"地区的龙山文化，在五帝时代都绝非配角。

就红山文化来说，有依据女神庙的黄土塑像联想到女娲氏"抟黄土作人"的故事，有将红山文化多龙蛇形象与蚩尤的字意相联系，有将牛河梁发达的宗教祭祀遗迹推定为颛顼的"绝地天通"，更有以为红山文化即"商先文化"[18]。这其中尤以证明五帝时代前期诸代表人物如黄帝族在北方活动记载的可信性最为紧要。

关于五帝时代前期代表人物的活动地域，一般限于从中原地区寻找。不过老一辈史学家已注意到古史记载黄帝族的活动多与北方地区有关，如黄帝族有着"往来迁徙无常处"的习俗，黄帝与炎帝、蚩尤战于华北平原北部的涿鹿之野，以及周初封黄帝之后于燕山脚下的蓟等[19]。红山文化的考古新发现正为此提供越来越多的考古学证据，如：红山文化与仰韶文化北南交汇导致规模宏大的祭祀建筑群出现从而使辽河流域在中华文明起源进程中"先走一步"的观点，红山文化在精神领域的众多创造发明和作为中国礼制一个重要源头，以及与此有关的红山文化女神像为中华"共祖"，红山文化为中华古文化"直根系"的观点[20]，还有经多年考证终可论定的红山文化发达的熊崇拜等[21]。所以苏秉琦先生说："黄帝时代的活动中心，只有红山文化的时空框架可以与之相应。"[22]

红山文化还是一个神权至上的社会，这又同古史传说中帝颛顼"绝地天通"的记载相吻合。不过据研究，除红山文化而外，良渚文化也有发达的通神玉器和祭祀遗址。就是仰韶文化，其彩陶和小口尖底瓶有的也不是一般生活用具，而是巫者专用的神器，说明这三大区诸考古学文化有着共同的思想观念和走向文明的共同道路。就如张光直先生所说，除了生产力的发展，通神独占取得政治权力是进入文明社会的主要动力[23]。所以，古史所记颛顼的宗教改革，首先不是一个人甚至一个部族的活动，而是五帝时代特别是五帝时代前期的一个重要时代特点。

关于五帝时代后期考古与古史传说的研究成果，多位学者都认为陶寺文化为陶唐氏尧的遗存[24]。然而陶寺遗址体现出的多元性文化的综合体性质，可能表明陶寺文化所包括的部族并不单一。举例如下。

大汶口文化晚期陶礼器在陶寺早期墓葬中大量出现[25]。联系舜继尧位要"之"（到）中国，见《孟子·万章上》："夫然后之中国，践天子位焉。"又有舜为东夷人的记载，即《孟子·离娄章句下》："舜生于诸冯，迁于负夏，卒于鸣条，东夷之人也。"说明舜可能来自东方。所以有学者认为大汶口文化即虞舜文化，是可信的[26]。

陶寺墓地还常有良渚文化特有的玉琮和石俎刀出现，良渚文化所在的江浙地区，多有夏禹传说，如《国语·鲁语》"昔禹致群神于会稽之山"，《墨子·节葬下》"禹东教乎九夷，道死葬会稽之山"，《史记·夏本纪》"帝禹东巡狩，至于会稽而崩"等。所以有学者以为良渚文化即先夏文化[27]，陶寺墓地所见良渚文化因素可能与夏人由东南进入中原地区有关。良渚遗址近年又发现了以防水和导水相结合的封闭式城墙、堤坝、沟泗和码头等规模宏大又相当完整的水利系统[28]，良渚古城发掘者还提出良渚文化中心所在的余杭，原名"禹航"，传说是大禹治水在此停航登陆之地[29]，这些新的考古发现与五帝时代后期大禹治水传说的越趋接近，正在为良渚文化即先夏文化找到更有说服力的证据。

与东南地区相对的西北方向的"三北"地区，在四五千年前，也是一个文明火花迸发的地带。标志有二：一是实现了由小口尖底瓶向三袋足器的最初演变，并从晚期小口尖底瓶和早期斝鬲形制与甲骨文"丙""酉"等象形字的雷同中找到了殷墟卜辞干支文字初创时的物证，从而"三北"地区作为三袋足器的起源地而被视为龙山时代形成的"风源"所在[30]；二是以石峁巨型石城址为代表的"三北"地区石城址群的发现，使这一"风源"更为强劲[31]。近年，研究者因石峁古城的发现，纷纷将其与五帝时代诸代表人物相比附，但从时代和地域来看其与文献记载都难以对应，尚待更有说服力的论证。

最后再谈到五帝时代的中原地区。除了陶寺遗址与五帝后期的陶唐氏尧文化有关以外，遗址密集分布、堆积丰厚且工作成果积累甚多的仰韶文化，特别是仰韶文化后期，虽然尚待发现如牛河梁、良渚那样的超中心聚落，但在这方面已有不少线索：河南省灵宝市西坡仰韶文化遗址发现的大房址，包括带回廊的特大房址（F105）；甘肃省秦安大地湾由前堂、后室、左右侧室甚至前厅组成的原始殿堂（F901）[32]；陕西杨官寨包括壕沟、城墙在内的超百万平方米的大型聚落遗址和墓地等[33]。新近报道郑州地区有三重环壕、建筑址群以轴线布局的双槐树遗址，以及从渑池仰韶村、洛阳王湾到郑州地区的青台、大河村、西山古城等遗址，都有彩陶器与"鼎豆壶"组合的所谓"混合文化"的陶器群[34]，显示距今5000年前的豫西地区，作为晚期仰韶文化与东南地区大汶口等文化接触交流的前沿地带，东西文化交汇是这一地带诸多文明因素频繁显现的重要推动力[35]，这些都预示着中原地区有可能发现规模更大、规格更高的聚落中心和建筑群。

为此，这里特别介绍中原地区尚未被广泛关注的两个文化现象。一是斧演化为圭的最早线索。这集中表现于灵宝西坡仰韶文化末期墓葬中玉斧的出土状态。该墓地已发掘墓葬中，有 10 座墓出土长条形玉斧（钺）16件，其中 9 座墓共 13 件斧钺非通见的横置，而一律为与身体方向一致的竖置，且刃部朝上，刃部都没有使用痕迹，穿孔及周围也没有捆绑摩擦痕迹㊱。平首圭来自玉斧，竖置的玉斧就是向玉圭演化的前奏。而圭既是玉礼器中的重器，又是传承力最强的玉礼器；所以圭的出现是玉器发展史上具有标志性的事件；中原地区可能是圭起源最早的地区。二是汉中郑南县龙岗寺墓葬随葬的两件玉刀，体起中棱并在近头端改作斜棱，已显露戈的特征㊲。说明戈作为中国上古时期特有的武器和礼器，其最初起源地也可能与中原地区有关。

所以，五帝时代的中原大地，不仅是众多重要文明因素的原生地，同时作为汇聚周邻各地文化精华的熔炉，又表现出强大的吸引力和包容性，是五帝时代诸多部族和代表性人物活动的重地。还有仰韶文化与周边文化的关系，以与红山文化关系最为密切，仰韶文化与红山文化在桑干河上游的南北交汇，被视为与文献记载五帝时代前期诸代表人物"战于涿鹿之野"的历史性事件有关。如苏秉琦先生所言："当仰韶与红山一旦进一步结合起来，中国文化史面貌为之一新。"㊳2005 年河南博物院在郑州召开"文明起源与五帝时代——考古与历史的整合"会期间，郑州大学李民先生曾同笔者谈到，苏秉琦先生将五帝时代分为以黄帝为代表的前期和以尧舜为代表的后期，从文献记载看确有道理，因为《尚书》有关五帝的记载确与《史记》有所不同，是从尧舜开始的，会后李民先生又撰文以为，黄帝部族可能是由中原北上到燕山以北又南下中原的，这也是值得进一步讨论的观点。㊴

从以上论述可见，中国史前考古近30年来的一项主要成果，就是证实了中国历史上确有一个五帝时代。这一时代的特点，是各区域诸考古学文化以发展个性为主并频繁交汇，导致最初文化共同体的形成。其间影响中华历史命运的一个重大抉择是，虽然各区域诸考古学文化和他们所代表的五帝时代诸代表人物和部族之间的文化传统和经济类型并不相同，有的还差异甚大，但他们并未分道扬镳，而是向一起汇聚。先在"文化认同"基础上实现了"认同的中国"，从而为夏商周三代"普天之下，莫非王土；

率土之滨，莫非王臣"的"理想的中国"，以及秦汉大帝国的建立和中华统一多民族国家形成的"现实的中国"奠定了第一块基石。所以，五帝时代作为中华文明史的肇始期，既是开始走向文化一统的时代，也是中华传统初现的时代，还是中国历史上内容最为丰富多彩的一个伟大时代，更是急需历史学家和考古学家携手合作、大书特书的一个时代。

注释

①历史学家李玄伯说过："用载记来证古史，只能得其大概，……要解决古史，唯一的方法就是考古学。"见李玄伯《古史问题的唯一解决方法》，《现代评论》1924 年第 3 期（第一卷）。

②郭大顺：《追寻五帝》，辽宁人民出版社 2010 年版；郭大顺：《考古追寻五帝踪迹——苏秉琦主编〈中国通史，远古时代〉学习笔记》，载北京大学中国传统文化研究中心编《文化的馈赠——汉学研究国际会议论文集·考古学卷》，北京大学出版社 2000 年版；郭大顺：《〈考古追寻五帝踪迹〉续论》，《中原文物》2006 年第 3 期。

③宋健：《超越疑古——走出迷茫》（1996 年 5 月 16 日在夏商周断代工程会议的发言提纲），《光明日报》1996 年 5 月 21 日。

④以上所引均见苏秉琦主编《中国通史·第二卷·远古时代》序言，上海人民出版社 1994 年版。

⑤严文明：《龙山文化和龙山时代》，《文物》1981 年第 6 期，收入严文明《史前考古论集》，科学出版社 1998 年版，第 24 - 34 页；张忠培：《仰韶时代——史前社会的繁荣与向文明时代的转变》，《故宫博物院院刊》1996 年第 1 期，收入张忠培《中国考古学：走向与推进文明的历程》，紫禁城出版社 2004 年版，第 143～196 页。

⑥裴文中：《中国史前时期之研究》，商务印书馆 1948 年版；陈星灿：《中国新石器时代考古的早期研究》，收入严文明主编《中国考古学研究的世纪回顾——新石器时代考古卷》，科学出版社 2008 年版。

⑦蒙文通：《古史甄微》，商务印书馆 1933 年版；徐旭生：《中国古史的传说时代》（增订本），科学出版社 1960 年版，第 20、37～127 页。

⑧苏秉琦：《关于仰韶文化的若干问题》，《考古学报》1965 年第 1 期；苏秉琦：《山东史前考古》，收入《山东史前文化论文集》，齐鲁书社 1986 年版。以上两文分别收入《苏秉琦文集》（二），文物出版社 2009 年版，第 173～202、312～314 页。

⑨苏秉琦：《建国以来中国考古学的发展——在北京市历史学会、中国历史博物馆举办的纪念中国共产党六十周年报告会上的讲话》，《史学史研究》1981 年第 4 期，收入

《苏秉琦文集》（二），文物出版社 2009 年版，第 282～287 页。

⑩张家口考古队：《一九七九年蔚县新石器时代考古的主要收获》，《考古》1981 年第 2 期。

⑪梁思永说："长城南北几个新石器时代晚期的文化系统的相对的时代关系确定之后，我们才能脚踏实地地去作对比上古史与考古学发现的工作。"梁思永：《热河查不干庙等处所采集之新石器时代石器与陶片》，《梁思永考古论文集》，科学出版社 1959 年版，第 144 页。

⑫苏秉琦：《从中国文化起源到中国文明起源（提纲)》，《华人·龙的传人·中国人——考古寻根记》，辽宁大学出版社 1994 年版，第 101 页，收入《苏秉琦文集》（三），文物出版社 2009 年版，第 124～126 页。

⑬苏秉琦：《现阶段烟台考古——在第一次环渤海考古座谈会上的讲话》，收入《苏秉琦文集》（三），文物出版社 2009 年版，第 118～119 页。

⑭苏秉琦：《华人·龙的传人·中国人——考古寻根记》，《中国建设》1987 年第 9 期，收入《苏秉琦文集》（三），文物出版社 2009 年版，第 127～129 页。

⑮苏秉琦：《文化与文明》，《辽海文物学刊》1990 年第 1 期，收入《苏秉琦文集》（三），文物出版社 2009 年版，第 74～79 页。

⑯方勤、蔡青：《石家河王国的玉器与文化》，载成都金沙遗址博物馆等编《夏商时期玉文化国际学术研讨会论文集》，科学出版社 2018 年版，第 11～17 页。

⑰苏秉琦：《蔚县三官考古工地座谈会讲话要点》（1982 年），收入《苏秉琦文集》（二），文物出版社 2009 年版。

⑱干志耿、孙守道：《关于牛河梁之行的通信》，《北方文物》1992 年第 3 期；陆思贤：《红山裸体女神像为女娲考》，《北方文物》1993 年第 3 期；蔺辛建：《红山文化与古史传说》，《北方文物》1987 年第 3 期；张博泉：《对辽西发现五千年前文明曙光的历史蠡测》，《辽海文物学刊》1987 年第 2 期；干志耿、陈连开：《商先起源于幽燕说》，《历史研究》1985 年第 5 期；傅朗云：《牛河梁"女神庙"族属考》，《北方文物》1993 年第 1 期。

⑲吕思勉先生以为炎黄之战是主农耕与主游牧二习性不同民族间的战争，见吕思勉：《三皇五帝考》第八节《炎黄之争考》，《古史辨》第七册中编，开明书店 1941 年版，第 366～367 页。

⑳郭大顺：《为什么说红山文化是中华古文化的"直根系"？》，《辽宁师范大学学报》（社会科学版）2016 年第 2 期。

㉑《苏秉琦文集》（三），文物出版社 2009 年版，第 7、141、181、182、316 页；郭大顺：《猪龙与熊龙》，《鉴赏家》（1996 年夏季号），上海译文出版社 1996 年版。

㉒苏秉琦：《论西辽河古文化——与赤峰史学工作者的谈话》，《北方民族文化》1993 年增刊，收入《苏秉琦文集》（三），文物出版社 2009 年版，第 74～79 页。

㉓苏秉琦：《关于重建中国史前史的思考》，《考古》1991 年第 12 期，收入《苏秉琦文集》（三），文物出版社 2009 年版，第 175～184 页；张光直：《仰韶文化的巫觋资料》，收入《中国考古学论文集》，生活·读书·新知三联书店 1999 年版，第 136～150 页。

㉔田昌五：《先夏文化探索》，收入《文物与考古论集》，文物出版社 1986 年版，第 99～102、104～105 页；王文清：《陶寺遗址可能是陶唐氏文化遗存》，收入田昌五主编《华夏文明》（Ⅰ），北京大学出版社 1987 年版，第 106～123 页；俞伟超：《考古研究所四十年研究成果展览笔谈》，《考古》1991 年 1 期。

㉕高炜：《汾河湾旁磬和鼓——苏秉琦先生关于陶寺考古的论述》，收入宿白主编《苏秉琦与当代中国考古学》，科学出版社 2001 年版，第 666 页。

㉖刘敦愿：《美术考古与古代文明》，允晨文化出版社 1994 年版，第 487～497 页；又见刘敦愿《山东宁阳堡头大汶口墓地和有虞氏关系问题的探索》，收入《大汶口文化讨论文集》，齐鲁书社 1979 年版，第 219～236 页。

㉗陈剩勇：《东南地区：夏文化的萌生与崛起——从中国新石器时代晚期主要文化圈的比较研究探寻夏文化》，《东南文化》1991 年第 1 期。

㉘浙江省文物考古研究所：《杭州市良渚古城外围水利系统的考古调查》，《考古》2015 年第 1 期。

㉙刘斌：《寻找消失的王国——良渚遗址的考古历程（良渚古城发现记）》，收入《庆祝张忠培先生八十岁论文集》，科学出版社 2010 年版，第 158～170 页。

㉚苏秉琦：《谈"晋文化"考古》，收入《文物与考古论集》，文物出版社 1986 年版，第 49～50 页，又收入《苏秉琦文集》（三），文物出版社 2009 年版，第 25～36 页。

㉛陕西省考古研究院、榆林市文物考古勘探工作队、神木县文体局等：《陕西神木县石峁遗址》，《考古》2013 年第 7 期。

㉜河南省文物考古研究所等：《河南灵宝西坡遗址 105 号仰韶文化房址》，《文物》2003 年第 8 期；中国社会科学院考古研究所：《河南灵宝市西坡遗址庙底沟类型两座大型房址的发掘》，《考古》2015 年第 5 期；甘肃省文物工作队：《甘肃秦安大地湾 901 号房址发掘简报》，《文物》1986 年第 2 期。

㉝陕西省考古研究院：《陕西高陵县杨官寨新石器时代遗址》，《考古》2009 年第 7 期。

㉞梁思永：《小屯龙山与仰韶》，《梁思永考古论文集》，科学出版社 1959 年版，第 97 页；夏鼐：《河南成皋广武区考古纪略》，《科学通报》1951 年第 7 期（第 2 卷），收入中国社会科学院考古研究所编辑《夏鼐文集》（上册），社会科学文献出版社 2000

年版，第 344～350 页。

㉟北京大学考古文博学院编著《洛阳王湾——田野考古发掘报告》，北京大学出版社 2002 年版；张玉石《西山仰韶城址及相关问题研究》，收入许倬云、张忠培主编《中国考古学的跨世纪反思》（上册），商务印书馆 1999 年版，第 175～194 页。

㊱中国社会科学院考古研究所、河南省文物考古研究所编著《灵宝西坡墓地》，文物出版社 2010 年版。

㊲陕西省考古研究所编著《龙岗寺——新石器时代遗址发掘报告》，文物出版社 1990 年版。

㊳苏秉琦：《纪念仰韶村遗址发现六十五周年》（代序言），《中原文物》1985 年特刊。

㊴李民：《黄帝的传说与燕文明的渊源》，《中原文物》2006 年第 1 期。

作者简介：郭大顺，男，辽宁省文物考古研究所名誉所长、研究员，辽宁省文物局专家组组长

原文刊于：《中原文化研究》（郑州），2020.6：5～11

五帝时代与中华文明的形成

朱乃诚

摘　要：作为中华文明的形成时期，五帝时代所处的年代相当于考古学揭示的公元前 3500 年至公元前 2000 年，并可划分为三个时期：黄帝时期、颛顼与帝喾时期、唐尧与虞舜时期。结合先秦文献与考古研究，以上三个时期可以与中华文明的三个发展阶段即"古国文明""古王国文明""王国文明"相对应。纵观中华文明的发展演变，首先是在小的地理区域内形成缺乏"王权"特征的"古国文明"；之后产生初具"王权"特征的"古王国文明"，但此时仍缺乏有序的国家管理机构且具有小区域特色；最终形成以中原为核心兼具四方文化特色，具有王权与王室文化特征，且社会管理体系初步完备的"王国文明"。目前考古学所揭示的可与三个"文明"阶段相对应，并能列举一系列特征表明其社会进入"文明"发展状态的考古学文化实体个案，分别是"红山文明"、"良渚文明"和"陶寺文明"。其中"红山文明"是否代表着黄帝时期的古国文明，"良渚文明"是否代表着颛顼与帝喾时期的古王国文明，尚需要进一步地探索与认证。但是"陶寺文明"所代表的应是尧舜时期的王国文明，是中国王国文明的开端，即"最初的中国"。

关键词：五帝时代；古国文明；古王国文明；王国文明

本文所探索的"五帝时代"，以司马迁《史记·五帝本纪》为依据。先秦文献记述的五帝，大都是黄帝、颛顼、帝喾、尧、舜。《世本·帝系》

明记："黄帝、颛顼、帝喾、唐尧、虞舜，为五帝。"司马迁《史记·五帝本纪》即以此为本。而中华文明的形成问题，主要依据考古学发现与研究的成果进行探索。分析"五帝时代与中华文明的形成"，要将中国传统古史中传说时代的部分内容与考古学研究结合起来进行。

目前我国发现最早的文献资料，是地下出土的商代晚期的甲骨文。王国维对甲骨文的研究，证实司马迁所记载的商代历史是可信的。据此王国维推测《史记·夏本纪》所记载的夏代历史也应是可信的，只是直到现今还没有被出土文献资料所证实。《史记》记述的夏代之前有五帝，这些历史也还未得到证实，自然有待今后的探索。但甲骨文对《史记·殷本纪》真实性的印证，表明了考古学研究可以结合古代文献来探索商代之前的"传说时代"。

将五帝时代和中华文明起源问题结合起来进行探索，是从 20 世纪 70年代末开始的。如 1978 年开始发掘的山西省襄汾陶寺遗址及其相关研究，提出了国家起源、晋南夏人遗存、尧舜时期的史实、距今 4000 年以前的古国等问题[①]；1979 年、1983 年，辽西地区凌源东山嘴与建平牛河梁红山文化晚期大型祭祀建筑遗址与积石冢群的发现，为红山文化研究提供了大批全新的资料，促使研究者对中华文明起源、中华古国史的研究进行新的思考[②]；1982 年，田昌五通过对中国古代社会形态的研究，从传统古史的文献角度研究中国文明、国家的起源，提出中国奴隶社会形成于夏代之前，古籍中记载的黄帝、炎帝和蚩尤之间的循环战争，标志着中国文明的开端，而夏朝形成了我国历史上第一个统一的奴隶制王朝[③]；1987 年，田昌五发展这一观点，提出中国已有五千年的文明史[④]；1986 年，苏秉琦依据辽西东山嘴、牛河梁遗址的发现，提出辽西发现的红山文化晚期的"坛、庙、冢"等遗存，是中华文明的新曙光，一举把中华文明史提前了1000 年[⑤]。

迄今为止，对五帝时代的探讨，对中华文明起源与形成问题的研究，已经形成了许多研究成果与认识。本文拟在前人基础上，对五帝时代与中华文明形成问题再做进一步的探索。

一　五帝时代社会的主要特征、年代与相应的考古学现象

五帝时代以黄帝时期为始。黄帝时期与神农氏、炎帝时期分属两个时代，而与颛顼、帝喾、尧、舜合称为一个时代，即五帝时代。《周易·系辞》载："神农氏没，黄帝、尧、舜氏作，通其变，使民不倦，神而化之，使民宜之。"其文就将五帝视为同一个时代。

五帝时代是一个发展的历史时代概念，是由前后五个重要人物及其所属的部落集团为代表，可分为五个时段。然而按照先秦文献的记述，可将五帝时代分为前后三个时期，即黄帝时期、颛顼与帝喾时期、唐尧与虞舜时期。依照文献记载五帝时代的突出特征，对照考古学研究成果，大致可将五帝时代对应为新石器时代晚期后半段与新石器时代末期，具体年代在公元前 3500 年至公元前 2000 年之间。

（一）黄帝时期社会的主要特征、年代与相应的考古学现象

依据较早的先秦文献，体现黄帝时期社会进步与发展的突出特征主要有以下四项。

第一，战争。最为著名的就是黄帝与炎帝和蚩尤的战争。《左传·襄公二十五年》载："吉。遇黄帝战于阪泉之兆。"又如《逸周书·尝麦》载："（黄帝）执蚩尤，杀之于中冀，以甲兵释怒。"

第二，进行祭天活动，假"天意"管理天下民众。《逸周书·尝麦》记述黄帝"用大正顺天思序，纪于大帝；用名之曰绝辔之野"。

第三，设立管理社会的人员或机构。《逸周书·尝麦》言黄帝"乃命少昊清（原文为"请"）司马鸟师，以正五帝之官，故名曰质。天用大成，至于今不乱"。

第四，物产逐渐丰富，财富得到积累。《国语·鲁语下》载："黄帝能成命百物，以明民共财。"

依据以上黄帝时期社会的主要特征，对照考古研究和发现的相关成果，公元前 3500 年至公元前 3000 年前后可能是黄帝时期所处的年代。当时社会的突出特征表现为：一人独尊的现象开始呈现，战争出现并逐渐

频繁。

考古学研究揭示出该时期出现了战争，玉钺开始出现，军权产生，呈现出一人独尊的现象。如河南灵宝西坡遗址发现的仰韶文化庙底沟类型末段的大型墓葬及随葬玉钺；安徽含山凌家滩遗址发现的凌家滩文化中晚期的"风"字形玉钺；海岱地区大汶口文化中期开始出现的玉石钺；辽宁建平牛河梁遗址群发现的"神庙"与人像遗存、大型积石冢及中心大墓；甘肃秦安大地湾遗址发现的仰韶文化晚期的大型"殿堂"式高等级建筑基址等。

（二）颛顼与帝喾时期社会的主要特征、年代与相应的考古学现象

将黄帝与颛顼分属前后两个时期，先秦文献已经有所指明。《左传·昭公十七年》载："秋，郯子来朝，公与之宴。昭子问焉，曰：'少皞氏鸟名官，何故也？'郯子曰：'吾祖也，我知之。昔者黄帝氏以云纪，故为云师而云名；炎帝氏以火纪，故为火师而火名；共工氏以水纪，故为水师而水名；太皞氏以龙纪，故为龙师而龙名。我高祖少皞挚之立也，凤鸟适至，故纪于鸟，为鸟师而鸟名：凤鸟氏，历正也；……自颛顼以来，不能纪远，乃纪于近，为民师而命以民事，则不能故也。'"文中指出黄帝时期重视自然现象并以自然现象作为命名依据，而从颛顼开始则重视民事现象。此外《国语·楚语下》亦载颛顼"乃命南正重司天以属神，命火正黎司地以属民，……是谓绝地天通"。在颛顼时期将祭天与祭地分开，专职祭祀成员开始出现，既显示了颛顼对原始宗教信仰的改革，又显示了社会出现了祭祀阶层。这是比黄帝时期进步的一个重要现象，也是将黄帝与颛顼分属两个时期的重要依据。

反映颛顼与帝喾时期社会进步与发展的突出特征，先秦文献记载得很少，主要有三项。

第一，祭祀方式与制度的改革与发展。《国语·楚语》载："昭王问于观射父，曰：'周书所谓重、黎实使天地不通者，何也？若无然，民将能登天乎？'对曰：'非此谓也。古者民神不杂。民之精爽不携贰者，而又能齐肃衷正，其智能上下比义，其圣能光远宣朗，其明能光照之，其聪能听彻之，如是则明神降之，在男曰觋，在女曰巫。……于是乎有天地神民类

物之官，是谓五官，各司其序，不相乱也。民是以能有忠信，神是以能有明德，民神异业，敬而不渎，故神降之嘉生，民以物享，祸灾不至，求用不匮。及少皞之衰也，九黎乱德，民神杂糅，不可方物。……祸灾荐臻，莫尽其气。颛顼受之，乃命南正重司天以属神，命火正黎司地以属民，使复旧常，无相侵渎，是谓绝地天通。'"由上，在颛顼时期明确了将祭天与祭地作为两种不同的祭祀方式与制度，并配以专职祭祀人员。祭祀的目的分别是敬神与保民，从而使得祭祀行为成为社会民众受益的一种重要宗教活动现象而得到发展，由此促进了社会的发展。所以，司马迁将颛顼誉为："静渊以有谋，疏通而知事；养材以任地，载时以象天，依鬼神以制义，治气以教化，絜诚以祭祀。"

第二，继黄帝时期之后进一步发展社会财富。《国语·鲁语下》载："黄帝能成命百物，以明民共财，颛顼能修之。"社会财富的发展，是私有财产发展的一种现象，个人财富能够逐步积累，顺应了社会不断发展的趋势。

第三，依据天象，发展农业，稳固社会民众，推进社会发展。《国语·鲁语下》言："帝喾能序三辰以固民。"

依据以上对先秦文献分析的颛顼与帝喾时期社会的主要特征，对照考古学发现与研究的成果，大致可以明确颛顼与帝喾时期处在公元前3000年至公元前2400年之间。这时期社会的突出特点是：祭祀广泛流行，同时战争愈加激烈。祭祀已经成为当时社会活动最为重要的一项内容。同时祭天敬神，祭地为民，天神与祖先神在祭祀活动中分开并分别进行，即颛顼"绝地天通"，产生了专门的祭祀成员。

这种祭祀活动流行的现象，反映在考古学方面，主要有良渚文化中期出现的十分规整的三色祭坛墓地以及玉器上的神人图像。如浙江省余杭瑶山祭坛墓地、反山祭坛墓地，及其大墓中出土的玉琮、玉钺等高等级玉器上雕琢了神人图像。这种神人图像一直延续发展至良渚文化晚期。还有江汉地区的屈家岭文化亦流行祭祀活动。如湖北省天门石家河等遗址发现的大型祭祀道具——大型陶管状筒形器群。该时期在黄河流域出现的建筑物奠基遗存，也是祭祀活动频繁状态下的产物。

（三）唐尧与虞舜时期社会的主要特征、年代与相应的考古学现象

将颛顼、帝喾时期与唐尧、虞舜时期分属早晚两个时期，从古文献记载的各自的事迹与特征方面，很容易区分（见后述）。反映唐尧与虞舜时期社会进步与发展的突出特征，先秦文献记载较多，这与先秦文献记述颛顼与帝喾的事迹较少的现象形成鲜明对比。同时，先秦文献中有时会将一些事迹合列在黄帝、唐尧、虞舜名下。如《周易·系辞》曰："黄帝、尧、舜垂衣裳而天下治。"司马迁在《史记·五帝本纪》中集诸子各家及亲自走访四方耳闻所得，将尧舜事迹进行了重点描述。其中，对虞舜的记述内容最多，约占《史记·五帝本纪》的三分之二。现择其反映社会进步与发展的突出特征分析如下。

第一，尧调解各部族之间的矛盾，合和万国，成为万国的盟主。《史记·五帝本纪》载尧"黄收纯衣，彤车乘白马，能明驯德，以亲九族。九族既睦，便章百姓。百姓昭明，合和万国"。一人独尊的社会特征已经不限于本部族内，而是在"万国"的层次上形成。

第二，尧观象授时，发展天文历法，推进农业发展；按照天时历象、春夏秋冬的自然环境条件发展社会经济。《史记·五帝本纪》载："乃命羲、和，敬顺昊天，数法日月星辰，敬授民时。分命羲仲，居郁夷，曰旸谷。敬道日出，便程东作。日中，星鸟，以殷中春。其民析，鸟兽字微。申命羲叔，居南交。便程南为，敬致。日永，星火，以正中夏。其民因，鸟兽希革。申命和仲，居西土，曰昧谷。敬道日入，便程西成。夜中，星虚，以正中秋。其民夷易，鸟兽毛毨。申命和叔，居北方，曰幽都。便在伏物。日短，星昴，以正中冬。其民燠，鸟兽氄毛。岁三百六十六日，以闰月正四时。信饬百官，众功皆兴。"

第三，虞舜代唐尧经历了艰难复杂的历程。《史记·五帝本纪》载："于是尧妻之二女，观其德于二女。……乃使舜慎和五典，……乃偏（遍）入百官，……宾于四门，……尧使舜入山林川泽，暴风雷雨。"尧对舜进行了三年的各种考验，并经过二十年的代理执政考察其能力之后，虞舜才最终替代唐尧"摄行天子之政"。

第四，舜四次巡视四方，使得唐尧盟主的影响达到十二州的范围。

《史记·五帝本纪》记有："于是帝尧老，命舜摄行天子之政，以观天命。"舜，"岁二月，东巡狩，至于岱宗，……五月，南巡狩；八月，西巡狩；十一月，北巡狩；……五岁一巡狩，群后四朝。……肇十有二州"。

第五，舜设立刑法制度，消除了社会不稳定因素。《史记·五帝本纪》言："象以典刑，流宥五刑，鞭作官刑，扑作教刑，金作赎刑。眚灾过，赦；怙终贼，刑。钦哉，钦哉，惟刑之静哉！"

第六，对外征伐四方，对内平息忧患，迁徙作乱部族，促进民族融合。《史记·五帝本纪》曰："三苗在江淮、荆州数为乱。于是舜归而言于帝，请流共工于幽陵，以变北狄；放驩兜于崇山，以变南蛮；迁三苗于三危，以变西戎；殛鲧于羽山，以变东夷；四罪而天下咸服。""昔帝鸿氏有不才子，……少暤氏有不才子，……颛顼氏有不才子，……此三族世忧之。至于尧，尧未能去。缙云氏有不才子，……天下谓之饕餮。天下恶之，比之三凶。舜宾于四门，乃流四凶族，迁于四裔，以御螭魅，于是四门辟，言毋凶人也。"

第七，虞舜替代唐尧，成为"中国"第一位"天子"。"中国"这一地理含义的国家概念，在司马迁《史记·五帝本纪》的记载中，是从五帝时代的尧舜时期后段舜践天子位才开始的。《史记·五帝本纪》说："尧立七十年得舜，二十年而老，令舜摄行天子之政，荐之于天。……尧崩，三年之丧毕，舜让辟丹朱于南河之南。诸侯朝觐者不之丹朱而之舜，狱讼者不之丹朱而之舜，讴歌者不讴歌丹朱而讴歌舜。舜曰：'天也！'夫而后之中国践天子位焉，是为帝舜。"

第八，舜任人唯贤，致使人人友善，社会和谐。《史记·五帝本纪》载："昔高阳氏有才子八人，世得其利，谓之'八恺'。高辛氏有才子八人，世谓之'八元'。此十六族者，世济其美，不陨其名。至于尧，尧未能举。舜举八恺，使主后土，以揆百事，莫不时序。举八元，使布五教于四方，父义，母慈，兄友，弟恭，子孝，内平外成。"

第九，舜设立国家管理机构，致使百业兴盛，天下太平。《史记·五帝本纪》亦载："天下归舜。而禹、皋陶、契、后稷、伯夷、夔、龙、倕、益、彭祖自尧时而皆举用，未有分职。"于是舜任命禹为"司空"，主持治理洪水、平定水土；任命弃为"后稷"，主持五谷农业生产；任命契为"司徒"，主持社会教化；任命皋陶为"士"，主持刑法，维持社会稳定和谐；任命倕为"共工"，主持手工业生产；任命益为"朕虞"，主持皇室园林内动物资源的管理；任命伯夷为"秩宗"，主持祭祀活动的次秩尊卑；任命夔为"典乐"，主持八音调和，以便敬神人和；任命龙为"纳言"，主持上传下达，传递信息。并且要求各官员恪尽职守，如"女二十有二人，敬哉，惟时相天事"。还要求考核业绩，"三岁一考功，三考绌陟，远近众功咸兴"。舜将地方分置由十二牧管理，国家权力机构设九个部门集中管理，各司其职，督促管理，标志着国家的形成。司马迁称赞当时"四海之内咸戴帝舜之功。……天下明德皆自虞帝始"。

依据对以上文献尤其是《史记》分析的唐尧与虞舜时期社会的主要特征，对照考古学发现与研究的成果，大致可以明确唐尧与虞舜时期可能处在公元前2400年至公元前2000年之间。反映在考古学方面，主要有中原地区的陶寺文化早、中期可以与之相合。陶寺文化遗存中，具有辽西地区红山文化、河套地区龙山文化、中原地区三里桥文化类型、海岱地区大汶口文化晚期及龙山文化、甘青地区齐家文化、江汉地区石家河文化、太湖地区良渚文化晚期与广富林文化等四方各地的文化因素，犹似形成"合和万国"的态势。还存在着陶寺文化玉器向甘青地区发展的线索，似显示着"迁三苗于三危，以变西戎"的史迹⑥。

总之，先秦文献及《史记》所记述的五帝时代以及笔者分析的黄帝、颛顼与帝喾、唐尧与虞舜三个时期，基本上可以与考古学的发现与研究认识进行对应整合。古代文献所记述的五帝时代的各种事迹，内容错综复杂，经过数千年来的口耳相传，辗转添色，以及历代学者的各种梳理探索，多线条交叉承袭，难免穿凿附会、方枘圆凿。但通过考古学的发现与研究及与文献史学的不断整合探索，终究可以揭示隐含在古代文献尤其是先秦文献中的一些史实。

二　五帝时代与中华文明的形成

中华文明起源与形成问题，经过数十年的考古学探索，已经形成了许多认识，但形成较为系统的对考古学文化实体个案的研究认识并不多。笔者曾指出："中国文明的形成，先有各个区域的小区域文明，而后才形成以中原为中心的中国文明。"[1]关于最早的小区域文明，目前依据考古发现能够说得清楚的，主要是红山文明与良渚文明。而以中原为中心的最早的中国文明，比较清楚的，主要是陶寺文明。

（一）红山文明的分布、年代及社会基本特征

红山文明，是指分布在辽西地区的红山文化晚期后段，具体年代在公元前3360年至公元前2920年之间[2]。其代表性遗存，主要有辽西地区牛河梁遗址群诸地点的上层积石冢的有关遗存，辽宁省喀左东山嘴大型积石冢坛[3]、阜新胡头沟积石冢[4][5]、凌源田家沟多处石棺墓地[7]，内蒙古自治区敖汉旗草帽山积石冢等[8]，还有红山文化分布区南部的河北省平泉市发现的红山文化积石冢遗存[6]480[7]，在红山文化分布区北部的西拉木伦河以北的内蒙古自治区巴林右旗那斯台遗址发现的这一阶段的勾云形玉佩、兽面玦形玉器等遗存[8]，以及近年来发现的辽宁省朝阳龙城半拉山红山文化墓地[9]。这些遗存几乎遍布红山文化分布区，显示在整个红山文化分布区域内，大致都经历了红山文明发展阶段。而目前的发现则以牛河梁、东山嘴、田家沟、草帽山、半拉山等遗址所处的大凌河上游地区发现的遗存最为丰富，揭示得也较为清晰。其中牛河梁遗址群的规模最大，档次最高。

分析这些遗存，可以将红山文明分为前后五个发展阶段[9]。其中第一段至第四段是红山文明的不断发展阶段。在红山文明形成之初开始出现大型积石冢，伴随着红山文明的发展，其中心大墓的结构不断发展与完善。在红山文明形成之初出现了随葬玉礼器的现象，玉礼器的种类与器形也伴随着红山文明的发展而逐步演化。第五段是红山文明的衰落阶段。红山文明的衰落，是从出现专用武器——玉石钺开始的。

据研究，红山文明形成的基础与动力主要有三个方面：农业经济的发展，宗教信仰与精神文化的发展，以及外来文化影响与冲击[2]。红山文明的社会基本特征，最主要的也有三项。

第一，形成了等级化社会。依据牛河梁遗址群的发掘成果，可以分析出红山文明的社会分层至少存在着六个等级，社会组织至少存在着四级[10]。具有四级组织六个等级的社会，应该是一个较为复杂的等级化社会。

第二，形成"一人独尊"的社会现象。牛河梁遗址群属第一等级的中心大墓有三座（N2Z2M1、N16M4、N5Z1M1）[11]，分属红山文明的前三个阶

段，每个阶段只有一座。第四段尚未发现积石冢中心大墓，第五段可能不存在积石冢中心大墓。⑨这反映了在红山文明发展过程中最高等级的墓葬只有一座。这充分说明了红山文明存在着"一人独尊"的社会现象。

第三，盛行祖先崇拜、动物崇拜并神化原始宗教信仰活动以维持其社会的稳定发展。红山文明盛行祖先崇拜、动物崇拜并神化原始宗教信仰活动，使其社会产生了一些特殊的现象。如红山文明的社会，经济不发达，社会财富积累有限，但社会等级却表现得十分清晰。又如在红山文明高度发展的第二、三、四阶段，不见武力现象，没有掠夺性的战争行为，但却存在着"一人独尊"的个人集权现象。还如红山文明的文化发展程度不高，但玉器制作却十分精工，如兽面玦形玉器（图1）、勾云形玉佩（图2）、兽面纹玉佩（图3）、双兽面玉佩（图4）、鸟兽纹玉佩（图5）、斜口筒形玉器、回首凤鸟玉冠饰、双熊首三孔玉梳背、玉人、玉璧形饰、玉龟、玉鳖、玉鸮、玉蝈蝈等，成为当时的一种特殊的财富。这些特殊现象都与当时盛行神化原始宗教信仰活动有关。这些信仰活动可能形成了一种特殊的社会凝聚力，使得其社会能够得到稳定的发展。

图1　牛河梁 N2Z1M4：2 兽面玦形玉器

图2　牛河梁 N5Z1M1：4 勾云形玉器

图3　牛河梁 N2Z1M22：2 兽面纹玉佩

图4　牛河梁 N2Z1M26：2 双兽面玉佩

图5　牛河梁 N2Z1M23：3 鸟兽纹玉佩

　　红山文明的三项基本特征，最具特色的是第三项，即盛行祖先崇拜、动物崇拜并神化原始宗教信仰活动以维持其社会的稳定发展。而发展到第五阶段，祖先崇拜、动物崇拜等神化原始宗教信仰的活动弱化，维持其社会稳定的法则削弱而缺乏约束社会成员的凝聚力，社会出现武力现象，发生动荡，"一人独尊"的现象也随之消失，红山文明自然就开始衰落并且逐渐消亡。

红山文明的特征，决定了其是一个不成熟的文明，也是一个不能延续的早期文明。由于红山文明是建立在神化宗教信仰活动的基础上，没有形成国家组织的管理机构，经济不发达，文化发展迟缓，社会组织又没有得到充分的发展。这样的文明社会，虽然存在"一人独尊""惟玉是葬"的现象，但基础薄弱，缺乏进一步发展的能力，当资源匮乏、环境发生变化、社会失去凝聚力之时，自然会随之衰落。同时，其尚未出现王权与王室现象，不属王国文明。所以，可以称为"古国文明"，是我国"古国文明"的代表。

（二）良渚文明的分布、年代及社会基本特征

良渚文明是指主要分布在太湖地区的良渚文化中晚期，具体年代大致在公元前3000至公元前2300年之间。其代表性遗存，主要有良渚城址，包含城内的莫角山"宫殿区"、反山"王陵区"、姜家山"贵族墓地"，以及城外西北部外围以老虎岭为代表的高坝系统、以鲤鱼山为代表的低坝系统，其共同构成了由11条堤坝组成的大型水利系统（图6）[12]。此外还有良渚城址附近的瑶山与汇观山祭坛墓地、玉架山遗址群，以及上海市青浦福泉山、江苏省武进寺墩等重要遗址。

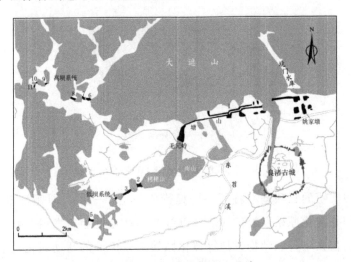

图6　良渚古城及外围水利系统

其中良渚城址外围由 11 条堤坝组成的大型水利系统，保护利用范围约 100 平方公里，堤坝的年代约在公元前 3100 年至公元前 2700 年之间。良渚城址内城面积约 290 万平方米。大莫角山宫殿区发现了 7 个面积 300 至 900 平方米的房屋台基，可能是良渚文明最高权力机构的体现。反山墓地为一人工堆筑的上万立方米的土墩，面积约 2700 平方米，发掘的 11 座墓葬，以 M12 规模最大。反山 M12 墓底筑棺床，随葬玉器、石器、嵌玉漆器和陶器 658 件，是迄今发现的规格最高的良渚文化墓葬，为良渚文明的"王陵"。这些高档次的文化遗存，显示了文化内涵十分丰富、充分发展而又独具特色的良渚文明。良渚文明的社会主要特征，有以下几项。

第一，出现成套农业工具，显示出原始农业发展进入成熟阶段。第二，出现大批精致的玉器、精美的漆器、象牙制品、陶器等，显示了手工业种类增多以及工艺技术的快速发展，也显示出有许多人员进入手工业制作领域。第三，祭坛、玉器、玉器上的神人图案等反映的精神文化生活较为丰富，原始宗教信仰活动十分频繁，祭祀活动形式高度一致，显示形成了统一的精神文化意识。第四，玉石钺流行，有的墓内随葬数十把玉石钺，显示社会崇尚武力，战争频繁。第五，反山墓地及 M12 等大墓的出现，显示出"王陵"特点及"王权"的形成。规格最高的玉琮与玉钺在该墓中共存，显示神权与军权合一，并且是良渚文明"王权"的主要特征。第六，"宫殿区"、普通建筑，以及"王陵"、"贵族墓地"、普通墓地等，显示了社会成员形成了高低不同的等级。第七，工程浩大的城墙的营筑、规模庞大的水利系统的形成，以及良渚遗址群密集的分布，显示了其人口众多，以及对人力资源调配使用的组织机构的存在。

这些特征表明，在公元前 3000 年至公元前 2300 年间，太湖地区存在着一个原始农业充分发展与手工业发达、精神文化意识高度统一、富有祭祀与战争特色、具有神权与军权合一的王权权威及各级管理机构的文明社会。所体现的是神权与军权合一的王权的产生，这恰恰在反山 M12 大墓中得到了集中的体现，如出土的大玉琮（图 7）与大玉钺（图 8）及其上的神人图案（图 9）。大玉钺是用于指挥战争的，是军权的代表，大玉钺上神人图案的含义，可能是战神。玉琮则可能与原始宗教信仰活动有关，也是权力的象征，具有权杖的含义。大玉琮上施刻神人图案可能表明进行原始宗教信仰活动的主要目的是赢得战争的胜利。

图 7　反山 M12 大玉琮

图 8　反山 M12 大玉钺

图 9　反山 M12 大玉琮上的神人图案

　　良渚文明还向外部扩张，文化影响与势力所及，到达海岱地区、中原地区、岭南地区，范围达小半个中国。但在公元前 2400 年前后，良渚文明开始衰落，而且在太湖地区没有出现新的文明社会替代良渚文明，直至公元前 2300 年前后良渚文明完全消失。其衰落的原因，可能与社会组织机构不完备、社会无序的发展、原始宗教信仰活动的发展超越了社会发展的承受能力、频繁的掠夺性战争影响了社会的发展、社会资源的过度消耗、不能适应环境的变化，以及北部文化势力南下太湖地区等因素有关。

　　良渚文明显然要比红山文明进步，但其社会管理机构不完备，不能调节社会无序的发展，虽然形成了"王权"这一"王国文明"的特点，但没有形成相匹配的管理制度与体系。当"王权"无力控制社会无序发展时，一旦受到各种不利因素的冲击，文明社会自然会自行衰亡。良渚文明实际是我国"古国文明"向"王国文明"过渡阶段的代表，可暂称为"古王国文明"。

（三）陶寺文明的分布、年代及社会基本特征

陶寺文明是指主要分布在晋西南地区的陶寺文化早中期，具体年代在公元前2450年至公元前2000年之间[13]。其代表性遗存，最重要的是山西省襄汾陶寺遗址发现的陶寺文化早期的城址（宫城）、大型窖藏区、6座大墓（M2001、M3002、M3015、M3016、M3072、M3073），陶寺文化中期的大型城址、较大型的宫殿建筑基址、具有祭祀与观测天象功能的半圆形大型建筑基址、城址西南角的手工业区、一座随葬品丰富的大墓（2002 M22）[10]，以及芮城清凉寺墓地的部分墓葬，临汾下靳村墓地的部分墓葬等。

其中，陶寺文化早期城址面积约13万平方米[11]，内有宫殿建筑基址，并发现豪华建筑上的几何形花纹的白灰墙皮[12]。陶寺文化早期的大型窖藏区，位于早期城址的东南，面积约1000平方米，其内窖穴密集[13]，以竖穴圆角方形或长方形为主，大者边长10米左右，小者边长约5米，多有螺旋坡道由坑口至坑底。大型窖藏区及众多粮仓性质的窖穴，正好与大墓中随葬木质粮仓模型仓形器能够互相对应证明。

陶寺文化早期的6座大墓，仅一座未被扰乱，有4座大墓随葬了彩绘蟠龙纹陶盘。这6座大墓，墓葬规模大，随葬品丰富、精致。不仅有彩绘陶器、彩绘漆木器，而且大都还有木俎、木匣、成套大型石厨刀、石磬、土鼓、鼍鼓随葬。其中石磬、土鼓、鼍鼓是大型礼乐器，石磬长44至95厘米，土鼓高45至142厘米[13]。完整的鼍鼓高约1米，鼓腔外表施彩绘图案（图10、图11）。这种大型礼乐器还组配使用，组配形式通常是1件石磬、2件鼍鼓、1件土鼓。这种使用大型组合礼乐器随葬的现象，在商代仅见于王陵或王室大墓。由此可以推测：陶寺遗址这6座大墓是当时王室成员的墓葬，彩绘蟠龙纹陶盘（图12）仅限于王室成员使用。

图 10　陶寺 M3015：15 鼍鼓　　　图 11　陶寺 M3015：15 鼍鼓彩绘纹饰

图 12　陶寺 M3072：彩绘蟠龙纹陶盘

陶寺文化中期的城址，面积约 280 万平方米。发现的陶寺文化中期的大型宫殿夯土建筑基址，面积为 286 平方米，上有残存三排 18 个柱洞，是柱网结构明确的殿堂建筑遗迹。在夯土中还出土了铜器残片及两处奠基的人骨架[14]。2002 年发现了陶寺文化中期的两大块装饰绚边篦点戳印纹白灰墙皮和一大块带蓝彩的灰白墙皮[13]。陶寺文化中期的一座大墓（2002 II M22），在陶寺文化晚期偏早阶段就已被扰乱破坏，尤其是墓室正中的棺室被捣毁，棺内的贴身随葬玉器等情况已不清楚，残留有绿松石饰件、玉钺碎块、小玉璜、木柄、子安贝等 46 件，以及遗留在扰坑内的玉钺、玉钺残块、白玉管、天河石和绿松石片等 20 件。在棺室四周未扰动部分及壁龛内出土随葬品 72 件（套），包括彩绘陶器 8 件、玉石器 18 件（套）、骨镞 8 组、漆木器 25 件、红彩草编物 2 件，以及猪 10 头、公猪下颌 1 件[15]。

陶寺文化早中期这些高层次、高品质遗存的发现，反映了陶寺文明的如下一些特征。第一，初步形成了农业生产与手工业生产管理体系。如陶寺文化中期用于祭祀与观测天象的建筑基址，显示当时可能存在敬天授时以发展农业的农业生产管理体系。陶寺文化中期观测天象的遗存及其知识，不可能是在陶寺文化中期突然出现的，推测在陶寺文化早期就已经开始萌芽了。又如陶寺文化中期的手工业区的发现，显示当时对手工业进行了集中管理，而陶寺文化早期大墓中出土的各种精致的彩绘陶器、木器、漆器、玉器等，也显示陶寺文化早期的手工业已经相当发达。第二，初步形成了粮食储备管理体系。如陶寺文化早期的大型窖藏区显示粮食储备管理体系的存在，而大墓中随葬木质粮仓模型仓形器则显示当时对粮食储备及管理的重视。这是防范粮食资源风险的重要措施。第三，存在着十分明显的"王权"与初步的王室文化现象，权力体系已经形成。如陶寺文化早期的宫城、中期的大型宫殿基址、王室大墓，只有大墓才享有的特殊器物——彩绘龙盘、石磬、土鼓、鼍鼓等大型礼乐器。第四，初级"礼制"已经形成。如出现了 1 件石磬、1 件土鼓、2 件鼍鼓这种固定配套组合的大型礼乐器，而且只有"王室"大墓才有彩绘龙盘、石磬、土鼓、鼍鼓等大型礼乐器与大型漆木器、粮仓模型等豪华器物随葬，显示出社会制度正在建立。第五，社会贫富分化明显，如少数大墓、中型墓以及数以千计的大量小墓，其墓葬规模、随葬品的数量与质量，判然不同。还有被杀殉用于奠基或祭祀的人骨，社会分层至少存在四个以上的阶层。

上述表明，在陶寺文化早中期，社会经济空前繁荣，重农务实的社会风气、礼制与等级等社会制度、社会管理体系、王权与王室文化等现象，以及尊卑有序、崇龙尊王等规范行为的思想意识都已经形成，文明已经诞生。陶寺文明具有鲜明的王权与初步的王室文化特征，以及较为完备的社会管理体系或国家管理机构，所以，可以将陶寺文明视为王国文明。陶寺文明是目前认识的中国最早的王国文明。苏秉琦先生在 30 年前就将之称为"最初的中国"。

结　语

五帝时代是中华文明的形成时期。而中原"王国文明"的形成，则标志着"中国文明"的诞生。其所处年代相当于考古学揭示的公元前 3500 年至公元前 2000 年之间，并可以划分为三个时期，即黄帝时期、颛顼与帝喾时期、唐尧与虞舜时期。这三个时期分别相当于中华文明形成过程中的"古国文明""古王国文明""王国文明"三个发展阶段。

中华文明的形成过程，先是小区域内形成没有"王权"的"古国文明"，而后是产生初具"王权"而缺乏有序管理机构、仍然是小区域特色的"古王国文明"，最终形成以中原为核心兼具四方文化特色的具有王权与王室文化特征，以及具有初步完备的社会管理体系即国家管理体系的"王国文明"。

目前考古学上揭示的可以与"古国文明""古王国文明""王国文明"这三个发展阶段相对应，并能够列举一系列特征而表明其社会进入"文明"发展状态的考古学文化实体个案，分别以"红山文明""良渚文明""陶寺文明"为代表。其中"红山文明"是否代表着黄帝时期的古国文明，"良渚文明"是否代表着颛顼与帝喾时期的古王国文明，尚需要进一步探索与认证，但是"陶寺文明"所代表的应是尧舜时期的王国文明。

古代文献记载和考古学发现与研究两方面的证据都指向一个共同的现象：即尧舜时期的陶寺文明是中国王国文明的开端，是最早的"中国文明"，即"最初的中国"。

注释

① 参见高炜、高天麟、张岱海《关于陶寺墓地的几个问题》，《考古》1983 年第 6 期；李民：《尧舜时代与陶寺遗址》，《史前研究》1985 年第 4 期；苏秉琦：《谈"晋文化"考古》，载《三晋考古》第一辑，山西人民出版社 1994 年版。

② 参见郭大顺、张克举《辽宁省喀左县东山嘴红山文化建筑群址发掘简报》，《文物》1984 年第 11 期；辽宁省文物考古研究所《辽宁牛河梁红山文化"女神庙"与积石冢群发掘简报》，《文物》1986 年第 8 期；孙守道、郭大顺《论辽河流域的原始文明与龙的起源》，《文物》1984 年第 6 期。

③ 参见田昌五《古代社会断代新论》第二编《中国奴隶制形态》，人民出版社 1982 年版。

④ 参见田昌五《马克思主义与华夏文明的起源》，《华夏文明》第一集，北京大学出版社 1987 年版。

⑤ 参见苏秉琦《中华文明的新曙光》，《东南文化》1988 年第 5 期。

⑥ 参见朱乃诚《齐家文化玉器所反映的中原与陇西两地玉文化的交流及其历史背景的初步探索》，《2015 中国·广河齐家文化与华夏文明国际研讨会论文集》，文物出版社 2016 年版。

⑦ 参见王来柱《凌源市西梁头红山文化石棺墓地的发掘与研究》，《玉魂国魄：中国古代玉器与传统文化学术讨论会论文集（四）》，浙江古籍出版社 2010 年版；李新全、王来柱：《凌源市田家沟红山文化墓葬群》，《中国考古学年鉴（2010）》，文物出版社 2011 年版；王来柱：《凌源市田家沟红山文化墓地群》，《中国考古学年鉴（2012）》，文物出版社 2013 年版。

⑧ 参见王大方、邵国田《敖汉旗发现红山时代石雕神像》，《中国文物报》2001 年 8 月 29 日第 1 版；中国社会科学院考古研究所、内蒙古敖汉旗博物馆《敖汉旗四家子红山文化积石冢》，《中国考古学年鉴（2002）》，文物出版社 2003 年版。

⑨ 参见朱乃诚《再论红山文明》，《庆祝郭大顺先生八秩华诞论文集》，文物出版社 2018 年版。

⑩ 参见朱乃诚《中国早期文明的红山模式》，《红山文化学术研讨会论文集》，辽宁人民出版社 2013 年版。

⑪ 参见辽宁省文物考古研究所编著《牛河梁——红山文化遗址发掘报告（1983～2003 年度）》下册图版，文物出版社 2012 年版。

⑫ 参见王宁远《良渚古城外围大型水利工程遗存》，《中国考古学年鉴（2016）》，中国社会科学出版社 2017 年版。

⑬此处主要利用陶寺早期的两个测年数据,即距今 4415±130 年的 ZK－1098 和距今 4290±130 年的 ZK－1099,来推断陶寺文化早期的具体年代。辅以高精度树轮校正年代表校正,这两个数据分别为距今 4434 年至 4228 年和距今 4401 年至 4090 年,据此可将陶寺文化早期的年代推定在公元前 2450 年至公元前 2150 年之间(见朱乃诚《良渚的蛇纹陶片和陶寺的彩绘龙盘——兼论良渚文化北上中原的性质》注 15,《东南文化》1998 年第 2 期)。陶寺文化中期的年代是依据陶寺文化早期年代的下限与陶寺文化晚期年代的下限推定的。陶寺文化早期年代的下限是公元前 2150 年,陶寺文化晚期年代的下限大致不会晚于二里头文化新砦期的公元前 1850 年,于是可以初步确定陶寺文化中晚期的年代大致在公元前 2150 年至公元前 1850 年这 300 年之间。推测中期与晚期可能各经历了约 150 年,公元前 2000 年大致为中期与晚期的分界。故推定陶寺文化中期的年代大致在公元前 2150 年至公元前 2000 年。合计陶寺文化早中期的年代在公元前 2450 年至公元前 2000 年。

⑭参见中国社会科学院考古研究所、山西省临汾市文物局《襄汾陶寺:1978～1985 年考古发掘报告》第四册图版,文物出版社 2015 年版。

参考文献

[1] 朱乃诚.红山文明及其对认识中国文明起源的重要意义 [J].中国社会科学院古代文明研究中心通讯,2016 (30):1－11.

[2] 朱乃诚.辽西地区早期文明的特点及相关问题 [J].考古,2013 (5):55－61.

[3] 郭大顺,张克举.辽宁省喀左县东山嘴红山文化建筑群址发掘简报 [J].文物,1984 (11):1－11.

[4] 方殿春,刘葆华.辽宁阜新县胡头沟红山文化玉器墓的发现 [J].文物,1984 (6):1－5.

[5] 方殿春,刘晓鸿.辽宁阜新县胡头沟红山文化积石冢的再一次调查与发掘 [J].北方文物,2005 (2):1－3.

[6] 辽宁省文物考古研究所.牛河梁:红山文化遗址发掘报告(1983～2003 年度)[M].北京:文物出版社,2012.

[7] 郑绍宗.河北平泉一带发现的石城聚落遗址:兼论夏家店下层文化的城堡带问题 [J].文物春秋,2003 (4):1－6.

[8] 巴林右旗博物馆.内蒙古巴林右旗那斯台遗址调查 [J].考古,1987 (6):507－518.

[9] a 辽宁省文物考古研究所,朝阳市龙城区博物馆.辽宁朝阳市半拉山红山文化墓地的发掘 [J].考古,2017 (2):3－34.b 辽宁省文物考古研究所,朝阳市龙城区博

物馆．辽宁朝阳市半拉山红山文化墓地［J］考古，2017（7）：18－30.

［10］中国社会科学院考古研究所山西队，山西省考古研究所，山西省临汾市文物局．
2012年度陶寺遗址发掘的主要成果［J］．中国社会科学院古代文明研究中心通
讯，2013（24）：60－63.

［11］中国社会科学院考古研究所山西队，山西省考古研究所，山西省临汾市文物局．
2013～2014年山西襄汾陶寺遗址发掘收获［J］．中国社会科学院古代文明研究中
心通讯，2015（28）：54－66.

［12］中国社会科学院考古研究所、山西省临汾市文物局．襄汾陶寺1978～1985年考古
发掘报告：第四册［M］．北京：文物出版社，2015.

［13］中国社会科学院考古研究所山西第二工作队，山西省考古研究所，山西省临汾市
文物局．2002年山西襄汾陶寺城址发掘［J］．中国社会科学院古代文明研究中心
通讯，2003（5）：40－49.

［14］中国社会科学院考古研究所，山西省考古研究所，临汾市文物局．山西襄汾陶寺
遗址2007年田野考古新收获［J］．中国社会科学院古代文明研究中心通讯，2008
（15）：48－50.

［15］中国社会科学院考古研究所山西队，山西省考古研究所，临汾市文物局．陶寺城
址发现陶寺文化中期墓葬［J］．考古，2003（9）：3－6.

作者简介：朱乃诚，男，中国社会科学院考古研究所研究员
原文刊于：《中原文化研究》（郑州），2020.4：5～14

五帝时代的历史学、考古学
及人类学解读

沈长云

摘　要： 五帝时代是中国夏代之前的一个历史时期，其存在是客观事实，而非人为编造。五帝的名号产生虽晚却是其来有自的，应是出自后世一些著名氏族对祖先的追忆。五帝并非古代中国前后相继的五位大一统君主，而是不同氏族部落的首领。彼此之间并无血缘关系，所谓五帝谱系乃后世民族融合的产物。五帝的排列顺序也非前后相继，而是大致处于同一时代的人物。各位古帝所在的地域实际上就是上古各姓氏集团分布的地域。五帝起始年代的上限应在公元前2500年或公元前2300年。从考古学角度辨析，五帝时代大致相当于考古学上的龙山时代，并已进入农业定居时代。根据当代西方文化人类学四阶段进化的理论和具体实际，五帝时代所处的社会发展阶段应属于酋邦阶段。

关键词： 五帝时代；历史学；考古学；人类学；解读

五帝时代是夏代以前的一个时代，是中国历史进入文明以前的一个时期。当前，我国学界正在进行中国古代文明探源的工作，有必要对五帝时代有一个比较全面清晰的认识。首先要认清历史上是否确实有过一个五帝时代？五帝时代的基本状况和社会性质如何？它的时间范围如何？所谓"五帝"是哪五帝？他们的身份与来历又是如何？考古发掘能够找到五帝的线索吗？这些问题历来引起不少争议，在当今学者中也存在着不少分歧。鉴于这些问题的重要性，笔者将个人的一些浅见和大家交流，请方家不吝批评指正。

一　五帝来历与五帝时代的确认

中国历史上有一个五帝时代，这是不容置疑的。《史记》第一篇《五帝本纪》，即是讲五帝时代的历史。司马迁在该篇后面的"太史公曰"下谈到此篇的史料来源，称《五帝本纪》不仅依据了孔子所传《五帝德》和《帝系姓》（载今《大戴礼记》），更直接依据了《春秋》（《春秋左传》）和《国语》，是司马迁所言五帝的史事皆出自先秦时期更早的文献记录。尤其《左传》与《国语》，据称出自与孔子同时代的左丘明之手，可以说是我国最早成书的两部历史著作，其史料价值绝非一般战国时期史著及诸子著作可比。今查《左传》《国语》两书，上面确实记有五帝及其他一些古帝的名称或名号，其时代在禹建立的夏王朝之前，是知太史公所述并非虚言。要之，五帝及五帝时代是一个客观的存在，不是人为编造的，这应当是讨论五帝时代的一个前提。

但是，仅仅从文献上找出五帝时代在历史上的存在还是不够的，强调《史记》《大戴礼记》《左传》《国语》记有五帝或五帝名号也还解决不了问题，因为人们会说这些书籍文献都是晚出的文字材料。这就牵涉到一个问题，即"五帝"的来历、"五帝"的名号是否可信的问题。这个问题首先是顾颉刚先生提出来的。顾先生根据自己的"层累说"，提出"五帝"的名号产生皆晚。他说，周人心目中最古的人是禹（神话人物），到孔子时才有尧、舜，到战国时又有了神农、黄帝。此说明显包含着"五帝"皆属后人层累地添加进中国古史的意味，也就是说他们都不那么可信。

顾先生的这个说法虽有依据，却有那么一点片面性。应当说，"五帝"的名号产生虽晚，却是其来有自的。它们并非出自后人的凭空想象，而应是出自后世一些著名氏族（或姓氏集团）对自己祖先的追忆。"五帝"之"帝"，按训诂说，其实是指自己祖先的牌位。《礼记·曲礼》说："措之庙，立之主曰帝。""帝"就是后人所立祖宗的牌位。对于自己祖先的牌位名号，想必人们（主要是主持祭祀的各姓氏集团的贵族）是不可以随便加以想象或随意杜撰出来的，那样的话，就是对祖先的不尊了。尽管祖先都生活在距离自己很久远的年代，但我们知道古人对于自己祖先的记忆同样也会保持得相当久远。这在古代、近现代一些少数民族地区那里都可以找到佐证。例如彝族某些家支通过父子连名的方式，可以将自己的祖先上溯到五六十代甚至上百代以前。所以"五帝"的名号产生虽晚，但亦可以相信是出自古代真实的历史。

当然，承认五帝名号及五帝时代历史的真实性，并不意味着对文献所记五帝时代的所有文字内容一概毫无保留地照章接纳。相反，我们主张要对这些文字加以检视，要通过科学史观，从各个角度加以识别，不仅鉴别它们时代的真伪，还要对它们的内涵意蕴进行研究考察。

二 五帝时代的历史学解读

按照历史发展顺序，所谓五帝时代就是我国第一个早期国家——夏之前的一个历史时期。这对于每一位研究者来说，应当是很清楚的。而今要对五帝时代展开讨论，我以为主要是因为我们对五帝时代的内涵还有一些不同的认识。这些认识的差异主要体现在以下几个方面。

第一，是对五帝概念的不同认识。这里面包含以下两个最基本的问题。一是"五帝"到底是哪几位古帝？按照通常的说法，即上述《大戴礼记》和《五帝本纪》的记述，"五帝"指黄帝、帝颛顼、帝喾、帝尧和帝舜五位古帝。但是这里面却没有炎帝。其他一些文献对五帝有不同记载，如《礼记·月令》中的五帝便是指太昊、炎帝、黄帝、少昊、颛顼这五位，可是却不包括帝喾、帝尧和帝舜。也有说"五帝"是指少昊、颛顼、帝喾、尧、舜的。还有所谓"五方帝"的说法。这些"五帝"说，无非都是前人从不同角度对上古历史的一种总结，各有道理，无所谓对错，我们也不好去辨别它们的是非曲直。我们只需认识到这些古帝都是远古时期我们民族的一些著名祖先，是那个时代同样具有祖先性质的一些历史人物即可。

第二，这些古帝到底是一些什么性质的历史人物呢？此即是我们要给予回答的有关五帝概念的第二个问题。过去，不少人们都认为"五帝"是五位前后相继的古代大一统国家的君主或帝王，《史记·五帝本纪》即是这样一种认识。但这个认识显然是不对的。顾颉刚主张，要打破我国古代向来一统的观念，其实那时我国黄淮江汉广大地区连真正的国家都尚未出现，更不存在什么一统国家的君主或帝王。按照文献记载，那一时期人群主要聚居的地区尚处在一个"天下万邦"的状态，帝尧、帝舜之治理天下，称"协合万邦"；禹会诸侯于涂山，称"执玉帛者万国"，万国即万邦，邦国同谓，万非实指，极言邦国数量之多耳。这众多的邦国都互不统属，各个邦国实际都是一些各自独立的氏族部落团体，它们上面并没有一个凌驾在所有氏族部落之上的权力机构。所谓"五帝"（包括其他古帝）不过就是这样一些邦国亦即不同氏族部落的首领，或者是其中一些比较强大的氏族部落集团的首领而已。我们看我国较早时期的历史文献如《左传》便称黄帝、帝颛顼为"黄帝氏""颛顼氏"①，又称帝颛顼为高阳氏，称帝喾为高辛氏，称他们的十六位后人（所谓"才子"）为"十六族"②，说明"五帝"（包括其他古帝）原本确属我国上古时期一些氏族部落首领的性质。彼时这些氏族部落的势力都很有限。《国语》曾谈到黄帝、炎帝两个氏族部落的情况，称："昔少典娶于有蟜氏，生黄帝、炎帝。黄帝以姬水成，炎帝以姜水成。成而异德，故黄帝为姬，炎帝为姜，二帝用师以相济也，异德之故也。"③可见黄帝和炎帝那时都只据有一条小的河流，地盘并不广大。其中黄帝所居姬水不可确指；炎帝所居姜水，据徐旭生研究，仅是宝鸡附近渭水的一条支流。是故，黄帝、炎帝部落都局限在今陕西中西部，远没有达到凌驾于整个中原地区之上的势力，更不用说是什么一统国家的君主了。下面我们还将从文化人类学的角度对所谓邦国的性质作进一步的分析。

第三，是包括五帝在内的各个古帝之间是否具有血缘亲属关系？过去《尧典》《五帝德》《世本》《史记》所记录的"帝系"说，自颛顼以下的各位古帝均是一统天下的黄帝的子孙后代，甚至以后夏、商、周三代国家的君主也都是黄帝的后代。今天看来，这个所谓的"帝系"是十分不近情理的。在这个问题上，我相信过去顾颉刚先生的说法，他在所发出的推翻非信史工作的几项倡议中，一开始就提出，要"打破民族出于一元的观念"④，就是针对这个以黄帝为首的"帝系"而言的。他认为这个所谓的"帝系"，实只是自春秋以来各民族融合而导致产生的一统观念的产物。实际上早期各族，"原是各有各的始祖，何尝要求统一"？这里提出中华民族非出于一元，各氏族部落皆有其各自奉祀的祖先，所谓"帝系"或者五帝的谱系乃后世民族融合的产物，是很有见地的。

值得一提的是，著名古史专家徐旭生先生尽管在"信古"还是"疑古"的许多问题上抱有与顾颉刚不同的立场，但在对于"五帝时代"即传说初期历史性质的问题上，却持有与顾颉刚相类似的看法，他认为"我国近二十余年史学界中所公信一点观念：我国有纪录历史开始的时候也同其他民族相类，就是说它是复杂的、合成的、非单一的"，"我国历史开始的时候，种族是复杂的，非单纯的"[1]3,28。可见徐先生对于"五帝"具有同一个血缘谱系的说法也是持反对态度的。

遗憾的是，当今学者中却有人反其道而行之，仍旧将"五帝"的谱系奉为信条。例如许顺湛先生的《五帝时代研究》就坚持认为，"尧舜及夏商周三代的鼻祖都是黄帝的后裔"，"颛顼、帝喾、尧舜、夏商周都是黄帝的后裔"⑤。对于许先生的这个坚持，我想最好用考古发掘的事实来加以回答。设若黄帝、颛顼、帝喾、尧、舜及以后的夏商周各族都出自一个共同的谱系，那就要求它们各自的祖先都具有一个共同的考古学文化的渊源，然而这与我们观察到的这个时期考古文化的多元性质和区系划分的格局却是不相符合的。考古文化的多元性质与古代民族的多元性、非单一血统的性质是正相吻合的。

顺便指出，现在许多人最常提起的包括黄帝、帝颛顼、帝喾、帝尧、帝舜在内的五位古帝，实只是战国时人的一种归纳，即只将其时政治舞台上占统治地位的几支姓族的祖先加以归纳而得出的。其中黄帝应是姬姓族的祖先，颛顼是包括妫姓、嬴姓暨芈姓族的祖先，帝喾是子姓商族人的祖先，尧是唐人暨祁姓族的祖先，舜亦是妫姓族的祖先。"五帝"不包括姜姓族的祖先炎帝，也不包括东夷族的祖先太昊和少昊，更不包括苗蛮族的祖先伏羲氏，为什么？因为其时这几个姓族在中原的政治舞台上已被排挤出去了（炎帝本是齐、许、吕、申等姜姓国族的祖先，但这几个国家到战国时都一个个"坠姓亡氏"了）。也正因为如此，后人才又有不同的"五帝"组合。因此，我们今天所说的"五帝时代"，实是指先秦时期众多姓族的祖先在更早的文明时代以前生活繁衍的这样一个时期。

第四，是"五帝"的排列顺序问题。这里要强调的一点是，"五帝"并不是一个纵向的排列，它们之间应主要是一种并列的关系。即这些古帝（不止是"五帝"）大致都生活在同一个时代，相差的时间不会太久。他们之间的先后关系也不一定如过去人们理解的那种顺序。过去徐旭生就曾辨析过帝喾与帝尧的关系，说《山海经》中帝尧总是摆在帝喾之前，这显示帝尧绝不会是帝喾的儿子[1]91。所可论定者，是颛顼一定在帝舜之前，因为《左传》记载他们都是有虞氏的祖先，而颛顼的辈分要高于舜好几辈。至于黄帝、颛顼、帝喾这几位，因为并非出自同一个氏族，实在是不好比较他们的时间先后的。

第五，是各位古帝所在的地域问题。联系上面的内容，我们可推知各位古帝所在的地域实际也就是上古各姓氏集团分布的地域。那时人们在很大程度上还是按血缘亲属关系居住在一起的，不若以后各姓族之人已是插花般地错居杂处在一起。根据文献，那时以黄帝为首的姬姓部族，即后世所称之白狄族者，应当居住在今陕西省和山西省的北部，兼跨今内蒙古阴山山脉以南的一些地方，因为文献记载春秋时代的白狄就居住在这一带，并所谓黄帝的陵墓亦在这一地区（所谓桥山黄帝陵，在今陕西子长县，非今日之黄陵县）。炎帝姜姓部族，包括后世所称之西戎或姜氏之戎者，居住在今甘、青一带，以及今陕西关中地区。他们应是渭水流域的土著。作为黄帝后裔的周人只是在后来才移徙到渭水流域与姜姓族人结为婚姻的（《诗经》称古公亶父"爰及姜女"）。颛顼所率领的有虞氏，应主要生活在豫东及鲁西一带，这两省交界的濮阳号称"颛顼之虚"，古今无异辞。它的一个支系，即祝融氏，生活在豫鲁苏皖交界一带，后来他们迁到今河南省的中部，故新郑有"祝融之虚"的称号，但这已是商代中晚期了。帝喾氏作为子姓商人的祖先，原居住地应在今山西省的中南部，他的两个儿子即两个支系，一个叫实沈，迁居至晋南大夏；一个叫阏伯，迁居至商丘，即商人最早的老家。帝尧陶唐氏乃祁姓之祖，据载曾有过多次迁徙，大概他们最初兴起在鲁西南的定陶一带，后迁至今河北省的唐县（或隆尧），再迁至晋南实沈居住过的大夏，也就是今临汾地区（《左传》昭公元年称"唐人是因"）。帝舜为颛顼氏之后，不必再述。少昊为东夷嬴姓族祖先，在今山东曲阜一带。太昊为东夷风姓集团的首领，居住在今河南周口淮阳一带，那里有所谓"太昊之虚"。最后，伏羲实是苗蛮族祖先"不疑"的音变，虞夏时期的苗蛮族实分布在今湖南洞庭湖至江西鄱阳湖之间，或稍北面的地区。⑥

关于"五帝时代"的年代，其下限应是没有争议的，关键是其起始的年代，也就是黄帝所在的年代。窃以为黄帝所在的年代不一定像现时一般人说的那么靠前。大家习惯了"黄帝五千年"这句口号，所谓五千年，其实只是一个约数。真要谈到黄帝的具体年代，恐怕没几个人这么说。因为五千年前的中国社会还处在仰韶文化时代，怎么也不会出现如文献所述黄帝时代才具有的那些特殊的社会现象，如大规模的战争、符契、官署、城邑之类。这些东西是文明社会前夜才应具有的。因而谨慎的学者总是将黄帝的时代说得离文明社会更近一些。过去孙中山建立民国，以黄帝纪元4609 年为中华民国元年，这是以当时一些学者的考订为基础算出来的。中华人民共和国成立后，翦伯赞制定的中外历史年表，则是以黄帝在公元前2550 年。最近的一个说法是著名考古学家、北京大学的李伯谦老师提出来的，他说黄帝应当是在公元前 2500 年或公元前 2300 年[2]。我比较赞同李先生这个说法。大家知道，我主张陕北神木石峁古城就是黄帝部族的居邑，石峁古城的年代在公元前 2300 年前后，这应当是五帝所在年代的一个标尺。当然，五帝中的尧、舜的时代不会有这么早，而应接近于夏初的年代，这也是不言而喻的。

三　五帝时代的考古学与人类学解读

尽管我不是学考古学的，但上面既然列出了我所认可的黄帝活动的上限年代，即公元前 2500 年或公元前 2300 年，那么整个五帝时期当在公元前 2500 年至公元前 2070 年，或公元前 2300 年至公元前 2070 年。这个年代相当于考古学上的龙山文化时期，所以我判断五帝时代就相当于考古学上的龙山文化时期。

如果再细致一些，要划分出各位古帝即各部族集团与龙山文化时期各考古文化的对应关系，那么可以大致认为，与黄帝部族相对应的是分布在今内蒙古中南部与陕西、山西交界一带的老虎山文化与朱开沟文化；与炎帝部族相对应的主要是分布于陕西渭水流域的客省庄文化，以及西部甘青一带的马家窑文化晚期类型（马厂类型）；与颛顼氏相对应的应是分布在今豫北、冀南一带的后岗二期文化；与帝喾集团相对应的可能是分布于晋南一带的陶寺文化的早期，它的后嗣阏伯即子姓商族的祖先后来迁到河南商丘，则当属于王油坊类型文化的范畴了；与帝尧集团有关的也是陶寺文化，不过应是它的晚期。与东方少昊集团相对应的自然是山东龙山文化；

与太昊集团相对应的则是分布在豫东、鲁西南一带的王油坊类型文化；与南方苗蛮族相对应的是湖北石家河文化。

从这些考古文化的性质、特征看，上述古族皆已进入农业定居的阶段，即使是地处今内蒙古中南部与陕西、山西一带的作为白狄祖先的黄帝部族，也基本是以农业为主[3]261-263,300-301，兼营畜牧业。其粮食作物主要是粟，黄河中游一些地方已种植有小麦，其下游及江淮流域则已有了稻的种植。它们的聚落形态也较过去先进，出现了较大型的聚落。一个较大型的聚落下面更有一些中型和小型的聚落，形成了一些学者所称的"都、邑、聚"这种聚落群结构。其中一些大型聚落上面还建起了城址，以维护住在里面的族邦领袖和贵族。这种情况也意味着各族邦内部的等级分化和财富的不均（这在各地的墓葬中亦多有体现），意味着社会正处在文明的前夜。

五帝时代所处的社会发展阶段，根据当代西方文化人类学四阶段进化的理论，结合我国具体实际，应当属于酋邦阶段。也就是说，上面我们说的当时社会上普遍存在的所谓邦、国，其实都应是酋邦组织，或复杂酋邦组织。

当代西方文化人类学有关人类社会早期发展的理论，一般国人喜欢称为"酋邦理论"。这个理论主要是在过去人们理解的氏族部落社会与国家之间加进了酋邦这样一个阶段，因而使得有关国家形成的理论更加合理，也更符合实际。从理论上说，不仅与马克思主义并不冲突，而且对马克思主义有关国家起源理论进行了补充和完善。因此十分有利于我们对中国古代文明形成的研究，也有利于对相应的考古学文化的研究。

上面谈到，我国五帝时代乃是一个"天下万邦"的局面⑦，这一个个的"邦"，实在就是酋邦。需要指出的是，这些所谓的"邦"，在我国古代文献或古文字中又往往称作"方"，或称作"国"，"天下万邦"也就是"天下万国"。今学者或笼统地称它们为方国，或邦国，也就是现在一些考古学者所说的"古国"。这些"古国"的性质并不是真正的国家，而只是酋邦。今从事聚落考古的学者发现龙山文化时期的社会也是这样一种状况，如上所述，其时社会由许多的"聚落群"构成，每个"聚落群"实际便是一个个的酋邦。聚落群的这种"金字塔结构"（或者"都、邑、聚"结构），实际正是酋邦社会的典型特征。这些酋邦有大有小，其中一些较大型的酋邦可称之为复杂酋邦，但其性质仍然是一种单纯的氏族结构。酋邦并不是某些人理解的那样，由不同血缘亲属关系的人群组成的社会组织。

当龙山文化时期，我国的酋邦社会已存在了几百年甚至上千年，一些地区的酋邦组织或可上溯到仰韶文化中晚期。再进一步，便要进入国家社会了。文献表明，我国的早期国家即是在一个地域内由一个较大的酋邦联合若干个势力较小的酋邦组成的。例如夏代国家，即是由夏后氏在古河济之间通过联合该地区众多本姓族及他姓族的族氏治理本地区发生的洪水，通过集中使用众氏族部落的人力物力，从而树立起自己凌驾于各族氏之上的威权，才建立起来的。由五帝时代的酋邦社会转化为国家社会这一历史进程，是可以从这一过程中看得很清楚的。

结　语

综上，五帝时代作为中国夏代之前的一个历史时期，其存在是客观事实，这是讨论五帝时代相关问题的基本前提。"五帝"的名号产生虽晚但并非后人层累地添加进中国古史，其来源大致可信，多出自后世一些著名氏族对祖先的追忆。因此，五帝有不同说法和不同排列顺序也是与古代民族的多元性、非单一血统的性质正相吻合的。五帝时期尚处在一个"天下万邦"的状态，一统观念尚未出现，因此"五帝"不可能是前后相继的五位大一统君主，只是不同氏族部落的首领。"五帝"为代表的古帝是大致处于同一时代的人物，后世所谓"五帝谱系"实乃后世民族融合的产物。"五千年"只是理解五帝时代的约数，五帝起始年代的上限应在公元前2500年或公元前2300年。考古学上的龙山文化时期应大致对应五帝时代，不仅出现了明显的农业定居特征，而且其社会发展也更接近于"文明前夜"的特点。根据当代西方文化人类学四阶段进化的理论和具体实际，五帝时代所处的社会发展阶段应属于酋邦阶段，也是国家社会形成之前的一个重要时期。

注释

①参见《左传》昭公十七年和昭公七年。

②参见《左传》文公十八年。

③参见《国语·晋语》。

④参见《答刘胡两先生书》，《古史辨》第一册。

⑤相关论点见许顺湛先生的《五帝时代研究》，中州古籍出版社 2005 年版。

⑥参见《战国策·魏策》吴起之语。

⑦参见《尚书·尧典》《史记·五帝本纪》等相关记载。

参考文献

[1] 徐旭生 . 中国古史的传说时代：增订本 ［M］. 北京：文物出版社，1960.

[2] 李伯谦 . 祭拜黄帝要达成共识 ［N］. 光明日报，2015 - 09 - 07 （16）.

[3] 田广金，郭素新 . 北方文化与匈奴文明 ［M］. 南京：江苏教育出版社，2005.

作者简介：沈长云，男，河北师范大学历史文化学院教授、博士生导师

原文刊于：《中原文化研究》（郑州），2020.5：21～26

中华文明五千年的学理问题

杜　勇

摘　要：中华文明五千年是人们耳熟能详的一个历史学命题。然此命题的形成过程和计算方式，长期以来缺少合理的说明。一般认为黄帝时代是中国古代文明的开端，但传说中的黄帝距今不到五千年。考索文献记载，可知黄帝之前还有一个炎帝主宰当时部落联合体的时代，其时文明因素灿然大备，中国古代文明起源当肇始于炎黄时代。炎帝时代历时 500 年，继之包括黄帝在内的五帝时代历时 588 年，则公元前 2070 年夏朝建立前的炎黄五帝时代长达一千余年，大体相当于考古学上的仰韶文化晚期和龙山文化时期。以此作为中国古代文明的发轫期，则中华文明五千年不为无据。五千年来，虽然历经艰难与曲折，但中华文明的发展始终不曾中断，始终以其伟岸的身姿屹立于世界民族之林。

关键词：炎帝；黄帝；仰韶文化；龙山时代；中华文明

中华文明五千年是人们耳熟能详的一个历史学命题。党的十九大报告指出："中国特色社会主义文化，源自于中华民族五千多年文明历史所孕育的中华优秀传统文化。"这对于增强民族文化自信，弘扬优秀文化传统，实现民族伟大复兴，都具有重要的现实意义。然而，中华文明五千年是如何推算出来的？是否有其可靠的学理依据？还是值得深入探索的问题。

一　深染革命色彩的学术命题

中华文明五千年，是辛亥革命时期开始流行的一种说法。当时一批仁人志士坚持反清革命立场，决意与清王朝划清界限，大力倡行黄帝纪年法，以黄帝为"制造文明之第一人"[1]3，"而黄帝的时间，按中国史书上的传说来说就是五千年前左右"[2]3。但这个命题发展到今天，其历史学内涵日渐淡化，更多的是考古学上龙山文化的时间元素所投射的光芒。如谓"无论从活动时代和活动地域方面，中原龙山文化都与历史上'五帝'的事迹相符合"[3]，或以为"龙山时代诸文化正好都在夏朝以前，相当于古史传说中唐尧虞舜的时代"[4]a,b801。龙山文化的年代是清楚的，但与之对应的五帝时代在年代上却是模糊的。不要说辛亥革命时期学者对黄帝年代的推定还存在很多问题，就是"三皇五帝"旧古史系统在稍后疑古思潮的涤荡下也处在风雨飘摇之中，五帝时代的年代学研究很难深入下去了。2004年，继夏商周断代工程之后，国家"十五"重点科技攻关项目"中华文明探源工程"正式启动，其研究任务之一就是要弄清中国古代文明起源的年代问题。但项目结题后，未见相关成果作权威发布，中华五千年文明如何从历史学和考古学的结合上给予科学界定依然悬而未决。

中华文明起源的年代要与传说中的五帝时代相对应，似乎不是单纯依靠考古学可以解决的问题。固然考古学文化可以通过碳十四测年，但那只是考古学文化的年代。如果不能确定五帝各自的时空范畴，考古文化遗存就无从对应，更谈不上提供五帝各自的年代。从逻辑上讲，无论以何种考古学文化来对应五帝时代的史迹，充分利用文献资料合理推定五帝时期的年代都是一个基本前提。"即使没有双重证据，单纯的文献研究也有不可替代的重要性。"[5]912只有历史学与考古学的双向互动，相辅为用，中华文明五千年的论断才不至于凌虚蹈空，真正落到实处。

关于五帝时代的年代学研究，目前面临的最大困难还不是资料的有无问题，而是资料的可信度以及如何解读的问题。早在西汉时期，司马迁对当时可以看到的五帝年代资料因为无从别择，故弃之不用。《史记·三代世表》说：

　　五帝、三代之记，尚矣。自殷以前诸侯不可得而谱，周以来乃颇可著。孔子因史文次《春秋》，纪元年，正时日月，盖其详哉。至于序《尚书》则略，无年月，或颇有，然多阙，不可录。故疑则传疑，盖其慎也。余读谍记，黄帝以来皆有年数。稽其历谱谍终始五德之传，古文咸不同，乖异。夫子之弗论次其年月，岂虚哉！于是以《五帝系谍》《尚书》集世纪黄帝以来讫共和为《世表》。

　　这里所说的"谍记"，当即记述前代世系之书，或与《世本》相类。其中"黄帝以来皆有年数"，只是其"年数"不为孔子所道，又与《尚书》《春秋左传》等"古文咸不同"，因而被司马迁果断地舍弃了。这些"谍记"言说古帝更迭，以五行传次相承，终而复始，弥漫着阴阳五行家的神秘气息，当有汉代今文家的诸多附会，未可尽信。但这并不代表其中黄帝以来的"年数"全为臆说。因为《史记·五帝本纪》已有帝尧在位98年和舜寿百岁的记录，故其他古帝有类似说法则不当另以"乖异"视之。司马迁发愤著书，仓促之间对这些材料的真伪和内涵无从鉴别，便以疑则传疑的治史态度，将盆中婴儿连同洗澡水一起倒掉了。不过，这些"谍记"在汉晋时期似未亡佚，皇甫谧作《帝王世纪》有很多不同于《史记》《汉书》的年代资料，或即取材于此，为后来学者推算黄帝纪年提供了必要条件。

　　汉唐时期，即有史家试图推算黄帝以来的纪年。据《汉书·律历志》记载：太史令张寿王治黄帝《调历》，"言黄帝至元凤三年六千余岁。丞相属宝、长安单安国、安陵杅育治《终始》，言黄帝以来三千六百二十九岁，不与寿王合"。从元凤三年（公元前78年）前推，丞相属宝等人推算黄帝纪年始于公元前3707年。唐代张守节作《史记正义》云："太史公作《史记》，起黄帝、高阳、高辛、唐尧、虞舜、夏、商、周、秦，讫于汉武帝天汉四年，合二千四百一十三年。"[①]从天汉四年（公元前97年）前推，可知张守节所定黄帝纪年始于公元前2510年。这些关于黄帝纪元的说法出现较早，其推算过程不可详知。

　　辛亥革命时期，先后出现过几种黄帝纪年法。1903年，刘师培作《黄帝纪年说》一文，大力倡导使用黄帝纪年，文末自署时间即为"黄帝降生四千六百一十四年闰五月十七日书"[1]4。此后，革命党人纷纷响应刘氏倡议，尤以宋教仁主张行用黄帝纪年最力。1905年（光绪三十一年）同盟会成立时，在日本东京创办机关报《民报》即采用黄帝纪年，定当年为中国开国纪年 4603 年，则黄帝纪年始于公元前 2698 年。而《江苏》等报刊则以 1911 年为黄帝纪年 4402 年[6]153。

那么，辛亥革命时期所用黄帝纪年是如何推算出来的呢？就影响最大的《民报》所用黄帝纪年来说，钱玄同以为是"最习见之说，出自《皇极经世》，为《通鉴前编》至《通鉴辑览》诸书所采用者"[1]6。其具体推算过程是，首先根据宋代邵雍《皇极经世书》称尧元年为甲辰年，由卢景贵推定此年为公元前 2357 年，再据晋代皇甫谧《帝王世纪》载黄帝在位 100 年，少昊金天氏 84 年，颛顼 78 年，帝喾高辛氏 70 年，帝挚 9 年，推算黄帝元年为公元前 2698 年[7]。但这个推算过程存在不少问题。一是以把少昊氏、帝挚同时纳入五帝序列，而把尧、舜排除在外，与《国语》《史记》等古文献大相异趣，不易为人接受。二是帝尧在位元年，由《皇极经世》中的数术和甲子纪年推出，并不构成科学依据。三是所言五帝除帝挚外，在位时间和寿命之长均与常人的生理规律相违，却未作出富有理据的解释。故其推算结果令人欲信还疑，在当时无法得到普遍认同。

21 世纪初，夏商周断代工程的阶段性成果问世，尽管它还说不上是百分百的精准可靠，但其科学性比以往任何年代方案要高是无疑的，从而为五帝时代的积年研究提供了重要的前提条件。可是研究仍未取得实质性的进展。仅可见到的一项成果，是贵州大学张闻玉先生研究所得。他认为，五帝纪年（算上帝挚为"六帝"）当是："黄帝 100 年，颛顼 78 年，帝喾 70 年，帝挚 9 年，帝尧 98 年，帝舜 39 年。其间，尧崩之后有'三年之丧'，舜崩之后有'三年之丧'。总计 400 年。从夏代纪年前 2206 年上溯 400 年，黄帝纪年始于前 2606 年。"[8]此说在认识五帝的构成上较《民报》合理一些，对夏朝始年也有自己的独立见解，但对于五帝在位时间和年寿之长的问题仍无必要的理论说明，同样无法取信于人。看来，五帝时代的年代学研究还有非常艰难的路要走。

二 五帝积年超长之谜

关于五帝时代的积年问题，文献上有两种概略的说法。古本《竹书纪年》称"黄帝至禹，为世三十"[9]182，《史记·夏本纪》则显示禹为黄帝四世孙。以《说文》所谓"一世三十年"计之，前者为 900 年，后者为 120 年。若"按温带人类生理，普遍四世合当百年"[10]33-35 计算，前者 750 年，后者 100 年。两种文献所显现的时间差距相当大，所言五帝世系显然不好说是血缘性的。例如从黄帝到尧、舜、禹的世系，据《五帝本纪》《夏本纪》可排列如下：

> 黄帝→玄嚣→蟜极→帝喾→尧
> 黄帝→昌意→颛顼→穷蝉→敬康→句望→桥牛→瞽叟→舜
> 黄帝→昌意→颛顼→鲧→禹

从这个排列看，尧为黄帝的四世孙，继尧居天子位的舜却成了黄帝的八世孙，而继舜之后即位的禹又成了黄帝的四世孙。可见五帝的世系是不可据为典要的，或许"是保存了古代人民对于过去的酋长各据一方及其互相次第代立的史传"[11]16。故以黄帝世系计其积年，显非可行。

另一条路径，是将五帝各自的在位年代相加求和。这是过去大多数学者采用的方法。运用此种方法首先需要明确五帝的构成。辛亥革命时期，宋教仁创办《民报》推定黄帝纪年，以黄帝、少昊、颛顼、帝喾、帝挚为五帝构成，时人疑之。司马迁列黄帝、颛顼、帝喾、尧、舜为五帝，与《国语·鲁语上》所言古帝序列相应："黄帝能成命百物，以明民共财，颛顼能修之。帝喾能序三辰以固民，尧能单均刑法以仪民，舜勤民事而野死。"故较他说可信。《五帝本纪》还提到"帝喾崩，而挚代立。帝挚立，不善，而弟放勋立，是为帝尧"，卫宏、皇甫谧均谓其在位九年。故有学者亦将帝挚纳入五帝系统，言五帝实计为六帝。《帝系》载"帝挚"为帝喾次妃陬訾氏之子，《左传·昭公十七年》有"少昊挚"之称，《帝王世纪》谓少昊字"青阳"，其间关系颇难厘清。与其他古帝相比，帝挚在位时间甚短，与《国语》《五帝本纪》所言五帝的总体架构相悖，所以不必把帝挚列入华夏族五帝序列。

现在我们考察五帝各自"践天子位"的年数。所谓"践天子位"是司马迁《五帝本纪》所用的后世用语，实际是指充任当时部落联合体的总首领。明确这样的历史背景，有助于我们对五帝时代的积年问题形成更为真切的历史认识。

关于黄帝的在位年数，如今能够看到的文献材料十分有限，较早的主要是皇甫谧的《帝王世纪》。如《艺文类聚》卷十一引其文云：

> 黄帝在位百年而崩，年百一十岁矣（或引作"年百一十一岁"）。或以为仙，或言寿三百岁。

所言"黄帝在位百年"当出自司马迁曾经看到过的"谍记"，而"或言寿三百岁"则见于《大戴礼记·五帝德》：

> 宰我问于孔子曰："昔者予闻诸荣伊令，黄帝三百年。请问黄帝者人邪？抑非人邪？何以至于三百年乎？"……孔子曰："黄帝，少典之子也，曰轩辕。……生而民得其利百年，死而民畏其神百年，亡而民用其教百年，故曰三百年。"

《五帝德》《帝系姓》当是战国时期留下的"古文"材料，这里说"黄帝三百岁"不为宰我所信，孔子则用"生""死""亡"三个阶段加以解释，其中说"生而民得其利百年"，略有黄帝在位百年之意，故司马贞《史记索隐》以为皇甫之说"略可凭矣"。事实上，宰我与孔子这段对话，很可能是战国时期依据相关资料的托名之作。孔子是一位富有历史理性的儒者，以不语怪力乱神著称。对于黄帝三百年的说法，不只是宰予有疑问，孔子也不会如此解读，所以才会出现"儒者或不传"的情况。《五帝本纪》篇末太史公曰：

> 学者多称五帝，尚矣。然《尚书》独载尧以来，而百家言黄帝，其文不雅驯，荐绅先生难言之。孔子所传宰予问《五帝德》及《帝系姓》，儒者或不传。……予观《春秋》《国语》，其发明《五帝德》《帝系姓》章矣，顾弟弗深考，其所表见皆不虚。《书》缺有间矣，其轶乃时时见于他说。非好学深思，心知其意，固难为浅见寡闻道也。余并论次，择其言尤雅者，故著为本纪书首。

这说明司马迁之时，尚能见到有关黄帝的诸多说法，只是其文辞多不典雅，致使那些有地位的官宦人士都不屑于谈及。太史公具有高度的历史理性自觉，他结合个人的游历探访，对文献博加考验，以为《五帝德》《帝系》所载五帝之事，可与《春秋》（实只《春秋左传》得言炎黄之事）和《国语》相互发明，并非全为虚言，故择其典雅者载入《史记》之中。但对于"黄帝三百年"之说，即使用三个一百年来解释，也不符合常人的生理规律，故司马迁只能视作非雅驯之言，予以舍弃。

其实，"黄帝三百年"不能靠常识来作解释，当另有深意在焉。对于传说时代的人名尤其是部落首领来说，应该注意到它的多重含义：一是部落名，二是特定的部落首领名，三是部落首领的通名。从文化人类学的角度看，氏族或部落首领的称号普遍具有沿袭性，特别是一些强大的原始共同体更是如此。如印第安人易洛魁联盟内，"每一位首领职位的名号也就成了充任该职者在任期内的个人名字，凡继任者即袭用其前任者之名"。即新任首领就职以后，"他原来的名字就'取消'了，换上该首领所用的名号。从此，他就以这个名号见知于人"[12]126-127。这种情况在中国古代典籍中也时有所见。《蜀王本纪》曰："蜀王之先名蚕丛，后代名曰柏灌，后者名鱼凫，此三代各数百岁。……鳖灵即位，号曰开明帝。帝生卢保，亦号开明。"② "下至五代，有开明尚。始去帝号，复称王也。"③鳖灵以后五代人虽各有私名，作为古帝王却使用一个共同的名号"开明"。开明朝之前的蜀王蚕丛、柏灌、鱼凫，之所以各有数百岁，亦以此故。《左传·襄公四年》载，后羿养子寒浞为有穷氏之相，杀羿取其国家，霸占后羿妻室，生二子名浇及豷。待"少康灭浇于过，后杼灭豷于戈，有穷由是遂亡"。杜预注："浞因羿室，故不改有穷之号。"又《史记·周本纪》载，周人始祖后稷早在帝尧之时，即被举为农官，天下得其利。然后稷之子不窋末年，"夏后氏政衰，去稷不务，不窋以失其官而奔戎狄之间"。《国语·周语上》亦云："昔我先王世后稷，以服事虞、夏。"对于这里所说的"世后稷"，韦昭注云："后，君也。稷，官也。"《史记索隐》引谯周云："言世稷官，是失其代数也。若以不窋亲弃之子，至文王千余岁唯十四代，实亦不合事情。"其实，世为稷官而失其代数是一方面，另一方面则是后稷部落的首领在不窋之前均称后稷，乃至上千年。可见一个名号可由多位部落首领共用，符合文化人类学的理论阐释。

由是，黄帝亦非仅是一位部落首领的称呼，实为多代继任者共同使用的名号。所谓"黄帝三百年",不是指黄帝作为一个人在位或寿命长达三百岁,而是说黄帝及其继任者出任当时黄河流域华夏部落联合体的总首领长达三百年。此与蜀王蚕丛、柏灌、鱼凫在位各数百年的情形正复相同。《礼记·祭法》疏引《春秋命历序》云:"黄帝一曰帝辕轩,传十世,一千五百二十岁。"《春秋命历序》为西汉末年《春秋纬》之一,其说多不可信,然谓黄帝非一世之人,却道出了部分历史真相。其实,古帝王在位时间或寿命之长超乎常人,并非中国所仅见。"古巴比伦时期的《苏美尔王表》中所记载的这一时期的统治者大多以人神参半的面目出现,且在位年限140年者有之,1200年者亦有之。"[13]2此系世界通例,不足为异。因此,我们考察五帝时代的积年,可定黄帝在位300年。至于黄帝在位百年之说,可能是从"黄帝三百年"衍生出来的,是故不取。

关于帝颛顼、帝喾的在位年代,亦只见于《帝王世纪》。《艺文类聚》卷十一引其文云:

> 颛顼在位七十八年,年九十一岁(或引作"年九十八")。
> 帝喾在位七十年,年百五岁。

此外,《春秋命历序》说:"次曰颛顼,则高阳氏传二十世,三百五十岁。次是帝喾,则高辛氏传十世,四百岁。"此言颛顼二十世,一世不到二十年,而帝喾十世,一世又长达四十年,均与常理不合。但以颛顼、帝喾为多代部落首领共同使用的名号,则可以解释他们何以在位时间和年寿特别长的问题。从《五帝德》《五帝本纪》看,黄帝娶嫘祖为正妃,生二子,一为玄嚣,一为昌意。颛顼为昌意之子、黄帝之孙,帝喾为玄嚣之孙、黄帝之曾孙,血缘谱系清楚,似非多人共用同一名号。这实际是按后世家谱的方式整理出来的,大的历史框架在口耳相传中可以比较正确地保留下来,至于细节则多有不实,是不可过于拘泥的。以颛顼、帝喾为多位部落首领共用的名号,并依据《帝王世纪》可定颛顼在位78年,帝喾在位70年。

下面谈谈尧舜在位年数。据《尚书·尧典》载,帝尧在位七十年时,认为四岳能够依照天命行事,愿将帝位让给他们。但四岳自以为德行鄙陋,不配继承帝位,故推举虞舜接任。经过历时三年的政治考察后,帝尧提出让舜接替他的帝位，舜坚辞不受，只是协助帝尧代理政务，前后"二十有八载，帝乃殂落"。待尧死后，舜方继位。《孟子·万章上》云："舜相尧二十有八载。"《史记·五帝本纪》亦云："尧立七十年得舜，二十年而老，令舜摄行天子之政，荐之于天。尧辟位凡二十八年而崩。"《集解》引徐广曰："尧在位凡九十八年。"《帝王世纪》云："尧即位九十八年，年百一十八岁。"可见帝尧在位98年，世无异辞。帝尧在位年数甚长，已超过元朝（1279~1368年）统治中国的时间，故视之为尧部落多位首领共用过的同一名号也应该是合宜的。

关于舜的在位年数，主要有三种说法。（1）在位50年。《尚书·尧典》云："舜生三十征庸，三十在位，五十载陟方乃死。"对于这段话，经学家句读不同，释义亦异。伪孔传解作："三十征庸，三十在位，服丧三年，其一在三十之数，为天子五十年，凡寿百一十二岁。"疏引郑玄云："'在位五十载，陟方乃死'，谓摄位至死为五十年，舜年一百岁也。"《汉书·律历志》载《世经》："（虞帝）在位五十载。"与此相近的是《五帝德》云："舜之少也，恶悴劳苦，二十以孝闻乎天下，三十在位，嗣帝所，五十乃死，葬于苍梧之野。"（2）在位39年。《史记·五帝本纪》云："舜年二十以孝闻，年三十尧举之，年五十摄行天子事，年五十八尧崩，年六十一代尧践帝位。践帝位三十九年，南巡狩，崩于苍梧之野。"太史公此说与《尧典》《五帝德》略异，然《五帝本纪》又云："舜得举用事二十年，而尧使摄政。摄政八年而尧崩。三年丧毕，让丹朱，天下归舜。"说明司马迁对舜"在位五十载"并无异词，只是将其分解为"摄政八年""三年丧""践帝位三十九年"等三个时段。（3）在位21年。《五帝本纪·集解》引皇甫谧云："舜以尧之二十一年甲子生，三十一年（或引作"五十一年"）甲午征用，七十九年壬午即真，百岁癸卯崩。"从甲子到甲午31年，可能是指舜年三十被征用。从甲子到壬午舜年79岁践帝位，至百岁而崩，则其在位只有21年。比较这三种说法，还是司马迁所言事实较为具体，可信度高。今定舜服丧3年，加上践帝位39年，计42年。

根据上述考订，五帝在位时间为黄帝300年，颛顼78年，帝喾70年，尧98年，舜42年，则五帝时代总计588年。再据夏商周断代工程所定夏朝始年，五帝时代当在公元前2658年~公元前2070年之间，大体相当于考古学上的龙山时代。从黄帝始年算起，则距今4681年。这个推算未必十分精确，但作为一个可供参照的时间坐标，对于探索五帝时代的积年问题应该是有意义的。只是中国古代文明探源还不能仅止于黄帝，有必要继续向前追溯。

三　文明肇始的炎黄时代

通常学术界以黄帝作为中国古代文明的开端，这是受司马迁《五帝本纪》影响的结果。实际上，黄帝之前还有一个炎帝时代，这是不应该忽略的。由于《尚书》独载尧以来之事，《五帝德》《帝系》记事始于黄帝，故在独尊儒术的时代条件下，司马迁把黄帝列为五帝之首。但细读该篇文字，炎帝在黄帝之前曾为部落联合体的盟主，仍然清晰可见。

炎黄二帝同为少典氏的后裔，是从同一母族中分化出来的两个氏族或部落。《国语·晋语四》云："昔少典氏娶于有蟜氏，生黄帝、炎帝。黄帝以姬水成，炎帝以姜水成。成而异德，故黄帝为姬，炎帝为姜，二帝用师以相济也，异德之故也。"虽然司马迁认为《春秋左传》《国语》所言不虚，但选择材料时仅取《五帝德》《帝系》，因而未将炎帝纳入古帝系列。然在《五帝本纪》的历史叙事中，却不时透露出炎帝先于黄帝成为部落联合体首领的诸多信息。如云：

> 轩辕之时，神农氏世衰。诸侯相侵伐，暴虐百姓，而神农氏弗能征。于是轩辕乃习用干戈，以征不享，诸侯咸来宾从。而蚩尤最为暴，莫能伐。炎帝欲侵陵诸侯，诸侯咸归轩辕。轩辕乃修德振兵，治五气，蓺五种，抚万民，度四方，教熊罴貔貅貙虎，以与炎帝战于阪泉之野。三战，然后得其志。蚩尤作乱，不用帝命。于是黄帝乃征师诸侯，与蚩尤战于涿鹿之野，遂禽杀蚩尤，而诸侯咸尊轩辕为天子，代神农氏，是为黄帝。

上述记载中的神农氏与炎帝不是两个人，而是同一部族或其首领的不同称呼[14]16-19，此与黄帝又称轩辕氏并无二致。或者说，神农氏为部落之名，炎帝为部落首领之名，故可相互代用。在这里，有三点值得注意。一是所谓"神农氏世衰"，不只是说炎帝部落自身的衰落，而且指它对"诸侯"即其臣属部落失去控制力。故"诸侯相侵伐，暴虐百姓"，天下一片混乱，炎帝"弗能征"，无法尽其维护天下安定的职责。这只能是处于盟主地位的部落而不是一方诸侯所应该做的事情。《周易·系辞下》说："包牺氏没，神农氏作。……神农氏没，黄帝、尧、舜氏作。"疏引《帝王世纪》云炎帝神农氏"凡八代及轩辕氏也"。这所反映的即是炎、黄二帝在部落联合体中先后掌握领导权的更迭过程。二是在炎帝作为盟主的时代，黄帝只是部落联合体的成员之一。由于神农氏盟主地位的衰落，日渐强大的黄帝部落试图取代炎帝的盟主地位，故习用干戈，修德振兵，征伐诸侯，欲以为藩属。炎帝为了维护其盟主地位，在"侵陵诸侯"失败后，终于与黄帝部落在阪泉展开了激烈的正面交锋。此时炎帝部落虽已衰微，但其实力仍非一般诸侯可比，故黄帝"三战，然后得其志"。这个"志"就是志在夺取部落联合体的领导权。三是阪泉之战后，神农时代宣告结束，中原华夏集团形成以炎黄二族为主体并以黄帝为盟主的新的部落联合体。继后在涿鹿之战中，炎黄联手打败蚩尤后，黄帝的盟主地位进一步得到巩固，炎帝族则完全退居臣列，但在联合体中仍有煊赫地位。如尧舜时代的姜姓诸侯"四岳"即是炎帝裔氏，尧、舜确定接班人时都要充分征求他们的意见，足见其地位举足轻重。

炎帝作为一个时代范畴，传说中也取得不少重要的文明成果。唐代司马贞据《帝王世纪》《古史考》诸书，针对《史记》阙如，补作《三皇本纪》有云：

> 炎帝神农氏，姜姓，母曰女登，有娲氏之女，为少典妃，感神龙而生炎帝。人身牛首，长于姜水，因以为姓。火德王，故曰炎帝。以火名官。斫木为耜，揉木为耒，耒耨之用，以教万人。始教耕，故号神农氏。于是作蜡祭，以赭鞭鞭草木，始尝百草，始有医药。又作五弦之琴。教人日中为市，交易而退，各得其所。遂重八卦为六十四爻。初都陈，后居曲阜，立一百二十年崩。[15]27-28

司马贞所言虽然简略，但对炎帝的重要史迹大多言及。一是设官分职。《左传·昭公十七年》："炎帝氏以火纪，故为火师而火名。"杜注："炎帝神农氏，姜姓之祖也。亦有火瑞，以火纪事，名百官。"又《逸周书·尝麦》云："昔天之初……命赤帝分正二卿。""二卿"即属监临四方之官。炎帝以火德而王，当出自阴阳五行家的附会。但这个传说反映了炎帝时代建置都城，设官分职，已粗具早期国家的规模与气象。二是作火作陶。《论衡·祭意篇》云："炎帝作火，死而为灶（神）。"炎帝未必是用火的发明者，但在用火技术的改进和推广上当有功烈于世。《艺文类聚》卷十一引《周书》曰："（神农）作陶。"神农用火制作陶器，利用陶器以火烹煮食物，对于改善先民生活质量具有重要意义，故后世尊其为灶神。三是教民耕织。《周易·系辞下》云："神农氏作，斫木为耜，揉木为耒。耒耨之利，以教天下。"《淮南子·修务训》："神农乃始教民播种五谷。"《白虎通义·号》："神农因天之时，分地之利。制耒耜，教民农作，神而化之，使民宜之，故谓之神农也。"《商君书·画策》："神农之时，男耕而食，妇织而衣。"农耕社会的到来，是先民经济生活方式从游牧走向定居的重大转变，也是人类社会走向文明时代所迈出的重要一步。四是典医疗疾。《急就篇》注引《世本》谓"神农和药济人"。《淮南子·修务训》云："（神农）尝百草之滋味，水泉之甘苦，令民知所避就。当此之时，一日而遇七十毒。"《太平御览》卷七二一引《帝王世纪》云："炎帝神农氏……尝味草木，宣药疗疾，救夭伤之命。"说明神农时代，中国医疗技术已有很大进步。五是设祭作乐。相传炎帝作蜡祭，即冬至后蜡祭百神之礼，祭礼百神又以农神为主。为适应各种礼仪需要，还制作有乐器与乐曲。《艺文类聚》卷四十四引《新论》曰神农"始削桐为琴，绳丝为弦"。《说文》："琴，禁也。神农所作。"《通典·乐一》："神农乐名《扶持》，亦曰《下谋》。"表明是时礼乐文化已具雏形。这些传说不一定完全可靠，但或多或少反映了炎帝时代的史实素地，应是当社会整体状况进入中国古代文明起始阶段的历史折射。

对于炎帝神农氏，过去人们也习惯把他视为一个具体的传说人物，实际上同黄帝一样，也应是多位部落首领共同使用的名号。《礼记·祭法》疏引《春秋命历序》云："炎帝号曰大庭氏，传八世，合五百二十年。"《初学记》卷九引《帝王世纪》云："（炎帝）都于陈，在位百二十年而崩，至榆罔凡八世，合五百三十年。"《五帝本纪》索隐："炎黄二帝虽则相承，如《帝王代纪》中间凡隔八帝，五百余年。"《三皇本纪》记其八世分别为炎帝、帝魁、帝承、帝明、帝直、帝釐、帝哀、帝榆罔。此外，还有神农七十世之说。《太平御览》卷七十八引《尸子》说："神农七十世有天下。"今本《吕氏春秋·慎势》称"神农十七世有天下"，而《路史》引作"七十世"。凡此说明，神农氏经历了漫长的发展岁月，到炎帝时代才成为部落联合体的总首领。关于炎帝时代的积年，文献所载不一，可取其概数500年，约当考古学上仰韶文化晚期。由黄帝始于4676年，前溯500年，则炎帝时代距今5176年。以炎黄时代作为中国古代文明的肇始期，则中华文明五千年不为子虚。

中国作为五千年的文明古国，从炎黄时代即揭开了历史的新页。据苏秉琦先生研究，中国"文明起步超过万年"，"在距今五千年前的各地，在古文化得到系统发展的各地，古城、古国纷纷出现，中华大地社会发展普遍跨入古国阶段"[16]133,145。国家是文明社会的概括，中国文明起源的大幕从此拉开。五千年来，虽然历经艰难与曲折，但中华文明的发展始终不曾中断，始终以其伟岸的身姿屹立于世界民族之林。

注释

①司马迁：《史记》附《史记正义》，中华书局1982年版，第13页。

②《太平御览》卷八百八十八引，文渊阁《四库全书》本。

③范晔：《后汉书·张衡列传》注引，中华书局1965年版，第1925页。

参考文献

[1] 刘师培. 刘师培辛亥前文选 [M]. 北京：三联书店，1998.

[2] 李学勤. 中国古代文明研究 [M]. 上海：华东师范大学出版社，2005：代前言.

[3] 童恩正. 中国北方与南方古代文明发展轨迹之异同 [J]. 中国社会科学，1994（5）：164－181.

[4] a 严文明. 龙山文化和龙山时代 [J]. 文物，1981（6）：41－48；b 中国社会科学院考古研究所. 中国考古学：新石器时代卷 [M]. 北京：中国社会科学出版社，2010.

[5] 张国安. 终结"疑古" [M]. 北京：人民出版社，2017.

[6] 方诗铭. 中国历史纪年表 [M]. 上海：上海辞书出版社，1980.

[7] 史式. 五千年还是一万年：中华文明史新探 [N]. 团结报，1999－06－10.

[8] 张闻玉. 辛亥革命后的黄帝纪元 [J]. 贵州社会科学，2002（1）：108－110.

［9］方诗铭，王修龄．古本竹书纪年辑证：修订本［M］．上海：上海古籍出版社，2005.

［10］雷海宗．殷周年代考［G］∥朱凤瀚，张荣明．西周诸王年代研究．贵阳：贵州人民出版社，1998.

［11］徐中舒．先秦史论稿［M］．成都：巴蜀书社，1992.

［12］摩尔根．古代社会［M］．北京：商务印书馆，1977.

［13］东北师范大学世界古典文明史研究所．世界诸古代文明年代学研究的历史与现状［M］．北京：世界图书出版公司，1999.

［14］杜勇．中国早期国家的形成与国家结构［M］．北京：中国社会科学出版社，2013.

［15］泷川资言．史记会注考证［M］．北京：新世纪出版社，2009.

［16］苏秉琦．中国文明起源新探［M］．北京：三联书店，1999.

作者简介：杜勇，男，天津师范大学历史文化学院教授、博士生导师

原文刊于：《中原文化研究》（郑州），2018.3：5～11

中心聚落形态、原始宗邑与酋邦
社会的整合研究

王震中

摘　要：原始宗邑是把周代的宗邑概念引申到史前社会而提出的一个新概念，它是中心聚落形态在中国史前社会的具体表现形式，而周代宗邑的原始形态正是史前社会的中心聚落或人类学上的酋邦。中心聚落、原始宗邑和酋邦三者在外在特征和内在功能上是一致的，它们共同的特征主要是神权政治或神权与军权并重，氏族部落社会中的不平等和以血缘亲疏作出身份和政治上的等差。中心聚落的某些专业化生产则属于这一阶段的个性化表现。通过对中心聚落、原始宗邑和酋邦社会之间共性与个性的概括，以中国新石器时代的聚落形态为主对酋邦理论和社会分层理论进行整合，这样的整合实际上也是对重建中国上古社会历史的一种尝试。

关键词：中心聚落；酋邦；原始宗邑；整合

“中心聚落”、“原始宗邑”和“酋邦”是笔者用来描述中国上古时代由原始社会向国家社会过渡阶段所使用的三个概念。对于这三个概念的长处与不足，笔者也曾进行过一些分析[1]6-7,167-173，并提出“以聚落形态和社会形态为主，去整合酋邦理论和社会分层理论”，通过整合可以达到“互补互益”[1]7的效应。但是，如何把这种整合体现于具体的研究之中，又与学者们的研究视角与方法密切相关是需要首先解决的问题。因此，我们首先梳理一下“中心聚落”、“原始宗邑”和“酋邦”这些概念之间的关系，然后通过对中心聚落、原始宗邑和酋邦社会之间共性与个性的分析概括，进行整合方面的尝试。

一　宗邑、原始宗邑及其与中心聚落和酋邦的关系

所谓中心聚落，就是在具有亲缘关系的聚落群中出现一个权力相对集中、有能力统辖其他聚落、集中了贵族阶层或者高级手工业生产者的聚落。这里所说的中心聚落是从聚落考古学和人类学的视角提出的一个一般性概念。由于世界各民族的历史总是具体的，并时时展现出自己的个性特色，为此，笔者曾联系我国商周时期的历史特点把中国史前社会的中心聚落称为原始宗邑[1]125,133－137,140－154。也就是说，原始宗邑是笔者把周代的宗邑概念引申到史前社会而提出的一个新概念，或者说原始宗邑是中心聚落形态在中国史前社会的具体表现形式。

周代的宗邑即宗庙所在之邑。《左传·哀公十四年》曰："魋（桓魋）先谋公，请以鞌易薄，公曰：'不可。薄，宗邑也。'"杜预注："宗庙所在。"这是说宋国的桓魋先欲图谋宋公，请求用鞌邑交换薄邑。宋公断然拒绝，杜预注说它是"宗庙所在"地。可见宗邑的标志之一即宗庙所在地。在春秋时期，对于有先君宗庙之邑又名为"都"。如《左传·庄公二十八年》在讲到卿大夫普通的邑与都的区别时曾明确地说："凡邑，有宗庙先君之主曰都，无曰邑。邑曰筑，都曰城。"

周代宗邑的另一特征在于它乃宗族宗主权力的政治和经济基础，是宗族统治的基地。《左传·襄公二十七年》曰："崔，宗邑也，必在宗主。"这是说崔地乃齐国崔杼一族的宗邑，因此一定要掌握在宗主手中。这是宗邑的又一特点，即宗邑是与宗族及其宗主联系在一起的。《左传·庄公二十八年》记载骊姬使人对晋献公说："曲沃，君之宗也；蒲与二屈，君之疆也；不可以无主。宗邑无主，则民不威；疆场无主，则启戎心。"这一记载也见于《国语·晋语一》。曲沃为晋桓叔之封地，桓叔是晋献公之始祖，其封地曲沃是晋宗庙所在，故为宗邑；宗邑必有宗主。在采集出土的文物中有一件战国时期秦的《宗邑瓦书》，为陶制，其刻铭有"子子孙孙以为宗邑"。对于宗主来说，若能世世代代保持宗邑，就会使得自己的后

裔既能一直以本族社稷宗庙的代理人自居，又可长期获得宗邑的收入，使得宗族统治有一个世代稳定的基础。

周文化传统中的宗邑并非始自周代。《诗经·大雅·公刘》在描写周人祖先公刘带领族人由邰迁徙到豳地后举行宴饮时曾写道："食之饮之，君之宗之。"这里的"君之宗之"，毛传曰："为之君，为之大宗也。"朱熹《诗经集传》解释说："宗，尊也；主也；嫡子孙主祭祀而族人尊之以为主也……以饮食劳其群臣而又为之君为之宗焉。"因此，"君之宗之"说的是君统与宗统的统一，也就是说，在公刘时代，周人就出现了最高酋长与大宗宗主合一的组织结构。"宗之"是从宗法和族长的角度，统一在宗族和宗主的旗帜下；"君之"是从部族和聚落群的社会权力的角度，统一在最高酋长及其中心聚落的周围。这是当时宗族组织及其权力关系的反映。有趣的是，《诗经·大雅·公刘》第四节文字所描写的那种盛大而有秩序的宴会场面，完全可以与人类学著作中经常提到的酋邦酋长们所举行的盛大宴会相比拟，它体现了财富的相对集中，也是酋长及其家族对其所占据的社会地位的炫耀，再现了当时的社会分层和权力相对集中的情景[2]。既然周人的宗族组织以及宗权与君权的合一可以上溯到周族史前社会的中心聚落形态或酋邦阶段，那么周代宗邑的原始形态难道不就是史前社会的中心聚落或人类学上的酋邦吗？为此，从宗邑入手引申出原始宗邑这一概念，当然就有了文献和逻辑的依据，原始宗邑是中国史前社会中心聚落形态的具体表现形式这样的命题，显然是逻辑与历史的统一。

二 中心聚落、原始宗邑与酋邦 社会的共性特征

如果我们将中心聚落、酋邦与原始宗邑加以对比，可以看到许多共同之处。

第一，三者在外在特征和内在功能上是一致的。例如，最早提出酋邦这一概念的美国人类学家卡莱尔沃·奥博格（Kalervo Oberg）就将酋邦定义为：在一个地域中由多村落组成的部落单位，由一名最高酋长统辖，在他的掌控之下是由次一级酋长所掌管的区域和村落[3]78-80。对酋邦理论有所发展，并提出"简单酋邦"和"复杂酋邦"概念的美国考古学家厄尔

（Timothy K. Earle）也认为：酋邦最好被定义为一种区域性组织起来的社会，社会结构由一个酋长集中控制的等级制构成，它具有一种集中的决策机制以协调一批聚落社群的活动[3]146。我们知道，史前社会中心聚落的外在特征就是在一个聚落群或一组聚落中处于统领地位的大型聚落。所以，一般而言，中心聚落的规模面积要远大于其他普通聚落，而其内在特征则是它在聚落群中所具有的政治、军事、文化和宗教等方面的中心地位与作用，处于聚落群等级的顶端。

就聚落的规模而言，如前所述，作为中心聚落，甘肃秦安大地湾遗址第四期聚落主体部分面积达50万平方米，河南灵宝西坡村遗址现存面积约40万平方米，江苏新沂花厅遗址约50万平方米，湖北京山屈家岭遗址50多万平方米，山东泰安大汶口遗址80多万平方米，安徽含山凌家滩约160万平方米。聚落的规模大，在聚落群中统领着其周围从属于或半从属于它的其他普通聚落，在聚落等级中处于较高的地位，这些也都是周代宗邑的基本属性，当然也是原始宗邑所应具备的。

中心聚落的内在特征表现为聚落功能的几个集中性，即宗教祭祀功能、管理协调功能和军事调度功能的集中，亦即所谓政治、军事、文化和宗教等方面的中心地位与作用。甘肃秦安大地湾901号殿堂及其广场，以及湖南澧县城头山、河南郑州西山等中心聚落时期的城邑，就强烈地表现出管理协调、军事防御与指挥以及宗教祭祀等方面的中心地位的功能；红山文化中牛河梁的女神庙、积石冢、祭坛以及东山嘴祭地（社神）的祭坛和祭天的祭坛遗址，则把这种宗教祭祀中心的功能发挥到了极致——宗教祭祀文化的圣地；安徽含山凌家滩墓地、山东大汶口文化中晚期的墓葬，以及这一时期其他遗址的墓地中，那些非常富有的贵族大墓所表现出的集军事与宗教于一身的特质，同样也强有力地说明中心聚落所具有的政治、军事、宗教诸多方面的集中性和中心地位。前文已讲到，宗邑一方面是宗庙所在地即宗教祭祀的中心，另一方面也是宗主权力的基础，是宗族政治和宗教祭祀的中心。因此，无论是外在特征还是内在功能，中心聚落、酋邦与原始宗邑都是高度一致的。

第二，中心聚落、酋邦与原始宗邑中共同的权力特征主要是神权政治，也有的表现为神权与军权并重，可视为古代中国"国之大事，在祀与戎"的前身和雏形。

在中心聚落诸项集中性的功能中，宗教祭祀的中心是突出的，而且对于史前社会来讲，这种宗教祭祀的功能就是政治功能。甘肃秦安大地湾第四期聚落中901号多间式的大房子，前有辉煌的殿堂（主室），后有居室（后室），左右各有厢房（东、西侧室），在房前还有一个广场，广场上，距前堂4米左右，立有两排柱子，柱子前面有一排青石板。其殿堂，从行政角度讲，是当时酋长首领们集会议事、布政之地；从宗教祭祀角度论，又是人们举行宗教祭祀活动的中心庙堂。房前的两排柱子，可能是代表各氏族部落的图腾柱，也可能是悬挂各宗系旌旗的立柱，而两排柱子前面的那排青石，则可能是贡献牺牲的祭台。至于以901号庙堂大室为中心而形成的广场，当然也是举行重大的集体活动时使用的神圣空间。在这里，"殿堂—族氏的旌旗立柱（或图腾柱）—广场"这一组合设施，凸显的就是一种神权政治。当然，从大地湾901号屋内出土的一套量粮食的量器和在后室发现的3件用作储存谷物的大陶瓮[4]，似乎透露出该政治中心（即权力中心）是包含着对公有经济的分配权在内的。

大地湾遗址之外，在社会发展的复杂化程度尚处于初级阶段的安徽蒙城尉迟寺聚落遗址，在聚落中心偏南部的18号建筑基址（F68 – F71）以南和以东位置，也有一处面积约为1300平方米的广场，广场中央有一处因经常举行祭祀活动或篝火晚会留下的圆形火烧遗迹，在广场边缘还出土有被发掘者称为鸟形"神器"的特殊器物，也显示出宗教祭祀是该聚落突出的政治生活。

神权政治最突出的是红山文化中宗教圣地的出现。神权政治可以说是中心聚落形态与酋邦和原始宗邑的共性，表现为规模宏大的宗教圣地却属于红山文化的个性特征。红山文化中有两处大型祭祀中心：一处是位于辽宁省凌源市牛河梁遗址群，在约50平方公里的范围内，分布有40多个遗址点，其布局以女神庙为中心，北部有用石砌的墙相围的巨大平台，西南关山的地方有大型的祭坛，两侧附近分布着许许多多的积石冢，这样以女神庙为中心形成了一个方圆50平方公里的宗教圣地；另一处是辽宁喀左县东山嘴祭祀遗址。根据我们的研究，东山嘴的方形祭坛是祭祀社神的社坛，方坛内竖立的平底尖顶的长条石头是以石为社主的"石社"[5]；而方坛南部约15米处的圆坛，则是祭祀天神的祭坛[6]77。

红山文化的女神庙和积石冢相互关联，女神庙里供奉的是久远的祖先，积石冢中埋葬的是部落中刚刚死去的酋长，随着时间的推移，这些死去的著名酋长也会逐渐列入被崇拜的祖先行列。所以，红山文化中的女神庙和积石冢表现出浓厚的祖先崇拜观念。而喀左县东山嘴祭祀遗址呈现出的则是祭祀天地社稷的自然崇拜。

红山文化的先民们，在远离村落的地方专门营建独立的庙宇和祭坛，形成规模宏大的祭祀中心场，这绝非一个氏族部落所能拥有。而对其宗教祭祀规模和文化所达到的高度，苏秉琦先生主张它所代表的政治实体是"古国"，"即早期城邦式的原始国家"[7]130-138。在我们看来，红山文化所表现出的宗教祭祀规模和社会复杂化程度恰好是中心聚落形态或酋邦社会的神权特征，因而从凌源到喀左横跨几十公里的神庙、祭坛和积石冢等遗迹是一个部族或部落群崇拜共同祖先和祭祀天地的圣地。由于这些大型原始宗教祭祀活动代表着当时全社会的公共利益，具有全民性的社会功能，所以，在原始社会末期，各地方酋长正是通过对祖先崇拜和对天地社稷祭祀的主持，才使得自己已掌握的权力进一步上升和扩大，等级地位更加巩固，神权政治在这里得到极好的说明。

中心聚落中神权与军权并重，还可以安徽含山凌家滩墓葬为例。在凌家滩墓地中，1987年发掘的87M4[8]和2007年发掘的07M23[9]是两座墓葬规模最大、随葬品最多的贵族大墓。87M4随葬145件器物，其中玉器103件；07M23随葬器物330件，其中有玉器200件。两座大墓主人的富有程度在整个墓地首屈一指。从墓葬的规模、随葬品的丰富和精美程度以及一些特殊器物来看，这两座墓主生前应为酋长。这两座墓相距很近，当属同一家族。由于07M23墓发现的陶器等资料有限，还不能与87M4墓进行比较，无法判定二者在时间上是否有先后，因而也无法判断两个墓主生前是前后继承关系，还是同时并存关系。然而，需要指出的是这两座大墓都随葬有用来占卜的玉龟，也都随葬大量玉钺和石钺。其中，87M4号墓不但随葬一副玉龟，而且在玉龟的背甲和腹甲之间夹有一块表示"天圆地方"和"四极八方"等宇宙观的玉版。07M23号墓则随葬1件玉龟、2件玉龟状扁圆形器。在石钺、玉钺方面，87M4随葬玉钺8件、石钺18件；07M23随葬玉钺32件、石钺44件。这两座大墓也随葬一些生产工具，表现出其对生产领域的重视。但这两座大墓主人的富贵主要在于他们都是以执掌着宗教占卜祭祀为主，也兼有军事之权的酋长之类的人物。这种最高酋长集宗教与军事权力于一身的情形，体现的就是"国之大事，在祀与戎"的政治性格和权力特征。

凌家滩聚落对原始宗教的重视，并非孤立地体现于 87M4 和 07M23 两座大墓。例如在 98M29 墓中随葬有 3 件玉人，在 87M1 墓中也随葬有 3 件玉人，有学者认为这些玉人是原始宗教法器，这两座墓主人是专职巫师。笔者认为这些玉人有可能表现的是祖先崇拜。从发掘报告中可以看到，每件玉人手臂上都刻着七八条臂镯纹样；而在 07M23 墓主人双臂位置，左右各有一组 10 件玉镯对称放置，是套在手臂上的臂镯，其情形与 98M29 和 87M1 墓出土的三件玉人手臂上刻的臂镯是一样的。对此，笔者推测 07M23 墓主人为刚死去不久的有作为的酋长，他是可列入祖先行列的重要人物；而玉人则是"高祖"或"远祖"之类的祖先形象，由此才使得 07M23 墓主人双臂各有一组 10 件玉镯与玉人双臂刻的七八条臂镯纹样高度一致。双臂上套有众多的臂镯，这大概是作为宗教领袖人物的一种装饰或身上法器的部件。如果说玉人是祖先崇拜的反映，那么凌家滩 98M29 号墓出土的玉鹰则属于动物崇拜，再从 87M4 号墓出土表示"天圆地方""四维八方"宇宙观的玉版，以及 87M4 和 07M23 两座大墓都随葬有用来占卜的玉龟和玉龟状扁圆形器等特殊器物来看，凌家滩中心聚落的原始宗教和祭祀已十分发达，其神权政治也是突出的。

在凌家滩聚落墓地中，表现出极明显的尚武风气。1987 年到 1998 年三次发掘的 44 座墓中[8]，随葬玉钺的墓有 11 座，占总墓数的 25%；随葬石钺的墓有 30 座，占总墓数的 68%。11 座随葬玉钺的墓共出土玉钺 26 件，30 座随葬石钺的墓共出土石钺 186 件，玉钺与石钺相加，随葬玉钺和石钺的墓共出土玉、石钺 212 件。大量随葬玉钺和石钺是尚武的表现，在这样的风气中，87M6 号墓主人原本是专职石匠，但他在随葬 22 件石锛的同时也随葬 32 件石钺；98M20 号墓主人被认为是专职玉匠，他在随葬 24 件石锛、111 个玉芯和 4 块磨刀石的同时，也随葬有 6 件玉钺、16 件石钺。大量随葬石钺、玉钺所表达的身份地位显然与军事和军功有关，在当时的贵族行列中，有些贵族应当是军功贵族。

在人类学的实例中，摩尔根曾指出易洛魁人的"大战士"就属于军事酋长[10]141；恩格斯则把这一时期称为"英雄时代"，他说：

民族的军事首长——勒克赛，巴赛勒斯，狄乌丹斯，——成了不可缺少的常设的公职人员……其所以称为"军事"，是因为战争以及进行战争的组织现在已经成为民族生活的正常功能。邻人的财富刺激了各民族的贪欲，在这些民族那里，获取财富已成为最重要的生活目的之一。他们是野蛮人：掠夺在他们看来比劳动获得更容易甚至更光荣。以前打仗是为了对侵犯进行报复，或者是为了扩大已经感到不够的领土；现在打仗，则纯粹是为了掠夺，战争成了经常性的行当。在新的设防城市的周围屹立着高峻的墙壁并非无故：它们的深壕宽堑成了氏族制度的墓穴，而它们的城楼已经高耸入文明时代了。内部也发生了同样的情形。掠夺战争加强了最高军事首长以及下级军事首长的权力；习惯地由同一家庭选出他们的后继者的办法，特别是从父权制实行以来，就逐渐变为世袭制，他们最初是耐心等待，后来是要求，最后便僭取这种世袭制了；世袭王权和世袭贵族的基础奠定下来了。[11]164-165

此外，在卡内罗（Robert L. Carneiro）所举例的哥伦比亚 the Cauca Valley 酋邦社会中，其贵族有三种，即血缘贵族（nobleza de sangre）、军事贵族（nobleza de cargo）如战争首领，以及基于财富的贵族（nobleza de riqueza）。诚然，这三种贵族之间并非截然不同，贵族的身份原则上靠继承获得，然而实际上更多的是直接靠战功获得[12]246。这些军事贵族当然包括恩格斯所说的"最高军事首长"和"下级军事首长"。由于当时正处于由原始社会向国家社会的转变中，部族与部族或部落与部落之间的冲突和战争普遍存在，因而当时神权政治的权力系统中必然含有军事首领的权力，并成为这一时代的社会特征。

除了战争因素外，中心聚落形态阶段即酋邦阶段的权力因素既是血缘性的亦为宗教性的这一特征，也是人类学家经常强调的。如卡莱尔沃·奥博格（Kalervo Oberg）在提出酋邦概念时即认为，酋邦的政治权威基于部落对共同渊源的认同。这是把祖先崇拜与血缘关系合为一体的一种认知。保罗·基希霍夫（Paul Kirchhoff）在描述酋邦的"圆锥形氏族"特征时，也强调该社会中每个成员的地位取决于他和"氏族—部落"祖先之间血缘关系之远近。而所谓氏族部落之祖先已属于神化了的祖先神范畴，是与祖先崇拜和宗教祭祀联系在一起的。因而，英国考古学家科林·伦弗鲁

（Colin Renfrew）提出：马耳他诸岛屿的神庙和巨石墓文化、复活节岛的"阿符"祭坛和巨石雕像、塔西提岛金字塔式的高坛等，都是酋邦社会中祖先崇拜的一种表现形式，有许多是为了纪念酋长之死而建造的。这些祭坛、雕像的存在，既说明在酋长支配下雕刻神像的神官和工匠之类的专职人员的出现，也说明酋长本身就是兼职的祭司，具有一定的神圣性和权威性[1]162-167。

第三，中心聚落、酋邦和原始宗邑的另一个共同特征是其氏族部落社会中的不平等。其中，社会内部的不平等在不同的土著民族或集团中各有差异。有的表现为保罗·基希霍夫所说的"圆锥形氏族"（又称为"尖锥形氏族"）。在这种圆锥形氏族—部落社会中，整个社会通常相信其是自一个始祖传递下来的，每个成员的地位取决于他和直系始祖之间血缘关系之远近，高血统的人与"氏族—部落"祖先的关系最近。在这里，社会地位大部分依据其出身而定，所谓与直系始祖之间血缘关系最近者，也就是与现实的最高酋长关系最近者，亦即在直系世系上和酋长最近者，可获得较高的地位，从而形成圆锥形的分阶等的社会系统。如果这种不平等（即阶等）只是以其出身而定，并不具有经济意义，那么笔者认为，这样的酋邦在社会发展序列中就处于"简单酋邦"的位置，也就是弗里德（Morton H. Fried）所说的"阶等社会"（rank society）。在考古学上，河南灵宝市西坡村仰韶文化庙底沟时期的墓葬就有这样的现象。在该墓地所划分的大型墓中，那座随葬有 3 件玉钺的 11 号墓主人是一位年仅 4 岁的小孩，而玉钺无论是作为武器或者是作为斧类工具的象征物，都不是一个 4 岁小孩所真正能使用的，这似乎告诉我们这位 4 岁的小孩原本是要成为巫师的，却不幸夭折身亡，故而其死后随葬的器物不但在数量上与那些被划分为大型墓者相比有过之而无不及，而且在品质上有玉钺等玉器。由此可见，该墓地中的不平等并非完全是由其生前的个人能力之类的因素决定，而是由其血缘身份之类的因素决定，当然也是世袭的。这一情形与酋邦模式中的圆锥形氏族按照人们和酋长血缘关系的远近来确定其身份地位的原则，以及人类学者弗里德所说的"阶等社会"中的"阶等"（或译作"等级"）的产生，有相似之处。对于这样的中心聚落，笔者将之列为中心聚落形态的雏形阶段。

酋邦社会的不平等，也有的表现为弗里德所划分的"分层社会"。这种社会分层具有经济上的意义，弗里德说是"相同年龄和性别的成员在获取基本生存资料的权利上存在差异"。对于史前的社会分层，欧美人类学者之间尚有分歧。除弗里德提出史前已出现社会分层之外，塞维斯（Elman R. Service）不认为社会分层属于酋邦阶段，而厄尔等人则认为分层存在于酋邦之中。史前社会即国家形成之前有社会分层，这无论是人类学上还是考古学上都是有资料证明的。例如，在安徽含山凌家滩遗址，山东泰安大汶口遗址、莒县陵阳河遗址、莒县大朱家村遗址，江苏新沂花厅以及红山文化的积石冢墓所表现出的颇为显著的贫富分化，就属于具有经济意义的社会分层。因而，若比较没有社会分层的酋邦与含有社会分层的酋邦，笔者主张前者可归为简单酋邦，而后者则可归为复杂酋邦；而若将中心聚落形态也与之相对应的话，则前者属于初级阶段的中心聚落，后者属于发达的中心聚落。前者的社会复杂化程度要低于后者。换言之，初级阶段的中心聚落相当于简单酋邦，亦即"阶等社会"；发达的中心聚落相当于复杂酋邦，属于"分层社会"。

史前社会复杂化过程所呈现出的不平等也是共性与个性的辩证统一。中国的史前中心聚落形态，在某种意义上也可称为原始宗邑形态，其中的"家族—宗族"结构是一项重要特征。这样的社会结构使得这一阶段的社会不平等就可划分为：既有聚落内部的不平等，也有聚落与聚落之间的不平等；在聚落内部又可分为家族与家族之间的不平等和家族内部父权家族长与其他家族成员间的不平等。例如我们一再指出的山东泰安大汶口遗址、莒县陵阳河遗址、莒县大朱家村遗址、临沂大范庄遗址、茌平尚庄遗址、邹县野店遗址，江苏新沂花厅遗址等大汶口文化中晚期的墓葬，以及安徽含山凌家滩的墓葬中，都可以看到大墓与小墓在墓穴大小、有无棺椁葬具、随葬品的数量、种类和质量等方面存在着不同程度的差别。这种差别，若从家族墓群和家族组织内部的视角看，当然可以划分出父权家族长与其他家族成员之间的不平等；若从宗族墓地中诸家族茔地的划分来看，有些家族富有的大墓较多，有的较少，这就属于宗族内部家族与家族之间的不平等。尤其是在莒县陵阳河遗址中，大墓和中型墓主要集中于河滩旁的第一墓区，而小墓一律埋葬于其他三个墓区，可见宗族内家族间的贫富分化已经相当严重。而宗族与宗族之间，在某种意义上可以说是聚落与聚落之间，即中心聚落或曰原始宗邑与其周围普通聚落相比存在着不平等，如：大汶口、陵阳河、大朱家村、花厅、凌家滩等中心聚落的居民无论在财富上还是社会地位上都比那些普通聚落高，表现出普通聚落从属或半从属于中心聚落、普通聚落被中心聚落支配的情形，这当然属于聚落与聚落之间的不平等，亦即原始宗邑与从属于它的普通村邑之间的不平等。

第四，在史前社会晚期的血缘性问题上，中国史前社会的中心聚落阶段即原始宗邑阶段表现出的是"家族—宗族"组织结构；酋邦则是原始社会中血缘身份与政治分级相结合的一种不平等的社会类型，用张光直先生的话来说，即"酋邦的主要特征是其政治分级与亲属制度相结合"[13]。的确，无论是酋邦，还是中心聚落形态或原始宗邑形态，其血缘性的结构形式应该说是形形色色的，它既可以表现为"圆锥形氏族"形态，亦可以是中国上古社会所表现出的"家族—宗族"形态。然而，它们的共性是在血缘的纽带中以血缘亲疏这一自然形态来作出身份和政治上的等差，成为史前中心聚落、原始宗邑和酋邦等社会类型的族共同体的组织结构和政治基础。

正像周人的宗族组织出现于先周时期一样，史前社会的原始宗邑即中心聚落，也是以家族与宗族组织结构为基础的。在笔者的一些相关研究中，曾列举了大汶口文化刘林墓地、大汶口墓地[1]136-138,151、陵阳河墓地中的"家族—宗族"墓地所反映出的社会组织结构；也论述了大河村、黄楝树、尉迟寺等遗址中房屋建筑所反映出的"核心家庭—大家庭—父系家族—宗族"的社会组织结构[1]146-149。对于这种以家族和宗族为社会组织结构，并处于最高级别的中心聚落，我们称之为原始宗邑，这应该说也在揭示中国史前社会中心聚落的特点。

说到宗族这样的社会组织结构，笔者认为，从史前社会后期到西周春秋时代，宗族组织结构不断重复着从家族到宗族的繁衍分合的衍生模式。在周代的宗法中有大、小宗之分，这是宗族组织长期发展的结果。史前社会也许没有周代那样的宗法，但史前社会后期宗族组织中有强大宗族（强宗）与弱小宗族（弱宗）的分化，从而必然要导致主支与分支的出现。与大体平等的氏族部落结构相比，史前社会后期的父权家族和宗族的形态使得宗氏谱系变得清晰而有连贯性。在这里，每个宗族的祖宗是明确而实际存在过的，各个家族及个人与祖宗的关系和在宗族谱系中的位置都是确定和有序的。这样，各家族及其成员在宗族中的地位也是一定的。而在同姓的宗族与宗族之间，那些人口兴旺、经济繁荣、军事实力雄厚的强大宗族，很容易被视为与传说中的氏族部落始祖或部落神有直系血缘渊源，即直系后裔，从而确立其主支（即后来的大宗）在部落乃至部族中的领导地位，其宗族长即为最高部落酋长或部族酋长。我国历史上颛顼、帝喾、唐、虞、夏、商、周、秦八代国族的谱系就与其部族始祖或部族神直接相联系。这样，在宗族内部，依据与宗族祖宗的血缘亲疏关系而确立各家族及其成员的社会政治上的和宗教祭祀上的等次性；在宗族与宗族间，也因和现任部族酋长即居于统帅地位的强宗族长间亲疏关系的不同，而形成主支与分支之间的等次性。这就必然使得聚落与聚落间出现中心聚落与半从属聚落即原始宗邑与村邑的组合关系。特别是在伴随有战争的情况下，中心聚落与普通聚落之间的主从和不平等关系会越来越被加强和发展。残酷的战争使父权家族和宗族所具有的独立性受到限制，人们不得不团结在居于统帅地位的强大宗族的周围，联合本部族众多宗族力量共同对敌。这样，只能使强宗即现任部落或部族酋长所在宗族的地位不断巩固，而它所在的聚落也得以膨胀和发展。强宗一旦被视为是部落乃至部族始祖或部族神的直系后裔，就握有本部落或部族的最高祭祀权，在其所在地建立宗庙，主持祭祀大典，也就顺理成章了。这样一来，随着时间的推移，握有部落或部族最高祭祀权和军事指挥权的主支宗族，在行政上的发号施令就披上了一层神圣的外衣，其族谱的正统性、其所在地的宗邑性，也就不可动摇了。总之，中心聚落与从属或半从属聚落相结合的形态，亦即原始宗邑与从属于它的普通村邑相结合的形态，在史前的出现，既是聚落内外发生不平等的结果，也是中国父权"家族—宗族"形态的产物，它是中国由史前社会走向文明社会的重要途径。

中国史前社会中心聚落（即原始宗邑）形态中的贫富分化、不平等以及社会上的权力关系和祖先崇拜的意识形态，都是与"家族—宗族"组织结构联系在一起的；由于家族和宗族都属于血缘组织，这样的不平等当然也是一种血缘身份与政治分级相结合而产生的不平等。这种带有身份特征的不平等，始现于简单酋邦，也延续、滞留于复杂酋邦之中。只不过是在简单酋邦时期也即中心聚落形态的初级阶段，它还不具有弗里德所说的社会分层的意义；而到了复杂酋邦阶段，即典型发达的中心聚落阶段，其社会不平等进一步加深，已萌生属于经济权力不平等的阶级和阶层，亦即已进入弗里德所说的社会分层。也就是说，上古中国，典型、发达的中心聚落形态，它所呈现出的社会不平等和社会复杂化的演进，以及在聚落群或部族中中心聚落所具有的政治、经济、军事、宗教和文化的中心地位与作用，原始宗邑的个性特征和神权政治等都是十分突出的，这些社会现象共同构成了由原始社会向国家社会转变的时代特征。

三　中心聚落、原始宗邑与酋邦社会的个性表现

中心聚落、原始宗邑与酋邦社会之间的个性问题，往往需要具体问题具体分析。例如，中心聚落在聚落的外在形式上，有的依旧是环壕聚落，有的则演变为城邑。这种修筑城墙的中心聚落，在南方，湖南澧县城头山大溪文化和屈家岭文化时期的城邑遗址可作为代表；在北方，则有河南郑州西山仰韶文化中晚期的城邑。正如笔者曾指出的，对于史前城邑的性质，判断它究竟是中心聚落时期的中心聚落还是早期国家时的都城，是需要附加一些其他条件进行分析的，而不能仅仅依据是否修建了城墙，是否出现了城。这样的条件，我们以为：一是当时阶级产生和社会分层的情形；二是城邑的规模、城内建筑物的结构和性质，例如出现宫殿、宗庙等特殊建制。这是因为，只有与阶层和阶级的产生结合在一起的城邑，才属于阶级社会里的城邑；而只有进入阶级社会，在等级分明、支配与被支配基本确立的情况下，城邑的规模和城内以宫殿宗庙为首的建制，才能显示出其权力系统是带有强制性质的。而权力的强制性则是国家形成的重要标志之一。依据这样的条件，我们判断城头山和西山等城邑属于中心聚落，特别是与龙山时代山西襄汾陶寺遗址的早期国家的都城相比，问题是清楚的。至于在中心聚落形态阶段，各地是否修筑有城墙，则属于中心聚落形态的多样化问题，而不属于中心聚落与酋长社会的普遍原则。在中心聚落阶段，某些地方修筑城邑，这既是建筑艺术上的巨大进步，同时也是危险增加和防卫需要加强的标志，这大概是人们对自己的聚落群内政治、军事、文化和宗教祭祀中心非常重视、大力保护的缘故。

在中心聚落阶段，也可以看到某些遗址属于专业性生产点，例如在甘肃兰州白道沟坪发现专门烧制陶器的场所[14][15]，在湖北宜都红花套发现

石器制造场[15]。白道沟坪位于黄河北岸，是马家窑文化马厂期的遗址。该遗址中间是居住区，西边是墓地，东南边是一个很大的陶器制造场。在陶器制造场中除了发现许多泥坯、研磨颜料用的磨盘和分格的调色陶碟等原料和工具外，还发现被分为四组的 12 座陶窑。由于这些陶窑及其周围已受到破坏，假如每组都能像中间那样保存完好，四组当有 20 座陶窑。为此，严文明先生指出，如此大规模的陶器制造场，其产品绝对不单是为满足自身消费的需要，而主要应是为交换而生产，由此可以说"这个聚落的居民是以制造陶器为主要生业的"[1]146-149。红花套位于长江西南岸，紧靠江边。它利用江边大大小小的砾石，建立了许多石器作坊，同时也有不少住房，可见它不是临时的石器制造场，而是从事石器专业化生产和交换的经济中心。此外，从红花套发现大量管钻留下的石芯而很少发现管钻的完整器物，其他类型的完整器物也很少见，最多的是些残次品和废料；相反在红花套周围数百公里内的一些遗址中，则有许多与红花套石质相同、制法和类型相同的完整器物，而不见半成品、残次品和制石工具。这说明红花套石器是供许多地方使用的[1]146-149。

对于像白道沟坪和红花套这样的专业化生产，可以判断其为一种商业性生产，而无法将其视为塞维斯所谓"酋邦具有再分配机制"这一假说的实例。在塞维斯的酋邦"再分配机制理论"中，酋邦兴起于特殊的自然生态环境中，由于资源的差异，出现地区分工和交换，在这种特殊的地方，进行生产分工与产品再分配的需求很大，导致控制中心即酋邦的出现，使酋长成为再分配者。然而，在中国史前社会的中心聚落阶段，各地区的生产、消费和生活在总体上和基本方面都属于自给自足，根本不属于由于生态和资源的关系而使酋长组织各个聚落从事生产的地区分工。所以，酋邦也不是由于再分配机制兴起的。白道沟坪和红花套这样的用于交换的专业化生产，在中心聚落形态阶段出现，反映出此时各个聚落社会的生产可以有多种样式，但由于这样的材料凤毛麟角，它只属于不同的聚落乃至不同的中心聚落的个性表现，而不能视为中心聚落或酋邦社会的一般特征。至于社会发展到下一阶段即早期国家阶段，这种专业化的生产是否开始纳入邦国内再分配体制之中则另当别论。

结　语

　　以上我们通过对中心聚落、原始宗邑以及酋邦社会中共性与个性特征的分析，对三者进行了整合。整合的原则是以聚落形态和社会形态为主，去整合酋邦理论和社会分层理论。之所以这样做，是因为我们研究的对象是远古社会，需要以远古社会遗留下的聚落遗址材料为建构理论框架的基础。这正像我们所说的三重证据法中，地下的考古资料是基础，地上的文献是血脉，民族学和人类学的调查材料是辅助和旁证一样。现存的人类学资料虽然有"活化石"的作用，但它在时间上距离远古已经很久了，在环境上也与远古社会各地区的聚落环境大不相同，因此可以借助于它解释远古社会的一些现象，而它本身并非远古的史实。这是我们在使用人类学资料和三重证据法时必须注意的问题。由于我们是以中国新石器时代的聚落形态为主来对酋邦理论和社会分层理论进行整合，可以说，这样的整合实际上也是对重建中国上古社会历史的一种尝试。

参考文献

[1] 王震中. 中国文明起源的比较研究［M］. 西安：陕西人民出版社，1994.

[2] 王震中. 西周城邑国家文明的起源［G］//陕西历史博物馆. 西周史论文集：上. 西安：陕西人民教育出版社，1993；王震中. 中国古代文明的探索［M］. 昆明：云南人民出版社，2005.

[3] 陈淳. 文明与早期国家探源［M］. 上海：上海世纪出版集团上海书店出版社，2007.

[4] 刘莉. 中国新石器时代：迈向早期国家之路［M］. 陈星灿等，译. 北京：文物出版社，2007；赵建龙. 从高寺头大房基看大地湾大型房基的含意［J］. 西北史地，1990（3）.

[5] 王震中. 东山嘴原始祭坛与中国古代的社崇拜［J］. 世界宗教研究，1988（4）.

[6] 魏建震. 先秦社祀研究［M］. 北京：人民出版社，2008.

[7] 苏秉琦. 中国文明起源新探［M］. 北京：生活·读书·新知三联书店，1999.

[8] 安徽省文物考古研究所. 凌家滩：田野考古发掘报告之一［R］. 北京：文物出版社，2006.

［9］ 安徽省文物考古研究所. 安徽含山县凌家滩遗址第五次发掘的新发现［J］. 考古，2008（3）.

［10］ 摩尔根. 古代社会［M］. 杨东莼，马雍，马巨，译. 北京：商务印书馆，1977.

［11］ 中共中央马克思恩格斯列宁斯大林著作编译局. 马克思恩格斯选集：第4卷［M］. 北京：人民出版社，1995.

［12］ 易建平. 部落联盟与酋邦［M］. 北京：社会科学文献出版社，2004.

［13］ 张光直. 古代世界的商文明［J］. 中原文物，1994（4）.

［14］ 甘肃省文物管理委员会. 兰州新石器时代的文化遗存［J］. 考古学报，1957（1）.

［15］ 严文明. 中国新石器时代聚落形态的考察［G］//《庆祝苏秉琦考古五十五年论文集》编辑组. 庆祝苏秉琦考古五十五年论文集. 北京：文物出版社，1989.

作者简介：王震中，男，河南大学黄河文明与可持续发展研究中心兼职教授、博士生导师，中国社会科学院历史研究所副所长、研究员

原文刊于：《中原文化研究》（郑州），2014.4：5～14

略论中国早期国家的血缘与地缘关系

徐义华

摘　要：中国早期国家在形成过程中，通过共同虚拟血缘关系完成群体的融合，通过祖先神的宗教化和国家化，实现宗族与国家的整合。中国历史早期血缘与政治的最终融合，要归功于西周分封。西周分封之所以能促成血缘与政治的融合，与西周早期能够提供丰富的资源满足亲疏关系向等级关系转化有关。西周时期的集中分封，通过分封制、宗法制、姻亲制，使国家政治体系融合为血缘体系。宗族与国家、血缘与政治的转化和呈现，使政治关系以血缘关系表现出来。然而中国早期国家中地缘关系的作用和地位并不弱于血缘关系。但血缘关系在处理国家、社会生活中拥有更高的灵活性和更广的适用性，在社会运作中的表面形式上占有更突出的地位，使得实际也发挥重要作用的地缘关系被血缘关系所掩盖，使整个中国先秦时期的政治、社会都呈现出强烈的血缘色彩。

关键词：虚拟血缘；祖先；血缘；地域

以地域划分居民是国家起源中的重要问题，有学者即把以地域划分国民作为国家起源的标志之一[1]187。近年来，有学者开始反思这一理论，认为国家采取何种模式，取决于血缘组织和地缘组织的力量对比，人们会以其中的优先者为基础建立国家[2]。因为中国古代典籍的记载和古人历史观念中都带有浓重的血缘色彩，所以学者的研究大多重视血缘关系，而忽视地缘关系，有学者甚至认为到郡县制出现以后，中国才以地域划分居民。

从实际情况看，一方面受生育的自然属性限制，具有真实血缘关系的人口数量是有限的，群体很难通过自然增长形成大规模的人口单位；另一方面，血缘关系虽然具有天然的组织功能，家庭是最基本的社会组织单位，但血缘关系上升为政治组织方式，也需要经过整合和升华。中国早期国家为什么会采用、保留和发展血缘模式，及血缘关系与地缘关系之间有何种关联，是研究国家起源的重要问题。

通过梳理古代文献和古史系统，可以发现，在早期历史阶段中国曾经出现过虚拟血缘祖先，通过虚拟血缘实现群体的跨血缘融合；同时，通过对祖先神的宗教化和国家化，使血缘关系政治化，成为国家政治组织基础；最终通过分封制、宗法制和姻亲制，使整个国家的政治关系和血缘关系融为一体，真正实现"天下一家"。在这一过程中，由于大部分政治关系都被整合到血缘系统当中，所以地缘关系无形中被掩盖了起来。

一　虚拟血缘祖先与早期族群融合

传世文献具有不同的层次，神话、民间诗歌等原创性的作品，是时人对自身生活的描述，没有经过系统化的、有意识的加工，更能反映当时的生活实际。而官方文档、史学著作则是经过系统化和加工的作品，虽然保留部分史实素地，但明显加入了后人的思考与认识。从不同文献之间的差别中，也可以看到不同时代、不同作者的认识差异。

神话是时人对世界、社会的观察和思考的结果，与其他文献相比，具有更直观、更感性的特点，更能反映当时的社会现实情况。从夏、商、周三族的起源神话看，三族各有独立的起源。夏人记载其祖先禹的出生具有神异性：

> 禹母修己，吞神珠如薏苡，胸坼生禹。（《世本·帝系篇》）

> 禹母吞珠孕禹，坼副而生。（《蜀王本纪》）

认为禹是其母修己吞神珠而怀孕，然后通过剖母肋而出生。

商人的始祖契也是其母感应神灵而怀孕，古代文献多有记载：

　　天命玄鸟，降而生商。(《诗经·商颂·玄鸟》)

　　郑玄《笺》："天使鳦下而生商者，谓鳦遗卵，娀氏之女简狄吞之而生契。"《楚辞·天问》《史记·殷本纪》等也保留了这一神话。

　　周人称其始祖弃是姜嫄踩到神的脚印而怀孕：

　　厥初生民，时维姜嫄。生民如何，克禋克祀，以弗无子。履帝武敏歆，攸介攸止，载震载夙，载生载育，时维后稷。(《诗经·生民》)

　　郑玄《笺》："帝，上帝也。"即弃是姜嫄感应上帝而生，后稷是上帝的儿子。

　　从起源神话看，夏、商、周三代的始祖都是母亲与神灵感应而生，自父亲一系无法再向上追溯到更早的祖先。这说明夏、商、周三族有各自独立的起源，是三个独立的族群。

　　但是，在以后社会发展的进程中，夏、商、周三族经历了一个融合为一体的过程，从文献看，至少在春秋时期，人们已经认为虞、夏、商、周四代具有血缘关系：

　　有虞氏禘黄帝而郊喾，祖颛顼而宗尧。夏后氏亦禘黄帝而郊鲧，祖颛顼而宗禹。殷人禘喾而郊冥，祖契而宗汤。周人禘喾而郊稷，祖文王而宗武王。(《礼记·祭法》)

　　相似的文字还见于《国语·鲁语》，在这些记载中，最重要的人物是帝喾，他成为虞、商、周人的共同祖先。帝喾的这一特殊地位在《大戴礼记·帝系》表现得更为清楚：

　　帝喾卜其四妃之子，而皆有天下。上妃有邰氏之女也，曰姜原，氏产后稷；次妃有娀氏之女也，曰简狄，氏产契；次妃曰陈隆氏，产帝尧；次妃陬訾氏，产帝挚。(《大戴礼记·帝系》)

明确表示虞、商、周三代都是帝喾的后裔,帝喾超越了原本始祖契、弃,成为更早的男性祖先。

显然,帝喾并非事实上的祖先,而是后人追认的祖先。帝喾是为了适应族群的扩大和构建一个共同的血缘体系而追认的共同祖先,也就是说,古人为了族群扩大和融合的需要,通过追认更远的共同祖先,建立起一种虚拟的血缘体系[3]。

虚拟血缘体系出现之后,不同人群通过追认共同祖先融合为同一个血缘单位。虚拟血缘关系的产生和推广,使得中国在历史早期表现出巨大的人群融合优势,为大地域国家的建立奠定了人群基础。虚拟血缘关系在以后的国家、社会发展进程中被广泛接受,成为日常观念中的重要组成部分,这种观念反映到史学文献中,即是天下一体的叙事体系,如《史记·五帝本纪》及其他文献提供的体系表明,唐、虞、夏、商、周五代皆纳入同一个血缘体系当中(图1)。

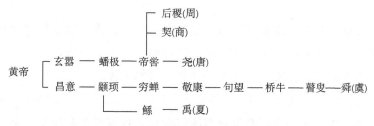

图1 唐、虞、夏、商、周的血缘体系

历史早期的四个主体王朝皆融合到黄帝谱系中。另外,《大戴礼记·帝系》还为我们补充了一个主体王朝之外的谱系(图2)。

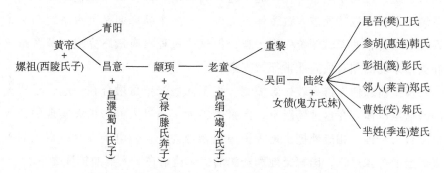

图2 《大戴礼记·帝系》中黄帝以下的血缘体系

在这个谱系中，东夷、荆蛮、巴蜀地区的族群也被融入黄帝集团，其所借助的虚拟祖先是颛顼。

在早期主流的认识和认同中，黄帝成为唐、虞、夏、商、周和周边政治伙伴的共祖。这个体系包含着一个由帝喾为纽带的中原族群集团和一个以颛顼为纽带的外围族群集团，最终都归并到黄帝集团之中。

在主流认同体系之外，还存在着另一个认同团体，即炎帝集团，古文献中的共工、烈山、姜、吕、许、纪等皆炎帝之后。

随着时代的发展，国家建设和社会融合加强，黄帝体系和炎帝体系的融合趋势也日益明显，这在虚拟血缘关系的构建中也有所反映，如：

> 昔少典娶于有蟜氏，生黄帝、炎帝。黄帝以姬水成，炎帝以姜水成。成而异德，故黄帝为姬，炎帝为姜，二帝用师以相济也，异德之故也。（《国语·晋语》）

黄帝体系和炎帝体系归于同一虚拟祖先——少典。但这种融合没有成为共识，黄帝和炎帝及其族群的相对独立地位被保留下来，成为中国早期并立的两大祖先，也成为"炎黄子孙"一词的来源。

综合分析《礼记·祭法》《国语·晋语》《大戴礼记·帝系》《史记·五帝本纪》等资料，可以看出早期族群融合大致有三个高峰期。第一个高峰期是追认帝喾为共同始祖，大致完成中原地区各部族的融合。第二个高峰期是追认黄帝为共同始祖，将中原地区的族群系统与周边的东夷系统、荆蛮系统、巴蜀系统整合在一起。这一高峰期内的关键人物是颛顼，周边系统大多是通过颛顼进入黄帝体系之内。第三个高峰期是黄帝系统与炎帝系统的融合，两者试图统一到少典，但这一过程没有最终完成，黄帝系统和炎帝系统的相对独立性被保留下来。

虚拟血缘使人群突破血缘限制，把不同血缘单位融合在一起，形成大的跨血缘群体。在这种情况下，国家的扩大是通过人群的扩大实现的，人群融合为一体，相应地把土地等资源也融合为一体。由于没有军事征服等表面上的扩张过程，国家土地和资源的扩大掩盖在了人群的扩展之下。

同时，在社会运行方面，原血缘单位依然遵循血缘原则，但跨血缘群体组织的运行则无法完全遵循血缘原则，而必须辅以地缘、等级等其他方式。以禅让制为例，禅让制并非一种稳定的制度，而是群体融合突破血缘单位形成跨血缘群体之后，原本在各血缘单位内部按血缘传承权力的模式不再适用，而由各血缘单位协商产生最高权力的一种短时期内的过渡方式。这种权力产生方式已经突破了血缘关系原则，而带有地缘性。只是由于虚拟血缘关系的存在，地缘关系被掩盖在了血缘关系之下。

二　祖先神的宗教化和国家化

国家开始形成后，虚拟血缘关系作为族群融合的枢纽也成为国家构建的重要因素，政治化日益明显。血缘关系的政治化和国家化，主要由祖先神的宗教化和国家化两个方面完成。

祖先神的宗教化主要包括两个方面，一是祖先与上帝的血缘关系；二是祖先神的泛神化。

祖先与上帝相联系，在商、周之际十分明显，商、周皆称自己祖先为上帝之子，例如《诗经》中有：

> 天命玄鸟，降而生商。（《诗经·商颂·玄鸟》）

商人祖先契是上帝的儿子。

此外，还产生了国家首领为上天之子的思想，如《诗经·商颂·殷武》：

> 昔在中叶，有震且业。允也天子，降予卿士。实维阿衡，实左右商王。

《集传》有"允也天子，指汤也"，表明国家首领与上帝有虚拟的血缘关系。

王是上帝之子的观念，周人也接受并加以利用，如《尚书·召诰》有：

> 皇天上帝，改厥元子。兹大国殷之命，惟王受命。无疆惟休，亦无疆惟恤。

蔡沈注："商受嗣天位为元子矣，元子不可改而天改之，大国未易亡而天亡之。"即上帝废除商王的元子地位，改以周王为元子，周人代商成为天下共主就获得了合理性。同时，从上帝有"元子"看，上帝还有"元子"以外的子，即上帝的儿子不止一个。

通过构建祖先与上帝的血缘联系，不同族群能够寻找到一个共同的信仰性祖先，使虚拟血缘模式获得了更广泛的适用范围。

祖先神的泛神化，是指祖先神突破了单纯的血缘属性，而具有了自然神的属性，同时权能不断扩大，拥有了自然神的权能。在商代甲骨文中，早期卜辞中有大量自然神，掌握着风、雨等自然力量，但到后期的记录中，几乎所有权能都由祖先神掌控，如：

佳上甲灾雨。(《合集》12648)

佳高祖亥灾云。(《屯南》2105)

求雨自上甲、大乙、大丁、大甲、大庚……(《合集》32385)

于祖乙求，王受年。(《合集》28274)

求年于示壬，重翌……(《合集》28268)

己卯贞，求禾于示壬，三宰。(《合集》28271)

癸酉卜，于父甲求田。(《合集》28278)

其告秋上甲二牛。大吉。(《合集》28206)

辛巳卜，其告入水于上甲，祝大乙牛。(《合集》33347)

祖先能掌控云、雨、虫、水等自然因素，几乎取代了自然神。

　　祖先掌控自然力，兼具祖先神和自然神两种属性。在原先的自然神灵中，有大量具有地缘属性的神灵，如社神、山神、河神等，现在其权能都由祖先神掌握，祖先神自然获得了地缘属性。这使得在许多具体事务的处理中，人们可能通过神灵的属性在血缘关系和地缘关系之间灵活转化，非血缘事务可以在血缘名义下进行，进一步削弱和掩盖了地缘特征。

　　血缘关系政治化和国家化的另一个过程是祖先神的国家化，这个过程同样包括两个方面：一是王室祖先神的国家化；二是国家神系统的建立。

　　王室祖先成为国家神灵，与国家的起源和形成同时进行。文献中的五帝时期，是首领祖先神国家化的早期阶段，《尚书·舜典》："舜让于德弗嗣。正月上日，受终于文祖……月正元日，舜格于文祖。"《史记·五帝本纪》："正月上日，舜受终于文祖。文祖者，尧大祖也。"尧的祖先文祖是国家的重要神灵，影响国家的政务处理。《尚书·尧典》："岁二月，东巡狩……归，格于艺祖。用特。"记载舜巡狩归来祭祀艺祖。《礼记·曾子问》："诸侯适天子，必告于祖，奠于祢……反亦如之。诸侯相见，必告于祢……反，必亲告于祖祢。"那么，艺祖则是指舜的近祖。禹在处理国家事务中，也向自己的祖先汇报，《墨子·非攻下》："昔者三苗大乱，天命殛之……高阳乃命玄宫。禹亲把天之瑞令，以征有苗。"关于玄宫，《庄子·大宗师》有：

　　　　夫道，有情有信，无为无形……颛顼得之，以处玄宫。

　　颛顼得道后居玄宫，玄宫应是指颛顼之庙。而根据文献记载，禹为颛顼之后：

　　　　颛顼产鲧，鲧产文命，是为禹。（《大戴礼记·帝系》）

　　禹在处理国家大事时，在自己祖先的庙中进行。

　　文祖、艺祖和玄宫的例子说明，随着国与族的整合，王室祖先已经不再是单纯的血缘性神灵，同时也是带有政治性的国家的神灵。

　　到商代，祖先神的国家化已经完成。从甲骨文可以看到，商王的祖先可以影响政治、战争等各类人间事务，其福庇和惩戒范围已经远远超出王族，成为整个国家神灵。

贵族的祖先也进入国家神系统当中。《尚书·盘庚》有"兹予大享于先王，尔祖其从与享之"，即商王盘庚将贵族的祖先与自己的祖先一起祭祀，这里盘庚显然不是以子孙的身份致祭，而是以国家代表的身份致祭。甲骨文也有：

> 其侑蔑暨伊尹（《合集》30451）

> 己亥卜，壳，贞侑伐于黄尹亦侑于蔑。（《合集》970）

> 贞侑于爻戊。（《合集》3397反）

> 丁未卜，扶，侑咸戊。
> 丁未卜，扶，侑学戊不。
> 丁未卜，扶，侑咸戊、学戊乎。
> 丁未，扶，侑咸戊一牛不。（《甲骨缀合集》236 = 20098 + 20100）

伊尹、黄尹、蔑、爻戊、咸戊、学戊皆先臣[4]，与商王同受祭祀。可见，商代已经建立了一个以包括王室祖先、贵族祖先在内的国家神系统。神灵的国家化，使祖先神突破了血缘属性，拥有了国家属性和政治属性。

在国家神的系统中，祖先的政治属性超越了血缘属性，周原甲骨文中有：

> 癸巳彝文武帝乙宗，贞王其邵祭成唐，禦禔及二女，其彝牡血三豚三。囟有正。（《周原甲骨文》1）

> 贞王其求侑大甲，册周方伯……囟正，不左于受有佑。（《周原甲骨文》84）

以上卜辞记录的是周人在周原建庙祭祀商先王。周人归服于商王朝，以臣僚的身份祭祀国家的神灵，所以商王祖先也作为国家神受到周人的祭祀。周人不是以子孙的身份致祭，所以无涉"民不祀非族"的限制。这说明，在国家视角下祖先神的血缘属性已经被国家神的政治属性所超越。

早期国家通过虚拟血缘、祖先神的宗教化和国家化，使祖先神在血缘属性以外拥有了国家和政治属性。神灵群体既保留了血缘外表，又具有政治内涵，这使得血缘与政治、宗族与国家、亲疏与等级联系在一起，为早期国家提供了权力构成和组织方式的合理性支持。

帝与各级祖先神构成一个完整的等级化的祖先神灵系统，兼掌社会性职能与自然性职能，为每个人提供今生的庇护与安慰，以及死后的归宿与依靠。可以说，祖先神体系基本满足了社会成员的信仰需求，这是中国最终发展出人本化的伦理文化体系而宗教色彩相对淡薄的重要原因。

虚拟血缘、祖先神的宗教化和国家化解决的主要是合理性的问题，即虚拟血缘解决了不同人群合而为一的合理性，祖先神的宗教化和国家化解决了国家权力固定于特定人群的合理性问题。但在具体的政治生活操作上依然存在重要问题，即王族成员的出身等级与其实际所控制的资源相适应的问题。在早期国家阶段，国家直接掌控的资源有限，很难为日益扩大的王族成员提供与其身份相适应的土地、人口和财富，这使得血缘与政治、宗族与国家、亲疏与等级虽然在观念上已经形成融合，但在实际操作中却缺乏稳定的物质支撑和保障，无法在社会实践上实现真正的统一。这一问题的最终解决，是西周的建立和分封制的发展。

三　分封制、宗法制与姻亲制下的血缘与地缘

中国历史早期血缘与政治的最终融合，要归功于西周分封。西周分封之所以能促成血缘与政治的融合，与西周早期能够提供丰富的资源来满足亲疏关系向等级关系转化有关。

分封制产生的机制是国家拥有征服扩张的武力，但没有长期稳定治理社会的能力，从而采取委托武装集团维持征服地区稳定而形成的制度。维持分封制的前提是国家拥有足够可以支配的土地和人口。

夏王朝的公共权力主要是在公共治水工程中形成的，战争和征服因素较少，没有大量用于分封的土地和人口。所以，夏王朝虽然也与周边部族

进行战争，但授民授疆土的分封始终没有成为主流。

商人是通过战争建立起来的国家，在打败夏王朝的过程中获取了可以支配的土地和人口，从而使分封成为重要的国家组织形式。但是，商人最初征服的地区主要是夏王朝的核心区，集中于今天豫西、晋南一带[5]，地域狭小。另外，通过战争手段征服的主要是夏王朝的核心集团，其他大多数地区则通过抚柔手段招附。所以，商朝最初能够用于分封的土地和人口资源有限，这使得商代的分封并不发达。商王朝稳定以后，开始向外开拓领土，将获得的土地和人口资源分封给有功的臣属。商代的分封是在长时段内分散进行的，这使得商代分封具有以下特点：一是没有完善的成系统的制度；二是零散分封的诸侯间很难形成明确的等级关系；三是土地和人口多分封给有功人员，不能集中于王室子弟，没有充足的资源把商王室的血缘亲疏直接转化为政治等级。所以，商代虽然已经在观念上完成血缘关系的政治化，但在实际的政治操作上没能把血缘和政治、宗族和国家、亲疏和等级真正融合在一起。商代的任官制度中表现出明显的尚功特性，即是体现之一。

周代的分封则不同。周人先是通过牧野之战，一举占领商人的中心区域：

> 武王遂征四方，凡憝国九十有九国，馘魔亿有十万七千七百七十有九，俘人三亿万有二百三十，凡服国六百五十有二。（《逸周书·世俘解》）

然后通过周公三年东征，消灭了商王朝中心之外的其他地方势力：

> 周公相武王，诛纣伐奄，三年讨其君，驱飞廉于海隅而戮之，灭国者五十，驱虎豹犀象而远之，天下大悦。（《孟子·滕文公下》）

这些战争和征服，以及迁置商遗民于洛邑、薄姑、关中等地区的措施，造成了广大迁出地区内的权力真空，西周获取了大量可支配的人口和土地资源，为规模化的分封提供了物质基础。西周的分封是在短时期内、较为集中地进行的，这使得西周分封具有了不同于商代分封的特点：一是可以建立完善的系统的分封制度；二是可以建立明确的诸侯之间的等级关系；三是有充足的资源可以将王室血缘关系通过分封转化为现实中的政治关系。《左传·昭公二十八年》载："昔武王克商，光有天下，其兄弟之国者十有五人，姬姓之国者四十人。"《荀子·儒效篇》记载："（周公）兼制天下，立七十一国，姬姓独居五十三人。"《左传·僖公二十四年》富辰说："昔周公吊二叔之不咸，故封建亲戚，以蕃屏周。管、蔡、郕、霍、鲁、卫、毛、聃、郜、雍、曹、滕、毕、原、酆、郇，文之昭也。邗、晋、应、韩，武之穆也。凡、蒋、邢、茅、胙、祭，周公之胤也。"这些表明，周王室的子弟通过分封成为诸侯，血缘亲疏转化为政治等级。

西周的分封使王室的血缘亲属直接转化为政治权贵，政治与血缘、宗族与国家、亲疏与等级融合在一起，所以血缘关系同时也是政治关系，西周由是建立起宗法制。宗法制的前提是血缘与政治、宗族与国家的高度融合，此前的各个时代，王室都没能取得足够的资源完成这一转变，而周代则通过对商王朝政治、疆域和制度的继承，最终完成了这一转变。宗法制的建立，使国家政治体系表现为血缘体系，地缘关系被血缘关系的表象所遮蔽。

把王室亲属转化为诸侯的同时，周王室还加强了与其他政治实体的婚姻关系，通过普遍的政治婚姻与异姓诸侯也结成血缘关系，《仪礼·觐礼》载：

> 同姓大国，则曰伯父。其异姓，则曰伯舅。同姓小邦，则曰叔父。其异姓小邦，则曰叔舅。

这就使得周王与天下诸侯皆成兄弟甥舅，在日常的国家生活中，政治关系以血缘关系的形式表现出来。由此，整个国家中的等级关系、地缘关系都被血缘的外衣掩盖了起来。

周初的分封制度、宗法制和姻亲制相结合，解决了政治与血缘、宗族与国家的融合问题，使之合而为一，这成为西周制度的重要特色和贡献。王国维在《殷周制度论》中言：

> 周人制度之大异于商者，一曰立子立嫡之制，由是而生宗法及丧

服之制，并由是而有封建子弟之制，君天子臣诸侯之制；二曰庙数之
制；三曰同姓不婚之制。此数者，皆周之所以纲纪天下……[6]453

无论立嫡制还是庙制，都是由宗族与国家完全融合而衍生出来的新变
化，这些制度在西周之前已经有其端倪。只是在西周以前，因为政治与血
缘没有完全融合，国家与宗族的互动不必然涉及政治、等级、土地、人
口、财富等资源的分配与继承等问题，所以没有加以细化和制度化。而到
西周以后，政治与血缘融合，国家与宗教的关联必然涉及资源的分配与继
承问题，所以对于其中涉及资源分配与继承的部分加以强化。而嫡庶身
份、祭祀地位等恰恰关乎现实中的政治、经济利益分配，所以极受重视。
可以说，商周制度的差异，是政治与血缘融合程度的差异导致的。

中国早期国家在形成过程中，充分利用虚拟血缘关系扩大族群。同
时，通过祖先神的宗教化和国家化，国家政治呈现出浓厚的血缘色彩，西
周时期的特殊历史机遇，使周人有充足的资源把血缘亲属直接转化为政治
贵族，实现了政治关系与血缘关系的相互转化。血缘关系的政治化，在中
国产生了深远的影响，后世国家组织形式中宗族一直发挥着重要作用，并
成为中国历史发展进程中的重要特色。

就中国早期国家中的血缘关系与地缘关系的作用而言，地缘关系的作
用和地位并不弱于血缘关系。但是，血缘关系同时也是政治关系，在处理
国家、社会生活中拥有更高的灵活性和更广的适用性，在社会运作中的表
面形式上占有更突出的地位，实际也发挥了重要作用的地缘关系很多时候
被血缘关系掩盖起来，使整个中国先秦时期的政治、社会都呈现出强烈的
血缘色彩。

参考文献

[1] 恩格斯. 家庭、私有制和国家的起源：序言 [G] //马克思恩格斯选集：第 4 卷.
北京：人民出版社，2012.

[2] 晁天义. 重新认识国家起源与血缘、地缘因素的关系 [J]. 史学理论研究，2014
（2）：66 - 77.

[3] 徐义华. 祖先神观念与商周时期的族群认同观念 [J]. 南方文物，2014（4）：90 -

97.

［4］朱凤瀚．商人诸神之权能与其类型［G］∥吴荣曾．尽心集·张政烺先生八十庆寿论文集．北京：中国社会科学出版社，1996.

［5］郑杰祥．试论夏代历史地理［G］∥中国先秦史学会．夏史论丛．济南：齐鲁书社，1985.

［6］王国维．观堂集林［M］．北京：中华书局，1959.

作者简介：徐义华，男，中国社会科学院古代史研究所研究员，中国殷商文化学会副会长

原文刊于：《中原文化研究》（郑州），2020.1：23～29

中国文明早期对于大范围地理
距离的认知

徐凤先

摘　要： 先秦到汉代多种文献记载大地东西 28000 里、南北 26000 里，《尚书·禹贡》记载 "五服" 的范围 "东渐于海，西被于流沙"；如果采用当时的 1 里等于 250 米，则大地东西 28000 里、南北 26000 里的范围正好符合以中原为中心的欧亚大陆东-西、南-北的距离，"五服" 的范围也正好符合东至海、西至流沙的范围。《山海经·海外东经》记载竖亥测量大地的结果 "五亿十选（万）九千八百步"，这个数字符合步行测量欧亚大陆南北距离实际需要走的步数。因此，中国文明早期在夏代建立的前后，也就是从帝尧到大禹的时代，曾经对大地进行过由东到西、由南到北的测量，向东到达中国的东海，向西到达地中海，向南到达中国的南海，向北到达北冰洋。当时测量的方法是步测，1 步相当于 125 厘米，200 步为 1 里，1 里相当于 250 米。中国早期文献中反复提及 "四海" 的概念，正是大地测量的反映。

关键词： 大地测量；地理距离；《禹贡》；《山海经》；四海

关于中国文明早期对于大范围地理距离的认知，本人曾在与何驽合著的《"日影千里差一寸" 观念起源新解》[1]（以下简称《日影》）一文中论及。该文认为，中国从帝尧时代到大禹时代进行过大范围的地理测量，对大地尺寸形成了明确的概念。但是《日影》的主旨在于论证日影千里差一寸之观念的起源，对大范围地理距离问题的讨论并未正面展开，而是在讨论早期尺寸度量单位时涉及地理距离问题，其中最重要的内容甚至只是出现在一个脚注中。

《日影》一文关于地理距离的主要内容即利用了古文献的记载和陶寺考古研究得到的尺寸和步的数据，并做了合理的假设，基本思路可归纳为如下四点。

（1）《日影》一文做了这样一个假设：早期长距离单位"里"与短距离单位"尺"之间是十进制的，1000 尺 = 1 里。此假设纯属臆想，但因为后世 300 步 = 1 里是为了类似于井田制的土地划分中计算方便，所以在这样的土地划分制度出现之前假设长距离的单位与短距离的单位之间的换算是十进制的并非没有道理。

（2）然后利用了何驽关于陶寺尺寸的研究：1 尺 = 25 厘米，5 尺 = 1 步[2]。

（3）由此得出早期的 1 里 = 1000 尺 = 200 步 = 250 米。

（4）通过以上假设和考古资料研究得到的早期里的长度单位看似含有太多假设成分，但是在随后的研究中"意外"地发现，上述假设和考古资料研究结果综合得到的度量单位与古文献中大地 28000—26000 里的记载以及《山海经》中关于太章竖亥步四极的记载可以完美地连缀起来：《山海经》记载的竖亥步东极至西极的步数"五亿十选（万）九千八百步"按照前面 3 条前提，可近似为 26000 里，这就是古文献中大地南北 26000 里的来源；28000 里相当于现在的 7000 公里，26000 里相当于现在的 6500 公里，这两个长度很接近中原地区所在经纬度欧亚大陆从东到西和从南到北的距离。因此，我们认为，这种"意外"的巧合实际上并非"意外"，而是古代的真实历史。

《日影》一文的上述论证中，符合逻辑的假设、古文献中的记载、由考古材料得出的结论、真实的大地距离四者若合符契，结果令人吃惊。但是该论证过程存在一个致命缺陷，就是每一个支撑点之间都是"串联"的，这样的论证链一旦有一个支点出现问题，整个论证都不能成立。

后来笔者又找到了新的证据和证明方法，使得各个支点之间不再是"串联"的关系。所有资料加起来足以证明中国文明早期确实进行了大范围的地理测量，并在先秦到汉代的文献中留下记载，故再成此文专加论述。

一 大地 28000—26000 里的文献记载

大地尺寸在先秦到汉代文献中多有记载。《日影》一文已提出，文献中记载的大地尺寸主要有两套体系，一套是四极之内 23 万余里，一套是大地东西 28000 里、南北 26000 里。

23 万余里的数字是通过类似于《周髀算经》中的测影方法进行计算得到的理论值，前提是日影千里差一寸。如《周髀算经》冬至影长 13.5 尺，所以冬至日道最南点距测量地点（也就是周地）13.5 万里；北极璇玑影长一丈三寸，即 10.3 尺，因此北极距测量地点 10.3 万里，由此得到从冬至日道到北极 23.8 万里。不同文献中的冬至日影长度又有一丈三尺之说，得出的冬至日道距北极的距离就随之不同，但是都在 23 万余里。这应该是"四极"本来的概念，它是一个理论值。

大地东西 28000 里、南北 26000 里这套数据多次出现在先秦到汉代的文献中，这一数据有时与 23 万余里同时出现。

《淮南子·地形训》：

> 阖四海之内，东西二万八千里，南北二万六千里，水道八千里，通谷其名川六百，陆径三千里。禹乃使太章步自东极至于西极，二亿三万三千五百里七十五步，使竖亥步自北极至于南极，二亿三万三千五百里七十五步。

《尸子》：

> 八极之内有君长者，东西二万八千里，南北二万六千里。

《吕氏春秋·有始览》：

> 凡四海之内，东西二万八千里，南北二万六千里。

《管子·地数第七十七》（卷二十三）：

桓公曰："地数可得闻乎？"管子对曰："地之东西二万八千里，南北二万六千里。其出水者八千里，受水者八千里；出铜之山四百六十七山，出铁之山三千六百九山。此之所以分壤树谷也，戈矛之所发、刀币之所起也。"

《管子·轻重乙第八十一》（卷二十四）：

桓公曰："天下之朝夕可定乎？"管子对曰："终身不定。"桓公曰："其不定之说可得闻乎？"管子对曰："地之东西二万八千里，南北二万六千里，天子中而立国之四面，面万有余里，民之入正籍者亦万有余里。"

《山海经·中山经》：

天地之东西二万八千里，南北二万六千里。出水之山者八千里，受水者八千里。出铜之山四百六十七，出铁之山三千六百九十。

《河图·括地象》：

八极之广东西二亿三万三千里，南北二亿三万一千五百里。夏禹所治四海内地东西二万八千里，南北二万六千里。

在上引《淮南子·地形训》和《河图·括地象》中，"亿"都是指"十万"。两者的四极数据都是 23 万余里，《河图·括地象》中东西 233000里，南北 231500 里，东西较南北广 1500 里，原因现在不明，但其基本数据符合通过冬至日影长度和北极影长测量得出的理论值。四极或八极是一个抽象的空间范围，指日道之极，正与测影得到的概念相符合。

对于 28000—26000 里这个范围，《淮南子·地形训》和《山海经·中山经》列出了其山水矿藏之数，《尸子》认为这是八极之内有君长的范围，《管子·地数》既列出其山水矿藏，又指其为有土地划分和农业、有战争和商贾交易之域，《管子·轻重乙》则说这是有民入正籍的范围，《河图·括地象》说这是夏禹所治的范围。《淮南子·地形训》《吕氏春秋·有始览》《河图·括地象》还有一个共同的概念，就是东西28000里、南北26000里是"四海之内"的地域。也就是说，在先秦到汉代人的普遍观念中，28000—26000里并非一个理论计算值，而是自己所在的这个大地实际的区域范围，人们可以大致说出这个区域的山川矿藏和居民。这个大地向东南西北走到尽头都是大海。

关于大地东西28000里、南北26000里的数据来源，上述古文献并未说明，从记载中看，更像是一种自古流传下来的知识。《淮南子·地形训》在大地东西28000里、南北26000里之后，却记载太章、竖亥步四极之事，东极至西极、南极至北极的长度都是23万余里，远远大于四海之内的28000—26000里。如前所述，23万余里的数字可以确定是通过计算得到的理论值，而不是太章、竖亥步四极所得，所以可见《淮南子·地形训》的作者并不清楚23万余里的计算方法，也不清楚28000—26000里的数据来源，但是却知道有这两套数据的存在。

二　中原所在地欧亚大陆东西南北的 实际距离

夏人的主要居住地在现在的中原地区，这一带的地理纬度大致在北纬34—35度的范围。欧亚大陆在这一纬度上，东端与海洋相接于中国的东部沿海，相接点经度约为东经120°，西端与海洋相接于叙利亚地中海沿岸，相接点经度约为东经36°，东西相距84度。古文献记载禹都阳城就是现在的登封告成镇，现代考古学界一般认为登封王城岗遗址可能是大禹的都城所在地。王城岗纬度为北纬34°24′，计算可知这一纬度的纬圈周长为33013公里，从东经36°到东经120°之间的纬圈长度为7703公里。

王城岗的经度为东经113°08′，在此经度上欧亚大陆最南端到达中国南海，其纬度约为北纬22°；北端到达北冰洋，其纬度约为北纬74°。南北之间纵跨52度。计算可知这一跨度长约5779公里。还可以注意到，南端点的海岸线并不是东西平直的，如果测量的南端向西偏移，就到了雷州半岛甚至海南岛的南端，纬度要低2—4度，北端点有着同样的问题，如果测量的北端点向西偏移，则到达北冰洋的位置还要跨越泰美尔半岛，由此造成纬度偏北 2—4 度。在地球上纬度 4 度的经向长度约 445 公里，如果纬度增加 4 度，也就是南北之间纬度跨越 56 度，那么南北总长度则为 6224 公里。

三　太章竖亥步四极

汉代以前到汉代的文献中关于太章和竖亥步四极的记载，除前引《淮南子·地形训》之外，还有《吴越春秋》和《山海经》。

《吴越春秋》卷四《越王无余外传》记载："禹行，使大章步东西，竖亥度南北。"

《山海经》的记载在《海外东经》中，只记竖亥未记太章，但是却明确地记载了"步数"，这是解读中国文明早期大范围地理测量的关键：

> 帝命竖亥步自东极至于西极，五亿十选九千八百步。竖亥右手把算，左手指青丘北。一曰禹令竖亥，一曰五亿十万九千八百步。

关于此处的"亿"，《日影》一文已有讨论，在此需加以重申。

秦汉以前，"万"是常用的最大的数量级，"亿"经常用来表示较"万"大一级的数字，即"十万"[3]77，前引《淮南子·地形训》和《河图·括地象》中的"亿"都是指"十万"。但是"亿"指"十万"这一点并不绝对，如《礼记·王制》中有：

> 方一里者为田九百亩；方十里者为方一里者百，为田九万亩；方百里者为方十里者百，为田九十亿亩；方千里者，为方百里者百，为田九万亿亩。

如郑玄所注，这一段中第一个"亿"是指十万，第二个"亿"是指一万。所以，汉代之前，"亿"不像"十""百""千""万"一样永远指固定的数字。无疑正是因为这个原因，到了汉代，"亿"就用来指万万了，《汉书·律历志》所载的三统历中"亿"都是指万万，汉以后固定下来不再变化。

在"五亿十选（万）九千八百步"这个数字中，如果"亿"指"十万"，那么这个数字就是609800步。陈美东据此依300步＝1里，得到此处的距离为约2033里，并进一步计算认为此距离约相当于740千米。对于这一结果，他说："即便就地径来说，这未免也太小了。"[4]176确实，没有任何古文献记载地的大小近于2000里；相反，从广泛流传的日影千里差一寸的观念来看，在古人的观念中大地的东西尺寸绝不会只有2000里左右。

其实此处关于"亿"具体所指的数字是有商榷余地的。如果此处"亿"指"十万"，那么"五亿十选（万）"就应该说成"六亿"或"六十选（万）"；既然说成"五亿十选（万）"就表明"亿"不等于"十万"。笔者认为此处"亿"应该是比"十万"大一级的数字，即百万，这样"五亿十选（万）九千八百步"就是5109800步。

在《日影》一文中，是将"步"单纯地作为一个长度单位，将5109800步与1里＝200步结合，得到5109800步＝25549里，这个数字十分接近26000里，《日影》一文认为这就是大地26000里的来源。再与早期1里＝今250米结合，得到26000里的数字接近中原地区大陆南北的距离。这样论证的结果符合确实很好，但却将5109800步完全结合在了一个"串联"的论证序列中，如果论证序列中有一环出现问题，整个论证都会出现问题。此处将其与其他论证分开来。

中国古代常以"跬"与"步"并称，如《荀子·劝学》："不积跬步无以至千里。"跬与步的关系古文献中有明确解释。《礼记·祭义》有："故君子顷步而不敢忘孝也。"孔注："顷当为跬，声之误也。"孔颖达疏："顷读为跬"，"一举足为跬，再举足为步。"宋人戴侗撰写的《六书故》卷十六解"步"字说："左右两足代举为步。中人之度一举足得周四尺，再举足得周八尺，故一举足为跬，再举足为步。"即"跬"是迈出一脚，"步"是迈出两脚。因此古代的"步"是指现在的两步。

当代军人正步走单脚迈出的标准距离是75厘米，左右脚各迈一步为150厘米。《日影》一文5尺＝1步、1尺＝25厘米的换算关系中，1步＝125厘米，较现代军人标准步伐的150厘米略小；考虑到古代测量多数时候是走在荒野之中，没有公路，又要长期行走，步伐不会太大，因此，即使不考虑"步"和"尺"的换算关系，125厘米的"步长"本身也是合理的。这样 5109800 步的长度就是 6387.25 公里。对照以中原为中心的大地南北的 5779 公里，6387.25 公里偏大 10.5%，这在步行测量中完全在误差许可的范围内。可以与此作为对照的是，唐代一行和南宫说组织的子午线测量中，测量得到的距离也大于实际距离，具体的比率不同学者计算的结果有 13.9%[5]262-267、18.2%[6]366、20%[7]309。这就是说，即使抛开《日影》一文中所有的尺寸大小和单位换算关系，单是竖亥走的 5109800 "步"也符合中原所在的纬度欧亚大陆南北的距离。由此，5109800 步无须与其他假设或考古学研究结果相结合，可以独立支持中国古代步行测量过欧亚大陆的观点。

此处虽然记载是"东极至于西极"而并非"南极至于北极"，但是这种误记是很容易发生的，而且此步测者是竖亥，中国古代面南背北，南北向为纵向也就是"竖"向，亥在十二辰的位置中与子相邻位近北方，因此"竖亥"当是测南北向距离者，而"太章"之名应该是测东西向距离者。

四　28000—26000 里与"五服"的契合

《日影》一文中，早期 1 里 = 今 250 米，早期 28000 里 = 今 7000 公里，早期 26000 里 = 今 6500 公里。前文已得到，王城岗所在纬度的欧亚大陆东西向长度约为 7703 公里，南北向长度约为 5779 公里。7000 公里较 7703 公里小 9.1%，6500 公里较 5779 公里大 12.5%。① 两个数据都在误差允许的范围之内。但是如前所说，吻合虽然很好，各支点之间却是"串联"的。

该文发表之后笔者又从文献中找到了与早期大尺度地理范围有关的数据，这就是大禹的五服制度。

《尚书·禹贡》记载大禹治水之后，建立了五服制度：

　　五百里甸服：百里赋纳总，二百里纳铚，三百里纳秸服，四百里粟，五百里米。

　　五百里侯服：百里采，二百里男邦，三百里诸侯。

---

① 注：在《日影》一文的脚注中，误将 5779 写作 5579，然后计算也误用了 5579 这个数字，得到了 16.5% 的误差值。

　　五百里绥服：三百里揆文教，二百里奋武卫。

　　五百里要服：三百里夷，二百里蔡。

　　五百里荒服：三百里蛮，二百里流。

　　东渐于海，西被于流沙，朔南暨声教。讫于四海。禹锡玄圭，告厥成功。

　　五服的划分是从中心点向四方延展，最核心的甸服从中心点向东南西北各扩充 500 里，也就是边长 1000 里的范围。甸服之外的侯服在甸服的边界又向东南西北各扩充 500 里，形成一个包围着甸服的边长 2000 里的范围。依此向外扩展，荒服是一个边长 5000 里的范围，从中心点到各边都是 2500 里。如图 1 所示。

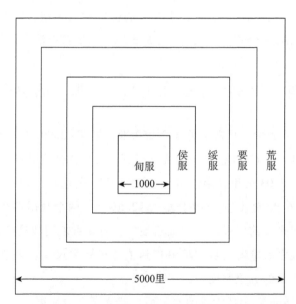

甸服　　侯服　绥服　要服　荒服

←1000→

5000里

图1　五服示意图

　　下面以此来检验《日影》一文中 1 里 = 250 米的长度单位用在"五服"上是否合适。1 里 = 250 米，则 2500 里 = 625 公里。

　　《禹贡》中明确说到，荒服的边界"东渐于海，西被于流沙"。以现在学者认为的大禹的都城登封王城岗遗址为中心，用百度坐标拾取系统得到登封王城岗的经纬度是 113.138102E、34.406394N，近似为东经 113.14°（即 113°08′），北纬 34.4°（即 34°24′）。向东度量到海，与海洋相交处的经度为 120.07°，与王城岗经度相差 6.93°。如前面已经计算的，这一纬度的纬圈长度为 $6371 \times 2 \times \pi \times \cos 34.4° = 33013$ 公里。经度相距 6.93° 的一段纬圈长度 $= 33013 \times (6.93 \div 360) = 635.5$ 公里。这与前面依 1 里 = 250 米计算得到的自甸服中心到荒服边界 2500 里 = 625 公里很接近，后者较前者仅偏小 1.7%。由于地球不是正圆，实际度量出的数据会与此略有不同。

从王城岗向西 625 公里的地方，基本上就是秦岭山脉的西边缘，再向西就到了黄土高原，正符合"西被于流沙"。向南 625 公里到达的位置接近长沙，这一带是文献中三苗活动的地方，也是大禹向南征伐的边界，正符合"南暨声教"。向北 625 公里的位置已越过朔州，接近大同。

因此，按照早期 1 里 = 今 250 米来计算，大禹的荒服范围正好符合《禹贡》中描述的"东渐于海，西被于流沙""南暨声教"的实际地理状况。

通过前面的论证看到，同样的早期 1 里 = 今 250 米的长度既符合大禹的五服范围，也符合大地东西 28000 里、南北 26000 里的欧亚大陆范围，就是说，即使除去早期 1 里 = 今 250 米这个前提，东西 28000 里、南北 26000 里的"四海内地"范围与大禹五服的范围在真实的大地上是符合正确的比例关系的。因此，古代的这些说法不是某个时代学者的"理想化的构造"，而是真正的史实。

由此反过来证明，早期 1 里相当于今 250 米应该是可信的。

因此笔者认为：从帝尧到大禹时代中国古人确实进行过大范围的地理测量，使用的长度单位就是 1 尺 = 今 25 厘米、1 步 = 5 尺 = 今 125 厘米、1 里 = 200 步 = 1000 尺 = 今 250 米。具体的测量方法是步测，竖亥自南向北测量，测量的步数就是《山海经·海外东经》中记载的"五亿十选（万）九千八百步"，即 5109800 步，这个"步数"按照 200 步 = 1 里换算成 25549 里，再简化为 26000 里，这就是文献中大地南北 26000 里的数据来源。大禹的"五服"也是实际测量出来的，从王城岗东面到海、西面到流沙、南面到禹伐三苗之地的距离都正好符合古代的 2500 里。

五 "巧合"源于"史实"

人为的假设、基于考古资料的研究结果、古文献的记载与真实大地的距离能够完全吻合，这看似一种巧合，其实并非巧合。

第一，我们假设的早期 1 里 = 1000 尺，是按照中国后世十进制的习惯提出的。《汉书·律历志》有："度者，分、寸、尺、丈、引也，所以度长短也……一为一分，十分为寸，十寸为尺，十尺为丈，十丈为引，而五度审矣。"可见长度单位都是十进制的。但是古代的"里"与"尺"的关系却并非简单的十进制，而是通过"步"连接起来的，"步"与"尺"的关系以及"步"与"里"的关系都有过变化，在唐代以前，一直采用 1 里等于 300 步，到唐初以后改为 1 里等于 360 步，元代可能采用过 1 里等于 240 步[8]24。但是，300 步的引入是为了类似于井田制的土地划分计算方便而设立的，如《穀梁传》有记载："古者三百步为里，名曰井田。井田者，九百亩，公田居一。"《韩诗外传》也有："古者八家而井田，方里为一井，广三百步，长三百步为一里。其田九百亩。广一步、长百步为一亩。"如此划分则"里"与"尺"之间不再是十进制的关系。但是在这种土地划分方式出现之前，如果已经有了长距离单位的概念，那么其距离单位的设置完全没有使用 300 步的现实需要，而使用与短距离单位"尺"形成十进制关系的单位更合理。大禹治水、划分九州之事必有其基本史实，这就是说，至迟在大禹时一定有了长距离的单位。因此可以假设当时的 1000 尺 = 1 里是合乎度量衡历史发展顺序的。

第二，1 尺 = 125 厘米这个数据，虽是由陶寺观象台的尺寸得出的，但实际上，如果"尺"的最初含义以"尺骨"来度量，那么 25 厘米这个长度即使抛开陶寺观象台的尺寸，也应该是接近事实的。

第三，5 尺 = 1 步，这也是来自陶寺观象台的研究结果。从另外一个角度分析，古人早期测量大范围的距离最简单的方法就是步行测量，如果要在"步长"与长距离单位之间建立换算关系，5 尺 = 1 步，200 步 = 1 里是最合理的。"尺"是一个独立的度量单位，而长距离单位"里"应该与"尺"形成十进制的关系，也就是说，应该是先制定出 1000 尺 = 1 里。在此基础上，"步"是一个在测量中实用的度量单位，需要一种方便合理的"步长"与"尺"和"里"衔接。假若规定 100 步 = 1 里，那么"一步"就是 250 厘米，远远大于正常人的步伐；而若以 300 步 = 1 里，则 1 步只有 83 厘米，远远小于人的步伐；只有 200 步 = 1 里，既符合人"一步"的大小，又与"里"之间容易换算。

所以，文章中各种看似巧合之处，实则并非巧合，而是符合古代知识发展逻辑过程的。

六　关于"四海"

前面提到，《淮南子·地形训》《吕氏春秋·有始览》《河图·括地象》都认为东西2.8万里、南北2.6万里是"四海之内"的地域范围。其实早期的文献中经常出现"四海"的概念，《尚书》是最好的例证。

《尚书·舜典》记载，帝尧殂落之后，"三载，四海遏密八音"。《尚书·大禹谟》开篇就是"曰若稽古大禹，曰文命，敷于四海，祇承于帝"，又"皇天眷命，奄有四海"，又"敬修其可愿，四海困穷，天禄永终"。《尚书》其他篇中也频繁出现"四海"，《益稷》二见："予决九川距四海"，"弼成五服，至于五千，州十有二师，外薄四海，咸建五长。"《禹贡》二见："四海会同"，"讫于四海"。《胤征》一见："惟仲康肇位四海。"《伊训》一见："始于家邦，终于四海。"《说命下》一见："王曰：呜呼！说四海之内，咸仰朕德。"《泰誓上》一见："尔尚弼予一人永清四海。"《泰誓下》一见："作威杀戮，毒痛四海。"《武成》一见："大赉于四海而万姓悦服。"《周官》一见："冢宰掌邦治，统百官，均四海。"《毕命》一见："申画郊圻，慎固封守，以康四海。"

《尚书》中这些"四海"的含义都是指"由东南西北四个方面的大海围成的大陆的范围"，或者"所有人民居住的范围"。

按照现今的知识，因为今人从小受到的教育，很容易认为"四海"是一个不具体的表示广大范围的概念，类似于"四海之内皆兄弟"的说法。但是在中国文明发展中，"四海"这个观念最初之所以能够形成，一定是建立在古人真实的知识基础之上的。在中国文明早期向东很容易看到大海，向南看到大海也不太难，但是向西、向北却不容易看到大海。如果不曾向西、向北走到海边，那么他们形成的大地的观念不应该是"四海"，而是大地向东、向南连接着大海，向西是无边无尽的山脉和荒漠，直至与天相接。其实古文献中有类似的说法，如《淮南子·天文训》说"天倾西北，地不满东南"。但是更早的文献中却反复提到"四海"，并将"四海"认作"天下"的范围，这暗示着在中国文明早期，我们的祖先曾经真正向四个方向走到了大海的边缘。

从黄河流域中下游地区向东南西北四个方向走到大海的边缘，无疑是一种"劳民伤财"又没有明显的经济利益可图的行为，只有在特殊的意识形态的支持下并且有足够强大的国力才会实现。结合《尚书》中屡屡出现以"四海"来表示天下的范围以及中国文明从帝尧到夏代处在国家形成的关键时期来看，在夏代形成前后，结束了小部落或部落联盟的时代——或者近年考古学家认识的"古国"的时代，要建立"一统"的国家，有需要也有能力对"大地"究竟有多大进行探测。《舜典》中的"四海"是说在帝尧殂落的时候"四海遏密八音"，也就是说在帝尧时代已经有了"四海"的概念。《大禹谟》开篇就说到四海，也说明在大禹之前已经看到了四海。在《日影》一文发表之后何驽进一步认为帝尧时代就已经测量了大地范围，笔者认为也有其道理，这类似于冷战时期美国和苏联的太空竞赛，中国文明发展到这个阶段有了明确的"天下"的意识[9]195-212，竞相探索大地究竟有多广，并将其付诸实践，到了大禹的时代更是通过准确的测量得到了"五服"的范围。

参考文献

[1] 徐凤先，何驽."日影千里差一寸"观念起源新解 [J]. 自然科学史研究，2011
    （2）：151 – 169.

[2] 何驽. 从陶寺观象台 IIFJT1 相关尺寸管窥陶寺文化长度单位 [J]. 中国社会科学院
    古代文明研究中心通讯，2005（10）：22 – 33.

[3] 邹大海. 中国数学的兴起与先秦数学 [M]. 石家庄：河北科技出版社，2001.

[4] 陈美东. 中国古代天文学思想 [M]. 北京：中国科学技术出版社，2008.

[5] 薄树人. 中国古代在天体测量方面的成就 [G] ∥薄树人. 薄树人文集. 合肥：中
    国科学技术大学出版社，2003.

[6] 陈美东. 中国科学技术史：天文学卷 [M]. 北京：科学出版社，2003.

[7] 吴守贤，全和钧. 中国古代天体测量学及天文仪器 [M]. 北京：中国科学技术出
    版社，2008.

[8] 丘光明，邱隆，杨平. 中国科学技术史：度量衡卷 [M]. 北京：科学出版社，
    2001.

[9] 何驽. 怎探古人何所思：精神文化考古理论与实践探索 [M]. 北京：科学出版

社，2015.

作者简介：徐凤先，女，中国科学院自然科学史研究所研究员

原文刊于：《中原文化研究》（郑州），2017.1：13～20

黄帝封建说与中国早期国家

焦培民

摘　要：黄帝封建说是一种传统历史观点，认为封建之法始于黄帝。这一观点对于我国早期国家研究具有启发意义。早期封建是部落征服或慑服式的，黄帝是中国早期国家的开创者，封建制是早期国家的整体特征。中国早期国家具有部族等级制、部族分职、贡赋禄田、松散统一等特点，其实质是为解决部族矛盾而逐步形成的部族等级联合体。

关键词：黄帝；封建；中国；早期国家

在现代国内史学话语中"封建社会"一般被固定地解释为领主、地主与农民阶级对立的社会。"封建"的"封邦建国"原义被忽略。在学术界倡导历史研究语言"本土化"的今天，研究原义"封建"的起源对于推动中国早期国家的研究具有参考意义。笔者希望本文的探讨能够抛砖引玉，不当之处欢迎批评指正。

一　封建含义及封建起源

在中国古代，学术界对封建的含义没有太多争议。封建、郡县作为中国历史上两个时代、两种制度是古代学者的共识，例如清代官纂《续通典》卷35《职官》开篇就明确地说"封建起于黄唐，郡县创自秦汉"，将黄帝、尧舜、夏商周的制度视为一种，将秦汉以降的制度视为另一种。现代学者吕思勉也曾说道："中国之历史，犹是分立之时长，统一之时短也。

分立之世，谓之封建，统一之时，号称郡县，为治史者习用之名。"[1]345

封建作为专有名词，见于《左传·僖公二十四年》，其文曰："昔周公吊二叔之不咸，故封建亲戚，以蕃屏周。"此外，《左传·定公四年》所载"昔武王克商，成王定之，选建明德，以蕃屏周"这句话也是对封建含义的表述。学者通常都以西周作为封建制度的代表，认为封建是指帝王以爵土分封诸侯，分茅列土，授土授民，使之在所领区域建立邦国，即所谓"封国土，建诸侯"。基于"授民授土"或册封公、侯、伯、子、男五等爵这类标准，现代的多数学者不承认周或殷商以前有封建，而这和传统史学观点是大相径庭的，古代学者一般都将封建制度上推到黄帝甚至更远的时代。为此，现代史学家吕思勉先生对"封建"进行了新的诠释，他说：

> 学术上的用语，不该太拘于文字的初诂。封建两字，原不妨扩而充之，兼包列国并立的事实，不必泥定字面，要有一个封他的人……所谓封建，应指（甲）慑服异部族，使其表示服从；（乙）打破异部族，改立自己的人为首长；（丙）使本部族移殖于外言之。[2]46

对于封建制度的起源，古代已经有很多学者讨论，具有代表性的是唐代柳宗元的观点。他所写的《封建论》一文认为，原始社会发展到一定阶段必然出现部落宗族的分殖和纷争，即封建源于纷争。他说：

> （原始人类）聚而为群。群之分，其争必大，大而后有兵有德。又有大者，众群之长又就而听命焉，以安其属。于是有诸侯之列。则其争又有大者焉。德又大者，诸侯之列又就而听命焉，以安其封，于是有方伯、连帅之类。则其争又有大者焉。德又大者，方伯、连帅之类，又就而听命焉，以安其人，然后天下会于一。是故有里胥而后有县大夫，有县大夫而后有诸侯，有诸侯而后有方伯、连帅，有方伯、连帅而后有天子。自天子至于里胥，其德在人者，死必求其嗣而奉之。故封建非圣人意也，势也。[3]70

柳宗元认为，封建是为解决部族纷争而立部族等级管辖关系的一种手段。通过武力和文德（有兵有德）建立起来的自天子至方伯、连帅、诸侯、县大夫、里胥等封建名号都是等级关系的标志。

为了研究的方便，吕思勉先生还主张在封建时代之前加上一个部族时代，并分析了由部族时代进入封建时代的过程，他说：

> 盖古之民，或氏族而居，或部落而处，彼此之间，皆不能无关系。有关系，则必就其有才德者而听命焉。又或一部族人口独多，财力独裕，兵力独强，他部族或当空无之时，资其救恤；或有大役之际，听其指挥；又或为其所慑；于是诸部族相率听命于一部族，而此一部族者，遂得遣其同姓、外戚、功臣、故旧，居于诸部族之上而监督之，亦或替其旧酋而为之代。又或开拓新地，使其同姓、外戚、功臣、故旧分处之。此等新建之部族，与其所自出之部族，其关系自仍不绝。如此，即自部族之世，渐入封建于世矣。[1]34

总结前面各种观点，笔者认为，最初的"封建"，表面上是一种册封仪式，其实质是建立部族之间的等级关系。封建的对象是部族而非仅是个人。封建的目的有两个，一是实现部族之间的统一或联合，二是建立部族之间的等级关系，实现部族之间的分工。封建的起因，既有部族繁衍分化的因素（封建亲戚），也有选贤任能和部落征服的因素（选建明德）。

二 黄帝封建说

吕思勉先生最大的贡献就是将部族社会与封建社会进行了理论上的区分。遗憾的是，他并没有论及中国历史上部族时代、封建时代的具体时间。封建始于何时？由于缺乏可靠的文字记载，至今未有定论。

中国的国家政权起源于部落战争和调节部族之间各种关系的需要，其中既包括合作、妥协，更包括战争和征服。传说中国的部落战争始于黄帝时期。《鹖冠子·世兵》称："五帝在前，三王在后，上德已衰矣，兵知俱起。黄帝百战，蚩尤七十二，尧伐有唐，禹服有苗。"据考古发现，在公元前3000年~公元前2000年的龙山文化时代，中国的部落宗族之间已经出现了战争现象和等级分化，这也从另一个方面印证了上述观点。

封建始于黄帝之说，最早的代表是司马迁。他在《史记·五帝本纪》

中说："轩辕之时，神农氏世衰。诸侯相侵伐，暴虐百姓，而神农氏弗能征。于是轩辕乃习用干戈，以征不享，诸侯咸来宾从。……代神农氏，是为黄帝。天下有不顺者，黄帝从而征之。……置左右大监，监于万国。"上述记载显示，以黄帝为首的五帝已经相继成为"万邦共主"，战败的部落受五帝统治，向其称臣纳贡，并受到严密监视，任何反叛随时会遭到镇压。

轩辕氏黄帝部落的活动，与吕思勉所说的第一种情况"慑服异部族，使其表示服从"比较一致，据吕思勉所论，黄帝已经进入封建时代应无疑义。所谓"封建"应视为确立统治和被统治关系的一种仪式。

司马迁之后的不少古代学者也持相同观点。如东汉班固《汉书·地理志》称："昔在黄帝，作舟车以济不通，旁行天下，方制万里，画野分州，得百里之国万区。是故《易》称'先王建万国，亲诸侯'，《书》云'协和万国'，此之谓也。"明确指出黄帝实行的是封建制。西晋的陆机《五等论》说："五等之制始于黄唐，郡县之治创于秦汉。"此后唐代的杜佑也持此观点，《通典》卷三十一《职官》说："物土疆，建万国，成则肇于轩后。"又说："黄帝旁行天下，分建万国。至于唐虞，别为五等，曰公侯伯子男。"

除此之外，有的学者倾向于将封建时代上溯到更早的时期。《吕氏春秋·慎势》说："观于上世，其封建众者其福长，其名彰。神农十七世有天下与天下同之也。"宋代的罗泌《路史·封建后论》说："封建之事，自三皇建之于前，五帝承之于后，而其制始备，历夏达商，爰周郅隆，而后其法始密。"此类说法将封建的时间向上追溯到远古，这是没有区分国家与非国家社会形态所致。根据战国文献的记载，炎帝和黄帝分别代表了两个不同的时代。《商君书·画策》记载："神农之世，男耕而食，妇织而衣，刑政不用而治，甲兵不起而王。神农既没，以强胜弱，以众暴寡，故黄帝作为君臣上下之义，父子兄弟之礼，夫妇妃匹之合；内行刀锯，外用甲兵。故时变也。"《庄子·盗跖》也说："神农之世，卧则居居，起则于于，民知其母，不知其父，与麋鹿共处，耕而食，织而衣，无有相害之心，此至德之隆也。然而黄帝不能致德，与蚩尤战于涿鹿之野，流血百里。尧、舜作，立群臣，汤放其主，武王杀纣，自是之后，以强凌弱，以众暴寡。"据这些说法，神农氏的"封建"是部族繁殖分立或部族之间的联合，其性质是平等与平和的，他的"王"号，应视为和平时代的部落或部落联盟首领，而黄帝称王主要是建立在战争征服的基础之上，应视为早期国家的君主。换言之，神农属于部族时代，而黄帝属于封建时代。因此，笔者赞同吕思勉先生的观点，在封建时代之前加上一个部族时代，将封建限定在暴力因素出现或早期国家出现以后，将其视为一种国家政治制度。

三　五帝时代早期国家的特征和实质

确立封建起始年代最重要的是区分部族社会与封建社会的特征。笔者认为，封建社会与部族社会相比具有部族等级制度、部族分工与设官分职、原始贡赋与禄田、松散统一等四个重要特征，而这四个特征在部族时代是没有的或表现不甚明显。随着上述特征的具备，中国也进入了早期国家阶段。

（一）部族等级制度

封建制度是黄帝通过暴力征服天下万国后建立的一种部落等级制度，建立了一个以部落宗族为基本单元的等级社会。《尚书·舜典》记载，尧禅位给舜时，"辑五瑞。既月乃日，觐四岳群牧，班瑞于群后"。这里的"五瑞"就是五等诸侯所持的玉，东汉的马融说："五瑞，公侯伯子男所执，以为瑞信也。尧将禅舜，使群牧敛之，使舜亲往班之。"由此可以推测，五帝时代的诸侯也存在类似的等级。西晋陆机作《五等论》，"五等之制始于黄唐（黄帝、唐尧），郡县之治创于秦汉"。所谓五等，是指被封建、被统治的部落首领分为五个等级，即公、侯、伯、子、男。当然这只是一个推测，五等称号并不一定在黄帝时代出现或形成制度。但是封建等级的存在应当是一个事实，后来逐渐形成定制。中国早期国家仍然保留着部落宗族组织和部落宗族所有制（公有制），阶级分化并不明显，其实质是一个具有等级差别的部落联合体，部落之间存在君臣、主从关系。这种组织和摩尔根、恩格斯描述的由各部落平等结合形成的"部落联盟"是明显不同的。

（二）部族分工与设官分职

早期国家是一个部落联合体，除了充当部族统治的工具之外，还具有

公益性，办理各个部落共同的事务。类似于现代国家的阶级、公共两类
职能。五帝时代的政权已经出现部落分工或设官分职的记载。不过还保留
了比较原始的名称，如以图腾、季节、方位作为官名（部落名），如《管
子·五行》称：

> 黄帝得六相而天地治，神明至。蚩尤明乎天道，故使为当时。大
> 常察乎地利，故使为廪者。奢龙辨乎东方，故使为土师，祝融辨乎南
> 方，故使为司徒。大封辨于西方，故使为司马。后土辨乎北方，故使
> 为李。是故春者土师也，夏者司徒也，秋者司马也，冬者李也（注：
> 李，狱官也，取使象水之平也）。[4]865

《管子》的记载有传说的成分，这与《周礼》中的天、地、春、夏、
秋、冬六官系统比较相似，如果属实，则说明黄帝时设官分职或部落分工
已经出现。另外，《左传·昭公十七年》记载，春秋时期，郯国国君谈到
他的祖先少昊氏时代的图腾命名和部族分工，说：

> 吾祖也，我知之。昔者黄帝氏以云纪，故为云师而云名；炎帝氏
> 以火纪，故为火师而火名；共工氏以水纪，故为水师而水名；大皞氏
> 以龙纪，故为龙师而龙名。我高祖少皞挚之立也，凤鸟适至，故纪于
> 鸟，为鸟师而鸟名：凤鸟氏，历正也；玄鸟氏，司分者也；伯赵氏，
> 司至者也；青鸟氏，司启者也；丹鸟氏，司闭者也。祝鸠氏，司徒
> 也；鴡鸠氏，司马也；鸤鸠氏，司空也；爽鸠氏，司寇也；鹘鸠氏，
> 司事也。五鸠，鸠民者也。五雉为五工正，利器用、正度量，夷民者
> 也。九扈为九农正，扈民无淫者也。自颛顼以来，不能纪远，乃纪于
> 近。为民师而命以民事，则不能故也。[5]1386-1388

少昊是五帝时期生活在今山东省西南部的一个部落。各个氏族已经存
在分工，五个以鸟为名的氏族掌天文历法；五个以鸠为名的氏族管理民
事；此外，还有五雉、九扈也各有分工。随着图腾崇拜的衰微，部落命名
演化为"命以民事"。《尚书·舜典》记载，舜继尧位，设官分职，以禹为
司空，以平水土；以弃为后稷，以播百谷；以契为司徒，敬敷五教；以皋

陶为作士，使五刑有服；以垂为共工，以益为虞官，驯上下草木鸟兽；并命伯夷为秩宗，夔为典乐，龙为纳言，舜共任用二十二人为官，成效显著。古代官族不分，因此，这类设官分职实际上为早期国家政权主持下的部落宗族分工，或指定服役制度。

（三）原始贡赋与禄田

早期国家的税收与俸禄都比较原始。据吕思勉先生所言，贡法是当时施于被征服之族的。此时征服之族与被征服之族尚未合并为一，截然是两个团体。征服之族只责令被征服之族每年交纳农产品若干。其余一切，概非所问[6]123。需要补充的是，当时封建诸侯以天命、神命的名义进行，诸侯纳贡也是以祭祀神灵的理由进行。《史记》载，黄帝"习用干戈，以征不享"[6]3，"享"的本义是祭献、上供。用物品进献，供奉鬼神，使其享受。这种以祭神贡品为名的原始税收是早期国家的一个重要特征。《史记》又说："自虞、夏时，贡赋备矣。或言禹会诸侯江南，计功而崩，因葬焉，命曰会稽。会稽者，会计也。"[6]89大概虞舜和夏朝之时已经形成了完善的贡赋制度。如果这种说法属实，则禹时已实行了类似汉代上计的制度，对各邦国的人口、贡赋有了一定的统计。

早期国家初期，贡赋以实物为主，数量微小，多是象征性的。西周、春秋时期官员（实为部族首领）的收入主要靠食邑或禄田。贵族根据爵位高低占田数量不等，田地最初都由村社农民代耕。五帝夏商时代文献不详，大概与这种情形接近。

（四）松散统一

五帝时代国家的居民、疆域不确定。这表现在两个方面，首先是统一性，其次是松散性。

五帝时代国家的统一性表现在，从黄帝时代起中国出现明显的统一趋势。黄帝部族在四处征战的基础上在黄河流域建立了较大的部落联合体。尧、舜、禹时期，部落、邦国之间交往、争战比以前更加频繁。尧"能明驯德，以亲九族。九族既睦，便章百姓。百姓昭明，合和万国"[6]15。舜继尧位，命禹治水成功，九州"各以其职来贡"，禹代舜，"合诸侯于涂山，执玉帛者万国"[5]1642。吕思勉先生说："从部族时代，进而至封建时代，是从无关系进到有关系，这是统一的第一步。"[2]46

五帝时代国家的松散性表现在，早期国家是各个部落的联合体，确立国家统治的方式就是"封建"君臣等级秩序的建立，国家统治的范围是以部落之间的关系为根据的。部落脱离或加入联合体都会引起统治范围的缩小或扩大。部落成员迁徙，实际疆域也会因此变动。我们无法用现在的国家概念来解释早期政权这一特点。秦王统一六国之时，丞相王绾、御史大夫冯劫、廷尉李斯等说："昔者五帝地方千里，其外侯服夷服诸侯或朝或否，天子不能制。今陛下兴义兵，诛残贼，平定天下，海内为郡县，法令由一统，自上古以来未尝有，五帝所不及。"[6]236他们说的五帝时期"诸侯或朝或否，天子不能制"，就指封建性统一的松散性。

总之，五帝时代的中国已具国家雏形，是集统一性和松散性于一身的部落联合体。帝王统治的天下是象征性或名义上的，实际行政疆域和臣民都是不稳定的。

四　早期国家的形态与起源

封建时代是历史上的一个阶段，为方便理解，笔者将中国历史分为以下五个阶段。（一）游群时代（公元前 200 万年～公元前 1 万年）。相当于旧石器时代，还没有发明农业。很多西方人类学家使用"band"一词来描述处在采集狩猎阶段的人类社会群体。在那个时期，人们通常需要四处游荡寻找食物，因此，这个时期可称为游群时代。（二）部族时代（公元前10000 年～公元前 3000 年）。相当于新石器时代早期和中期。农业出现萌芽并初步发展，人们造屋定居，并逐渐形成农业村落和村落群。"部族"，是部落与氏族的合称。部族时代最大的特点是，各个部落氏族居住相对分散，部族之间还没有明显的战争冲突和等级分化。（三）封建时代（公元前 3000 年～公元前 221 年）。与新石器晚期、青铜器时代一致。以村社集体农业经济为基础，是部族走向联合、分工，出现等级分化的时代。封建是其仪式，部族等级化是其实质。其国家特点是，由一部族充当万邦共主，国家治理实行宗法、封建相结合，国家结构为联邦制。五帝时代是封建时代的形成时期，夏商西周是封建时代的发展和鼎盛期。春秋战国是封建时代衰亡时期。封建时代约有 3000 年历史。（四）郡县时代（公元前

221 年~1911 年）。与铁器时代对应，这一时期的经济以个体小农经济为基础，国家政权为某一家族把持，国家结构以单一制为主，以君主专制、中央集权、官僚制、郡县制、编户齐民为主要特征，有森严的社会等级，宣扬君权神授、三纲五常等意识形态。郡县时代从秦至清有 2000 多年历史。（五）近现代（1912 年至今）。辛亥革命推翻了君主制度，中国历史进入近现代。

笔者注意到沈长云先生用酋邦与酋邦联盟来与五帝时期的"万邦""天下"对应，这种说法比较有代表性。他认为酋邦是单一继嗣群构成的血缘团体，早期国家则是由多个酋邦组成的。酋邦和国家的另一区别是，酋邦是非暴力的，依赖传统习惯和神的权威来统治，而国家往往依靠暴力实行统治[7]107。这两条标准执行起来都非常不易把握。沈长云认为中国是通过酋邦联盟走向国家的。酋邦联盟这种提法并不见于塞维斯的著作，似乎是中国学者的一个创造。关于酋邦联盟与早期国家的区别，沈先生说：

> （五帝时代的酋邦）联盟首领由几个族邦的邦君轮流担任，尚未固定到某个族邦头上，更非由一个族邦的占统治地位的家族世袭占有，担任联盟首领职位还须履行被推荐程序并取得其他族邦长老的认可。在这种情况下，联盟首领自不可能对其他族邦居高临下地发号施令，也不可能让它们给自己缴纳"职贡"之类。只是……后来……联盟首领的职位才逐渐固定到一个族邦乃至该族邦某一家族的头上，并像一种特殊财产似的由这个家族世袭继承下去。同时，联盟首领的称号也改称为"王"。这就是我国古代文献常常提到的"家天下"，它的出现标志着中国早期国家的诞生。[7]126

在笔者看来，上述几种看法都有些问题。其一，五帝时代在夏代以前约 1000 年或更长的时间，大约与考古上的龙山文化时代对应。1000 多年，五个帝王，显然不可能是连续相承的五个固定君主，尤其是黄帝，其统治时期可能长达几百年，也许历史上并不止一个黄帝，不能视黄帝为一个具体的人。因此，我们可以视五帝为五个或更多个部落的代表，他们之间也不一定源出一系，或共同统治着一个地区。如此说来，又怎能断定五帝时代，天下共主都是部族之间禅让，而没有世袭。其二，认为联盟首领不可能对其他族邦发号施令，也不可能让他们给自己缴纳职贡的说法与史实明显不符。如《史记·五帝本纪》就明确说黄帝"以征不享"，"监于万国"，万国"咸来宾从"，舜之时，九州"各以其职来贡"。其三，将"家天下"视为国家出现的标志从未见出自任何经典。至于首领称号改"帝"称"王"之说更不严谨，"五帝"乃后人之说，并非当时天下共主自称为"帝"，怎么会有改号之说呢？五帝时代"万邦"与"天下"的认识，当前众说纷纭。或认为五帝一统的"天下"是早期国家，或认为万"邦"为一个个早期国家，或认为两者都不是早期国家。笔者认为，"天下"和各个"邦国"应视为早期国家的两种类型。众多邦国只不过是"具体而微"的"天下"，两者有很多相似的特征，早期国家具有复合制国家的特征。只不过随着统一程度的加深，国家结构朝单一制方向发展，"邦国"逐渐向国家的地方行政区演化。

沈长云先生的酋邦与早期国家的区别在实践上不易把握，他将五帝的政权称为酋邦联盟以区别于夏商周早期国家的证据说服力也不强。从技术上讲，将"万邦"与"天下"称作早期国家不仅符合古代文献"邦""国"的记载，符合学术语言"本土化"的要求，而且可避免"酋邦"概念的引入，增加不必要的混乱。

对于国家起源问题，中国过去的学者一般将恩格斯《家庭、私有制和国家的起源》的理论视为经典，认为国家的出现是循着"产品剩余—私有制出现—贫富分化—阶级对立—国家形成"这样一条道路，并且认为，最早的国家是奴隶主阶级剥削和压迫奴隶阶级的工具。但是大量史实证明，先秦时期，中国的私有制并不发达，没有私有制作基础，阶级对立无从谈起，用阶级矛盾解释中国国家的起源似乎并不贴切。相反，部落宗族是先秦社会的基本单位，国家作为一种公共机关的出现，首先处理的是部落宗族的关系，而不是阶级关系。封建是国家最根本的政治制度。封建的主要依据不是阶级关系，而是部族关系，由部族关系决定封建等级，由封建等级决定社会财富再分配体制。即便阶级存在，也是依附于等级内部，阶级矛盾并不是早期国家的主要矛盾，部族之间的矛盾才是第一位的。

总之，中国社会形态的演化自游群、部族时代之后，先后经历了三种国家形态：封建制是早期或原始国家形态，郡县制是中古或传统国家形态，共和制是现代国家形态。黄帝是中国早期国家的开创者，封建制度是早期国家最基本的政治制度。早期国家的实质并不是奴隶主阶级专政的工具，而是一个部族等级联合体。

参考文献

[1] 吕思勉．先秦史［M］．上海：上海古籍出版社，2005.

[2] 吕思勉．中国通史［M］．上海：华东师范大学出版社，1992.

[3] 柳宗元．柳宗元集［M］．北京：中华书局，1979.

[4] 黎翔凤．管子校注［M］．北京：中华书局，2004.

[5] 杨伯峻．春秋左传注［M］．北京：中华书局，1981.

[6] 司马迁．史记［M］．北京：中华书局，1959.

[7] 沈长云，张渭莲．中国古代国家起源与形成研究［M］．北京：人民出版社，2009.

作者简介：焦培民，男，历史学博士，郑州大学历史学院副教授

原文刊于：《中原文化研究》（郑州），2016.3：59～64

"大禹出于西羌"辨

李健胜

摘　要："大禹出于西羌"等记载，并不能说明蜀地为大禹出生、治水之地。汉族精英的文本建构及羌人对华夏文化的攀附与认同，是"大禹出于西羌"的历史"表征"。羌夏二族悠久的通婚史，秦至三国时期中央政权对属邦、属国少数民族的同化政策及相关律法制度等，则是"大禹出于西羌"的历史本相。

关键词：大禹；西羌；真；夏子

关于大禹与羌族的关系问题，传世文献多有述及，如西汉陆贾《新语·术事》云："大禹出于西羌。"《史记·六国年表》云："禹兴于西羌。"《史记集解》称："皇甫谧曰：'孟子称禹生石纽，西夷人也。'传曰：'禹生自西羌'是也。"《史记正义》云："禹生于茂州汶川县，本冉駹国，皆西羌。"西汉扬雄《蜀王本纪》云："禹本汶山郡广柔县人，生于石纽，其地名痢儿畔。禹母吞珠孕禹，坼副而生于县。"《吴越春秋·越王无余外传》云："鲧娶有莘氏之女……产高密，家于西羌，地曰石纽，石纽在蜀西川也。"《盐铁论·国病》亦云："禹出西羌。"其中，"大禹出于西羌"一说，颇为典型，后世学者多从陈说，认为川西羌地即为禹出生、兴起或导江之地。北魏郦道元《水经注·沫水》广柔县条云："县有石纽乡，禹所生也。"南宋王象之《舆地纪胜》卷三十云："《禹贡》岷山在西北，俗谓之铁豹岭。禹之导江，发迹于此。"民国祝世德所编《汶川县志》载有清代李锡所书《石纽山圣母祠碑记》，称石纽山岭上平行处为"刳儿坪"，系"圣母生禹处"。

当禹之时，天下万国。今四川、重庆一带为蜀国、巴国领地，大禹无论如何不可能远徙至巴蜀一带治水，更遑论其出生、兴起之地为川西羌地，这一点顾颉刚先生已有过翔实的驳论[1]291-352。然而，近现代一些史学家受羌夏一家或夏出于羌等传统观念制约，或受当下史学研究中关于地缘及族别色彩日浓等因素影响，仍然认为"大禹出于西羌"一说可信。徐中舒先生就认为羌人是夏民族的后裔，夏王朝的主要部族也为羌人，根据汉至晋500年间流传的羌族传说，没有理由否认夏即是羌[2]。冉光荣、李绍明等学者所著《羌族史》，引徐中舒先生之言，认定大禹为羌人后裔[3]7。李绍明先生还根据传世文献中大禹生于"石纽""出于西羌"等记载，以及相关地区的考古发现和羌地流传的一些颂扬大禹治水的民间歌谣、石崇拜等人类学材料，认为"禹兴于西羌"是有根据的[4]。王纯五先生认为大禹治水一事多与四川盆地的考古发现相合，大禹在四川治水的事实也有相关文献的支持，故而认为四川盆地的开发史就是一部治水史，大禹治水之地当在四川[5]。段渝先生认为，大禹生于岷江上游地区的事实有历史文献、民族学、民俗学和考古学资料为证，大禹治水也是从江水上源岷江开始的，"可谓信而有征"[6]457。耿少将先生认为，禹为羌人，他"既是夏王朝的开创者，也是古代羌人的一个非常有名的大巫师"[7]27。至今，羌族群众一般都认为大禹是羌人祖先，大禹治水之地在今四川羌族世居之地[8]231-236。笔者不揣浅陋，拟对"大禹出于西羌"一说进行辨析，以祈教于方家。

一　大禹治水及其神化

学界一般认为夏族是居住在晋南、豫西及渭水下游，即伊洛嵩高一带的古老民族。也有学者认为夏族起源于东方，主要活动于古济河之间，夏代晚期才迁往河洛一带①。综合上述观点，夏族的活动范围东达豫东、鲁西，西至陕东，北到冀南，南及徐淮一带，"而周边有众多的方国林立，其内部亦有众多方国存在"[9]123。正唯如此，夏族首领大禹出生、兴起之地当在上述地域范围内。从考古材料来看，仰韶文化孕育了华夏文明，庙底沟类型二期遗址中已有礼器性质的陶、石器出土，仰韶文化晚期类型与龙山文化交会而成的河南龙山文化即是夏文化的开端，考古学上对应的遗址包括晋南陶寺遗址、豫西二里头遗址及古济河之间的考古遗存。近年来，四川成都平原陆续发现了新津宝墩遗址、郫县古城、都江堰芒城等距今4500~3700年之间的宝墩文化。研究表明，宝墩文化是三星堆文化的上源[10]，而三星堆遗址出土的权杖、金饰面具及其他青铜器物，清楚表明了它是与中原文化不同区系的一种文化，是我国早期文明中心之一[11]619-640。岷江上游一带是今日羌族百姓聚居之地，也是"禹生石纽"传说源起之地，当地新石器晚期遗址中出土彩陶的纹饰、风格及制作方法皆源自黄河上游马家窑文化[12]，该地区也是黄河上游氐羌民族经藏彝走廊南下至川西、藏东、滇西北的必经之地[13]，而当时黄河上游地区与华夏族聚居之地间更无彼此统属的关系，夏后氏当不可能是兴起于黄河上游的部族。总之，夏商时期，四川盆地、黄河上游及岷江一带的社会资源并不为华夏族所掌控。正唯如此，夏的建立者大禹不可能出生、兴起于巴蜀一带。

大禹出生、兴起之地不仅不在巴蜀一带，其治水活动亦当与巴蜀无关。距今4000年左右，我国大部分地区历经了持续百年的"大洪水"期。《尚书·尧典》云："汤汤洪水方割，荡荡怀山襄陵，浩浩滔天。"《诗·商颂·长发》云："洪水芒芒，禹敷下土方。"春秋初年青铜器齐叔夷钟铭云："虩虩（虩虩）成唐（汤），又（有）敢（严）才（在）帝所……咸有九州，处禹之堵（土）。"[14]329考古发现证明，中原地区的河南新密新寨遗址、洛阳煤李遗址、焦作西金城遗址、偃师二里头遗址，山东尹家城遗址，山西绛县周家庄遗址等，都发现了距今4000年左右的大洪水的地质与考古遗迹[15]。长江三峡地区的大宁河流域、重庆市丰都县玉溪遗址，先后发现距今4000年左右的古洪水遗存[16]。成都平原发现多座距今4000年左右的早期城址，有洪灾遗迹及具有防洪功能的夯土城墙[5]。距今4000多年的青海民和喇家遗址也主要毁于黄河异常洪水和地震，并伴有山洪暴发的群发性自然灾害。"大洪水"期恰好处于我国文明起源的一个关键时期，即尧、舜禅让传说至大禹建国之时。据《国语·周语下》记载，大禹改变了共工和鲧壅堵治水之法，采用"疏川导滞"的方法，成功解决了河水壅塞的问题。

大禹治水一事有神话传说、传世文献、出土铭文及考古学材料为证，当是确实发生过的史实。不过，大禹治水的具体地点、方式则陈说各异。《诗·大雅·韩奕》云："奕奕梁山，维禹甸之。""梁山"指今陕西韩城西北黄龙山，说明时人认为大禹曾在此地治水。《诗·大雅·文王有声》亦云："丰水东注，维禹之绩。"说明大禹治水涉及今西安一带。出土文献《容成氏》（第25简）云："决九河之阻……禹通淮、沂，东注之海……禹乃通蒌与易……禹乃通三江五湖……禹乃通伊、洛……禹乃通泾与渭。"[17]250-293 按《容成氏》一文描述，大禹治水的范围遍及"九州"。《孟子·滕文公上》云："禹疏九河，瀹济、漯而注诸海，决汝、汉，排淮、泗而注之江。"《墨子·兼爱中》云："古者禹治天下，西为西河渔窦，以泄渠孙皇之水。北为防原泒，注后之邸，嘑池之窦；洒为底柱，凿为龙门，以利燕、代、胡、貉与西河之民。东方漏之陆，防孟诸之泽，洒为九浍，以楗东土之水，以利冀州之民。南为江、汉、淮、汝，东流之，注五湖之处，以利荆楚、干、越与南夷之民。"《庄子·天下篇》亦云："墨子称道曰：昔者禹之湮洪水，决江河而通四夷九州也，名川三百，支川三千，小者无数。"先秦文献中，已将大禹治水的范围扩展至九州各地。秦汉以来，华夏文化延及之地大致都有大禹在当地治水的传说，借此来凝聚和强化华夏认同，以至大禹治水的范围和功效被"夸大到离谱地步"[9]123。

实际上，大禹时代社会生产力相对低下，劳动工具落后。虽贵为夏后氏首领，但"亲自操橐耜"[18]446 的大禹不可能带领其族众在黄河、长江、淮水等大江、大河干流上治水，而当在夏后氏势力范围内的黄河中下游的某条小河上。夏代地理中心有三：其一为今山西西南部，河曲之内，汾浍之会与涑水流域；其二为河南西部伊洛黄河间古称三川之地；其三今河南东北部古黄河南北大平原。夏族初期居于河曲之内，后活动范围向东扩大[19]8。循着夏族活动轨迹，基本可确定大禹治水的地点在晋南、豫西、关中及古济、河之间，詹子庆先生认为大禹治水的地点在黄河下游，"即今河北、山东之间平原上（包括太史、覆釜、胡苏、徒骇、钩盘、鬲津、马颊、简、洁等'九河'），今流经禹城的徒骇河当是大禹疏导的工程之一"[9]123，詹先生以禹都来判定治水之地，符合逻辑，但学界关于禹都地望历来都有争议，陶寺、二里头等古城皆被认为可能是大禹定都之城。因此，很难确定大禹具体是在哪条黄河支流上治水的。就本文涉及的问题而言，无论大禹在其势力范围内的哪条河上治水，都不可能带领其族众远徙至岷江治水。

大禹治水之所以为后世所褒扬、夸饰，"禹穴""禹墟""禹会村"

"夏后氏陵"及大禹治水的传说之所以遍布全国各地，其原因如下。

首先与华夏族悠久、成熟的文字记述传统有关。华夏族的文字记述传统是聚合、发扬和延展华夏族性的一个重要手段，"虽东方系之商人，也说'浚哲维商，长发其祥，洪水芒芒，禹敷下土方'，明明以禹为古之神明"[20]199，秦公簋铭文云："秦公曰：丕显朕皇祖受天命，鼏宅禹迹，十又二公，在帝之坏。严恭寅天命，保业厥秦，虩事蛮夏。"《左传·昭公元年》云："天王使刘定公劳赵孟于颍，馆于洛汭，刘子曰：'美哉禹功！明德远矣。微禹，吾其鱼乎！'"《孟子·滕文公上》云："当是时也，禹八年于外，三过其门而不入。"《魏书》卷九一《术艺》云："洪波滔天，功隆大禹。"《贞观政要·俭约》亦云："昔大禹凿九山，通九江，用人力极广，而无怨者，物情所欲，而众所共有故也。"从上述文献看，如果说"鼏宅禹迹"之说是秦国借大禹治水来夯实其统治地位合法性的话，那么历代关于大禹治水精神与功绩的赞美、褒扬则是华夏族群形成政治与文化认同感的重要历史资源，而大禹治水的确是受益于华夏族文字记述传统才得以发扬光大的。随着华夏族实际控制区域的拓展，大禹治水传说流布的范围也随之扩大，而随着时间的流逝，逐世层累而成的关于大禹治水的描述也更趋夸张。到后来，随着先秦儒家以美化了的三代之治为认知基础的人文与社会批判意识的延展②，大禹治水也成为历代儒家用以"美圣"和批判现实的重要认知资源，其中的史实因素反而成了其次的内容，对于历代统治者而言，他们治理水患及征调民力的合法性也可上溯至大禹，故常有"上继禹功，下除民疾"[21]1148之说。

其次，大禹治水一事之所以为华夏族代代相传，与中国早期国家的形成及其形态特点有关。尧、舜、禹的时代，晋南、豫西地区从部落酋长统治形态逐步向早期国家形态演进，到大禹统治时期，"合诸侯于涂山，执玉帛者万国"（《左传·哀公七年》），"万国"之说当属夸大之词，但大禹为方国联盟之首领当属无疑。据说大禹还"娶涂山"（《尚书·益稷》）。涂山氏一般都认为是东夷族，这都说明华夏族的政治形态并非源于单一族群，靠近夏族并与夏族通婚或被夏族征服的西羌、东夷的一些部落也是夏族为核心的部族联盟体系的组成部分，在当时的部族联盟体系中，大禹拥有"共主"的地位，随着中原地区早期国家势力的扩张以及中原文化在西羌、东夷等族世居之地的传播，这些族群中原有治水传说的主角也被置换为大禹，各个方国的治水活动也被看成是在大禹率领和指挥下完成的。随着夏朝的建立和时代的发展，大禹在政治上的"共主"地位和他在文化上的贡献逐步被糅合到了一起，大禹也成为类似于黄帝的文化英雄。和黄帝被塑造为当时各种器具事物与文化现象的发明者与创造者一样，大禹的身上集合了"大洪水"时期各个族群的奋斗精神和可贵智慧。

最后，大禹治水一事的延展与巫术文化有关。《荀子·非相》记有"禹跳，汤偏"，此处的"禹跳"是指大禹的脚有残疾，《尸子》云："古者龙门未辟，吕梁未凿，禹于是疏河决江，十年不窥其家，生偏枯之病，步不相过，人曰禹步。"这说明战国时期的人们就有所谓"禹跳"或"禹步"之说，到后来，"禹步"成为方士们竞相模仿的步态。《抱朴子内篇·登涉》详载有"禹步"之法："正立，右足在前，左足在后，次复前右足，以左足从右足并，是一步也。次复前右足，次前左足，以右足从左足并，是二步也。次复前右足，以左足从右足并，是三步也。如此，禹步之道毕矣。凡作天下百术，皆宜知禹步，不独此事也。"李零先生认为，大禹的"偏枯之病"与他长期治水、劳累过度有关[22]，刘宗迪先生认为，"禹步"的原型是曲足而舞，是人们在祈雨仪式上跳的"踏歌"[23]。笔者认为大禹的"偏枯之病"虽有可能是治河而过度劳累所致，但毕竟跛着脚的大禹形象与人们心目中的圣王形象不合，而后世方士和道士们的聪明之处在于通过模仿"禹步"使大禹的这一身体缺陷转而成为带有神秘色彩的一种步态，这既为他们的巫术活动找到源于圣人的历史原型，也巧妙地淡化了大禹的身体缺陷。被方士、道士们延用已久的所谓"禹步"也在一定程度上传播了大禹治水的故事，使大禹治水一事逐步神秘化、神话化。

王国维先生曾说："上古之事，传说与史实混而不分。史实之中，固不免有所缘饰，与传说无异；而传说之中，亦往往有史实为之素地：二者不易区别，此世界各国之所同也。"[24]1后世所谓的大禹治水也是在一定的史实基础之上层累起来的历史故事，其中集合了当时各个方国及族群治水的过程、方法和意义，同时也体现了上古时期英雄崇拜的文化内涵。对于后世而言，大禹是人、神兼备的上古英雄，而大禹治水也是史实与神话的集合。顾颉刚先生所持鲧、禹是"天神性的传说"之观点[25]144，虽为一些学者所批评与诟病，但顾先生对大禹神性因素的揭示对我们还原大禹治水一事的真实面貌多有助益。

二 禹文化的西迁

大禹出生、兴起及治水之地既然不在巴蜀，那么巴蜀一带有关大禹的传说是如何形成的？这些传说是在怎样的"意图""情境"下形成的？"大禹出于西羌"之说是如何得出的？诸如此类的问题仍值得探讨。

春秋战国时期，封建体制的礼乐功能因周天子势力衰落而式微，戎夷蛮狄侵逼华夏时，周天子的"共主"地位往往会转化为文化上的某种象征，进而成为华夏族抵御外族的精神指引。与此同时，夷狄的华夏化与华夏的夷狄化交织并行，现实社会中的民族关系往往需要历史资源印证，故而春秋战国之人，往往将华夏族与诸族间的关系史上溯至西周，以求证或反证不同情境、形势下的民族关系。就华夏族与羌族关系而言，传说中黄帝与炎帝两族关系，成为印证现实的一个依据。《国语·晋语四》云："昔少典娶于有蟜氏，生黄帝、炎帝。黄帝以姬水成，炎帝以姜水成。成而异德，故黄帝为姬，炎帝为姜。"这个烙有东周人印记的古史传说成为周族与羌戎联姻关系的历史依据，也成为后世有关华夏与羌（姜）关系的文本见证，是时人有关西部民族关系史的简要总结。嬴秦民族本为东夷一支，西迁后没入羌戎，这和古公亶父率周族至周原且与羌戎杂处的历史，颇为相似。周天子东迁后，嬴秦民族领有周族故地，并迅速壮大，文化上也日趋华夏化。秦公簋铭云："不（丕）显朕皇且（祖）受天命，鼐宅禹迹。"[14]4315 可见，秦人已自视为华夏的后裔。春秋时，一些内迁羌戎被中原华夏族视为同源之族，《左传·襄公十四年》载，姜戎氏驹支说晋惠公"谓我诸戎是四岳之裔胄也"。战国时，中原水利工程技师曾导青衣水入长江，秦国势力进入巴蜀后，一些水利工程往往打着大禹治水的旗号而开展，大禹作为华夏文明的代表，西向传播至蜀地[1]324。日本学者工藤元男利用睡虎地秦简《日书》并结合其他文献研究发现，战国及秦时大禹被作为和嫁娶凶日相关之神灵来信仰，楚文化圈中大禹被作为治愈神来信仰。他还利用其他学者关于石纽不是一个地名而是一种地质现象的结论，结合川西羌地的石制建筑物等，认为将大禹视为保护神来信仰的羌人为石夷，进而认为先秦社会以禹为神格加以信仰的行神祭祀，再组合进入五祀之中，被经典化后，抬升为国家祭祀[26]259-284。汉晋时期，蜀地精英对本土历史记忆进行改造，通过间接攀附黄帝后裔——禹，来构建巴蜀历史的华夏本源[27]70。扬雄《蜀王本纪》称"禹本汶山郡广柔县人，生于石纽"；常璩《华阳国志·蜀志》云："郡西百里有石纪乡，禹所生也。"《三国志·蜀书·秦宓传》记载广汉太守夏侯纂为中原人士，蔑视蜀人，秦宓称"禹生石纽，今之汶山郡是也"，攀附大禹来强调华夏认同。由此可见，大禹出生、兴起、治水于巴蜀的传说，是华夏文化西向传播的结果，是华夏人及后来的汉族以文本建构的方式改造当地历史记忆，强化巴蜀与中原认同关系的结果。与此相映衬的是，主张大禹治水在蜀地或大禹即为羌人的当代汉族学者，也大多为川籍或长期生活在川地。

把巴蜀一带有关大禹的传说理解为汉人精英华夏认同与文本建构的结果，显然并不符合全部的事实。实际上，羌族对大禹的认同及对华夏文化的攀附心理才是大禹传说植根羌地的真正原因。秦汉以来，华夏精英视羌人为西方夷狄，称其为"三苗之裔"或无弋爰剑之后。王明珂先生将无弋爰剑没入西羌的所谓"英雄徙边记"，视为华夏族"英雄祖先历史心性"规导而成的有关边疆史的模式化情节之一[27]77-83。然而，远离华夏政治势力范围的西羌，其祖先认同遵从游牧社会的"移动"法则[28]104，并不为历史记忆与族群认同所困，也没有攀附华夏的必要。内附中原的羌人则甚少认同华夏精英强加己身的身份标签，多自称为黄帝后裔，或是夏后氏之后。明清时期，中原统治势力延及的羌地，当地百姓不得已认同大禹，以汉人身份求得安全，他们的祖先记忆与身份认同多带有浓郁的民族压迫色彩。直到今日，高山深谷地区的山寨羌人都自称"尔玛"，视上游村寨人群为"赤部"（蛮子），称下游村寨人群为"而"（汉人），他们的历史记忆与祖先认同中也无大禹的印记。深受汉文化影响的羌族人则视大禹为羌人，一些羌族知识分子通过著书立说，试图将大禹为羌人一事确实化。羌人聚集的汶川县城受汉文化影响较重，羌地一带所谓"禹迹"也大都分布在该县城周围，这说明大禹是当地羌人汉化的历史与空间符号③[27]218-219。汉化程度颇深的羌人及其周边民族，仍在通过延展祖先故事，来强化他们与汉人文化的认同关系。王明珂先生在川西丹巴县巴底乡参加的一场嘉绒藏族婚礼上，听到一个别样的"祖先故事"，"我惊然发觉那位舅爷将本族之历史远溯自元谋猿人，且大汶口文化、仰韶文化等都被纳入这历史之中"，"他们所述说的历史，已不再是被20世纪上半叶民族学者归纳为

'民族传说神话'的那些叙事；他们从各种外来新知中汲取材料，结合本土知识，重新透过历史来说明、宣称'我们是谁'"[7]序一。

三 "大禹出于西羌"的历史底层

行文至此，"大禹出于西羌"的由来似乎得以解决：大禹与羌人的关系是华夏文化西向传播的结果，也是当地汉族精英与羌人基于不同目的、不同情境所形成的华夏认同意识的合流。不过，传说中的黄帝后裔人数众多，巴蜀汉族精英及羌人为何更愿意攀附大禹呢？或许这是战国以来岷江地区治水的历史恰与大禹治水相合使然。不过，翻检两汉史料，结合夏族与羌族的历史关系，或许可以得出不同结论。

有关"禹生西羌"的记载中，陆贾《新语·术事》中的具体记述如下：

> 文王生于东夷，大禹出于西羌，世殊而地绝，法合而度同。

陆贾为楚人，当不会有汉晋巴蜀之地汉族精英的地方意识，但他却说"大禹出于西羌"，这一点值得深入研究。从上述引文来看，陆贾是把"文王生于东夷"和"大禹出于西羌"并列起来看待的。文王是岐周之人，当不会"生于东夷"，王晖先生结合《诗·大雅·大明》"挚仲氏任，自彼殷商。来嫁于周，曰嫔于京。乃及王季，维德之行。大任有身，生此文王"的记载，认为"文王生于东夷"是从母系之说，即文王母亲乃东夷女子，此处所指的是文王的母系血缘，王晖先生还进一步说："这种情况大概和文王、大禹之母婚后一段时间'不落夫家'有关。"[29]28

《吴越春秋·越国无余外传》中有"鲧娶于有莘氏之女"的记载，《华阳国志·蜀志》亦云："石纽，古汶山郡也。崇伯得有莘氏女，治水一行天下，而生禹于石纽之刳儿坪。"有莘氏为夏族同姓氏族，其地望一说为今陕西合阳，一说为今山东曹县。夏族自古有同姓不婚之俗，故上述记载当不可信。相传，与夏后氏有姻亲关系的氏族有仍氏、有虞氏及涂山氏，皆为东夷部族，无法与"大禹出于西羌"一说相链接。不过，除东夷族外，夏族与其接近的西方民族间也有通婚的可能，或是夏与羌人联姻传统使然，自称夏人的周族也与羌人保持着通婚关系，这至少从一个侧面说明夏人与羌人有通婚的可能。《荀子·大略》云"禹学于西王国"，刘向《新序·杂事》将"禹学于西王国"一事记为孔子弟子子夏之言，可见大禹与西方之"国"或"族"有关联之说起源尚早。当时的夏族聚居之地在伊洛嵩高及古济、河一带，渭水中游及晋中、豫西一带是古羌人活动的区域，夏族与他们保持通婚关系，大禹母亲也当为东羌女性，而非远在甘青或川西北地区的羌人。和"文王生于东夷"一样，"大禹出于西羌"一说可能也是针对"从母居"之俗而言。从"禹学于西王国"一说来看，大禹母亲可能居于渭水中下游，在地望上属于夏人之"西"。春秋战国至两汉魏晋时期，华夏族关于"西方"的指涉自渭水流域向西北、西南方向扩展，"禹学于西王国"一说逐步西渐，汉晋时已到达岷江地区，因这一地区为西羌人所居，故人们把西方之"国"或"族"确定为"冉駹"或"西羌"。"禹兴于西羌""大禹生于西羌""禹生石纽"等说法纷然兴起，其中一些言论并非出自巴蜀地区汉族精英之口。时至今日，"大禹生于西羌"一说中"西"的地域指涉已到达黄河上游[30]。四川、青海、河南三省为开发旅游业，都想借大禹"扮靓"当地山川、古迹，纷纷兴建"大禹故里"，四川汶川县和北川县为此还聚讼不已[31]，众多学者参与其中，使史学研究沦为商品经济之附庸。

此外，从秦、汉帝国在少数民族地区实行的政治制度及法制律令中，也可循迹华夏族与羌族的血缘联系。秦在被征服或归顺的少数民族居住地设置边郡，边郡下设属邦、道。在法律地位上，边郡与内地郡无异，是在统一郡县制前提下实行特殊制度的边区[32]，但在政治上是臣服于秦的属邦、道则是边郡下设立的一级行政机构，类似于秦国统治核心区的县。义渠羌国被灭后，设北地、陇西、上郡三郡。这三郡在法律上是属邦，羌人上层及一般平民都被编入秦的爵级秩序中。按秦律，属邦内少数民族父母所生之子称为"真"，"真"即"客"，法律地位仍为少数民族，只有生于秦母，即其父娶秦国之女所生之子称为"夏子"，"夏子"即为法律身份上完整的秦人④。两汉将秦时的属邦称为属国，以避刘邦之讳，在征服之地及内迁少数民族地区设立属国，并派属国都尉统治。虽不清楚两汉时如何区分属国百姓的法律身份，但汉承秦制，其所采取的法制律令当与秦类似。不过，两汉时期汉政权势力进入青海河湟地区，汉政权也在这一地区设置金城属国、护羌校尉等管辖归义羌人，同时中原流族迁徙至此，与归义羌人杂居而处。汉族移民与当地羌人杂居的状况在当今考古发现中已有初步展现[33]，而长沙走马楼三国吴简中有关"真吏"的记载，说明当时有一些出自土著族群的基层行政人员亦称为"真"，其意义与睡虎地秦简中"城邦真戎君长"之"真"在身份指涉上是一致的。当时，这些人身份特殊，享有不缴口算、复除徭役等特权[34]。由此可知，秦以来在属邦实施的律法制度，至三国时仍有效，而两者之间的汉代当然也当有这种律法制度。具体到早期羌人，秦时原义渠羌人与秦人通婚，使后代获得"夏子"身份。两汉时，大批羌人被迫内迁，其中一些人，特别是羌人豪酋也与中原汉人通婚，使子孙拥有汉人血统。"夏子"之称，已明显具有华夏特质，而夏族首领大禹自然是这种身份特质的起源，于是乎，成为"夏子"的羌人顺理成章地归宗于大禹。

汉武帝元鼎六年（公元前111年），汉政权入侵岷江地区的冉駹羌国，《史记》卷一一六《西南夷列传》云："南越破后，及汉诛且兰、邛君，并杀笮侯，冉駹皆振恐，请臣置吏。乃以邛都为越嶲郡，笮都为沈犁郡，冉駹为汶山郡，广汉西白马为武都郡。"汉宣帝地节三年（公元前67年），因"立郡赋重"[35]2857，汶山郡又归蜀郡北部都尉管辖。如前所述，秦汉时，在征服或归顺的少数民族地区设立属邦或国。秦曾以区别"真"与"夏子"的不同法律身份试图将少数民族纳入秦的法律体系中，汉承秦制，当在冉駹羌地实行过类似的政策，其结果是将大禹信仰与华夏认同传播至羌地。汉政权在羌地实施的华夏化之策在羌人上层社会效果明显，史书称北部（冉駹）都尉属国，"其王侯颇知文书，而法严重"[35]2858，一般羌人百姓被迫遵从汉政权法令，进而在同化政策下成为新的汉人，一些违背汉法者，则逃入深山。《水经注》卷三"沫水"云："有罪逃野，捕之者不逼，能藏三年，不为人得，则共原之，言'大禹之神所祐之也'。"先秦时期，华夏地区流传着大禹行神信仰[26]189-230，汉政权统治羌人过程中，又以法治律令推行汉化政策，同时又认为那些没入荒野的羌人受大禹护佑，种种因素综合起来，羌人就在自觉或不自觉中形成大禹为祖先、大禹为保护神等观念，并一直流传至今。

西周至两汉时期，有关大禹的历史已逐步神化，但其中也掺杂着一些史实。大禹与西方之"国"或"族"的联系，反映出夏后氏与羌人通婚的历史事实，"大禹出于西羌"并非空穴来风。历代内迁羌人及近代羌族攀附大禹一事也并非全无历史根据，而岷江地区羌人则在汉武帝时已逐步纳入中央王朝的边疆制度及其法治律令之中。我们认为，不能把历史事实简单地称为文化传播与族群认同的结果，而应当将其视为文化传播与族群认同的内在根据，否则无法辨清历代羌人攀附大禹的内在缘由。王明珂先生强调建构一种新的历史知识，"这种历史知识不在于强调分辨历史记载之真实与虚构，而在于尝试理解书写者的'情感'与'意图'，及产生如此叙事的各种'情境'，如此我们才可能对他者宣称的'历史'产生同情的理解，并反思及反省我们所相信的'历史'"[27]246。王先生秉持的历史人类学理论与方法，将"情感"、"意图"及"情境"视为"本相"，进而淡化了史学追求实证的学科禀赋，也使他所理解的"羌族史"成为华夏边缘的一个借镜，与之相关的史实皆为"情感"、"意图"及"情境"的体现，或是"情感"、"意图"及"情境"的产物，忽略了作为一个历史实体本身，羌族及与之相关的历史、文化皆有史实为依托，就"大禹出于西羌"而言，建构这一系列观念的背后也有客观的历史材料，这些材料不是历史的"表征"，而是历史的本相。

注释

① 王国维、杨向奎及沈长云先生持此说。参见王国维《殷周制度论》，收入《观堂集林》，中华书局 1950 年版；杨向奎《夏民族起于东方考》，《禹贡》第 7 卷，1937 年版；沈长云《夏族兴起于古河济之间的考古学考察》，《历史研究》2007 年第 6 期。

② 笔者认为，以美化了的"三代"之治来批评现实和构建"大一统"理念的做法，是历代儒家的一种叙事策略，其中蕴含着的"法先王"观念经过历代儒家的层累式构造，业已成为儒家思想中占主导地位的历史观。儒学是中国传统文化的主要人文资源，故这一历史观对历代的中国人多有影响，大禹治水被褒扬、夸大乃至神化的历史过程及其内在成因亦与这一历史观念有关（李健胜：《先秦文化批判思想研究》，兰州大学出版社 2006 年版，第 32~37 页）。

③ 我们的相关调查尽管不甚全面，但得出的看法与当前人类学、民族学的相关调查与研究往往也能相印证。参见李祥林《民间叙事和身份表达——羌区大禹传说的文学人类学探视》，《西南民族大学学报》（人文社会科学版）2010 年第 10 期。

④ 日本学者工藤元男利用睡虎地秦简《法律答问》等材料系统研究了秦、汉帝国在少

数民族地区实行的政治制度及法制律令，借此探讨秦、汉扩充领土的方式及其国际秩序。参见〔日〕工藤元男著，〔日〕广濑薰雄、曹峰译《睡虎地秦简所见秦代国家与社会》，上海古籍出版社2010年版，第73～99页。

参考文献

[1] 顾颉刚. 古代巴蜀与中原的关系说及其批判〔G〕//顾颉刚. 顾颉刚全集·顾颉刚古史论文集. 北京：中华书局，2010.

[2] 徐中舒. 中国古代的父系家庭及其亲属称谓〔J〕. 四川大学学报：哲学社会科学版，1980（1）.

[3] 冉光荣，李绍明，周锡银. 羌族史〔M〕. 成都：四川人民出版社，1985.

[4] 李绍明. 从石崇拜看禹羌关系〔G〕//四川联合大学历史系. 徐中舒先生百年诞辰纪念文集. 成都：巴蜀书社，1998；李绍明. "禹兴西羌"说新证〔J〕. 阿坝师范高等专科学校学报，2006（3）.

[5] 王纯五. 大禹治水的地域、《禹贡》江沱及成都古城址〔J〕. 四川文物，1999（1）.

[6] 段渝. 酋邦与国家起源：长江流域文明起源比较研究〔M〕. 北京：中华书局，2007.

[7] 耿少将. 羌族通史〔M〕. 上海：上海人民出版社，2010.

[8] 王明珂. 羌在汉藏之间：川西羌族的历史人类学研究〔M〕. 北京：中华书局，2008.

[9] 詹子庆. 走近夏代文明〔M〕. 长春：东北师范大学出版社，2006.

[10] 陈显丹，刘家胜. 论三星堆文化与宝墩文化之关系〔J〕. 四川文物，2002（4）.

[11] 屈小强，李殿元，段渝. 三星堆文化〔M〕. 成都：四川人民出版社，1993.

[12] 徐学书. 岷江上游新石器时代文化的初步研究〔J〕. 考古，1995（5）.

[13] 石硕. 从新石器时代文化看黄河上游地区人群向藏彝走廊的迁徙〔J〕. 西南民族大学学报：人文社科版，2008（10）.

[14] 中国社会科学院考古研究所. 殷周金文集成〔M〕. 北京：中华书局，1984－1994.

[15] 张俊娜，夏正楷. 中原地区4Ka BP前后异常洪水事件的沉积证据〔J〕. 地理学报，2011（5）.

[16] 张强，等. 长江三峡大宁河流域三千年来沉积环境与河床演变初步研究〔J〕. 水利学报，2002（9）；白九江，邹后曦，朱诚. 玉溪遗址古洪水遗存的考古发现和研究〔J〕. 科学通报，2008（S1）.

[17] 马承源. 上海博物馆藏战国楚竹书：二〔M〕. 上海：上海古籍出版社，2002.

［18］王先谦．庄子集解［M］∥国学整理社．诸子集成：第 3 册．上海：上海书店出版社，1986．

［19］严耕望．严耕望史学论文选集：上［M］．北京：中华书局，2006．

［20］傅斯年．夷夏东西说［G］∥欧阳哲生．傅斯年全集：第 3 卷．长沙：湖南教育出版社，2003．

［21］司马光．资治通鉴［M］．北京：中华书局，1956．

［22］李零．禹步探原：从"大禹治水"想起的［J］．书城，2005（3）．

［23］刘宗迪．禹步·商羊舞·焚巫尪：兼论大禹治水神话的文化原形［J］．民族艺术，1997（4）．

［24］王国维．古史新证·总论［G］∥姚淦铭，王燕．王国维文集：第 4 卷．北京：中国文史出版社，1997．

［25］吕思勉，童书业．古史辨：第 7 册下［M］．上海：上海古籍出版社，1982．

［26］工藤元男．睡虎地秦简所见秦代国家与社会［M］．广濑薰雄，曹峰，译．上海：上海古籍出版社，2010．

［27］王明珂．英雄祖先与弟兄民族［M］．北京：中华书局，2009．

［28］王明珂．游牧者的抉择：面对汉帝国的北亚游牧部族［M］．桂林：广西师范大学出版社，2008．

［29］王晖．古文字与商周史新证［M］．北京：中华书局，2003．

［30］鲍义志．喇家遗址与大禹治水［J］．中国土族，2006（3）．

［31］武越．川青豫三省多地大禹故里之争—浪高一浪［J］．中国地名，2012（5）．

［32］杜晓宇．试论秦汉"边郡"的概念、范围与特征［J］．中国边疆史地研究，2012（4）．

［33］祁国彪．陶家寨汉墓群最后一座大墓即将消失［N/OL］．新华网，2005 - 06 - 03．www．xinhuanet．com/chinanews/2005 - 06/03/content_ 4367526．htm．

［34］罗新．"真吏"新解［J］．中华文史论丛，2009（1）．

［35］范晔．后汉书［M］．北京：中华书局，1965．

作者简介：李健胜，男，青海师范大学人文学院教授

原文刊于：《中原文化研究》（郑州），2014.3：51～58

大禹治水祭仪真相

——以《山海经》"日月出入之山"与《禹贡》"二十八山"为视角

尹荣方

摘　要：《山海经·大荒经》有二十八座山峰，与二十八星宿相应；《尚书·禹贡》中禹所"导山"恰也为二十八座，反映的都是天地相应的分野观念。《禹贡》中禹"导山"次序与天上银河流经二十八星宿的次序一致，说明禹之所谓治理洪水，与实际治水无关，而是指规天划地，即确定空间、时间，制订历法及分野等事宜。《山海经》昆仑丘是上古的"社坛"，即"测天"及祭祀天地之所；《禹贡》反映的同样是古人在"社坛"规天划地及祭祀天地山川的神圣活动。《山海经》"昆仑四水（或五水）"与《禹贡》"导水"的"四色水"一致；五色"社坛"与《禹贡》"五色土"相似，说明两者源于同一种文化观念。

关键词：《山海经》；《禹贡》；二十八星宿；历法；社祀

一　《山海经·大荒经》"日月出入之山"与二十八宿星

早就有学者发现，《山海经·大荒经》有七对"日月所出入之山"。《大荒东经》的七座为"日月所出"之山，如："东海之外，大荒之中，有山名大言，日月所出。"《大荒西经》的七座为"日月所入"之山，如：

"大荒之中，有方山者，上有青树，名曰柜格之松，日月所出入也。"

吴晓东发现《大荒南经》与《大荒北经》在"大荒之中"的名下也各有七座山峰。《大荒南经》从西南角到东南角的七座山峰分别为：

> 大荒之中，有衡石山、九阴山、洞野之山。
> 大荒之中，有不庭之山，荣水穷焉。
> 大荒之中，有不姜之山，黑水穷焉。
> 大荒之中，有山名曰去痓。南极果，北不成，去痓国。
> 大荒之中，有山名曰融天，海水南入焉。
> 大荒之中，有山名歹涂之山，青水穷焉。
> 大荒之中，有山名曰天台高山，海水入焉。[1]55

《大荒北经》从东北角到西北角的七座山峰为：

> 大荒之中，有山名曰不咸，有肃慎氏之国。
> 大荒之中，有山名曰衡天，有先民之国。
> 大荒之中，有山名曰先槛大逢之山，河济所入，海北注焉。
> 大荒之中，有山名曰北极天柜，海水北注焉。
> 大荒之中，有山名曰成都载天。
> 大荒之中，有山名不句，海水入焉。
> 大荒之中，有山名曰融父山，顺水入焉。[1]55-56

《大荒经》东南西北二十八座山峰的揭示，具有重要意义，因为人们会将它与古代天文学的二十八星宿相联系，吴晓东将天文学上的二十八星宿与《大荒经》二十八座山峰加以对应：

> （东方青龙七宿）
> 角 大言山
> 亢 合虚山
> 氐 明星山
> 房 鞠陵于天山

心 尊摇颎瓶山
尾 猗天苏门山
箕 壑明俊疾山
（南方朱雀七宿）
井 衡石山
鬼 不庭山
柳 不姜山
星 去痓山
张 融天山
翼 殳涂山
轸 天台高山
（西方白虎七宿）
奎 方山
娄 丰沮玉门山
胃 龙山
昴 日月山
毕 鏖鏊钜山
觜 常阳山
参 大荒山
（北方玄武七宿）
斗 不咸山
牛 衡天山
女 先槛大逢山
虚 北极天柜山
危 成都载天山
室 不句山
壁 融父山[1]62-63

《大荒经》二十八山峰确实可以对应二十八星宿，早就有学者指出，《山海经》所言之山川是上应天象的，如陆思贤、李迪就曾指出："把《山海经》从地上读到了天上，则无所不通，无所不解。"[2]51吴晓东的发现为上述说法提供了新的证据。《大荒经》的叙事场地是一个天象观测之所。古人观测天象的目的在于制订历法和占星。通过观测日、月出入来确定时间、季节，值得注意的是《大荒经》多有观测日月之外其他星辰的内容，吴晓东指出："南边与北边的七对定位山无疑是用来观测星辰的。"[1]64《大荒经》中也可找到一些与占星相关的内容，如《大荒西经》云："有赤犬，名曰天犬，其所下者有兵。""赤犬"指的就是天狗星，"所下者有兵"是占星的内容。但"《大荒经》不是一部直接告诉人们怎样占星的著作，它重在描述星象以及星象的分野"[1]65。这个说法很具启发性，为我们了解《山海经》等古籍的本质，探索二十八星宿的起源等问题提供了新的视角。

二 《禹贡》二十八山与二十八宿星

无独有偶，被认为与《山海经》有密切联系的《尚书·禹贡》中也载有"二十八山"，古今治《禹贡》者皆未将文中的二十八山与二十八星宿相联系，而为古代占星学家发现。《禹贡》"导山"部分为：

> 导岍及岐，至于荆山，逾于河。壶口、雷首，至于太岳。底柱、析城，至于王屋。太行、恒山，至于碣石，入于海。西倾、朱圉、鸟鼠，至于太华。熊耳、外方、桐柏，至于陪尾。导嶓冢至于荆山。内方，至于大别。岷山之阳，至于衡山。过九江，至于敷浅原。[3]226－229

从"岍山"至"敷浅原"，正好是二十八座山，这绝非巧合。唐人李淳风《乙巳占》卷三引纬书《洛书》将此二十八山与天上二十八星宿对应：

（东方七宿）

角 岍山

亢 岐山

氐 荆山

房 壶口山

心 雷首山

尾 太岳山

箕 砥柱山

（北方七宿）

斗 析成山

牛 王屋山

女 太行山

虚 恒山

危 碣石山

室 西倾山

壁 朱圉山

（西方七宿）

奎 鸟鼠山

娄 太华山

胃 熊耳山

昴 外方山

毕 桐柏山

觜 陪尾山

参 嶓冢山

（南方七宿）

井 荆山

鬼 内方山

柳 大别山

星 岷山

张 衡山

翼 九江

轸 敷浅原①

《禹贡》二十八山中"九江"被怀疑非山名。"敷浅原"，孔《传》云："敷浅原，一名博阳山，在扬州豫章界。"[3]229《禹贡》这部分总名导山，且二十七山皆山名，则"九江"亦必山名也。则《禹贡》亦必有天文学之背景。李淳风《乙巳占》卷三中还说："其山各在十二次之分，分野有灾，则宿与山相感，而见祥异。"从分野占星角度，说明《禹贡》二十八山又关乎"十二次"之分。

毫无疑问，纬书《洛书》是将《禹贡》二十八山与天上的二十八星宿加以对应的。而将《禹贡》二十八山与天上的二十八星宿加以对应遵循的是怎样的思路呢？与《大荒经》"山名"的怪异——似乎都是人工的测天场所——不同的是，《禹贡》二十八山几乎都是天下名山，这里蕴含着怎样的文化秘密呢？还有，无论是《大荒经》的二十八座山峰，还是《禹贡》的二十八山，往往与"河""（某）水""海"相关，也就是说，这些山峰往往是"河"或"（某）水"的发源地或流入地。而《禹贡》中禹的"导山"，古代注家也往往置于治水的背景加以理解，如孔安国《传》："更理说所治山川首尾所在。治水通山，故以山名之。"孔颖达《疏》云："所治之山，本以通水，举其山相联属，言此山之傍，所有水害皆治讫也。"[3]226其实治水何与乎导山？前人于此质疑者甚多也。

禹时的大洪水，乃是混沌的象征，治水关乎鸿蒙开辟、历法制订、确定分野等事，这在《山海经》中记载得十分清楚，《海内经》载："禹、鲧是始布土，均定九州……洪水滔天。鲧窃帝之息壤以堙洪水……帝乃命禹卒布土以定九州。"[4]469-472《海内经》又载："共工生后土，后土生噎鸣，噎鸣生岁十有二。"噎鸣"生岁十有二"，即制订了分一年为十二个月的历法。"定九州"说的是山川的命名、分野等工作，大地的混沌状态从此结束了。

《禹贡》所导之山恰恰是二十八座，虽说由占星学者发现与传承，其实正可以证明《禹贡》治水关乎上古时代人们对天象的观测，关乎彼时人们"规天划地"与分野的特定工作。《禹贡》二十八山其源头应为《大荒经》二十八座山峰，因为《禹贡》背景正在"禹治水"也，且其九州、四（五）色水等具体描述，皆源于《山海经》。对于此点，惜乎汉代以来的注家大多视而不见，导致对《禹贡》的意蕴不能了然也。

三　"天汉（银河）起没"与《禹贡》二十八山次序

《禹贡》导山，以地上名山对应于天上二十八星宿，实际上是以二十八星宿为蓝本，以地上一座山对应天上一座星宿，形成天地相应的格局，所谓分星、分野也。则其"导河",亦必关乎天文学上的考虑。银河也是禹"治水"考虑的基础,禹"导山"的顺序与天上银河起没行径一致。《晋书·天文志上》载"天汉起没","天汉"即"银河","天汉起没",将以二十八星宿作为坐标,来明确银河在天上的起没行径,亦包括它的长度、宽度等:

> 天汉起东方,经尾箕之间,谓之汉津。乃分为二道,其南经傅说、鱼、天籥、天弁、河鼓,其北经龟,贯箕下,次络南斗魁、左旗,至天津下而合南道。乃西南行,又分夹匏瓜,络人星、杵、造父、腾蛇、王良、傅路、阁道北端、太陵、天船、卷舌而南行,络五车,经北河之南,入东井水位而东南行,络南河、阙丘、天狗、天纪、天稷,在七星南而没。[5]307

后人敷衍成《天汉起没歌》,把银河与二十八星宿的关系说得更为具体明了:

> 天河亦一名天汉,起自东方箕尾间。
> 遂乃分为南北道,南经傅说入鱼渊。
> 天籥载弁鸣河鼓,北经龟宿贯箕边。
> 次络斗奎胃左旗,又合南道天津湄。
> 二道相合西南行,分夹匏瓜络人星。
> 杵畔造父腾蛇精,王良附路阁道平。
> 登此大陵泛天船,直到卷舌又南征。
> 五车驾上北河南,东井水位入吾渗。
> 水位过了东南游,经次南河向阙丘。
> 天狗天纪与天稷,七星南畔天河没。[6]218

《晋书·天文志上》"天汉起没"及《天汉起没歌》中的傅说、鱼、天籥、天弁、河鼓、龟、奎、左旗、匏瓜等是星座之名,分属二十八星宿之东方、北方、西方、南方。据此志"天汉起没"及《天汉起没歌》,天河行经二十八星宿的次序大致为:

（东方宿）

尾（傅说、天鱼、龟）

箕（箕、杵）

（北方宿）

斗（魁、天钥、天弁）

牛（河鼓、左旗）

女（天津、匏瓜）

虚

危（造父、人）

室（腾蛇、王良）

壁

（西方宿）

奎（附路、阁道）

娄

胃（大陵、天船）

昴（卷舌）

毕（五车）

觜

参

（南方宿）

井（北河、水位、南河、阙丘）

鬼（天狗、天纪）

柳

星（天稷、七星）

张

翼

轸

二十八星宿与银河的关系，古籍多有道及者，《尔雅·释天》："析木谓之津，箕斗之间，汉津也。"郭璞注："箕，龙尾。斗，南斗。天汉之津梁。"[7]175《史记·天官书》："钺北，北河；南，南河；两河、天阙间为关梁。"[8]1302南河、北河均是井宿星名，因位于银河南、北而得名。

银河之起，当在房、心，甚至亢、氐之间，《晋书·天文志上》所谓"天汉起东方"，然后"经尾箕之间"。银河起于"东方苍龙之宿"，后世"龙"之象，每谓生活在水中，龙王称四海龙王，盖因此也。由于岁差的关系，后世谓银河"经尾箕之间"，至以尾、箕为天河起处，然揆诸"箕"字，原与"东方苍龙"无关，"东方苍龙"之"角、亢、氐、房、心、尾"。从龙角至龙尾，恰呈一完整的龙体，箕宿最初必与"苍龙"之宿无关，而"房、心"或为天汉起处。

将"天汉起没"之行径与《禹贡》"导山"之次序作一比较，会发现禹"导山"的顺序与天上银河起没于二十八星宿的行径一致：（起东方）壶口（房宿）、雷首（心宿）→太岳（尾宿）→砥柱（箕宿）→（北方宿）析成（斗宿）→王屋（牛宿）→太行（女宿）→碣石（危宿）→西倾（室宿）→（西方宿）鸟鼠（奎宿）→熊耳（胃宿）→外方（昴宿）→桐柏（毕宿）→（南方宿）荆山（井宿）→内方（鬼宿）→岷山（星宿）。《禹贡》中禹"导山"，由东方山而北方山而西方山而南方山，与银河起没之由东方宿而北方宿而西方宿而南方宿一致，虽然"天汉起没"似没有与二十八星宿完全对应，如上所列，即银河所流经的星宿只涉及十六个，尚有东方宿的角、亢、氐，北方宿的虚、壁，西方宿的娄、觜、参，南方宿的柳、张、翼、轸等星宿似未流经涉及。我以为这当是随着时间推移，星象变迁所导致的结果。"天汉起没"（《天汉起没歌》）所述银河所"流经"之二十八星宿之宿，多为二座星座以上，尾宿、斗宿各有三座星座，而井宿则有四座星座。这些星座在上古完全有可能属于其他相邻的星座。从《禹贡》的二十八座"导水"之山，我们有理由相信，古人曾将银河的起没与二十八星宿相联系。

《禹贡》中禹之"敷土，随山刊木，奠高山大川"，禹治水原与天上二十八星宿及银河之分布及流域关系密切。《禹贡》作者叙事，与《山海经》叙事一样，常源于天象，故每每留下天河（银河）运行轨迹，后人不知，于人间山河寻之、释之，致众说纷纭，难得定论，如"冀州……夹右碣石，入于河"。孔安国传："碣石。海畔山。禹夹行此山之右，而入河逆上。"[3]196说禹由海畔逆上黄河，这怎么可能，又有何必要？宋人或以为是贡道。后人或将碣石置于辽西，谓海中孤石，又谓秦皇、汉武曾经登临等。《禹贡》所言"碣石山"怎么可能是此碣石！可见前人所说实扞格难通。其实，"夹右碣石入于河"之真意，存于《天汉起没歌》中："分夹匏瓜络人星。杵畔造父腾蛇精，王良附路阁道平。"匏瓜星属女宿，杵星、造父星则属于危宿。此句当言银河经女宿而入危宿。与"碣石"相应的正是危宿。

还让后人觉得不解的，如岷山和衡山毫不相干，"导山"却合在一起；桐柏山和大别山本相连贯，"导山"中却分置两列等[9]843。其实在《禹贡》的叙述中，岷山和衡山分属南方七宿的星宿与张宿，正是相连属的。桐柏山属西方七宿的毕宿，大别山属南方七宿的柳宿，自然分列。

《大荒经》二十八山峰，今天几乎没有可以指实的，有些未必是实有之山，很多似乎是人工建筑，用于观测、祭祀日月星辰，如《大荒东经》的"孽摇頵羝"山，它"上有扶木，柱三百里，其叶如芥。有谷曰温源谷。汤谷上有扶木。一日方至，一日方出，皆载于乌"[4]354。是有名的扶桑树的所在地。"扶木，柱三百里"固为夸大之言，但也道出这里为一测天之所。

较之《大荒经》，《禹贡》二十八山几乎都是现实世界的名山，这一方面说明《禹贡》的成书后于《大荒经》，同时说明《禹贡》作者将天上二十八星宿与地上山川进一步联系起来的努力。无疑《禹贡》中禹的"奠高山大川"，主要就是指这种"规天划地"的工作。《尚书·吕刑》："禹平水土，主名山川。"《大戴礼记·五帝德》也说禹"主名山川"。禹之"主名山川"后人解为给山川命名。山川的名称大多为约定俗成，且自然界山川之多，即使如古代的中原地区，也不可能是某一人命名而来。再者，难道在某一圣王出现之前，山川皆未命名，需要此圣王一一加以命名乎？因此，我以为禹"主名山川"是古人在通过天文观测以及用圭表测定时间与空间，建立时空结构时，所创造的一套符号或概念系统，反映了上古人的天地观念（包括分野的天地神灵感应观念）。这套系统最初是用图像（名）来表示的，借助这些图像，人们对时间与空间的认识变得有序而清晰。这当然是一项了不起的成就，于是在流传过程中人们难免将它神化。

"奠"一般释为"定"，《史记·夏本纪》即作"定高山大川"，可见奠实是"定祭"之意，裴骃《史记集解》引马融："定其差秩祀礼所视也。"[8]52《说文》酋部："奠，置祭也。"而主名山川之"主"，意为山川之神的祭主。历法之制订意味着时节、方位的确定，祭祀依于时节、方位，如冬至南郊祭天，夏至北郊祀地，春、秋分的礼日、月等。所以"名山川"与祭祀山川一定并行不悖，因为沟通天地神灵是彼时的"大事"。

此外，通过观星占星来预卜未来，趋吉避凶，也需要人们在"开天"步岁的任务完成后，确定天上星宿在地上的分野。将天上之星象与地上区域相对应并视为一体，在我国是一种具有悠久历史的文化传统，《易·系辞传上》云："在天成象，在地成形，变化见矣。"韩康伯注云："象，况日月星辰；形，况山川草木也。悬象运转，以成昏明，山泽通气，而云行雨施，故变化见矣。"[10]338《史记·天官书》正义引张衡《灵宪经》曰："众星列布，体生于地，精成于天，列居错峙，各有所属，在野象物，在朝象官，在人象事……一居中央，谓之北斗；四布于方各七，为二十八舍；日月运行，历示吉凶也。"[8]1289也是以天象和地形相对应，地上的"山泽通气""云行雨施"的种种变化发展，原系于天上的"悬象运转"，所以天上的"成象"是判断地上变化发展以及人事吉凶的根据。后世星相家之依据星象占卜人事吉凶兴衰，要上观天象，盖由此也。

四 《山海经》禹"均定九州"
与《禹贡》"九州"

《山海经·海内经》说："禹、鲧是始布土，均定九州。"《左传·襄公四年》魏绛引《虞人之箴》云："芒芒禹迹，画为九州，经启九道。"[11]938《说文》川部："水中可居者曰州。水周绕其旁，从重川。昔尧遭洪水，民居水中高土，故曰九州。"[12]989-990后世九州中任何一州，有周遭为水环绕者乎？可见后世之九州，绝不是上古人们"治水"后划定的九州。上古九州，与禹迹、九有、九土、九围等概念相同，是人们在认识宇宙、天地结构时形成的地理概念，它与四方及八方位的空间概念及四季八节的时间概念具有密切的联系，八方加上中央可以形成九州。

今本《山海经》有九州而无九州具体之名。《禹贡》九州为"冀州、兖州、青州、徐州、扬州、荆州、豫州、梁州、雍州"②，与《尔雅·释地》九州略同。《尔雅·释地》九州是在盖天说的框架中，与四海、四荒（或八荒）或四极（或八极）紧密相连的概念，表现了中心与四方的关系，九州处于中心的位置，四极、四荒、四海则是古人想象中的四方极远之地，有时古人将它们想象成四方极远之国，相应地也就有四方或五方之民。

《尔雅·释地》的记述，不是作者的随意造作，而是根据《山海经》的图和有关传说敷衍的。《山海经》正是以"海外""海内""大荒"等来区分所谓的地理空间。海的本意也并不是海水之海，而是晦暗、"荒晦极远之地"的意思。

九州的概念关乎"九天"，同样与二十八星宿关系密切，《吕氏春秋·有始览》中"天有九野，地有九州"的说法，与《周礼·春官·保章氏》"以星土辨九州之地，所封封域，皆有分星，以观妖祥"的观念一致。唐贾公彦疏："此经论北斗及二十八宿所主九州及诸国封域之妖祥所在之事。故云'以星土'也。云'辨九州之地'者，据北斗而言。云'所封封域'者，据二十八星而说。云'皆有分星'者，总解九州及诸国也。"[13]705现代学者陈梦家等人因此指出，在汉武帝设十三部以前，九州或十二州仍为天官家之名词。指天上之星宿相对于地下之区域，非地面上之九个区划，九州宿之名起于九天之名[14]136。但如陈梦家所说，汉武帝前，九州尚非指地面上之九个区划，则如何理解《禹贡》九州呢？我以为《禹贡》作者是在《山海经》《尔雅》等著作及传说的基础上，展开九州叙事的。在地理认识范围内，《禹贡》的一大贡献是将与"九天"相应的"九州"进一步具体化，将原来尚显抽象、空洞的中央与八方的地望变得可以感知了。由于他的地理认知局限于中原及其周遭地区，所以《禹贡》九州也只能相应地局限于其间。后来，随着中原及其以外地区的土地不断被开发，人们地理视野的不断扩展，九州疆域也随之扩大。从《禹贡》叙事可知，在商末周初或许已经形成不同区域的大致区划，只是其地理范围要大大小于后世的九州或十二州，古今区划地理上这种不对应性的存在，使得人们觉得九州划定是不可思议或没有可能的。

由于《禹贡》作者是在天地相应的观念框架中规划大地的，自然会在这种规划中留下深深的"天"的痕迹，如《禹贡》叙述禹治洪水，克服混沌，始于冀州，在冀州所导的山，要大大多于其他州，这是因为冀州原是"中土"，处于九州的中央位置③（而《禹贡》将它置于正北，则是基于天道起于北方的观念，同样强调此州是治水的起始之处），规天划地确定时空秩序，关键在于确定中心，中心确定了，则四方八方可求，四季八节可知了。

五 《山海经》"昆仑四水（或五水）"
与《禹贡》"导水"

以《山海经》为蓝本，依据天地相应的理念，糅合现实以叙述地理，不仅体现在"九州"部分，还表现在"导水"部分。《禹贡》全文由四大部分组成：第一部分，叙九州形势、物产、贡物等；第二部分，叙"导山"次第；第三部分，叙"导水"次序；第四部分，讲所谓的"五服制"。作为《禹贡》第三部分的"导水"，其所导水次序为弱水、黑水、河水、漾（洋）水。此四水不仅名称源于《山海经》，且其流向为西北东南四个方向，与《山海经》昆仑"四色五色水或水"大体对应。

（一）《山海经》中的"四色（五色）水"

《西次三经》：

> 西南四百里，曰昆仑之丘，是实惟帝之下都……河水出焉，而南流东注于无达。赤水出焉，而东南流注于泛天之水。洋水出焉，而西南流注于丑途之水。黑水出焉，而西流于大杆。是多怪鸟兽。[4]47-48

五色水的特点除了有颜色，还在于它们都渊源于或与昆仑丘有非常密切的关系。《海内西经》：

> 海内昆仑之虚，在西北，帝之下都……赤水出东南隅，以行其东北。河水出东北隅，以行其北，西南又入渤海，又出海外，即西而北，入禹所导积石山。洋水、黑水出西北隅，以东，东行，又东北，南入海，羽民南。弱水、青水出西南隅，以东，又北，又西南，过毕方鸟东。[4]294-298

今本《山海经》似无白水、黄水出于昆仑的记载，但《尔雅·释水》

曰："河出昆仑虚，色白。"郭璞注云："《山海经》曰：'河出昆仑西北隅。'虚，山下基也。"邢昺疏："言河源出于昆仑山下之基，其初纤微，源高激凑，故水色白也。"[7]226 可见，河水也就是白水。

河水（白水）与赤水、黑水、青水等组成四色水或五色水，应该是古人在规划天地结构时所使用的一种"象"。四色水或五色水的另一个特点是它们从昆仑山流出的方位正好与"四极"对应：青水从西南隅流出；赤水从东南隅流出；黑水从西北隅流出；白水流出的方位虽《山海经》无载，推测应是从东北隅流出，因为河水在《海内西经》中出自东北隅，所以很有可能河水也就是白水。

（二）《禹贡》"导水"的"四色水"的模式

《禹贡》"导水"部分叙事，首先是按照四色水的模式进行的，与《山海经》四色水一样，也与一定的方位与四极对应。

首先看"弱水"。"导弱水，至于合黎。"弱水之名，显然来自《山海经》昆仑之一水及上古传说，《史记》集解引郑玄说："众水皆东，此独西流也。"[8]65它的特点是西流。合黎，或谓水名，或谓山名，但以为在西方则看法一致，是《禹贡》作者所附会之山，后人复以张掖之"溺水"名之。《说文》水部："溺（弱）水自张掖删丹，西至酒泉合黎，余波入于流沙……桑钦所说。"唯西流之水而曰入于流沙，流沙者，西方荒晦之地，与西海意实同。

其次看"黑水"。"导黑水，至于三危，入于南海。"黑水之名，显然也取自《山海经》及上古传说，入于南海与《海内西经》"南入海"一致。"三危山"则也显然出自传说，如《楚辞·天问》："黑水玄趾，三危安在？""黑水""三危山"显然出自传说，在《山海经·西山经》里"三危山"是三青鸟所住的神山。黑水，后人附会至有二十余水，三危，后人亦多有附会，皆不足信④。

再次看"导河积石"。"至于龙门，南至于华阴……至于大伾，北过降水，至于大陆，又北，播为九河，同为逆河，入于海。"历来解《禹贡》者，都将此河解为黄河。但《禹贡》作者在叙述河的走向时，却两次强调它"北流"的特点，"北过降水"，"又北"后，"入于海"，可见，作为"白水"的"河"，最终流入的是北方荒晦之地。

最后看"嶓冢导漾（洋）"。"东流为汉，又东为沧浪之水，过三澨，至于大别，南入于江，东汇泽为彭蠡，东为北江，入于海。"此"漾"，《西次三经》"洋水出焉"。郭璞注："或作清。"[4]48-49清通"青"，则"漾（洋）"水为四色水中的"青水"，最终流入东方荒晦之地。后人对这条"青水"之流向，大惑不解，认为《禹贡》作者这里犯了明显的错误。不知《禹贡》作者是以"青水"为蓝本，他或相信地上某些河流上应"青水"，于是约略言之。至于"青水"能不能全与地上河流对应，这是他所不管的。

《禹贡》"导水"的前四条水与"四色""四海"相应，它们都是在"宇宙河"的基础上附会出来的。弱水（赤）—流入西海，黑水（黑）—流入南海，河水（白）—流入北海，漾（洋）水（青）—流入东海。《禹贡》"导水"的前四部分，完全可以与《山海经》四色水相应，可见《禹贡》作者必是考虑到《山海经》古图以及传说而作出这样的安排。

《墨子·兼爱中》中则有禹治"四方之水"之说："古者禹治天下，西为西河、渔窦，以泄渠孙皇之水；北为防原泒，注后之邸、嘑池之窦。洒为底柱，凿为龙门，以利燕、代、胡、貉与西河之民。东方漏之陆，防孟诸之泽，洒为九浍，以楗东土之水，以利冀州之民；南为江、汉、淮、汝，东流之，注五湖之处，以利荆、楚、干、越与南夷之民。"[15]99-100《墨子》中的禹治水，虽没有九州或九水的概念，却明言四方，大约也源于四水的古说，乃是禹治水的传说之异。

这样的四色水（四方水）安排，与上古明堂四色水之说正相应，明堂是天下的中心，《山海经》的昆仑丘也处于天下的中心，实际上就是昆仑丘（明堂）的神话叙述。明堂的特点是九室上通于九天，又其周围有水环绕。明堂四色水是否也和天上银河的出没流向相关呢？上面已经指出，银河流经二十八星宿，而二十八星宿分居四方，又以（青）"东方青龙"、（红）"南方朱雀"、（白）"西方白虎"、（黑）"北方玄武"为名，则《山海经》四色水之说，其原型或本即系之天河也。

《禹贡》"导水"似乎又遵循"九水"的原则，所以漾（洋）水之下又有"岷山导江""导沇水""导淮""导渭水""导洛"等，与上述"四色水"构成所谓"九川"。所涉及的河流包括沱、澧、北江、中江、济、泗、沂、汶、泾、漆、沮等十余条，较之"四色水"，这十余条河流的特点全部为东流之河，且不少能与现实中的河流对应。可见《禹贡》作者是极力将地上的河流比附天象的，因为要比附天象，出发点仍在天上，所以它所描述的河流仍然会出现令人匪夷所思者，如上述的弱水、黑水、漾（洋）水等。但因为又着眼于从现实出发的对应天象，所以《禹贡》作为上古地理学著作，也确实具有相当的真实品格，对我们认识上古的地理及水系情况，具有一定的意义。

六 《山海经》社祭与《禹贡》祭仪

（一）《山海经》"昆仑丘"为上古"社坛"

《山海经》昆仑之丘的原型应该是上古时代的某大社坛，这种人工的坛台位于世界之中，是所谓的"神圣中心"，它上面的"建木"，可以理解成"世界树"，这样的神圣中心，具有"规天划地"的功能，它是祭祀天地、沟通天地的宗教场所。

有社坛自然就有相应的祭祀仪式，吴晓东认为《五藏山经》的文本结构，来源于一个国家或诸侯国的社稷祭祀。他还将广西那坡县达腊村至今犹存的"跳弓"祭仪与《五藏山经》的祭仪进行比较，发现两者有不少吻合之处，达腊人的山神祭祀格局同于《五藏山经》，即分为中、南、东、北、西五方来祭祀。首先祭祀中方的山神，然后祭祀四方山神[1]24-25。

这种比较，对我们认识《山海经》关乎上古的"社祭"，极有意义。

（二）《禹贡》与上古"社祭"仪式

《禹贡》叙事，源于《山海经》及神话传说，同样很有可能是祭祀仪式的描述文字。"贡"字，古今学者都解为"贡赋"之贡，说禹分别九州，治理水害之后，制定了九州贡赋。然"贡"字本义，据《说文》贝部："贡，献功也。"意思并不完全同于贡赋，而关乎祭祀仪式。段玉裁注：

> 贡、功迭韵。《鲁语》曰："社而赋事，烝而献功。"韦注："社，春分祭社也，事农桑之属也。冬祭曰烝，烝而献五谷布帛之属也。"[12]493

古代春祭社，冬天还要在社坛行"烝祭"，由专人向神灵献上五谷布帛之类的祭品。在《周礼·天官·内宰》也有记载："佐后而受献功者。"郑玄注："献功者，九御之属。郑司农云：'烝而献功。'"[13]185当然后世贡赋连言，贡有赋税之义，但在上古，主要指向神灵贡献祭品。《国语·鲁语》所言"烝而献功"，即农业丰收之后感谢天地神灵，向天地神灵献祭的礼仪。《禹贡》的原始意义，当也在此。

"贡"字有"献"义，而"献"，《说文》犬部："宗庙犬名羹献，犬肥者以献。"献原义为祭祀所用之犬，引申指献祭。"献"义又为祭仪之"仪"，则"禹贡"之名或原即为言禹（社）之"仪"也。《礼记·礼器》："一献质，三献文。"郑玄注："谓祭社稷五祀。"孔颖达疏："'一献质'者，谓祭群小祀最卑，但一献而已，其礼质略。'三献文'者，谓祭社稷五祀，其神稍尊，比群小祀礼仪为文饰也。"[16]760则"献"关乎社祀，礼有明文也。

（三）五色"社坛"与《禹贡》"五土"

社祭之坛，为方形，其四方与中央用"五色土"封筑，见于古代文献。《逸周书·作雒解》："（周公）及将致政，乃作大邑成周于土中……诸受命于周，乃建大社于周中。其壝东青土、南赤土、西白土、北骊土，中央叠以黄土。"[17]560~570"社"就是"社坛"，其形状取中央与四方对应的方形。《禹贡》脱胎于"社祀"之礼，所以其"九州"之土壤亦有五色之分：冀州，厥土惟白壤；兖州，厥土黑坟；青州，厥土白坟；徐州，厥土赤坟；扬州、荆州，厥土涂泥；豫州，厥土惟壤；梁州，厥土青黎⑤；雍州，厥土惟黄壤。其中，扬州、荆州的"涂泥"不计，豫州"厥土惟壤"之"壤"前有阙文，所阙者必为颜色字，亦不计，则其他州的土壤分别为黑、白、红、青、黄五色，与《逸周书·作雒解》的五色大社完全一致。可见，《禹贡》叙事不离"五色土"框架，不完全是根据实际地理观察的产物。冀州土为白壤，兖州土为黑土，若以今人所解冀州在今陕西境内，兖州在今河北、山东北部等地，则冀州、兖州为接壤之地，皆所谓黄土地者，其土地颜色并无区别，安得有白、黑之大别乎！冀州土壤当不得一白字，兖州土壤也当不得一黑字。此乃以颜色象征四方（五方）之传统也。作《禹贡》者，取诸仪式与传说而言之，唯以之定义现实之各方土壤，难免扞格也。

《禹贡》关乎山川祀仪，于其文字可见之。叙梁州有"蔡蒙旅平"，雍州有"荆岐既旅"，后又有"九山刊旅"。孔安国传"蔡蒙旅平"曰："蔡、蒙，二山名。祭山曰旅。平言治功毕。"[3]219《论语·八佾》言季氏"旅于泰山"[18]57。诸侯才有资格祭祀境内山川，季氏是鲁国的陪臣，竟然也旅泰山，所以孔子大为痛恨。旅是祭名，《禹贡》三言"旅山"，与前文"奠高山大川"正相应。

殷代以来，一直有在地上设立坛台（社坛）以祭祀山川土地及相应的天上的分星的礼仪，《山海经》反映的就是这样的祭祀仪式，《尧典》中有"肇十有二州，封十有二山，浚川"的记载，《尚书大传》"肇"作"兆"，"肇十有二州"在"封十有二山"句后。郑玄注《大传》云："祭者必封，封亦坛也。十有二山，十有二州之镇也。兆，域也，为营域以祭十有二州之分星也。坛、沈、封、兆，皆因所宜为之。"[19]102《禹贡》二十八山上应二十八星宿，又有九州之分，虽没有出现"兆"字，但其祭祀之意之仪却不难发现。

《禹贡》与《山海经》肯定具有亲缘关系，古今学者，多有将两者相提并论者。顾颉刚认为《禹贡》取材于《山海经》，也有人认为《山海经》取材于《禹贡》。我以为《禹贡》既取材于《山海经》，同时也根据《商颂》祭仪及相关传说，结合其时代的地理、政治实际而敷衍成文[20]。

《山海经》表现出明显的天地对应观念，或者说，它本身乃是天地（人）对应观念的产物，但在《山海经》中，天地（人）的对应尚处于较为初步、笼统的状态，很有可能其与星空对应的地域也相对狭窄。《禹贡》承袭了《山海经》（前面已指出，不仅《山海经》）的天地对应观念而又有所发展，在《禹贡》那里，《山海经》以来传承的天地（人）对应关系变得非常明晰与具体。当然，无论《山海经》还是《禹贡》，都绝不可能是民间的产物，它们都是上古"王者"的"政典"。由此也可以看出我国"天地（人）"相应观念源远流长。

《禹贡》对《山海经》以来之古说，确有发展、改造的痕迹，这样的发展与改造，可能是为了适应周王朝建立后的新的政治环境的需要。我曾指出《山海经》叙事含有大量殷文化的内容，它的原始的核心部分，是殷人的创作⑥。而《禹贡》叙事，明显晚于《山海经》，很多人认为是周人的作品。周承殷礼，周人将上代的"政典"拿来进行改造，后作为自己的"大法"是可以理解的。所以从本质看，作为"社"之"祀典"的描述，它们都是构成国家政典的重要文献。《山海经》与《禹贡》两者的文化内涵是一致的。

注释

①转引自江晓原《历史上的星占学》，上海科技教育出版社 1995 年版，第 301～302 页。

②《禹贡》之青州、徐州、梁州为《尔雅·释地》所无；《尔雅·释地》另有幽州、并州、营州。

③《左传·哀公六年》引《夏书》曰："惟彼陶唐，帅彼天常，有此冀方。"此"冀方"旧注谓指中国。《楚辞·云中君》："览冀州兮有余，横四海兮焉穷。"将冀州与四海对应。《淮南子·地形训》："正中冀州，曰中土。"高诱注："四方之主，故曰中土也。"

④顾颉刚、刘起釪《尚书校释译论》有一段话谈到"黑水""三危"时说："《尚书·禹贡》有'华阳黑水惟梁州'的记载，从前经师纷纷探究，被指黑水者竟有二十余条河流之多，全是牵强附会。"他又引清代胡渭《禹贡锥指》之说："三危西裔之区……自战国时此地之山川，已与昆仑、弱水同其渺茫，仅得之传闻而无从目验矣。秦火之后，载籍沦亡，汉兴治《尚书》者不能言黑水三危之所在，武帝通西域，玉门关阳关之外，使者往来数十辈，不闻涉大川而西有可以当古之黑水者，故《班志》张掖、酒泉、敦煌郡下并无其文，司马彪亦无可言。至郦道元始云黑水出张掖鸡山……唐初魏王（李）泰撰《括地志》又云黑水出伊吾县北……彼黑水者不由中国入海，又雍之西久没于戎翟。新流故道，夫孰为纪之而孰为传之邪……自屈原已不能知，而况伏生辈乎？自《古文尚书》家已不能知，而况班固、司马彪、郦道元、魏王泰诸人乎？至若樊绰、程大昌、金履祥、李元阳等纷纷辩论，如系风捕影，了无所得，徒献笑于后人而已……说者多以澜沧为黑水，徒以东南至交趾入海，差近梁州徼外耳。其实黑水下流之为澜沧与东南至交趾入海，既非出于古记，又非得之目验，凭虚测度，终难取信，何如阙疑之为善乎？"（《尚书校释译论》，中华书局 2005 年版，第 712 页）黑水因为是神话中的一条水，经师们硬要比附，自然扞格难通。刘起釪又说："黑水，此处作为梁州西或南边界之水。实际来源于神话中……《天问》中说：'黑水、玄趾，三危安在？'指明神话中这种山、水，原是不知其所在的虚无渺茫的山、水。"岂但黑水、三危，其他青、白、赤水及相应的山等，又何尝不是神话中之水之山。

⑤旧注或以"青黎"为黑色，然兖州土既有黑名，此地青黎必非指黑，《释名·释地》曰："土青曰黎，似黎草色也。"当解为青草之色。

⑥第一，甲骨文的发现在很大程度上可以证明《山海经》与殷人的联系。胡厚宣《甲骨文四方风名考证》中发现甲骨文"四方风"名与《山海经·大荒经》之"四方风"名一致，说明两者之间具有紧密的关联性。第二，从殷人"亚"字形的庙宇结构看，与《山海经》的编排亦一致。阮元曾说："古器作亚形者甚多，宋以来皆谓亚为庙室。"甲骨文多次出现"亚"字，学者或释为"巫"，有学者读为"方"，甲骨文中的"四亚"可以读为"四方"，确定方位与时间在彼时具有重要的意义，因此，"亚"字初义为四方、四极的说法为更多人认同。"亚"形所象征的大地可以分成五部分：中央和四方。《山海经》的《山经》包括"南山经""西山经""北山经""东山经""中山经"五经，这自然表示世界分为五部分，与"亚"形结构一致。《海内经》《海外经》《大荒经》，都按东、南、西、北的方位编排，也是按照"亚"形结构处理的。第三，《诗·商颂·长发》有"洪水芒芒，禹敷下土方"，《殷武》有"天命多辟，设都于禹之绩"，以及《玄鸟》中"奄有九有"等说法，都可以肯定与禹神话中治水以及开辟"九州"的内容有关，禹的开辟神话在《山海经》中占有重要地位。过去有人觉得奇怪，怎么殷人将夏人的开国"宗神"作为自己的"宗神"来颂扬，不知禹的神话本来就是殷人的神话。《左传·襄公四年》载周武王太史辛甲，命百官，箴王阙。辛甲是殷故臣，纣不道，去纣投奔周文王。《虞人之箴》是周初的作品，辛甲于周初所传禹治水"画为九州，经启九道"的传说，自然非周人的造作而源于殷人。丁山引《虞人之箴》后说："牝牡之牝，不从牛而从鹿作麀，正与卜辞所见牡或从鹿符契；此《虞人之箴》可确定为周初作品。而《箴》首言'芒芒禹迹，画为九州'，可知禹平水土，别九州，其故事流传，不始宗周，当数典于殷商以前。"第四，在舜的故事中，有所谓"服象"，即对其弟象的感化。《尧典》说舜"瞽子，父顽，母嚚，象傲，克谐，以孝烝烝，乂不格奸"。后世有关舜感化其父母、弟弟的传说，大约即源于《尧典》的上述说法。关于舜的弟弟象，传说封于有庳，或作有鼻。人们于此发现象乃现实中动物"象"的人格化，舜与其弟象的故事原是神话，由驯服野象之事附会而成。而驯服野象，正是殷人的勋绩。此在甲骨文"为"字犹见其迹。"为"之一字，正是人牵象之形，徐中舒论之甚详，然则舜之神话，原是殷人所传也。《山海经》多处说及舜事，则《山海经》亦当为殷人之物。当然《山海经》在流传过程中，也掺入了很多后世内容。具体可参见尹荣方《庄子神话与殷人之社》，《泮池集——首届中国古代文学与地域文化学术研讨会论文集》，上海大学出版社2012年版。

参考文献

［1］吴晓东．《山海经》语境重建与神话解读［M］．北京：中国社会科学出版社，2013．

［2］陆思贤，李迪．天文考古通论［M］．北京：紫荆城出版社，2000．

［3］孔安国，孔颖达．十三经注疏·尚书正义［M］．上海：上海古籍出版社，2007．

［4］袁珂．山海经校注［M］．上海：上海古籍出版社，1980．

［5］房玄龄，等．晋书［M］．北京：中华书局，1974．

［6］丁緜孙．中国古代天文历法基础知识［M］．天津：天津古籍出版社，1989．

［7］李学勤．十三经注疏·尔雅注疏［M］．北京：北京大学出版社：1999．

［8］司马迁．史记［M］．北京：中华书局，1982．

［9］顾颉刚，刘起釪．尚书校释译论［M］．北京：中华书局，2005．

［10］王弼，等．十三经注疏·周易注疏［M］．北京：中央编译出版社，2013．

［11］杨伯峻．春秋左传注［M］．北京：中华书局，1981．

［12］段玉裁．说文解字注［M］．南京：凤凰出版社，2007．

［13］李学勤．十三经注疏·周礼注疏［M］．北京：北京大学出版社，1999．

［14］陈梦家．尚书通论［M］．北京：中华书局，2005．

［15］孙诒让．墨子间诂［M］．中华书局，1986．

［16］李学勤．十三经注疏·礼记正义［M］．北京：北京大学出版社，1999．

［17］黄怀信，张懋镕，田旭东．逸周书汇校集注［M］．上海：上海古籍出版社，1995．

［18］钱穆．论语新解［M］．北京：生活·读书·新知三联书店，2002．

［19］王先谦．尚书孔传参正［M］．北京：中华书局，2011．

［20］尹荣方．《商颂》舞容与《尚书·皋陶谟》神话考论［J］．民族艺术，2014（3）：113－120．

作者简介：尹荣方，男，上海海关学院基础部教授

原文刊于：《中原文化研究》（郑州），2018.1：50～59

禹羌华夏说

易　华

摘　要： 大禹出西羌，治水九州，会盟涂山，禹征三苗，崩于会稽；既是传说也是神话又有历史素地。禹出西羌又称西戎，涂山会盟西羌东夷结合，征三苗西北征服东南，禹崩会稽禹陵犹存。大禹之子启发动甘之战巩固政权建立夏朝，从此进入父系男权社会干戈王国时代。《禹贡》九州雍、梁为羌人大本营，三代正是西北羌人与东南夷人的碰撞交融时代。齐家文化贯穿夏代，石峁和二里头遗址可能是夏代首都与末都。华山（或泰华）与华胥传说亦与华夏相关。神话、传说、历史、考古、民族学与人类学结合，可以系统论证禹羌与华夏文明之关联。

关键词： 禹；羌；夏；齐家文化；华夏文明

司马迁相信大禹出西羌治水九州，是夏王朝奠基者。《史记·夏本纪》实际上是禹羌本纪，大禹故事篇幅超过四分之三，从启到桀四百余年历史只有五百余字记录，篇幅不到四分之一。《史记·六国年表》总结了中国上古史上"东作西收"或"东生西成"现象："东方物所始生，西方物之成孰；夫作事者必于东南，收功实者常于西北。故禹兴于西羌，汤起于亳，周之王也以丰镐伐殷。秦之帝用雍州兴，汉之兴自蜀汉。"司马迁一家之言既是夏商周秦汉五朝兴亡的历史总结，也是逻辑归纳结果。

傅斯年根据现存传世文献论证了夷夏东西说：夏实西方之帝国或联盟，曾一度或数度压迫东方而已；与商殷为东方帝国，曾两度西向拓土，灭夏克鬼方者，正是恰恰相反，遥遥相对。知此形势，于中国古代史之了解，不无小补也[1]。陈梦家认为羌可能与夏后氏为同族，被商人认为是异族[2]282。徐中舒先将夏与仰韶文化挂钩，认为仰韶为夏民族曾经居住之地，并从仰韶遗物推论夏代文化[3]；后又将羌与夏联系起来，推论夏民族迁徙与文化发展[4]。翦伯赞亦认识到甘肃、青海一带诸羌之迁徙："一部分沿南山北麓之天然走廊，西徙新疆，与原住塔里木盆地的诸氏族发生接触。中国传说中，许多神话人物皆与昆仑山有关，或与西王母有往来，正是暗示这一历史内容。"[5]

早在20世纪30年代，顾颉刚《九州之戎与戎禹》就考证出九州本来是西方戎族所居之地，后演变为天下之代称九州；四岳本来是戎人所居之处，后演变为平分四方之四岳；禹本来是戎祖宗神，后演变为三代之首君[6]。在甘肃考察之后，他发现夏可能兴起于西北，所以周人自以为接受了夏文化系统；并且后来在西方创立的国家也多称"夏"，如赫连勃勃、赵元昊等；同时西北的水也多称"夏"，如大夏河、夏水（汉水）等[7]195。顾颉刚晚年从古籍中探索羌族，提出中华民族人文始祖炎黄首先是羌人祖先，然后才是华夏族祖先；不仅以炎帝为宗神的古代羌人生活在今青海祁连河湟一带，而且青、甘、陕、川是炎黄部落联盟活动区，正是华夏民族发祥地[8]。顾颉刚等实际上已经逼近"禹羌华夏说"了。现在我们在司马迁记述和先辈学者考证基础上，结合考古新发现与民族学、人类学研究来探讨禹、羌、齐家文化与华夏文明之关联。

一　禹出西羌，治水九州

大禹神话传说见于"四书五经"，亦为诸子百家乐道。大禹出西羌见于孟子，司马迁赞成此说。《史记·夏本纪》集解引皇甫谧云："孟子称禹生石纽，西夷人也；传曰：'禹生自西羌。'是也。"张守节正义云："禹生于茂州汶川县，本冉駹国，皆西羌。"南朝范晔《后汉书·戴良传》："仲尼长东鲁，大禹出西羌。"扬雄相信石纽在川西，颜真卿留下"禹穴"。如今北川石纽遗迹和"禹穴"碑可作为大禹出生神话落地生根的证据[9]5-10。

黄河（济水）、长江、淮河流域均有大禹神话传说遗迹。大禹故事是神话传说，亦反映了历史事实，可以用历史和考古发现来说明。《禹贡》以为河源在雍州，"浮于积石，至于龙门、西河，会于渭汭"；贡物是球琳、织皮等。宗日、火烧沟、齐家坪等遗址发掘显示岷山地区到河西走廊一带是高地农业社会与草原畜牧人口的交汇之处，也是早期金属冶炼最活跃的地区[10]；实际上是齐家文化分布区的羌人根据地。《禹贡》九州之一的梁州是指陕西汉中、四川及部分云贵地区："岷山导江，东别为沱，又东至于澧；过九江，至于东陵，东迤北，会于汇；东为中江，入于海。"《华阳国志》云："泉源深盛，为四渎之首，缎拗为九江。其宝则有璧玉、金、银、珠、碧、铜、铁、铅、锡、赭、垩、锦、绣、罽、氂、犀、象、毡、耗、丹黄、空青、桑、漆、麻、纻之饶，滇、獠、賨、僰僮仆六百之富。"梁州贡道沿白龙江东南下，穿越岷山，入嘉陵江，走陆路进入汉水；从汉中盆地翻越秦岭，进入关中盆地到龙门西河。《禹贡》对以岷山为中心的梁州的金属矿藏物产描述得特别详细。"在《诗》，文王之化，被乎江汉之域；秦豳同咏，故有夏声也"。班固《汉书·地理志》与北魏郦道元《水经注》中有些河流较岷江为长，但历代学者仍尊岷江为正源。宋刻《禹迹图》绘有今金沙江远自西方南下再向东北入川与岷江合流，仍在岷江源头注上了"大江源"。大禹治理岷江，岷江上游松潘黄龙有大禹庙；玉垒山亦有"禹庙"供奉大禹。

《吴越春秋》卷六《越王无余外传》亦云："禹父鲧者，帝颛顼之后。鲧娶于有莘氏之女，名曰女嬉。年壮未孳。嬉于砥山得薏苡而吞之，意若为人所感，因而妊孕，剖胁而产高密。家于西羌，地曰石纽。石纽在蜀西川也……禹伤父功不成，循江，溯河，尽济，甄淮，乃劳身焦思以行。"长江、黄河、淮河、济水四渎都流行大禹治水传说，并有禹庙碑刻遗迹。河南济源济渎庙保存犹为完好，是全国重点文物保护单位。

羌见于甲骨文，广泛分布于大西北，河南、陕西、山西亦有羌人分布；《后汉书》有系统记述，大西北是羌人世界。羌是商代主要异族人群，常与商人发生战争。武丁时期伐羌兵力最为雄厚："登妇好三千，登旅万，呼伐羌。"（《库方二氏所藏甲骨卜辞》310）羌不仅活跃于西方，而且占据北方，又有北羌之称。其中还有多臣羌、多马羌、亚其等，据考证为臣服商朝的羌人[11]。羌人普遍崇拜岳神，有火葬的习俗。齐家、辛店、寺洼文化有火葬遗存，可能是氐羌文化，也可能是先周文化或夏文化。商代似乎推行过以羌人为人牲的政策，商人常将俘获或进贡的羌人用于祭祀祖宗、上帝、河岳或祈年、祛灾等重要祀典，从两三人至上百人不等[12]2-16。其中武丁卜辞有"戊子卜，宕，贞亩今夕用三百羌于丁"（契 245）。甲骨文中一次用人牲最高纪录是 1000 人[13]369-382。

顾颉刚曾考证出禹有天神性，先秦传世文献中禹与夏不同出，说明禹与夏没有直接关系。但周代青铜器铭文表明禹与夏确实相关。北宋宣和五年（1123 年）出土于齐国临淄故城叔夷钟铭文出现了"翦伐夏后""处禹之绪"："虩虩成唐，有严在帝所。敷受天命，（剗伐司）翦伐夏后。败厥灵师，伊小臣惟辅。咸有九州，处禹之绪。"郭沫若认为成唐即成汤，伊小臣即伊尹，禹即夏禹[14]305。甘肃天水秦公簋铭文："丕显朕皇祖受天命，鼏宅禹迹。十又二公，在帝之坏，严恭寅天命，保业厥秦。虩使蛮夏。"王国维指出："故举此二器，知春秋之世，东西二大国无不信禹为古之帝王，且先汤而有天下也。"[15]3 大禹亦见于西周金文《遂公》："天命禹敷土，随山浚川，乃差地设征，降民监德，乃自作配乡（享）民，成父母……"《遂公》、秦公簋铭文、叔夷钟铭文有"禹""夏"铭文，反映了西周春秋时期不同文化区域对"禹"和"夏"的共同认知。2019 年随州枣树林墓地发现曾侯宝夫人芈加之墓，出土编钟铭文亦有"禹"与"夏"："惟王正月初吉乙亥，曰伯括受命，帅禹之绪，有此南洍。"[16]2009 年随州文峰塔曾侯与之墓编钟也出现了"临有江夏"："惟王正月吉日甲午，曾侯与曰：'伯括上帝，左右文武。彻殷之命，抚定天下。王遣命南公，营宅汭土。君庇淮夷，临有江夏。'"芈加是楚国公主，"芈"是楚国王族之姓，在古文字中写作"嬭"。叔夷钟叙及先祖商汤在伊尹辅佐下受天命而翦灭夏人统治九州，芈加编钟和秦公簋强调"禹迹"的同时也强调天命。《诗经·大雅·文王有声》"丰水东注，维禹之绩"；《诗经·商颂·殷武》"天命多辟，设都于禹之绩"。《国语·周语下》"帅象禹之功"和《诗经·鲁颂·宫》"缵禹之绪"大意相同。上至西周远至南土，"禹迹"与"夏"的观念也深入人心。叔夷钟出自齐国，但叔夷是商人后裔；秦公簋出自秦国，与商人有关联；芈加是楚人，芈本是羊叫声，与羌关系密切。清华简《厚父》记载了夏人后代对祖先的追述，亦提到大禹治水、奠定九州的伟绩。"禹迹""禹绩""禹绪"皆指大禹功业。无论夏人后裔，还是商人、周人后裔，都与"夏"是有亲缘关系抑或敌对关系，大禹并非出自某家某族之标榜[17]。

四川阿坝羌族藏族自治州茂县营盘山遗址出土了马家窑风格彩陶，牟托遗址石板墓、双耳罐、青铜器，被确认是羌文化遗存。2003 年重庆云阳出土东汉雍陟《景云碑》："先人伯杼，匪学惊慨，术禹石纽汶川之会。"唐代司马贞《史记索隐》引《世本》说："越，芈姓也，与楚同祖。"芈姓正是楚、越同源于羌的线索。

二　涂山之会，羌夷结盟

《左传·哀公七年》："禹合诸侯于涂山，执玉帛者万国。"《吕氏春秋·音初》禹过家门未之遇而巡省南土，涂山氏之女乃令其妾候于涂山之阳，作歌曰"候人兮猗"。"候人兮猗"被认为是南音之始，周公及召公取风以为《周南》《召南》。《北堂书钞》《艺文类聚》《太平御览》转引《吕氏春秋》佚文说，禹年三十未娶，遇九尾白狐，涂山人歌曰："绥绥白狐，九尾庞庞。成于家室，我都攸昌。"《乐府诗集·杂歌谣辞》有《涂山歌》更详细："绥绥白狐，九尾庞庞。我家嘉夷，来宾为王。成于家室，我都攸昌。天人之际，于兹则行。"《吴越春秋·越王无余外传》云："禹因娶涂山，谓之女娇。"亦有《涂山歌》略有不同："绥绥白狐，九尾庞庞。我家嘉夷，来宾为王。成家成室，我造彼昌。天人之际，于兹则行。"

《尚书·益稷》大禹自述："娶于涂山，辛、壬、癸、甲。启呱呱而泣，予弗子，惟荒度土功。"《孟子·滕文公上》说大禹"八年于外，三过其门而不入"。《吕氏春秋》说："禹娶涂山氏女，不以私害公，自辛至甲四日，复往治水。"《史记·夏本纪》："（大禹）劳身焦思，居外十三年，过家门不敢入。"涂山之地有会稽（今浙江绍兴）、江州（今重庆巴南区）、当涂（今安徽当涂）、濠州（今安徽怀远）等不同说法，可能会盟不止一次，亦有可能是涂山氏四处迁徙之结果。与涂山女结婚意味着西羌与东夷结盟，大会诸侯于涂山或会稽宣告治水成功，其间还可以小会或中会诸侯。

禹会村遗址，又名禹墟，位于安徽省蚌埠市西郊涂山南麓禹会区禹会村，因"禹会诸侯于涂山"而得名，是龙山文化时代淮河流域代表性文化遗址。禹会诸侯事件是夏代之前的大规模盟约活动，夯土祭祀台和大量陶器很可能是大型祭祀活动遗迹，还有棚屋区遗迹可能是禹会诸侯历史的又一重要物证[18]。司马迁不仅记述了禹会涂山，《史记·外戚世家》明确提出夏之兴以涂山："自古受命帝王及继体守文之君，非独内德茂也，盖亦有外戚之助焉。夏之兴也以涂山，而桀之放也以末喜。殷之兴也以有娀，纣之杀也嬖妲己。周之兴也以姜原及大任，而幽王之禽也淫于褒姒。故易基乾坤，诗始关雎，书美釐降，春秋讥不亲迎。夫妇之际，人道之大伦也。礼之用，唯婚姻为兢兢。夫乐调而四时和，阴阳之变，万物之统也。"如今禹会村仍流传"禹陈岗"、"禹会古台"、"禹帝行祠"和"禹帝庙"等旧称，并且建成了禹会村国家考古遗址公园。

三　羌夷建夏，夏在西北

《史记·夏本纪》："夏后帝启，禹之子；其母涂山氏之女也。"启是西羌大禹与东夷涂山氏之子，羌夷结合建立夏朝才有夷夏之分。夏以干戈立国。《史记·夏本纪》载禹巡视东方，按禅让原则传位给益，益让位给禹子启；有扈氏不服，启卒众亲征。甘之战确立了父子继承制建立了夏朝，也就标志着东亚进入了父权时代。《国语·周语下》："皇天嘉之，祚以天下，赐姓曰姒，氏曰有夏。"《史记·夏本纪》曰：禹为姒姓，其后分封，用国为姓，故有夏后氏、有扈氏……"姒"字"女"旁值得注意。《说文解字·女部》："姓，人所生也，从女、生，生亦声。"这说明姓源自母系而非父系[19]26-28。由此可见夏代之前从母，夏代开始从父，父系男权正是夏代开始巩固成制度。《史记索隐》又云："夏启所伐，鄠南有甘亭。"甘即甘亭，是有扈氏国南郊地名。《后汉书·郡国志》云："鄠县属右扶风，有甘亭。"《水经·渭水注》："渭水又东合甘水，水出南山甘谷。"《简明中国历史地图集》"夏时期全图"将有扈氏标注于西安附近[20]5-6。陕西户县（今为西安市鄠邑区）西南甘峪和甘亭一带正是齐家文化或客省庄二期文化分布区。

夏代历史重戎轻祀明显，孔甲好鬼神事淫乱，而桀不务德而武伤百姓。《史记·夏本纪》从启崩到桀亡四百余年，帝崩、子立、失国、征伐是主旋律。《古本竹书纪年》记载略有不同："益干启位，启杀之。"《韩非子》载："古者禹将传天下于益，启之人因相攻益而立启。"《战国策·燕策一》则曰："启与支党攻益而夺之天下。"《尚书·五子之歌》曰："太康尸位以逸豫，灭厥德，黎民咸贰。乃盘游无度，畋于有洛之表，十旬弗返。有穷后羿因民弗忍，距于河。"夏朝前期主要面临来自东方夷人的威胁，伯益之外还有两个东夷首领有穷氏后羿和寒浞先后篡位代夏。甘之战后还有启征西河，帝相元年征淮夷、二年征风夷及黄夷，后相二年征黄夷，柏杼子征于东海及王寿，不降六年伐九苑，后桀伐岷山……[21]3-10桀伐岷山是夏代末年重大事件。《古本竹书纪年》记载："后桀伐岷山，进女于桀二人，曰琬，曰琰。桀爱二女，无子，刻其名于苕华之玉，苕是琬，华是琰，而弃其元妃于洛，曰妹喜氏。妹喜氏以与伊尹交，遂以间夏。"汤遂灭夏，桀逃南巢。清华简《尹至》记载"（桀）宠二玉"。羌人出身的姜太公等与姬姓周人共创了周王朝。汉亦兴于蜀汉，与羌人有密不可分的联系。启本人是羌夷结合的产物，夏朝亦是羌夷战争的结果。羌人转变为夏人、周人、汉人是历史大趋势。故费孝通认为羌是"一个向外输血的民族"。古羌人是华夏民族的重要组成部分，不仅转化为夏人、周人、汉人，而且融入了藏族、彝族、白族、哈尼族、纳西族、傈僳族、拉祜族、基诺族、普米族、景颇族、独龙族、怒族、阿昌族、土家族等民族，还是当代羌族的直系祖先。

考古发掘与研究可以证明历史记载夏代开始进入父死子继的父权社会。仰韶文化、龙山文化的墓葬有贫富分化，但男女仍然相对平等，父系还是母系之争尚无定论。到了青铜时代，出现了赤裸裸的男女不平等，齐家文化时代的柳湾、皇娘娘台、秦魏家遗址就是典型代表。柳湾墓地发掘的马厂类型墓有1000余座，贫富分化明显但看不出男尊女卑。齐家文化墓葬中有合葬墓23座，合葬墓中成对成年人合葬墓有16座，一位死者仰身直肢躺卧棺内，另一人则被置于棺外。这清楚地显示棺内死者地位居尊，棺外死者处于从属地位，而被置于棺外死者是女性。确定性别合葬墓中，女性尸体旁的工具是纺轮，男性随葬工具为石斧、石刀、石凿、石锛，可见男女分工已经明显。M314男仰身直肢平躺于木棺内，40余岁；女在棺外右下角侧身屈肢面向男性，一条腿被压在棺下，16~18岁，显然是为墓主人殉葬[22]259。皇娘娘台遗址第四次发掘发现10座成年男女合葬墓和2座一男两女合葬墓，主要通过葬姿和陪葬物来体现男尊女卑[23]。秦魏家遗址上层24座合葬墓中有15座成人合葬墓：男性仰身直肢、侧身直肢或俯身直肢居右，女性屈肢侧身居左，生动地展示了女性卑躬屈膝形象[24]。张忠培认为齐家文化葬制达到了恩格斯说的父权统治典型阶段，应该把齐家文化时期划入父权制时代[25]。

陕北地区神圪垯梁遗址发现了石峁时代保存器物完整组合的大型墓M7，口小底大竖穴土坑墓，墓底中部有一具长方形原木棺，墓主为成年男性，仰身直肢；棺外西侧有一女性人骨，侧身屈肢，四肢呈捆绑状，面朝棺材[26]。壁龛中有六件陶器组合：斝、折肩罐、两只壶或尊、两只双耳杯（原报告分别称之为盆和双耳壶），其中一只大双耳杯是典型齐家风格。最近石峁遗址次级聚落出土了典型齐家文化的男尊女卑墓葬：一类大墓共三座有木棺、有壁龛、有殉人，男性墓主葬于木棺内，仰身直肢，随葬3至4件玉器；女性殉人位于墓主左侧棺外，侧身面向墓主，身上可见劈砍迹象。墓主右侧墓壁上有一半月形壁龛，龛内一般放置5件带石盖陶器，另有1至2件细石刃[27]。《史记》记载夏代世系显然是典型男权父系社会。考古发现齐家文化或石峁社会与历史记载夏代社会状况正好吻合。

齐家文化至今没有发现大墓，可能与火葬文化有关。周先人和夏人可能实行火葬，亦可能是至今没有发现夏代和周代王室墓的一个原因。齐家文化继承了东亚新石器时期的墓葬传统，又从中亚吸收了洞室墓、火葬及男女合葬文化，极大地丰富了中国墓葬文化。齐家文化墓葬的多样性反映了夏代社会文化的复杂性，亦可佐证齐家文化是夏文化。竖穴土坑墓、洞室墓、火葬墓体现了民族文化和信仰多样性，男女合葬墓体现了母系社会到男权社会的变革。齐家文化与夏朝不仅社会性质相同，又大体处于同一时空范围，从墓葬看可以肯定地说齐家文化就是夏代文化。

考古发现和研究亦可证明甘之战建立夏朝时已进入干戈王国。玉戈和铜戈均见于二里头文化遗址，但其源头可追溯到石峁或齐家文化。大型玉刀与玉戈是二里头、石峁遗址或齐家文化中的重要礼器。二里头遗址出土玉刀长达64厘米，共出土相对成熟的玉戈三件，可以追溯到石峁文化玉戈。三件石峁玉戈中有一件墨玉戈长29.4厘米，无援无胡较原始[28]。齐家文化遗址中不仅出土了众多玉刀，亦出土了玉戈形器和铜戈形器。喇家遗址M12与璧同出的戈形玉片可能是戈的始原[29]。此外，宗日遗址还出土了一件平面呈三角形的戈形器，残器长8.7厘米，宽2.2厘米，中间有脊，"戈形器"亦可以作为戈起源于齐家文化的一个佐证（图1）[30]。

戈被认为是夏民族或夏文化象征之一。从玉石戈到青铜戈的演变过程可以揭示戈的演变伴随着国家形成的过程[31]。赛伊玛—图尔宾诺铜矛见于青海西宁沈那遗址（图2），河南、山西、辽宁等地亦有分布[32]。铜斧亦见于甘肃广河齐家坪遗址和二里头遗址[33]。

图1　青海省博物馆展出宗日遗址齐家文化层出土戈形器（2016）

图2　青海博物馆展出沈那遗址出土铜矛（2016）

中国境内最早的铜箭镞见于青海柳湾遗址齐家文化层和石峁遗址中晚期。二里头遗址、石峁遗址、柳湾遗址齐家文化层不约而同地出现了青铜箭镞，标志着弓箭已成主战兵器。在此之前石制或骨制箭镞主要用来狩猎，青铜箭镞成为远射兵器大大提高了战斗力（图3）[①]。

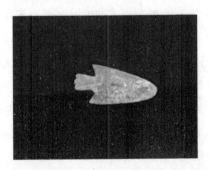

图3　青海省博物馆展出柳湾遗址齐家文化层出土铜箭镞（2016）

石峁、二里头遗址是两大夏代纪年之内的王都城址。夏代开始之时，良渚、石家河古城已经崩溃，唯有齐家文化方兴未艾，石峁古城欣欣向荣。石峁遗址早期是一座龙山文化古城，中期开始受到齐家文化或西北青铜游牧文化明显影响，出现了牛、羊、马和青铜器，还有齐家文化风格的墓葬、陶器和卜骨。马面、瓮城和皇城台等表明石峁遗址是都城遗址；祭祀和占卜是凝聚人群的核心手段[34]。石峁遗址中期开始进入青铜时代吸收了游牧文化，玉戈、铜镞表明战争迹象日益明显，男女明显不平等。夏代开始之际陶寺古城已被摧毁，二里头古城尚未兴起，石峁遗址正是东亚无与伦比的大城，最有可能是夏代首都。

石峁遗址出土了数以万计的羊骨，表明石峁时代已养羊成风。羌人以养羊著称，石峁遗址可能与羌人有关。石峁遗址和齐家文化居民一样用牛羊肩胛骨占卜决策，羌人继承了骨卜传统。《四川总志》记载松潘地区"灸羊膀以断吉凶"。《茂州志》："占卜……或取羊膊以薪炙之，验纹路，占一年吉凶，曰炙羊膊。"石峁遗址石砌建筑众多，羌族继承了石砌建筑传统，碉楼和民居都是证据。口弦是石峁遗址居民和羌人共同喜爱的乐器。2016～2017年皇城台发掘出20余件形制多样的骨制口弦，距今约4000年，制作规整，中间有细薄弦片，一般长8～9厘米、宽逾1厘米，厚仅1～2毫米。这是目前国内所见正式发掘出土年代最早、数量最多的簧乐器，有人类音乐"活化石"的美誉。《诗经·小雅·鹿鸣》："我有嘉宾，鼓瑟吹笙。吹笙鼓簧，承筐是将。"口弦承担着沟通人神天地功能，是一种世界性乐器，与各民族的社会生活关系密切。口弦与羌笛一样是羌族特色乐器，"小小竹片中间空，麻绳扯奏响叮咚，房前屋后碉楼上，花前月夕起春风"。羌族口弦表演形式大多为独奏或合奏，口弦和羌笛均已列入四川省第一批非物质文化遗产名录。

都城迁移是普遍现象，商王朝有"前八后五"之说；夏王朝也会有多处都城[35]。石峁遗址位于峁上称之为阳城正合适，当是夏王朝第一个都城。《今本竹书纪年》云："帝禹夏后氏，元年壬子，帝即位，居冀。"《尚书·禹贡》："壶口治，梁及岐。"孔安国传云："壶口在冀州，梁、岐在雍州，从东循山治水而西。"石峁、二里头正位于雍冀之间。从石峁到二里头顺黄河而下十分方便。逐鹿中原，北魏、唐、辽、金、元、清重演了夏、商、周、秦、汉五朝史。鲜卑从东北进入蒙古草原发展壮大从平城迁都洛阳，鲜卑后裔李渊父子从晋阳起兵入关中建都长安，东都迁洛阳，忽必烈初都长城外称上都，入长城始称大都。满洲从东北进入中原也是先定都长城外，后迁都长城内，还在长城地带建立避暑山庄作为陪都。龙山文化晚期高墙林立，齐家文化缺城少墙；二里头显然是座移民新城。分子人类学研究表明二里头居民不少来自西方或北方，当然也有来自南方或东方，显示是丰富遗传多样性[36]29-46。族属复杂化证明二里头是中国最早的移民城市[37]136。其实石峁位于东西交流、南北互动的要冲，亦是更早的外来人口众多的城市。

长城地带或所谓 400 毫米降雨线不仅是农牧分界线，更是农牧经济与文化接合部。石峁遗址是已知规模最大的龙山时期至夏代城址；具备了早期王国都邑的必要条件。石峁遗址位于半月形文化带的核心地区，正是东亚定居农业文化与中亚青铜游牧文化的结晶。二里头遗址是夏代中晚期都城的，石峁作为夏代首都绝非偶然。结合历史记述与考古发现可以从年代、时代、地理、经济、社会、文化等方面进行综合论证齐家文化正是夏代遗迹，而石峁遗址和二里头遗址分别为夏代的首都和末都。

讨论与结语

神话传说与民族历史考古相结合，大致可以复原大禹西羌与华夏历史的关键。东晋常璩撰写的《华阳国志》是一部记述中国西南地区从远古到东晋永和三年（347）的历史、地理、人物著作，与《越绝书》并称中国现存最早的地方志。"华阳"见于《尚书·禹贡》："华阳黑水惟梁州。"梁州东至华山之阳西至黑水之滨。《华阳国志·序》云："唯有天汉，鉴亦有光。实司群望，表我华阳。"《禹贡》九州之梁州在华山之南而得名"华阳"。山南为阳、山北为阴，华阳、华阴表明秦岭曾经是泰华或华山。《史记·孙子吴起列传》："夏桀之居，左河济，右泰华，伊阙在其南，羊肠在其北。"右泰华就是秦岭或华山，历代古籍中泰华与秦岭交叠出现，意义大体相同。《华阳国志·蜀志》曰："蜀之为邦，天文，井络辉其上，地理，岷嶓镇其域，五岳则华山表其阳，四渎则汶江出其徼。故上圣则大禹生其乡，媾姻则黄帝婚其族，大贤彭祖育其山，列仙王乔升其冈。而宝鼎辉光于中流，离龙仁虎跃乎渊陵。开辟及汉，国富民殷，府腐谷帛，家蕴畜积。《雅》《颂》之声，充塞天衢，《中穆》之咏，侔乎《二南》。"《山海经·西山经》云："华山一名太华。"《白虎通》云："西方华山，少阴，用事。万物生华，故曰华山。"《华山记》云："山顶有池，生千叶莲花，服之羽化，因曰华山。"清代胡渭《禹贡锥指》云："《山海经》有阳华之山，即华阳"，"其地即古阳华薮，盖薮因山得名，山薮在华山之阳，正禹贡之华山也"。

《华阳国志·巴志》云："昔在唐尧，洪水滔天，鲧功无成。圣禹嗣兴，导江疏河，百川蠲修……历夏、殷、周，九州牧伯率职。周文为伯，西有九国。及武王克商，并徐合青，省梁合雍，而职方氏犹掌其地，辨其土壤，甄其贯利，迄于秦帝。汉兴，高祖借之成业，乃改雍曰凉，革梁曰益，故巴、汉、庸、蜀属益州。"江州县郡治涂山有禹王祠及涂后祠，"会诸侯于会稽，执玉帛者万国，巴、蜀往焉"。

《史记·越王句践世家》记载越国为夏朝少康庶子后裔："越王句践，其先禹之苗裔，而夏后帝少康之庶子也。封于会稽，以奉守禹之祀。"东汉赵晔编撰《吴越春秋》与《华阳国志》遥相呼应，亦明言吴越统治阶级分别来自大西北周夏王室。《吴越春秋》卷一《吴太伯传》云："吴之前君太伯者，后稷之苗裔也。后稷其母邰氏之女姜嫄，为帝喾元妃……古公三子，长曰太伯，次曰仲雍，雍一名吴仲，少曰季历。季历娶妻太任氏，生子昌。昌有盛瑞。古公知昌圣，欲传国以及昌……太伯、仲雍望风知指，……二人托名采药于衡山，遂之荆蛮。断发文身，为夷狄之服，示不可用。古公卒，太伯、仲雍归，赴丧毕，还荆蛮。国民君而事之，自号为勾吴。"后稷之母姜嫄与羌人相关。《吴越春秋》卷六《越王无余外传》记载，禹周行天下，归还大越，登茅山以观诸侯，防风后至，斩以示众。之后大会计治国之道，更名茅山为会稽之山，国号曰夏。命群臣曰："吾百世之后葬我会稽之山，苇椁桐棺，穿圹七尺，下无及泉，坟高三尺，土阶三等。"启使以岁时春秋而祭禹于越，立宗庙于南山之上。禹以下六世而得帝少康。少康恐禹祭之绝祀，乃封其庶子于越，号无余。无余传世十余，禹祀断绝……自后稍有君臣之义，号曰无壬。壬生无瞫，瞫专心守国，不失上天之命。无瞫卒，或为夫谭。夫谭生元常，越之兴霸自元常矣。由此可知，吴越统治阶级均源自大西北羌禹或姬姜，进一步佐证了司马迁一家之言，亦被吴越传说与历史证实。近年考古新发现亦证明司马迁归纳总结不无道理。良渚文化早于夏，相当于虞朝，琮、璧、钺、璜进入中原，加上龙山文化圭、璋、刀，演变成齐家文化或石峁玉礼器体系。传统农耕礼乐文化与外来青铜游牧文化结合形成了复合文明。东亚定居农业文化只是中国文明形成的基础，三代西北青铜游牧文化是中国历史发展的根本动力[38]。

《尚书·君奭》："惟文王尚克修和我有夏；亦惟有若虢叔，有若闳夭，有若散宜生，有若泰颠，有若南宫括。"虢叔、闳夭、散宜生、泰颠、南宫括难以详考，出身戎狄可能性很大。史载黄帝后裔戎狄与周人皆有姬姓。白狄与周人同姓，说明他们同族。周人出自白狄，与其通婚者为戎族，自称则为"有夏"。"夏"不仅是一个王朝，还是民族与文化概念，兴于大西北而入主中原，与大禹、炎黄、羌姜、戎狄、鬼方、匈奴都密切相关[39]。夏商周秦汉唐无不兴于大西北，北魏辽金元清亦然。周人宣称自己是夏朝的继承者。周人是两大姓氏通婚而形成的民族，周人父系为姬姓，而母系来源多为姜姓。《史记·周本纪》记载："周后稷，名弃。其母有邰氏女，曰姜原。姜原为帝喾元妃。"周族的祖先后稷是姜原所生，母系来源于姜。后来姜姓一直在周朝发挥重要的作用，如著名的姜子牙与周武王共创周朝。清末王闿运著《尚书笺》在《康诰》"肇造我区夏"直言："夏，中国也。始自西夷，及于内地。"

禹兴于西北羌戎葬于东南会稽是中国历史大势缩影。大禹治水征三苗划分九州为夏王朝建立奠定了基础。章太炎指出华、夏、汉祖先居住在雍州和梁州，"然神灵之育自西方来，以雍梁二州为根本。宓牺生成纪，神农产姜水，黄帝宅桥山，是皆雍州之地。高阳起于若水，高辛起于江水，舜居曲城，禹生石纽，是皆梁州之地。观其帝王所产，而知民族奥区，斯为根极。雍州之地东南至于华阴而止，梁州之地东北至于华阳而止，就华山以定限，名其土曰华，则缘起如是也。其后人迹所至，遍及九州"。至于秦汉华之名始广，华本国名非种族之号。夏之为名，实因夏水而得，地在雍梁之际；夏本族名，非邦国之号，"汉家建国，自受封汉中始，于夏水则为同地，于华阳则为同州，用为通称，适与本名符会，是故华云，夏云，汉云，随举一名，互摄三义。建汉名以族，而邦国之意斯在。建华名以为国，而种族之义亦在。此中华民国之所以谥"[40]。

注释

①2016 年 8 月 "早期石城和文明化进程——中国陕西神木石峁遗址国际学术研讨会"
　期间邵晶展示了最新出土铜镞和石范。

参考文献

［1］傅斯年．夷夏东西说［G］//中央研究院历史语言研究所集刊外篇·庆祝蔡元培先
　　生六十五岁论文集，1935.

［2］陈梦家．殷墟卜辞综述［M］．北京：中华书局，1988.

［3］徐中舒．再论小屯与仰韶［G］//安阳发掘报告：第三期，1931.

［4］徐中舒．夏代的历史与夏商之际夏民族的迁徙［M］//徐中舒．先秦史论稿．成
　　都：巴蜀书局，1992.

［5］翦伯赞．先秦史［M］．北京：北京大学出版社，1990.

［6］顾颉刚．九州之戎与戎禹［G］//吕思勉，童书业．古史辨：第七册．上海：上海
　　古籍出版社，1982.

［7］顾颉刚．顾颉刚全集：宝树园文存卷四［M］．北京：中华书局，2011.

［8］顾颉刚．从古籍中探索我国的西部民族：羌族［J］．社会科学战线，1980（1）：
　　117 – 152.

［9］李德书．大禹传［M］．北京：天地出版社，2020.

［10］李旻．重返夏墟：社会记忆与经典的发生［J］．考古学报，2017（3）：287 – 316.

［11］赵林．商代的羌人与匈奴：试论产生中国人的若干体质与文化上的背景［D］．台
　　湾政治大学边政研究所，1985.

［12］白川静．羌族考［G］//白川静．甲骨金文学论丛：第九集，京都：朋友书店，
　　1958.

［13］姚孝遂．商代的俘虏［G］//吉林大学古文字研究室．古文字研究：第一辑．北
　　京：中华书局，1979.

［14］郭沫若．郭沫若全集：历史编第一册［M］．北京：人民出版社，1982.

［15］王国维．古史新证［M］．长沙：湖南人民出版社，2010.

［16］郭长江，等．嬭加编钟铭文的初步释读［J］．江汉考古，2019（3）：9 – 19.

［17］陈民镇．新出嬭加编钟所见 "禹" 与 "夏"［N］．中华读书报，2019 – 09 – 25
　　（15）.

［18］王吉怀，赵兰会．禹会村遗址的发掘收获及学术意义［J］．东南文化，2008（1）：
　　20 – 25 + 98 – 99.

［19］ 杨希枚. 杨希枚集［M］. 北京：中国社会科学出版社，2006.

［20］ 谭其骧. 简明中国历史地图集［M］. 北京：中国地图出版社，1991.

［21］ 张洁，戴和冰. 帝王世纪·世本·逸周书·古本竹书纪年［M］. 济南：齐鲁书
社，2010.

［22］ 青海省文物管理处考古队，等. 青海柳湾：乐都柳湾原始社会墓地［M］. 北京：
文物出版社，1984.

［23］ 甘肃省博物馆. 武威皇娘娘台遗址第四次发掘［J］. 考古学报，1978（4）：421 -
448 + 517 - 528.

［24］ 中国科学院考古研究所甘肃工作队. 甘肃永靖秦魏家齐家文化墓地［J］. 考古学
报，1975（2）：57 - 96 + 180 - 191.

［25］ 张忠培. 中国父系氏族制发展阶段的考古学考察：对含男性居本位的合葬墓墓地
的若干分析（续）［J］. 吉林大学社会科学学报，1987（2）：31 - 42.

［26］ 王炜林，等. 陕西神木县神圪垯梁遗址发掘简报［J］. 考古与文物，2016（4）：
34 - 44 + 145.

［27］ 邵晶，裴学松，等. 石峁文化次级聚落：陕西府谷寨山石城考古首次全面揭露石
峁文化大型墓地［OB/EL］. 文博中国，https：//www. sohu. com/a/420734886_
381579.

［28］ 戴应新. 我与石峁龙山文化玉器［G］∥杨伯达. 中国玉文化玉学论丛：续编. 北
京：紫禁城出版社，2004.

［29］ 邓淑苹，万邦玉帛：夏王朝的文化底蕴［M］∥中国社会科学院考古研究所. 夏
商都邑与文化：二. 北京：中国社会科学出版社，2014.

［30］ a 青海省文物管理处，等. 青海同德县宗日遗址发掘简报［J］. 考古，1998（5）：
1 - 14 + 35 + 97 - 101；b 格桑本，陈洪海. 宗日遗址：文物精粹论述选集［M］.
成都：四川科技出版社，1999.

［31］ 叶舒宪. 戈文化的源流与华夏文明发生［J］. 民族艺术，2013（1）：24 - 31.

［32］ 林梅村. 塞伊玛—图尔宾诺文化与史前丝绸之路［J］. 文物，2015（10）：49 -
63 + 1.

［33］ 邵会秋，杨建华. 塞伊玛—图尔宾诺遗存与空首斧的传布［G］∥教育部人文社
会科学重点研究基地吉林大学边疆考古研究中心. 边疆考古研究：第 10 辑. 北
京：科学出版社，2011.

［34］ 孙周勇. 公元前第三千纪北方地区社会复杂化过程考察：以榆林地区考古资料为
中心［J］. 考古与文物，2016（4）：70 - 79.

［35］ 孙庆伟. 鼏宅禹迹：夏代信史的考古学重建［M］. 北京：生活·读书·新知三联

书店，2018.

［36］刘皓芳 . 河南二里头遗址夏代人群的分子考古学研究［D］. 中国科学院遗传与发育生物学研究所，2011.

［37］许宏 . 最早的中国［M］. 北京：科学出版社，2009.

［38］易华 . 良渚文化与华夏文明［J］. 中原文化研究，2019（5）：5 – 13.

［39］易华 . 夷夏先后说［M］. 北京：民族出版社，2012.

［40］章太炎 . 中华民国解［N］. 民报，1907（17）.

作者简介：易华，男，中国社会科学院民族学与人类学研究所研究员

原文刊于：《中原文化研究》（郑州），2021.1：21 ~ 29

论大禹和夷夏联盟的禅让制度

李竞恒

摘　要： 早期中国文明的政治文化版块主要呈现为夷夏东、西结构，唐尧虞舜和夏商周三代王朝的更迭，便是东、西不同部族集团的轮流坐庄，禅让也是在这个政治联盟规则内的贵族选举制度。大禹能成为夷夏联盟集团的盟主，既有自身在治水、战争等方面贡献的因素，也是因为他的前一任盟主虞舜属于东部集团，这一任的盟主便只能在大禹所在的西部集团中产生。相应的，大禹之后选定的皋陶、伯益，也是作为东部集团的候选人。从禅让到家天下，本质上是一脉相承的，即该盟主以家族形式赢得天下的良好口碑，保有其盟主权利，履行其盟主义务。如果该家族不再能履行其职责，便会被各部族首领举行的贵族会议推举的新盟主取代。《孟子·万章上》引孔子之言说"唐虞禅，夏后、殷、周继，其义一也"，就是说夷夏联盟的禅让和汤武放伐，本质上是一回事。

关键词： 夷夏东西；禅让；联盟；大禹

大禹时代前后的政治结构主要是由东部诸"夷"和西部诸"夏"通过联合治水、对外征伐等方式实现的合作联盟。大禹在夷夏联盟的发展过程中起到了重要的推动作用，并成为早期国家夏朝的奠定者。本文试从大禹的政治功业等角度，分析当时夷、夏联盟的具体合作方式与传说中"禅让"的实质。

一　大禹时代"夷夏东、西"的
政治文化结构

傅斯年最早提出"夷夏东西说"，认为东晋以前中国地理的文化大板块是按照东、西结构展开的，此后才变为南北结构。东部和西部地区的对峙交替进行，夏朝是偏西部的，与东部的诸夷对峙，后羿、寒浞和夏王的竞争就是这种关系。东部的商族取代夏朝，是东部对西部的胜利。商朝打击西部鬼方，也是东部对西部的胜利。西部的周族灭商，以及周朝击败淮夷，又是西部战胜东部。秦灭六国，楚汉战争之类都带有夷夏东西竞争的色彩[1]1-55。大禹所属的夏族，相对于东部崇拜鸟的各种夷族来说，正好就是西部地区。体现在考古上，就是河南龙山文化和山东龙山文化的区别。徐旭生指出，西部华夏集团的源头，发祥于今陕西省的黄土原上，再逐渐顺着黄河两岸散布于中国北方与中部[2]55。从近年来陕北神木石峁遗址的考古来看，陕北地区很可能就是黄帝部族的活动范围[3]。

东部夷族和西部各族群之间向有斗争，早在炎黄部族对东部蚩尤部族征伐以来，二者之间就冲突不断。但后来漫延整个黄河中下游地区的巨大洪水，促成了这两个集团之间的联合与合作，既在合作中斗争，又在斗争中合作，礼仪文化方面则互相交融。尧都所在现在一般认为是山西襄汾的陶寺遗址，属于偏西部的文化。但在陶寺遗址中却有来自东部地区的元素，例如大墓中出土的鼍鼓。鼍鼓是用鳄鱼皮制作的礼器，在陶寺所在的区域，当时并不适合鳄鱼生存，其地也没有其他鳄鱼制品的发现。但在东部地区，鳄鱼制品和礼器是比较常见的，如大汶口和泗水尹家城遗址中都发现有相当数量的鳄鱼骨板。陶寺的鼍鼓作为礼器，很可能是东部地区作为礼物赠送甚至贡纳而来的。类似的，石峁遗址中所见的鳄鱼骨，可能也来自东部地区。文献中所见尧舜时期四岳、十二牧之类的合作议政，其中东部地区酋长占有相当比例，正是他们的参与促成了最终的夷夏联盟政治格局。

体现在文化格局和信仰上，西部地区多崇拜龙蛇，东部地区多崇拜凤鸟。尧都陶寺遗址有著名的龙纹陶盘。20世纪80年代初，中国社会科学院考古研究所在山西襄汾县陶寺遗址的几座大墓中，发现了几件龙形陶盘。在 M3072 中出土了一件着黑陶衣，内壁磨光，以红、白彩描绘出龙形的陶盘。该盘通高 8.8 厘米，口径 37 厘米，底径 15 厘米，沿宽 1.8 厘米[4]。此种龙纹，作蛇躯鳞身，豆状圆目，张巨口，上下排牙，长舌外伸，舌前部呈树杈状分支，有的在颈部对称描绘出鳍。身体内卷，龙尾在盘底中心，形态上与蛇相似[5]。许宏认为，陶寺出土之盘龙纹陶盘，有盘曲状的朱红色龙纹，巨口长舌，无角无爪，似蛇非蛇，似鳄非鳄。"应是两种或两种以上动物的合体"[6]9。王震中认为陶寺遗址就是文献中尧帝陶唐氏都邑的所在，《左传·昭公二十九年》《襄公二十四年》《国语·晋语八》都曾记载陶唐豢龙、御龙之事。今本《竹书纪年》记帝尧陶唐氏之母得神龙负图，《潜夫论·五帝志》言尧母庆都与龙合婚，《帝王世纪》也记载尧在唐梦御龙而登天。这些文献中对陶唐和龙关系的记载，能对应陶寺彩绘龙盘的"赤龙图腾崇拜"[7]329-330。从这些材料来看，西部地区的尧帝陶唐氏，具有龙崇拜的文化，并将其体现在礼器之上。大禹所在的夏后氏，也是同属西部集团的，文献和考古中的夏王、夏人都与龙蛇关系密切，这个会在后文中详细展开。大禹本身，其"禹"字从虫蛇，顾颉刚就怀疑"大禹"本义是青铜器上的龙蛇类纹饰。

东部地区的诸夷部族，有广泛的鸟或凤崇拜文化，其姓多从"风"，古文"风""凤"同源，也反映了这种联系。傅斯年认为，早期中国的山东全境、河南东部、江苏之北、安徽之东北、河北之渤海沿岸，以及跨海而包括辽东至朝鲜两岸，分布着太皞、少皞、有济、徐方诸部，风盈偃诸姓，这些东部族群全部被称为"夷"[1]28。20 世纪 60 年代，顾颉刚提出了东方有"鸟夷族"之说，并详细考察了这些东方夷族与鸟崇拜之间的关系。"鸟夷"之说，最早见于《尚书·禹贡》，一在冀州，一在扬州。顾颉刚认为，唐代玄宗受伪孔传的影响，令卫包改"鸟"为"岛"，成为"岛夷"二字。但在《史记·夏本纪》记冀州"鸟夷"，《集解》引郑玄注中仍保留着早期"鸟夷"的解释，不过郑玄认为这是"东北之民，搏食鸟兽者"。此外，《汉书·地理志》中也记载冀州、扬州有"鸟夷"分布的情况。伪孔传中其实还是作"鸟夷"，只是读为"岛"音，后来在唐宋被正式改为"岛夷"。有学者根据顾颉刚的思路，指出东方为鸟夷的中心，"居住在渤海、黄海和东海的西岸的，在长夷之外，鸟夷是唯一的大族了"[8]681。顾颉刚的学生童书业，也有关于"鸟夷"的考证文章，他认为鸟夷是以鸟为图腾的部族。他根据殷墟卜辞中殷人高祖作鸟首人身，并结合传世文献中"玄鸟生商"等证据，指出殷人属于东方鸟夷。又根据"淮夷"之"淮"为从鸟之"隹"，可知古代淮夷族群也是以鸟为崇拜对象的。他还考证了秦、赵的祖先都与鸟崇拜有关，所以可知"东方部族多以鸟为图腾"[9]128。

夷夏东西是大禹时代在族群、文化、政治版块上的基本格局，夷夏之间在文化上存在差异，西部族群崇拜龙蛇，东部族群崇拜鸟和凤。政治上二者既互相竞争，又合作共同治理洪水。帝尧属于西部的首领，下一任首领舜则来自东部地区，即《孟子·离娄下》所说"舜生于诸冯，迁于负夏，卒于鸣条，东夷之人也"。大禹这位西部首领的治水活动，正是发生在东部首领舜担任联盟君长时期，而禹的众多同僚如皋陶、伯益等也是来自东部的部族酋长。大禹诛杀东部地区的防风氏首领，也是一种对东部鸟夷的立威。大禹死前要禅位给东部首领伯益，也是夷夏联盟之间博弈合作的手段。传说中的禅让制，其实和夷夏集团之间的合作方式有密切关系，这就需要考察当时的夷夏政治联盟问题。

二　夷、夏政治联盟的合作方式

大洪水对黄河中下游地区的肆虐破坏，导致西部和东部必须携手合作，共同治理洪水，这将早期主要以斗争为主的夷夏关系，转变为以合作为主，同时又进行斗争或竞争。《尚书·尧典》记载，西部首领尧担任联盟最高君长之时，任命东部的羲氏、和氏酋长掌管天文，制定历法。并将自己唐尧族的二女嫁给东部有虞族的舜，这其实是一种夷夏联盟之间的联姻关系。西部首领尧执政时期，不但重用东部地区的羲氏、和氏等酋长，而且凡事要充分咨询四岳。根据孔安国的解释，四岳是东部酋长羲氏、和氏的四个儿子，为"分掌四岳之诸侯"。按照这个说法，尧的行政班底全是东部酋长，他成了一个被东部人架空的西部光杆司令，所以孔传的解释有些牵强了。按照《国语·周语下》的记载，"共之从孙四岳"因辅助大禹治水有功，被赐姓姜，很显然四岳中有西部羌系的共工部落酋长，而不仅仅是东部的。所以合理的解释是，四岳其实就是洪水中丘居的诸侯，西部和东部的酋长数量基本是对半分的。这种政治结构，是东西部夷夏联盟一方面团结合作，另一方面又实力博弈的先决条件。

《尚书·舜典》中记载，尧后下一任东部舜帝执政时期与四岳、十二牧共治，任命西部的禹担任司空，西部地区的弃担任农官，任命东部地区的契担任司徒，东部的皋陶担任士，西部的垂掌管百工①，东部地区的殳斨、伯与也掌管工业，东部地区的伯益、朱、虎、熊、黑担任山虞，西部地区的伯夷、夔、龙掌管礼乐。总体来看，舜帝时期参与共治的首领，来自东部和西部地区的都有，东部的首领比西部略多。这个行政班底的组合也是有利于夷夏联盟的。

这种合作关系，很可能不是简单地突然从尧舜时期开始的，从上博楚简《容成氏》来看，西部的尧帝之前，当时有一个东部的联盟大君长担任夷夏联盟的最高首领。根据郭永秉的研究，当时有虞部族的首领有虞迵是联盟君长，根据其释读简文："于是乎始爵而行禄，以让于有虞迵，有虞迵曰：德速衰……于是乎不赏不罚，不刑不杀，邦无饥人，道路无殇死者。上下贵贱，各得其所，四海之外宾，四海之内庭，禽兽朝，鱼鳖献。有虞迵匡天下之政十有九年而王天下，三十七年而泯终。昔尧处于丹府与藋陵之间，尧……不劝而民力，不刑杀而无盗贼，甚缓而民服。"[10]106-143 根据简文记载，在尧这位西部首领掌管"天下"之前，曾经由东部的有虞部族首领"迵"掌管"匡天下之政"，这个"天下"也就是将西部诸夏部族和东部诸多夷部族联系在一起的夷夏联盟。而有虞迵之前还存在着禅让，所谓"以让于有虞迵"，可知有虞迵的夷夏联盟君长身份也来自禅让，前一任联盟君长应该是属于西部集团的。

有虞迵的君长之位传给了西部的尧，那么尧再将君长之位传回给有虞部族的舜，就是情理之中的了，而不是后世所说的舜只是因为贤德，便获取了"天子"之位，他的继位其实很大程度源于夷夏联盟最高君长之位的"轮流坐庄"制度。而舜再将君位传回给西部夏族首领大禹，也是尊重了夷夏联盟的"轮流坐庄"制度。大禹本来也按照这个传统将君位传给东部首领皋陶，皋陶死后又选择了东部首领伯益，但这个规矩被儿子启打破，这个打破导致了东部族群首领后羿和寒浞的报复。

孙庆伟指出，过去古籍认为大禹禅让给皋陶，是因为皋陶贤能之说是不成立的，因为皋陶死后大禹又选择了和皋陶同属东夷少皞部族的首领伯益，这其中丝毫看不出有"尚贤"的因素。"禹与皋陶、伯益之间的禅让

实际上是华夏与东夷集团的轮流执政，这才是禅让制度所反映的历史真实。"[11]107-108

以此视之，夷夏联盟时期最高君长东、西部身份的顺序，就变得非常有规律：

以让于有虞迥者（西）→有虞迥（东）→唐尧（西）→虞舜（东）→夏禹（西）→皋陶、伯益（东）→夏启（西）→后羿、寒浞（东）→少康（西）

三　禅让是"轮流坐庄"前提下的酋长选举

禅让制度很显然不是过去人们想象的"尚贤"那么简单，也不是韩非子或《竹书纪年》乃至曹丕"舜禹之事，吾知之矣"之类想象的暴力更迭或阴谋诡计。除了上面我们揭示的夷夏联盟轮流坐庄制度外，近代以来很多学者也揭示了禅让背后有贵族选举制这一历史背景。钱穆指出"当时尚未有国家之组织，各部落间互推一酋长为诸部落之共主"，"此如乌桓、鲜卑、契丹、蒙古，其君主皆由推选渐变为世袭，唐、虞时代之禅让，正可用此看法"[12]12。徐中舒也说"不仅夫余、契丹有推选制度，就是蒙古族和满族也曾经有过推选制度"，"元朝在宪宗以前，立皇帝，还是由忽立而台大会推举的"，"要是根据民族学的研究和前述契丹、夫余、蒙古族和满族的推选制度来看，我们认为所谓禅让制度，本质上就是原始社会的推选制度"[13]6-7。裘锡圭也认为"广泛流传的禅让传说很可能的确保留了远古时代曾经实行过的君长推选制的史影"[14]270。近代以来的学者，多有指出禅让其实是具有贵族选举制的这一背景。

杜勇认为，五帝时期是一种贵族国家联盟，"在尧、舜部落联合体中，四岳、共工、皋陶、禹、契、弃等人实际都是来自不同部落国的首领，同时兼任联合体的高级职务"[15]38。需要注意的是，当时能参与选举，具有被选举资格的，至少是夷夏联盟各部族的贵族，而不是普通平民。所谓舜是耕于历山的"匹夫"之说，只是战国以来传统贵族制解体，平民寒士阶层造出的传说。与此类似的还有伊尹是媵臣、傅说是罪犯、太公为朝歌屠夫之类。舜的身份是有虞部落的贵族，因此才有资格参与被选举。在后世的想象中，尧禅让给舜，而没有传位给自己的儿子丹朱，舜传位给禹，而没有传位给自己的儿子商均，那么丹朱、商均就沦为了平民。但实际上，夷夏联盟最高君长是有双重身份的，他既是本族的酋长，也是夷夏联盟的君长，夷夏联盟君长的选择本身就是西部、东部数量大致对等的酋长们推举产生的。《史记·五帝本纪》记载说"尧子丹朱，舜子商均，皆有疆土，以奉先祀"。所以，尧禅位给舜，他的儿子丹朱仍继承尧陶唐部落酋长之位，舜禅位给禹，他的儿子商均还是继承舜有虞部落酋长之位。

从程序上来说，禅让要遵守两个条件：第一是下一任夷夏联盟君长必须在"夷夏东西"的不同方产生，比如现任夷夏联盟君长属于西部集团，那么下一任联盟君长的候选人就一定得在东部集团中产生，反之亦然；第二是候选人必须在酋长圈享有良好的口碑，尤其是能够根据各部落之间都遵循的习惯法，提供司法裁判的服务，以及承担公共工程或拥有军事征伐的功绩等，以此赢得良好口碑和酋长们的拥戴。传世文献和出土文献中，都有反映这些情况的信息。《史记·五帝本纪》记载，舜被推举为尧的继承者，乃是"众皆言于尧曰""岳曰"的结果，当时尧不同意让鲧去治水，但是四岳、"百姓"可以"强请"，帝尧也只能服从这些酋长的意见。"百姓"一词，古语中并非指平民，贵族才有姓氏。梁启超说"百姓为贵族专称"[16]88。百姓在金文中又作"百生"，如杨树达先生所说"百生或与诸侯连言，或与里君连言，百生之非庶民如今语之义，又可知矣"[17]335。所以能决定夷夏联盟政策的这些百姓，其实和四岳一样，都是当时的各族酋长。舜能赢得这些酋长的拥戴，获取良好口碑，一方面是其身份，他作为上上任联盟君长有虞迥的后人，具有天然优势；另一方面也因为他具有统治者的威仪、宗教神秘力量，以及根据古老习惯法调解建立治理秩序的能力。

《五帝本纪》载舜"宾于四门，四门穆穆，诸侯远方宾客皆敬"，这是因为舜具有统治者的威仪，其人格得到了酋长们的认同。"尧使舜入山林川泽，暴风雷雨，舜行不迷"，这是舜所具有的神秘主义力量的展现。古人认为山林川泽是鬼神的居处，暴风雷雨也是鬼神所掌控的力量，舜能够在超自然力量的考验中淡定从容，正是因为有鬼神庇佑，以及他本人也掌握了超自然力量的非凡人格与技能。这些能力，在当时神权时代是天然统治合法性的展现。"诸侯朝觐者不之丹朱而之舜，狱讼者不之丹朱而之舜，讴歌者不讴歌丹朱而讴歌舜"，这段记载中尤其值得注意的是，舜给"狱讼者"提供根据习惯法的调解。

远古时期涉及氏族成员或部族之间的纠纷时，当时人会寻找口碑良好、德高望重的首领依据习惯法进行仲裁或调解。柳宗元在《封建论》中谈到"争而不已，必就其能断曲直者而听命焉。其智而明者，所伏必众，告之以直而不改，必痛之而后畏，由是君长刑政生焉"[18]44，正是描述上古习惯法由"能断曲直"的君长耆老们裁决。梁启超也曾谈到，上古之时"诸部落大长中，有一焉德望优越于侪辈者，朝觐、狱讼相与归之"[16]89，也言及狱讼之事会寻找德望较高的部落首领进行裁决。《三国志·魏书·乌丸鲜卑东夷传》记载，乌桓部落"常推募勇健能理决斗讼相侵犯者为大人"，能调解决斗和诉讼的人，就可以被推举为"大人"。在过去的凉山地区，一个黑彝哪怕原本并无名气，倘若能成功调解几桩诉讼纠纷，名声便会很快传播于家支内外，人们有急事便愿意上门求助[19]496。舜掌握了当时习惯法的丰富知识，并且因为具有公正的德性，其裁决让双方酋长都感到满意和信服，因此其他氏族首领都愿意找他来裁决诉讼和调解纠纷，他的名气就越来越大[20]。"狱讼者不之丹朱而之舜"，这也是酋长会议最终推举舜成为夷夏联盟君长候选人的重要因素。

四 大禹和禅让制度

大禹能在舜帝晚期被酋长们推举为夷夏联盟的君长，也是因其各种能力与功业，赢得了酋长们的口碑。

首先，他是夏后氏部族的君长，出身高贵拥有候选人资格。他本身也拥有非凡的超自然人格属性，在当时的神权时代，这是重要的光环和获取权力合法性的来源。上博楚简《子羔》篇记载大禹的出身是"划于背而生，生而能言，是禹也"[21]193。今本《竹书纪年》也说大禹母曰修己，"修己背剖，而生禹于石纽"，划背、剖背生大禹的神迹，二者记载完全一致。过去一般认为今本《竹书纪年》史料价值不高，但依汉学家夏含夷（Edward L. Shaughnessy）所说，今本《竹书纪年》至少其中一部分早在5世纪末已经存世，在北宋前期也在以不同形式流传。换言之，它是《竹书纪年》的一种版本，而不是王国维所谓的伪书[22]160-165。倪德卫（David S. Nivison）也认为，今本《竹书纪年》几乎没有经过实质上的改动，属于公元前4世纪的一部真书[23]46-47。笔者认为，这些观点是值得参考的。其记载的大禹出生神迹，与战国楚简能够印证。另外，也有材料说大禹母亲生他的方式是"胸坼"，《史记·夏本纪》的《正义》引《帝王世纪》"修己见流星贯昴，梦接意感，又吞神珠薏苡，胸坼而生禹"。无论是划背还是胸坼，表达的都是大禹出生天赐的非凡和超自然力量。

德国社会学家马克斯·韦伯（Max Weber）曾提出过"卡里斯玛"这一概念来描述魅力型领袖与权威的某种构成。"卡里斯玛"一词最早出现于《圣经·旧约》中，原义是"神恩赐的礼物"。获得了这种神所赐予的非凡禀赋之人，就可以成为犹太民族的领袖。韦伯借用了《旧约》中的这个词，并运用于学术领域。他对该词的学术定义是："'卡里斯玛'（Charisma）这个字眼在此用来表示某种人格特质；某些人因具有这个特质而被认为是超凡的，禀赋着超自然以及超人的，或至少是特殊的力量或品质。这是普通人所不能具有的。它们具有神圣或至少表率的特性。某些人因具有这些特质而被视为'领袖'（Fuhrer）。"[24]353-354拥有了此类超自然禀赋的非凡人格之人，乃是天然的领袖，他们的超人力量或神迹显现，乃是基于某种神授或伟大命运的规定，是普通人所无法抗拒的超自然力量与本质的体现。韦伯又指出，此种非凡禀赋之人，往往有两种获得身份的方式：一种是基于其人格的固有之禀赋，"然而另一种卡里斯玛却是可以透过某些不寻常的手段在人或物身上人为地产生出来"[25]3。显然，大禹的出生本身就天然带有这种"卡里斯玛"的合法性。他和常人不同，是从母亲的背上生出来的，而且生出来就能开口说话，这显然是有上天或神灵庇佑的非凡之人。

在卡里斯玛合法性的基础上，大禹又取得了一系列的功业，让酋长们崇敬。上博楚简《容成氏》对大禹功业和治理能力有记载，除治水之外，大禹"始行以俭，衣不袭美，食不重味，朝不车逆，春不毁米，禧不折骨，裂表皮专。禹乃建鼓于廷，以为民之有诉告者鼓焉。击鼓，禹必速出，冬不敢以寒辞，夏不敢以暑辞"[21]266-267。根据简文记载，大禹作为统治者的美德首先是简朴。正如前文所述，大禹所属的河南龙山文化相比山东龙山文化，在奢侈品和大型建筑方面都显得更质朴，更注重于治水的大型公共工程。简朴的践行，对于酋长积累政治威望和良好口碑，具有重要作用，这些可以从人类学角度得到证实。例如在所罗门群岛中布干维尔岛的西瓦伊人中，有一种大人物被称为姆米，要成为姆米就必须更努力干活并控制自己少吃肉和椰子，积累财富，举办大型宴会，扮演"大施舍者"。当地人描述，设宴的姆米吃骨头和馒饼，而肥油和大肉则归别人。在1939年1月10日举办的一场一千一百人参加的盛宴上，一位名叫索尼的姆米摆出了三十二头猪和大量椰仁布丁，索尼和他的追随者却因此挨饿。但他的追随者们表示"我们将吃索尼的名望"。由于名誉的积累，姆米能够成为战争首领和政治权威，能够分配肉食、粮食和其他贵重物品，并发动战争[26]64-69。所以，大禹的简朴其实和所罗门群岛的姆米是类似的，强化了其政治权威。

其次，大禹熟悉当时各部族的习惯法，并通过提供司法仲裁服务，赢得良好的口碑。他在自己的庭院中设立鼓，寻求仲裁服务者一旦击鼓，大禹就不辞辛劳地为其提供裁决和调解。大禹的司法服务非常公正，并培养自己的儿子启也参与这类活动，形成夏后氏的家族口碑，这在后来建立夏朝的过程中发挥了巨大作用。《孟子·万章上》说，"朝觐讼狱者不之益而之启，曰：'吾君之子也。'"就是大禹死后各地的酋长们仍然服膺夏后氏家族积累的良好口碑，仍然寻找启为他们提供司法仲裁。孟子说，"启贤，能敬承继禹之道"，明确表示启在大禹的培养下完全具备了担任联盟首领所需的各项能力与人格。《山海经·海内南经》记载："夏后启之臣曰孟涂，是司神于巴，巴人请讼于孟涂之所。"夏后氏在司法仲裁服务方面的良好口碑，已经形成一种家族品牌，大禹的儿子启在这方面的业务十分繁忙，甚至他的大臣孟涂也被指派，类似中世纪英格兰王室巡回法庭一样，到方国、诸侯处提供司法仲裁服务。而东夷酋长在这方面的竞争中，显然表现不如大禹家族。皋陶本人作为擅长司法仲裁的东夷君长，被选举为大禹之后的夷夏联盟君长候选人，但他死得较早，下一任被推举的候选人伯益在这方面能力较弱，因此未能获得竞争的胜利。禅让的背后，其实伴随着一系列酋长竞争行为。

《史记·夏本纪》载："帝舜荐禹于天，为嗣。十七年而帝舜崩。三年丧毕，禹辞辟舜之子商均于阳城。天下诸侯皆去商均而朝禹。禹于是遂即天子位，南面朝天下。"大禹成为夷夏联盟君长的前提，必须是获得"天下诸侯"的认同，这本身就是一种选举。大禹担任联盟君长期间，继续遵守夷夏联盟轮流执政加酋长选举的制度，在他晚年选出了皋陶和伯益。

《史记·夏本纪》载：

> 帝禹立而举皋陶荐之，且授政焉，而皋陶卒。封皋陶之后于英、六，或在许。而后举益，任之政。十年，帝禹东巡狩，至于会稽而崩。以天下授益。三年之丧毕，益让帝禹之子启，而辟居箕山之阳。禹子启贤，天下属意焉。及禹崩，虽授益，益之佐禹日浅，天下未洽。故诸侯皆去益而朝启，曰："吾君帝禹之子也。"于是启遂即天子之位。

大禹推举了皋陶、伯益，但皋陶先死，今本《竹书纪年》说皋陶死的时间是大禹受禅后的第二年。大禹又推荐了候选人伯益，但伯益在酋长圈内又没有足够的口碑和声誉，因此酋长们还是继续认同夏后氏家族的口碑，相当于推举启继续担任联盟的君长。当然，到了启这个时期，已经是禅让和天子之位世袭的过渡阶段。过去大家受《礼记·礼运》所谓大同天下为公的影响太深，以为世袭的小康就是低于大同的，是大同的一种下降。但实际上，在禅让时代，各部族内部的酋长或君位继承方式本来就是世袭的，世袭本就是众酋长贵族们最熟悉的继承方式。唯一的区别是夷夏联盟最高君长之位，由众酋长推举在酋长圈内产生。那么如果酋长们对某一个部族治理和领导水平及其家族口碑达到了很高的信服，那么让这一部族继续担任联盟首领，也是一种可行的选项。

《孟子·万章上》说这是"天与之"，其实众多酋长人心所向的支持，就是一种"天意"的显现。当然，启能够继续担任联盟首领，也还伴随有武力支撑这一因素，所谓"有扈氏不服，启伐之，大战于甘"，战胜不服的部族，最终恩威并施，实现了"天下咸朝"，建立起夏王朝。启的胜利，当然不排除武力支撑这一背景因素，但最根本的原因还在于大禹建立的巨大功业，成为夏后氏部族的家族品牌，绝大部分酋长们是支持夏后氏继续担任盟主的。上博楚简《容成氏》说启"攻益自取"，直接赤裸裸地破坏推举规则，打击自己父亲任命的继承人，这在万国林立的时代是比较困难的，因为完全靠武力和恐怖破坏游戏规则，只会给其他竞争者提供口实。

所谓启攻益自取之说，其实和战国流行的"舜囚尧""太甲杀伊尹"之类黑暗传说同属一类，是战国时代社会生态的一种远古投射和想象而已。最热衷于谈论启杀益自立的，便是以深谙黑暗权术和主张人性恶而著称的韩非子。《韩非子·外储说右下》说："古者禹死，将传天下于益。启之人因相与攻益而立启。"其《说疑》篇号称"舜逼尧，禹逼舜"，《忠孝》篇则宣称"瞽叟为舜父，而舜放之，象为舜弟而杀之"。韩非受限于自己生活时代的惨烈阴谋，其对历史理解、认知的能力被战国阴谋的时代氛围锁死，以为上古禅让就是战国阴谋。战国阴谋思维的不足信，其实已被考古所证实，著名例子如战国三晋的古本《竹书纪年》大谈"太甲潜出自桐，杀伊尹"，似乎像模像样。但如果太甲真的以阴谋政变方式杀死权臣，那么自然应当宣布其罪行，永远打入叛臣名录。但殷墟甲骨卜辞却证实，历来商王室对伊尹祭祀颇为隆重，足证伊尹为商朝耆老勋旧、股肱盐梅，而非什么死于商王之手的叛臣。从时间上看，祭祀伊尹的甲骨王卜辞延续了很长时间，经历了多个王，表明祭祀伊尹一直是商王室的重要仪式。《甲骨文合集》32103、26955 都是将伊尹与商汤（大乙）合祭的，《甲骨文合集》27057 则与著名先王上甲合祭，另有与"五示"合祭的，礼仪规格都非常高，显示了其崇高的政治地位[27]。所以，和战国阴谋权术者宣称的"历史真相"相比，看起来有些"迂阔"的儒书记载，其实反而更接近上古时期的真实历史面貌。启能取代伯益，不是因为他能够搞阴谋和破坏禅让，而是因为当时夏后氏家族的品牌和口碑极其良好，才被推举为盟主。

《孟子·万章上》引孔子之言说"唐虞禅，夏后、殷、周继，其义一也"，就是说夷夏联盟的禅让和汤武放伐，本质上是一回事。因为尧舜到夏商时期，当时的社会结构是一种联盟，王夫之最早指出上古时期"天子者，亦诸侯之长也"[28]920。后来王国维著名的《殷周制度论》说夏商天子是"诸侯之长"[29]296，相当于联盟盟主。梁启超也说当时"天子以元后，而为群后之长"[30]122。杜正胜也说，夏商争胜本质上是"盟主争霸战"[31]264。既然是盟主之位的更迭，那么得到大多数酋长和方国首领的支持才能获胜，所谓"夏殷两朝是多由诸侯承认天子"[32]31。所以，禅让是酋长们推举盟主，汤武放伐是在原来盟主家族不能再有效履行盟主职责时（桀、纣），由酋长、诸侯们重新推举新的盟主，如孟津之会大会诸侯八百一起推举。

所以，从这个意义上来说，禅让和汤武放伐本质确实是一回事。大禹在这个过程中扮演了一个过渡的重要角色，就是从大禹和启开始，以前是每一任盟主都要经过推举，自此以后只要该家族能较好履行盟主职责，则不必每任都推举。但如果出现严重的不能胜任盟主的情况，则重新启动推举机制，推选新的盟主家族。

注释

①丁山考证认为，垂就是炎帝系的共工。丁山：《古代神话与民族》，商务印书馆2005年版，第244~245页。《世本》记载说垂制造了钟、准绳、铫、耒耜等工具，应当是掌管百工职务的成果。张澍粹：《世本集补》，《世本八种》，中华书局2008年版，第16~17页。

参考文献

[1] 傅斯年.夷夏东西说[G]//傅斯年.中国古代思想与学术十论.桂林：广西师范大学出版社，2006.

[2] 徐旭生.中国古史的传说时代[M].桂林：广西师范大学出版社，2003.

[3] 沈长云.华夏族、周族起源与石峁遗址的发现和探究[J].历史研究，2018（2）：4-17+190.

[4] 中国社会科学院考古研究所山西工作队，临汾地区文化局.1978—1980年山西襄汾陶寺墓地发掘简报[J].考古，1983（1）：30-42+100-103.

[5] 高炜，高天麟，张岱海.关于陶寺墓地的几个问题[J].考古，1983（6）：531-536.

[6] 许宏.何以中国：公元前2000年的中原图景[M].北京：生活·读书·新知三联书店，2014.

[7] 王震中.中国古代国家的起源与王权的形成[M].北京：中国社会科学出版社，2013.

[8] 吴锐.中国思想的起源：第二卷[M].济南：山东教育出版社，2003.

[9] 童书业."鸟夷"说[G]//童书业.中国古代地理考证论文集.北京：中华书局，1962.

[10] 郭永秉.上博简《容成氏》的"有虞迵"和虞代传说的研究[M]//郭永秉.古文字与古文献论集.上海：上海古籍出版社，2011.

[11] 孙庆伟.鼏宅禹迹：夏代信史的考古学重建[M].北京：生活·读书·新知三联书店，2018.

［12］钱穆．国史大纲［M］．北京：商务印书馆，2012.

［13］徐中舒．论尧舜禹禅让与父系家族私有制的发生和发展［G］∥徐中舒．先秦史十讲．北京：中华书局，2012.

［14］裘锡圭．新出土先秦文献与古史传说［G］∥裘锡圭．裘锡圭学术文集：卷5．上海：复旦大学出版社，2012.

［15］杜勇．中国早期国家的形成与国家结构［M］．北京：中国社会科学出版社，2013.

［16］梁启超．古代百姓释义［G］∥梁启超．中国上古史．北京：商务印书馆，2016.

［17］杨树达．积微居金文说［M］．上海：上海古籍出版社，2006.

［18］柳宗元．封建论［G］∥柳宗元．柳河东集．上海：上海人民出版社，1974.

［19］易建平．部落联盟与酋邦：民主·专制·国家：起源问题比较研究［M］．北京：社会科学文献出版社，2004.

［20］李竞恒．试论周礼与习惯法［J］．天府新论，2017（6）：44－52.

［21］马承源．上海博物馆藏战国楚竹书·二［M］．上海：上海古籍出版社，2002.

［22］夏含夷．重写中国古代文献［M］．周博群，等译．上海：上海古籍出版社，2012.

［23］倪德卫．《竹书纪年》解谜［M］．魏可钦，解芳，等译．上海：上海古籍出版社，2015.

［24］马克斯·韦伯．韦伯作品集Ⅱ：经济与历史支配的类型［M］．康乐，等译．桂林：广西师范大学出版社，2004.

［25］马克斯·韦伯．宗教社会学［M］．康乐，等译．桂林：广西师范大学出版社，2006.

［26］马文·哈里斯．文化的起源［M］．马晴，译．北京：华夏出版社，1988.

［27］李竞恒．孟子与三代时期的小共同体治理［J］．孔子研究，2020（1）：66－72.

［28］王夫之．读通鉴论［M］．北京：中华书局，2020.

［29］王国维．殷周制度论［G］∥王国维．观堂集林．河北教育出版社，2002.

［30］梁启超．中国上古史［M］．北京：商务印书馆，2016.

［31］杜正胜．古代社会与国家［M］．台北：允晨文化实业股份有限公司，1992.

［32］钱穆．中国文化史导论［M］．北京：商务印书馆，2002.

作者简介：李竞恒，男，四川师范大学巴蜀文化研究中心副研究员

原文刊于：《中原文化研究》（郑州），2021.6：25～32

"巡狩"：文明初期的交通史记忆

王子今

摘 要： 炎黄传说体现交通发明对文明进步的影响。先古圣王"巡狩"的传说记录，也保留了交通史的宝贵信息。舜、禹及周天子"巡狩"故事反映了交通实践与执政能力的关系。秦汉时期经儒学学者经典化了的"巡狩"传说，其实可能部分反映了远古交通进步的真实历史。秦始皇的出巡经历，有人也以古帝王"巡狩"相比拟。考古发现的早期交通遗迹虽保留信息有限，但是文化意义十分重要。今后考古工作的收获，将推进早期交通史和早期文明史的研究。

关键词： 国家；炎黄；舜；禹；巡狩；考古

炎帝有"连山氏"称号，早期易学亦有称作《连山》或《连山易》的文献，其相互的关联值得重视。通过"连山"之"连"的字义分析，可以推进对早期交通的认识。"轩辕"名号与交通有关，轩辕神话也体现交通发明对文明进步的影响。先古圣王"巡狩"的传说记录，也保留了反映交通行为与早期国家形成之关系的宝贵信息。"巡狩"故事，可以看作体现交通实践与执政能力之关系的历史记忆。秦汉时期经儒学学者经典化了的"巡狩"传说，其实可能部分反映了远古交通进步的真实历史。秦始皇的"巡""行""游"，有人以"古者帝王巡狩"相比拟。考古发现的早期交通遗迹虽然存留信息有限，但是对于说明交通进步之历史的文化意义十分重要。今后考古工作的新收获，将证明交通条件对于早期国家形成的重要作用，并将不断充实并更新我们对早期交通史与早期文明史进程的认识。

一 炎黄交通实践

炎帝有"连山氏"称号。《史记》卷一《五帝本纪》："轩辕之时，神农氏世衰。"张守节《正义》引《帝王世纪》：炎帝"又曰'连山氏'"。[1]3~4 早期易学亦有称作《连山》或《连山易》的文献①。人们自然会考虑到将"又曰'连山氏'"的炎帝与《连山》一书的著作权联系起来。

有学者指出"连"和"联"可以通假。如《周礼·天官·太宰》："三曰官联。"郑玄注："郑司农云：'联读为连。'古书'连'作'联'。"[2]212 这样说来，所谓"连山"名号的含义，似可理解为与经历山地交通实践时心理感受的历史记忆有某种关系。

"连山"的"连"字，其实原本就有与交通相关的意义。《说文·辵部》："连，负连也。"段玉裁以为"负连"应正之为"负车"。以为"'连'即古文'辇'也"。则"连"字与交通方式和交通行为相关之古义得以揭示。我们看到汉代画像中连续挽车的形式，有助于对"负车"的理解。段玉裁还解释说："《周礼·乡师》'辇辇'，故书'辇'作'连'。大郑读为'辇'。'巾车连车'，本亦作'辇车'。"[3]73 指出"连"与"辇"的关系的，还有高亨《古字通假会典》。其中凡举四例，除《周礼·地官·乡师》"正治其徒役与其辇辇"，郑玄注"故书'辇'作'连'，郑司农云：'连读为辇'"之外，又有三例：

1.《周礼·春官·巾车》："辇车组挽。"《释文》："'辇'本作'连'。"
2.《战国策·赵策四》："老妇恃辇而行。"汉帛书本"辇"作"连"。
3.《庄子·让王》："民相连而从之。"《释文》："司马云：'连读曰辇。'"[2]212

"连"字"从辵车"，《说文》归于车部。段玉裁说："'联''连'为古今字，'连''辇'为古今字，假'连'为'联'，乃专用'辇'为'连'。大郑当云'连'今之'辇'字，而云读为'辇'者，以今字易古字，令学者易晓也。许不于车部曰'连'古文'辇'，而人之辵部者，小篆'连'与'辇'殊用。故云'联，连也'者，今义也；云'连，负车也'者，古义也。"[3]73 所谓"'连，负车也'者，古义也"，使人联想到"连山"名号出现的时代，人们很可能频繁经历着艰苦的交通实践。

炎帝曾经历长途远行。对于这种交通实践的历史记忆在上古文献中有所保留。如屈原《远游》："指炎神而直驰兮，吾将往乎南疑。览方外之荒忽兮，沛罔象而自浮。祝融戒而还衡兮，腾告鸾鸟迎宓妃。""直驰"句，王逸注："将候祝融，与谐谋也。南方丙丁，其帝炎帝，其神祝融。"对于"南疑"句，王逸解释："过衡山而观九疑也。"[4]172 所谓"指炎神而直驰兮"，一作"指炎帝而直驰兮"[5]a卷五,b卷一、卷二。屈原笔下"炎帝"或者"炎神""直驰"，"往乎南疑"而"览方外之荒忽"，正是远古先王交通行为的文化映象[6]。

传说黄帝以"轩辕氏"为名号。《史记》卷一《五帝本纪》："黄帝者，少典之子，姓公孙，名曰轩辕。"所谓"轩辕"得名缘由，一说"居轩辕之丘，因以为名，又以为号"②。一说"作轩冕之服，故曰轩辕"③。

"轩辕"，其实原义是指高上的车辕。《说文·车部》："辕，辀也。""辀，辕也。""轩，曲辀藩车也。"段玉裁《说文解字注》："谓曲辀而有藩蔽之车也。""小车谓之辀，大车谓之辕。""于藩车上必云曲辀者，以辀穹曲而上，而后得言轩。凡轩举之义，引申于此。曲辀所谓'轩辕'也。"[3]725,720 以"曲辀"解释"轩辕"，正符合早期高等级车辆"曲辀"形制的考古学知识。

"轩辕氏"以及所谓"轩皇""轩帝"被用来作为后人以为中华民族始祖的著名帝王黄帝的名号，暗示交通方面的创制，很可能是这位传说时代的部族领袖诸多功业之中最突出的内容之一。《文选》卷一班固《东都赋》写道："分州土，立市朝，作舟舆，造器械，斯乃轩辕氏之所以开帝功也。""舟舆"等交通工具的创造，被看作"轩辕氏之所以开帝功"的重要条件。交通事业的成就，也被理解为帝业的基础。李善注引《周易》曰："黄帝、尧、舜氏刳木为舟，剡木为楫。"[7]31 也将交通工具的发明权归于黄帝等先古圣王。

传屈原所作《楚辞·远游》中，可见"轩辕不可攀援兮"句，王逸在注文中也有比较明确的解释："黄帝以往，难引攀也。轩辕，黄帝号也。始作车服，天下号之，为轩辕氏也。"[4]166 可见，"作舟舆""作车服"，很可能是黄帝得名"轩辕氏"的主要缘由。

黄帝传说往往与"雷"的神话有关。例如，所谓"黄帝以雷精起"④，

"轩辕，主雷雨之神也"⑤，"轩辕十七星在七星北，如龙之体，主雷雨之神"⑥等说法，也反映了这样的事实。《淮南子·览冥训》说，先古圣王"乘雷车"⑦，《淮南子·原道训》又说："电以为鞭策，雷以为车轮。"⑧雷声，正是宏大车队隆隆轮声的象征。司马相如《上林赋》"车骑雷起，隐天动地"[1]3033，又张衡《周天大象赋》"车府息雷毂之声"[8]卷一四，以及《汉书》卷八七上《扬雄传上》和班固《封燕然山铭》所谓"雷辎"⑨，焦氏《易林》所谓"雷车"⑩等，同样也可以看作例证。

《史记》卷一《五帝本纪》写道："轩辕之时，神农氏世衰。诸侯相侵伐，暴虐百姓，而神农氏弗能征。于是轩辕乃习用干戈，以征不享，诸侯咸来宾从。而蚩尤最为暴，莫能伐。炎帝欲侵陵诸侯，诸侯咸归轩辕。轩辕乃修德振兵，治五气，蓺五种，抚万民，度四方，教熊罴貔貅䝙虎，以与炎帝战于阪泉之野。三战，然后得其志。蚩尤作乱，不用帝命。于是黄帝乃征师诸侯，与蚩尤战于涿鹿之野，遂禽杀蚩尤。而诸侯咸尊轩辕为天子，代神农氏，是为黄帝。天下有不顺者，黄帝从而征之，平者去之，披山通道，未尝宁居。东至于海，登丸山，及岱宗。西至于空桐，登鸡头。南至于江，登熊、湘。北逐荤粥，合符釜山，而邑于涿鹿之阿。迁徙往来无常处，以师兵为营卫。官名皆以云命，为云师。置左右大监，监于万国。万国和，而鬼神山川封禅与为多焉。"[1]3-6所谓"监于万国""万国和"的局面的形成，有"诸侯咸来宾从"，"诸侯咸归轩辕"，"合符釜山"等交通活动为条件。而"轩辕""抚万民，度四方"，"天下有不顺者，黄帝从而征之，平者去之，披山通道，未尝宁居"，"迁徙往来无常处"的交通实践，当然也为早期国家的形成准备了最重要的基础。黄帝不惮辛劳，游历四方，行踪十分遥远，他曾经东行至于海滨，登丸山与泰山；又西行至于空桐山，登鸡头山；又南行至于长江，登熊山、湘山；又向北方用兵，驱逐游牧部族荤粥的势力。非常的交通经历，成为体现执政能力的优越资质。

张衡《思玄赋》写道："超轩辕于西海兮，跨汪氏之龙鱼。闻此国之千岁兮，曾焉足以娱余？"所谓"超轩辕"，或许可以理解为一种宏远的理想。李善注："《海外西山经》曰：轩辕之国，在穷山之际，不寿者八百岁。龙鱼陵居，在北，状如狸。在汪野北，其为鱼也如狸。汪氏国在西海外，此国足龙鱼也。"[7]216~217也暗示"轩辕"在传说时代是中原至"西海外""穷山之际"在交通能力方面据有优势地位的卓越的圣王[9]。

《文献通考》卷二六〇《封建考一·上古至周封建之制》继黄帝事迹后说帝舜"巡守":"二月东巡守,至于岱宗。""五月南巡守,至于南岳,如岱礼。八月西巡守至于西岳,如初。十有一月朔巡守至于北岳,如西礼。"又写道:"按封建莫知其所从始也,三代以前,事迹不可考,召会征讨之事,见于《史记·黄帝纪》,巡守朝觐之事见于《虞书·舜典》,故撮其所纪以为事始。"[10]2059则以为黄帝"召会征讨之事"与帝舜"巡守朝觐之事"有类同之处。

二 帝舜"巡狩"传说

《史记》卷一《五帝本纪》记述,帝尧"就之如日,望之如云"之名望与权威的形成,与"彤车乘白马"的交通形式有关[1]15。他选用帝舜作为执政权力继承人,首先注意到他的交通能力:"尧使舜入山林川泽,暴风雷雨,舜行不迷。尧以为圣,召舜曰:'女谋事至而言可绩,三年矣。女登帝位。'""舜入于大麓,烈风雷雨不迷,尧乃知舜之足授天下。"[1]22,38所谓"使舜入山林川泽","入于大麓",直接理解,实际上是一种对于交通能力的测试。所谓"山林",司马贞《索隐》:"《尚书》云'纳于大麓',《穀梁传》云'林属于山曰麓',是山足曰麓,故此以为入山林不迷。孔氏以麓训录,言令舜大录万几之政,与此不同。"[1]23显然《穀梁传》和《史记》的理解是正确的,而"孔氏""以麓训录","令舜大录万几之政"之说不可信从。据《抱朴子·登涉》抱朴子曰:"大华之下,白骨狼藉。"言行走山林,其境险恶。"山无大小,皆有神灵。山大则神大,山小即神小也。入山而无术,必有患害,或被疾病及伤刺,及惊怖不安;或见光影,或闻异声;或令大木不风而自摧折,岩石无故而自堕落,打击煞人,或令人迷惑狂走,堕落坑谷;或令人遭虎狼毒虫……"这些严重威胁交通安全的诸多因素,使得"古中国人把无论远近的出行认为一桩不寻常的事"。他们"对于过分新奇过分不习见的事物和地方,每生恐惧之心"。在他们看来,"对我必怀有异心的人们而外,虫蛇虎豹,草木森林,深山幽谷,大河急流,暴风狂雨,烈日严霜,社稷丘墓,神鬼妖魔,亦莫不欺我远人"[11]5,56。在原始时代,对种种阻碍交通的"神灵""患害"的克服,可以为当时社会"以为圣"，甚至被看作具有"足授天下"的资质，是符合早期交通史和早期文明史的实际的。

帝尧在位期间，已经令帝舜主持行政。而执政的重要方式，是交通行为"巡狩"："尧老，使舜摄行天子政，巡狩。"[1]38关于"巡狩"的具体形式，《五帝本纪》有所记述：

> 于是帝尧老，命舜摄行天子之政，以观天命。舜乃在璇玑玉衡，以齐七政。遂类于上帝，禋于六宗，望于山川，辩于群神。揖五瑞，择吉月日，见四岳诸牧，班瑞。岁二月，东巡狩，至于岱宗，柴，望秩于山川。遂见东方君长，合时月正日，同律度量衡，修五礼五玉三帛二生一死为挚，如五器，卒乃复。五月，南巡狩；八月，西巡狩；十一月，北巡狩：皆如初。归，至于祖祢庙，用特牛礼。五岁一巡狩，群后四朝。遍告以言，明试以功，车服以庸。

裴骃《集解》："郑玄曰：'巡狩之年，诸侯见于方岳之下。其间四年，四方诸侯分来朝于京师也。'"[1]24-27也就是说，"巡狩"与"来朝"，是"天子"与"诸侯"自"京师"与"方岳之下"彼此交替的交通行为。对于"巡狩"四方的意义，张守节《正义》说："王者巡狩，以诸侯自专一国，威福任己，恐其壅遏上命，泽不下流，故巡行问人疾苦也。""巡狩"，是一种政治交通实践，通过这样的交通行为，使天下四方可以真正归为一统。

"尧老，使舜摄行天子政，巡狩"，以及"帝尧老，命舜摄行天子之政"，于是"岁二月，东巡狩……；五月，南巡狩；八月，西巡狩；十一月，北巡狩"的记载，是执行"天子"行政使命的程序性操作模式。《五帝本纪》记载："尧立七十年得舜，二十年而老，令舜摄行天子之政，荐之于天。尧辟位凡二十八年而崩。"又说："舜得举用事二十年，而尧使摄政。摄政八年而尧崩。"[1]30,38大致此"二十八年"间，推行着"五岁一巡狩，群后四朝"的制度。

帝舜的"巡狩"是有直接成效的。《史记》卷二《夏本纪》记载："当帝尧之时，鸿水滔天，浩浩怀山襄陵，下民其忧。尧求能治水者，群臣四岳皆曰鲧可。尧曰：'鲧为人负命毁族，不可。'四岳曰：'等之未有贤于鲧者，愿帝试之。'尧听四岳，用鲧治水。九年而水不息，功用不成。于是帝尧乃求人，更得舜。舜登用，摄行天子之政，巡狩。行视鲧之治水无状，乃殛鲧于羽山以死。天下皆以舜之诛为是。于是舜举鲧子禹，而使续鲧之业。"[1]50 "巡狩"而"行视……"，促成了影响"天下""下民"生存安危的重大决策。

帝舜的生命竟然结束于"巡狩"途中："舜年二十以孝闻，年三十尧举之，年五十摄行天子事，年五十八尧崩，年六十一代尧践帝位。践帝位三十九年，南巡狩，崩于苍梧之野。葬于江南九疑，是为零陵。"[1]44

三 "禹行"九州，"东巡狩，
至于会稽而崩"

传说中接受帝舜的委命"续鲧之业"的"鲧子禹"，治水大业的成功，与辛劳奔走的交通实践联系在一起。《史记》卷二《夏本纪》记载："禹乃遂与益、后稷奉帝命，命诸侯百姓兴人徒以傅土，行山表木，定高山大川。禹伤先人父鲧功之不成受诛，乃劳身焦思，居外十三年，过家门不敢入……陆行乘车，水行乘船，泥行乘橇，山行乘檋。左准绳，右规矩，载四时，以开九州，通九道，陂九泽，度九山。"国家经济管理与行政控制的交通规划也因此成就："食少，调有余相给，以均诸侯。禹乃行相地宜所有以贡，及山川之便利。"[1]51

由此我们或许可以说，早期国家的经济地理与行政地理格局的形成，是以交通地理知识为基础的。

前引"禹乃行相地宜所有以贡，及山川之便利"，这一"行"的举动，《史记》卷二《夏本纪》引《禹贡》这样记述了其路线："禹行自冀州始。冀州……；沇州……；青州……；徐州……；扬州……；荆州……；豫州……；梁州……；雍州……"。"道九山"，"道九川"，"于是九州攸同，四奥既居，九山刊旅，九川涤原，九泽既陂，四海会同。"[1]52,54~56,58,60~65,67,69,75据裴骃《集解》引孔安国曰，"四奥既居"，"四方之宅已可居也"。"九山刊旅"，"九州名山已槎木通道而旅祭也"。"九川涤原"，"九州之川已涤除无壅塞也"。"九泽既陂"，"九州之泽皆已陂障无决溢也"[1]75。这些成就，首先有益于社会经济秩序与国家行政控制的稳定。而这一局面的实现，又有交通建设的保障。"东渐于海，西被于流沙，朔、南暨：声教讫于四海。于是帝锡禹玄圭，以告成功于天下。天下于是太平治。"[1]77政治的"成功"，"天下"的"太平治"，因交通实践的努力成就了基础。

人们自然会注意到，"禹行"所遵循的方向，正大略与帝舜"摄行天子政，巡狩"时"东巡狩……南巡狩……西巡狩……北巡狩……"的路线，即现今通常所谓顺时针的方向一致。

禹的功业与执政能力得到承认，竟然主要由于他通过交通实践表现出来的勤恳。

特别值得注意的，是禹也在"巡狩"的行程中结束了他的人生。《史记》卷二《夏本纪》记载了他政治生涯亦可谓交通生涯的结束：

> 十年，帝禹东巡狩，至于会稽而崩。[1]83

这是明确言"帝禹""巡狩"的记录。"崩"于"巡狩"途中的帝王，除了帝舜、帝禹外，后世还有继承者。

四　周天子"巡狩"记录

《诗·周颂·时迈》序："时迈，巡守告祭柴望也。"郑玄注："巡守告祭者，天子巡行邦国，至于方岳之下而封禅也。《书》曰：岁二月东巡守至于岱宗，柴望秩于山川，遍于群神远行也。"孔颖达疏："武王既定天下，巡行其守土诸侯，至于方岳之下，作告至之，祭柴祭昊天，望祭山川，安祀百神，乃是王者盛事。周公既致太平，追念武王之业，故述其事而为此歌焉。"[12]588如果此说成立，则周天子以"巡守"行为继承了"帝禹"的行政方式。有关周天子"巡狩"途中去世事，见于《史记》卷四《周本纪》的记载："昭王南巡狩不返，卒于江上。"①

随后，周穆王"周行天下"的事迹见于《左传·昭公十二年》[13]1357。《史记》卷五《秦本纪》："造父以善御幸于周缪王，得骥、温骊、骅骝、騄耳之驷，西巡狩，乐而忘归。"[1]175《史记》卷四三《赵世家》："缪王使造父御，西巡狩，见西王母，乐之忘归。"[1]1779都明确称"西巡狩"。对于周穆王"西征"行迹，有不同的说法。有以为西王母活动于青海[12]。或说周穆王所至昆仑即今阿尔泰山[13]。或说周穆王所至"玄池"即"咸海"。而《穆天子传》随后说到的"苦山""黄鼠山"等，则更在其西[14]。或说西王母所居在"条支"[15]。也有学者认为，周穆王已经到达了波兰平原[16]。尽管对周穆王西征抵达的地点存在争议[17]，但是这位周天子曾经经历西域地方，是许多学者所认同的[14]。不过，《史记》中虽《秦本纪》和《赵世家》说到这位帝王的"西巡狩"经历，但是在《周本纪》中却没有看到相关记载。

五　秦始皇的"巡""行""游"

秦始皇实现统一，继秦王政时代的三次出巡之后，曾有五次出巡。不过，《史记》有关秦史的记录中称"巡"，称"行"，称"游"，不称"巡狩"。这应当是依据《秦记》的文字[15]。

如《史记》卷六《秦始皇本纪》记载："二十七年，始皇巡陇西、北地。""二十八年，始皇东行郡县。"[18]"二十九年，始皇东游。"[19]"三十七年十月癸丑，始皇出游。"[20]多用"巡""行""游"等字而不称"巡狩"，或许体现了秦文化与东方六国文化的距离。

不过，仍然有学者将这种交通行为与传说中先古圣王的"巡狩"联系起来。《史记》卷六《秦始皇本纪》记载"二十九年，始皇东游"，"登之罘，刻石"，其文字开篇就写道："维二十九年，时在中春，阳和方起。皇帝东游，巡登之罘，临照于海。"关于所谓"时在中春"，张守节《正义》："中音仲。古者帝王巡狩，常以中月。"[1]249－250明丘浚撰《大学衍义补》卷四六《治国平天下之要·明礼乐》就秦始皇实现统一之后的第一次出巡"秦始皇二十七年，巡陇西、北地，出鸡头山，过回中"有所论说："臣按：有虞之时，五年一巡守，周十有二年，王乃时巡，所以省方观民，非为游乐也。然又必以四岳为底止之地，出必有期，行必有方，未有频年出行，游荡如始皇者也。今年巡陇西、北地，至回中。明年上邹峄。继是渡淮浮江至南郡，登之罘，刻碣石门，至云梦，上会稽，直至沙丘崩而后已。"[21]论者以为帝舜和周天子的"巡"是"省方观民"，秦始皇的"巡"则是"游乐""游荡"，这样的指责当然是缺乏说服力的。但是指出秦始皇

"频年出行"，背离了先古圣王"出必有期，行必有方"的对出巡密度和出巡规模予以适当节度的传统，又是有一定道理的。

秦始皇出巡的目的，有"抚""览"即视察慰问等因素，但炫耀权力也是重要动机。向被征服地方展示"得意"，是"巡""行""游"的主题之一。曾经作为秦中央政权主要决策者之一的左丞相李斯被赵高拘执，在狱中上书自陈，历数七项重要功绩，其中包括"治驰道，兴游观，以见主之得意"[1]2561。平民面对这种权力炫耀形式的反应，可见项羽所谓"彼可取而代也"[1]296，刘邦所谓"大丈夫当如此也"[1]344，都说明这种"见"帝王之"得意"的成功。秦二世以为，这种出巡的目的是"示强"，以实现"威服海内"的效应。《史记》卷六《秦始皇本纪》："二世与赵高谋曰：'朕年少，初即位，黔首未集附。先帝巡行郡县，以示强，威服海内。今晏然不巡行，即见弱，毋以臣畜天下。'"于是，"春，二世东行郡县。"[1]267秦二世的出巡[16]，即试图仿效"先帝"，以"巡行"显示的"强"和"威"，保障最高政治权力的接递。

《史记》卷六《秦始皇本纪》所谓"始皇巡陇西、北地"，"始皇巡北边"，"先帝巡行郡县"，秦皇帝巡游与先古圣王"巡狩"在形式上的继承关系，是明显的。《史记》卷一《五帝本纪》帝舜"岁二月，东巡狩"事，张守节《正义》："王者巡狩，以诸侯自专一国，威福任己，恐其壅遏上命，泽不下流，故巡行问人疾苦也。"说"王者""巡行"就是"王者巡狩"。

六　"巡狩"：儒学礼仪化宣传
与史家实证性考辨

有关上古圣王"巡狩"事迹的传说，儒学文献有经典性记述。如《尚书·舜典》"岁二月，东巡守，至于岱岳"，"五月，南巡守，至于南岳"，"八月，西巡守，至于西岳"，"十有一月，朔巡守，至于北岳"，"五载一巡守"[12]127。又《礼记·王制》："天子五年一巡守。岁二月，东巡守至于岱宗……五月，南巡守至于南岳，如东巡守之礼。八月，西巡守至于西岳，如南巡守之礼。十有一月，北巡守至于北岳，如西巡守之礼。"[12]1327-1328而《史记》卷一《五帝本纪》："二月，东巡狩，至于岱岳。""五月，南巡狩；八月，西巡狩；十有一月，北巡狩。""五岁一巡狩。"叙说大体是一致的。

对于帝舜四时"巡守""巡狩"四方的说法，或说"顺天道"[22]，或说"通乎人事"[23]，或说"随天道运行"，有益于以"四时成"之季节秩序促成"万国宁"的政治功业[24]。然而亦有学者对暑季南行、寒日北行情形提出质疑。《邵氏闻见后录》卷一〇写道："舜一岁而巡四岳。南方多暑，以五月之暑而南至衡山。北方多寒，以十一月之寒而至常山。世颇疑之。"[25]清人秦笃辉《易象通义》卷二："朱氏震谓《夏小正》十一月万物不通，则至日闭关后不省方，夏之制也。周制十一月北巡狩，至于北岳矣。此说非是。孔子从周，决不以夏正取象。据此周实以至日闭关后不省方，十一月北巡狩之说，未可信矣。"[26]也对"十一月北巡狩"事提出质疑。

对于帝舜"巡狩"天下是否可以一年中遍及四方，学者有所讨论。宋黄伦《尚书精义》卷三："伊川曰：自岁二月已下言巡守之事，非是当年二月便往，亦非一岁之中遍历五岳也。"[27]宋林之奇《尚书全解》卷二《舜典》对于"五月南巡守至于南岳，如岱礼；八月西巡守至于西岳，如初；十有一月朔巡守至于北岳，如西礼"有如下理解："岱宗礼毕则南巡守，以五月至于南岳，其柴望秩于山川以下，皆如岱宗之礼。八月西巡，十有一月朔巡，礼亦皆然。曰岱礼，曰西礼，曰如初，皆史官之变文也。北岳礼毕，然后归于京师。盖一岁而巡四岳也。胡舍人则疑之，以谓计其地理，考其日程，岂有万乘之尊，六军之卫，百官之富，一岁而周万五千里哉？此说殊不然。叔恬问于文中子曰：舜一岁而巡守四岳，国不费而民不劳，何也？文中子曰：仪卫少而征求寡也。夫惟仪卫少而征求寡，故国不费而民不劳。元朔六年冬十月，勒兵十余万北巡朔方，东望缑山，登中岳少室，东巡海上，还封泰山，禅梁父，复之海上，并海北之碣石，历西朔方九原，以五月至于甘泉，周万八千里。夫武帝仪卫可谓多矣，征求可谓众矣，尚能八月之间，周历万八千里。而舜则仪卫少而征求寡，岂不能周历万五千里乎？胡氏之说不可为据。"[28]王夫之《尚书稗疏》卷一"巡守"条说："巡守之不可一年而遍，势之必然。虽有给辨，无所取也。"他认为，"乃由河东以至泰安，由泰安以至嵩县，由华州以至易北，皆千里而遥，吉行五十里，必三旬而后达。祁寒暑雨，登顿道路，天子即不恤己劳，亦何忍于劳人邪？……而一岁遍至四岳，则必不尔。抑或五载之内，初年春东巡，次年夏南巡，又次年秋西巡，又次年冬北巡。"他还就儒学经典中的成说提出质疑："《王制》亦有一岁四巡之说，要出于汉儒，不足深信。"㉙

朱熹对上古"巡守"历史记忆的合理性，进行了某种历史主义理念的分析。《朱子语类》卷七八《尚书一·纲领》"舜典"条：

> 或问："舜之巡狩，是一年中遍四岳否？"
> 曰："观其末后载'归格于艺祖，用特'一句，则是一年遍巡四岳矣。"
> 问："四岳惟衡山最远，先儒以为非今之衡山，别自有衡山，不知在甚处？"
> 曰："恐在嵩山之南。若如此，则四岳相去甚近矣。然古之天子一岁不能遍及四岳，则到一方境上会诸侯亦可。《周礼》有此礼。"[17]1999

古来"四岳"的空间坐标定位与后世不同[18]，确实是考察帝舜是否可以"一年遍巡四岳"时必须注意到的历史条件。

先古圣王"巡狩"故事为什么后世难以理解，应当有这一行政方式并没有被严格沿承方面的原因。有学者指出，"巡狩"是"封建"时代的历史遗存。而推行"郡县之制"后，已"不必"袭用"巡狩"方式。明丘浚撰《大学衍义补》卷四六《治国平天下之要·明礼乐》写道："《虞书》：'岁二月东巡守，至于岱宗……乃复五月南巡守，至于南岳，如岱礼。八月西巡守，至于西岳，如初。十有一月朔巡守，至于北岳，如西礼。'臣按：先儒有言，巡守所以维持封建，后世罢封建以为郡县之制，万方一国，四海一家，如肢体之分布，如心手之相应，万里如在殿廷，州县如在辇毂，挈其领而裘随，举其纲而网顺。政不必屈九重之尊，千乘万骑之禁卫，百司庶府之扈从，以劳民而伤财也。苟虑事久而弊生而欲有以考察而振作之，遣一介之臣，付方尺之诏，玺书所至，如帝亲行，天威不违，天颜咫尺，孰敢懈怠哉？然则帝舜巡守非欤。臣故曰：巡守，所以维持封建也。"按照这一说法，"巡守"适用于"封建"行政，"郡县之制"实行之后，"万方""四海"一统，则"劳民而伤财"的"巡守"方式不得不更新。论者又引吕祖谦曰："巡守之礼，此乃维持治具，提摄人心，圣人运天下妙处。大抵人心久必易散，政事久必有阙。一次巡守，又提摄整顿一次，此所以新新不已之意。然唐虞五载一巡守，周却十二年，何故？盖周时文治渐成，礼文渐备，所以十二年方举巡守之事。此是成王知时变识会通处。"自"唐虞"而"周"，"巡守"间隔从"五载"变更为"十二年"，也显现出"时变"。论者又发表了自己如下判断："臣按：吕氏谓舜五载巡守，周十二年巡守，为成王知时变识会通。臣窃以谓在虞时则可五载，在周时则可十二年，在后世罢封建，立州郡之时，守令不世官，政令守成宪，虽屡世可也。在今日时变会通之要，所以提摄整顿之者，诚能择任大臣，每五年一次，分遣巡行天下，如汉唐故事，虽非古典，亦古意也。"③后世特派大臣"分遣巡行天下"的形式，仍体现上古"巡狩"之"古意"。

考察"巡狩"古事，可能提供最可靠的证据的自然是考古工作。但是，发现和理解上古交通行为的考古学遗存，有一定的工作难度。若干试探性的分析[19]，也需要更多的论据验证。不过我们应当注意到，考古发现的早期交通遗迹虽保留信息有限，但是文化意义十分重要。今后考古工作的收获，将以新的学术发现推进早期交通史和早期文明史的研究，这是没有疑义的。

（本文撰写得到中国人民大学国学院杨继承的帮助，谨此致谢。）

注释

①李学勤《周易溯源》就"三兆""三梦"各有讨论，他说："所谓三兆之法，孙诒让《周礼正义》认为是三种卜法的占书，是有道理的。""三梦之法，可能也是三种梦占的书。""三易"，则是《连山》《归藏》《周易》。李学勤说，"《连山》《归藏》《周易》，和三兆、三梦一样，是三种不同的占书。"李学勤：《周易经传溯源》，长春出版社1992年版，第30~37页；《周易溯源》，长春出版社2006年版，第40~47页。
②司马贞《索隐》引皇甫谧云。《史记》第1~2页。
③泷川资言《史记会注考证》："博士家本《史记异字》引邹诞生音云：'作轩冕之服，故曰轩辕。'"参看日本学者水泽利忠校补《史记会注考证校补》，上海古籍出版社1986年版，第1页。

④《艺文类聚》卷二引《河图帝纪通》，参看唐欧阳询撰，汪绍楹校《艺文类聚》，上海古籍出版社 1965 年版，第 34 页。

⑤《太平御览》卷五引《春秋合诚图》，宋人李昉等撰《太平御览》，中华书局用上海涵芬楼影印宋本 1960 年复制重印本，第 26 页。

⑥《太平御览》卷六引《大象列星图》，《太平御览》第 29 页。《史记》卷二七《天官书》：“轩辕，黄龙体。”张守节《正义》：“轩辕十七星，在七星北。黄龙之体，主雷雨之神。”

⑦笺释：“陶方琦云：《御览》九百三十引正文作‘乘云车’，引许注作‘云雷之车’。”张双棣撰《淮南子校释》，北京大学出版社 1997 年版，第 678、689 页。

⑧高注：“雷，转气也，故以为车轮。”《淮南子校释》第 18、28 页。

⑨《汉书》，中华书局 1962 年版，第 3536 页；《北堂书钞》卷一一七引班固《封燕然山铭》，中国书店据光绪十四年南海孔氏刊本 1989 年影印本。

⑩如《焦氏易林》卷三《否·困》：“白日阳光，雷车避藏。云雨不行，各自止乡。”艺文印书馆 1970 年版。

⑪《周本纪》记述：“其卒不赴告，讳之也。”张守节《正义》：“《帝王世纪》云：‘昭王德衰，南征，济于汉，船人恶之，以胶船进王，王御船至中流，胶液船解，王及祭公俱没于水中而崩。其右辛游靡长臂且多力，游振得王，周人讳之。’”《史记》第 134～135 页。

⑫《汉书》卷二八下《地理志下》：金城郡临羌县，“西北至塞外，有西王母石室、仙海、盐池。北则湟水所出，东至允吾入河，西有须抵池，有弱水、昆仑山祠。”（第 1611 页）《史记》卷一二三《大宛列传》：“太史公曰：《禹本纪》言河出昆仑。昆仑其高二千五百余里，日月所相避隐，为光明也。其上有醴泉、瑶池。”（第 3179 页）

⑬余太山说：“穆天子西征的目的地是‘昆仑之丘’”，“《穆天子传》所见昆仑山应即今阿尔泰山，尤指其东端。”又指出，“《穆天子传》所载自然景观和人文、物产与欧亚草原正相符合。”《早期丝绸之路文献研究》，商务印书馆 2013 年版，第 6～8 页。

⑭对于《穆天子传》中“天子西征至于玄池”的文句，刘师培解释说，“玄池”就是今天位于哈萨克斯坦和乌兹别克斯坦之间的咸海：“玄池即今咸海。《唐书》作雷翥海。”“今咸海以西，波斯国界也。”《穆天子传补释》，《刘师培全集》，中共中央党校出版社 1997 年版，第 546 页。

⑮《史记》卷一二三《大宛列传》：“传闻条枝有弱水、西王母，而未尝见。”（第 3162～3163 页）

⑯顾实推定，周穆王出雁门关，西至甘肃，入青海，登昆仑，走于阗，登帕米尔山，至兴都库什山，又经撒马尔罕等地，入西王母之邦，即今伊朗地方。又行历高加索山，

北入欧洲大平原。在波兰休居三月，大猎而还。顾实认为，通过穆天子西行路线，可以认识上古时代亚欧两大陆东西交通之孔道已经初步形成的事实。《穆天子传西征讲疏·读穆传十论》，中国书店1990年版，第24页。

⑰这样的认识是有道理的："在汉文典籍中，西王母多被置于极西之地。""《穆天子传》和后来的《史记》等书一样，将西王母位置于当时所了解的最西部。"余太山：《早期丝绸之路文献研究》，第15页。有学者注意到"西王母之邦由东向西不断推进的过程"，指出："这一过程恰好与我国对西方世界认识水平加强的过程相一致，是我国对西方世界认识水平加深的一种反映。"杨共乐：《早期丝绸之路探微》，北京师范大学出版社2011年版，第42页。

⑱《史记》第241～243页。泰山刻石称"亲巡远方黎民"，"周览东极"；琅邪刻石称"东抚东土"，"乃抚东土"。《史记》第245～246页。

⑲之罘刻石称"皇帝东游，巡登之罘，临照于海"；"维二十九年，皇帝春游，览省远方"。《史记》第249～250页。

⑳《史记》第260页。会稽刻石称"三十有七年，亲巡天下，周览远方"。《史记》第261页。

㉑丘濬又联系汉武帝、隋炀帝的出巡史事发表了历史评论："其后汉武、隋炀，亦效尤焉。汉武幸而不败，然海内虚耗，所损亦多矣。炀帝南游，竟死于江都。说者谓二君者假望秩省方之说，以济其流连荒亡之举，千乘万骑，无岁不出，遐方下国，无地不到，至于民怨盗起，覆祚殒身，曾不旋踵。虽秦、隋所以召亡者，固非一端。然傥非游荡无度，则河决鱼烂之势，亦未应如是其促也。"文渊阁四库全书本。

㉒宋人史浩《尚书讲义》卷二："此舜作行幸之法也。五月必至南方，八月必至西方，十有一月必至北方，各以其时也。以其时者，顺天道也。"文渊阁四库全书本。

㉓宋人薛季宣《浪语集》卷三〇《遁甲龙图序》："帝尧平秩四序，有虞齐政玉衡，夏南巡，祁寒北狩，岂无天道？通乎人事而已。"清文渊阁四库全书补配清文津阁四库全书本。

㉔宋人黄伦《尚书精义》卷三："无垢曰：二月东巡，五月南巡，八月西巡，十有一月朔巡，盖随天道运行，而合春分、夏至、秋分、冬至之节以有事也。天道一变而运于上，君道一变而运于下，天人交际，辅相裁成，弥纶范围于不言之中，而四时成矣，万国宁矣。"文渊阁四库全书本。

㉕邵博随即还汉武帝的巡行："《汉书·郊祀志》：武帝自三月出行封禅，又并海至碣石，又巡辽西，又历北边，又至九原，五月还甘泉，仅以百日行八千余里，尤荒唐矣。"宋人邵博撰，刘德权、李剑雄点校《邵氏闻见后录》，中华书局1983年版，第75页。

㉖清湖北丛书本。

㉗文渊阁四库全书本。

㉘元人吴澄《书纂言》卷一："文中子曰：舜一岁而巡四岳，国不费而民不劳，何也？仪卫少而征求寡也。林氏曰：汉武帝元朔初，东巡海上，还封泰山，并北海之碣石，历朔方、九原，以至甘泉。武帝仪卫征求多矣，八月之间尚行一万八千里。则舜一岁而巡四岳可知也。"文渊阁四库全书本。

㉙文渊阁四库全书本。对于"一岁之中遍历五岳"持否定态度的又有宋人章如愚编《群书考索》续集卷四《经籍门·书》："舜五载一巡守。陈曰前言：岁二月东巡守，五月南巡守，八月西巡守，十有一月北巡守，非谓之遍历四岳也，但五岁之间以一巡守为率尔。"文渊阁四库全书本。

㉚论者还写道："时异世殊，上古之时风气淳朴，人用未滋，故人君所以奉身用度者，未至于华靡。故其巡行兵卫可以不备，而征求不至于过多。后世则不然，虽时君有仁爱之心，恭俭之德，然兵卫少则不足以防奸，征求寡则不足以备用，不若深居九重，求贤审官，内委任大臣以帅其属，外分命大臣以治其方，则垂拱仰成，不出国门而天下治矣。"文渊阁四库全书本。

参考文献

［1］司马迁．史记［M］．北京：中华书局，1959.

［2］高亨．古字通假会典［M］．董治安，整理．济南：齐鲁书社，1989.

［3］段玉裁．说文解字注［M］．上海：上海古籍出版社，1981.

［4］洪兴祖．楚辞补注［M］．北京：中华书局，1983.

［5］a 朱熹．楚辞集注［O］．文渊阁四库全书本；b 陈第．屈宋古音义［O］．文渊阁四库全书本．

［6］王子今．神农"连山"名义推索［G］//赵德润．炎黄文化研究：第11辑．郑州：大象出版社，2010.

［7］萧统．文选［M］．李善，注．北京：中华书局，1977.

［8］张溥．汉魏六朝百三家集［O］．文渊阁四库全书本．

［9］王子今．轩辕传说与早期交通的发展［G］//王俊义．炎黄文化研究：第8辑．郑州：大象出版社，2008.

［10］马端临．文献通考［M］．北京：中华书局，1986.

［11］江绍原．中国古代旅行之研究：侧重其法术的和宗教的方面［M］．上海：商务印书馆，1935.

［12］阮元．十三经注疏［M］．北京：中华书局，1980.

［13］杜预．春秋左传集解［M］．上海：上海人民出版社，1977.

［14］王子今．前张骞的丝绸之路与西域史的匈奴时代［J］．甘肃社会科学，2015（2）.

［15］a 王子今．《秦记》考识［J］．史学史研究，1997（1）；b 王子今．《秦记》及其历史文化价值［G］∥秦始皇兵马俑博物馆《论丛》编委会．秦文化论丛：第 5 辑．西安：西北大学出版社，1997；吴永琪．秦文化论丛选辑．西安：三秦出版社，2004.

［16］王子今．秦二世元年东巡史事考略［G］∥秦始皇兵马俑博物馆《论丛》编委会．秦文化论丛：第 3 辑．西安：西北大学出版社，1994.

［17］黎靖德．朱子语类［M］．王星贤，点校．北京：中华书局，1986.

［18］a 王子今．关于秦始皇二十九年"过恒山"——兼说秦时"北岳"的地理定位［G］∥秦始皇兵马俑博物馆《论丛》编委会．秦文化论丛：第 11 辑．西安：三秦出版社，2004；b 王子今．《封龙山颂》及《白石神君碑》北岳考论［J］．文物春秋，2004（4）.

［19］王子今．甘泉方家河岩画与直道黄帝传说：上古信仰史与生态史的考察［G］∥陕西历史博物馆．陕西历史博物馆馆刊：第 21 辑．西安：三秦出版社，2014.

作者简介：王子今，男，中国人民大学国学院、出土文献与中国古代文明研究协同创新中心教授

原文刊于：《中原文化研究》（郑州），2016.6：5～13

盟　誓

——关于中国早期国家制度的思考

田兆元

摘　要： 盟誓制度因其仪式完备，文本具有法典意义而具有早期国家制度的核心特征。在先秦时期，盟誓制度对于形成最高统治者权威，建构天子与诸侯关系具有独特意义。以黄帝、帝舜和夏禹为代表的合符信物模式，以夏启、商汤、周武为代表的会盟誓师语言仪式模式，以歃血为盟的天子诸侯关系的文字法典模式，是中国早期国家盟誓制度的三种基本形式。盟誓国家形态与集权国家并行，在建立包容性共同体、管理边疆事务和培育新兴政治势力方面起到重要作用。以盟誓制度指称中国早期国家，是中国学术话语的表述，也是恢复中国早期国家形态的本来面目的尝试。

关键词： 盟誓制度；早期国家；天子诸侯秩序；中国学术话语

对于中国大多数的人文社会科学来说，近现代学术的一个显著特点就是跟传统的学术文化明显地区别开来。除了考据学、文字学等部分学科与传统存在较多的联系外，大多数都是另起炉灶，使用了不同的学术话语和概念，采用了不同的研究方法，也具有了不同的价值观。当然这种改变主要是西化，即整体上与西方学术接轨，如引用西方的学术著作，使用西方概念，等等。从整体上看，近现代人文社会科学是进步了，但是一个最突出的问题就是话语权丧失，影响了学术创新，当然也就制约了文化的自主发展。

以国家制度研究来说，中国古代的国家概念与今日学术界惯用的概念是完全不一样的。《左传·桓公二年》中有"天子建国，诸侯立家"的说法，那么"国""家"不过是两个不同的地方等级行政的概念，与今天民族整体的国家概念不一样。虽然我们今天也称"国家"，但这个国家概念已经是外来的了，不是传统的"国""家"概念了。现代的历史学对于中国古代的历史研究，倒是不称古代国家研究，而是称古代社会研究，又用一个叫"社会"的词来替代。国家和社会，大抵都是从中国传到日本的汉字和词语，被日本用来翻译西方的相关概念，于是意义发生变化了，再通过翻译转内销回到中国，概念意义就完全变了。现代学术概念不仅仅是从日本汉字借鉴的词汇，它是一套新的体系，是西方的文明制度与文化观念在学术上的框架体系，整体上制约着中国学术界的表达方式。

这样，中国历史传统本身具有的表述就要与这些外来词汇看齐，要适应这些词汇表述。这适应的不是一个概念，而是一个系列。直到当下，中国的传统学术话语还是要转换为西方话语体系来表述。学术研究往往就是转换中国的传统话语为西方的学术话语，我们把这样的转换称为研究。

在历史研究尤其是国家制度研究中，这种倾向十分明显。这种做法，有些是必要的，但是很多情况下并没有什么意义。比如，20世纪初我们是把国家之前的组织形态从氏族—胞族—部落—部落联盟进行排比，然后就是国家产生。这是摩尔根描述的美洲、大洋洲等地的早期国家形态和社会形态。这种形态之前经过恩格斯的转述，一度成为早期国家的经典表达，中国的早期国家形态和概念也要削足适履，装进这个套子，这在当时的历史背景下都是合理的选择。对于这种研究的历史贡献与不足之处，童恩正先生在20世纪80年代就有反思[1]。此后谢维扬先生也有讨论，并提出以"酋邦模式"来理解中国的早期国家[2]。一段时期以来，氏族—部落联盟模式和酋邦模式成为解读中国早期国家的主要模式。但是，非洲的早期国家的组织形式是不是就可以拿来解读中国的早期国家形态？人们当然也有很多的疑问。"酋邦说"开拓了我们的眼界，让我们知道了古代国家形式的多元形态，但是这种拿国外的早期国家模式来解读中国早期国家的模式与过去的摩尔根模式没有太多区别，本质上是一样的。

中国就没有自己的国家模式吗？答案是否定的，中国有自己独特的国家发展形式，有自己的概念体系，我们为什么不使用呢？本文是要讲述一种中国的早期国家形式——盟誓制度，这是与氏族部落联盟、与酋邦不同的中国早期国家制度。盟誓制度作为中国早期国家的基本形式，以及集权国家形成后长期存在的大联盟国家模式和边疆管理模式，充满了管理智慧。以盟誓制度指称早期国家形式，也是建立中国学术话语的重要实践。

一　盟誓性质的定位与理解

关于盟誓，有很多的解读视角，这首先要看如何定位这项制度。由于其杀牲歃血的特点，人们将其视为一种仪式，这让人类学和民俗学的学者很感兴趣，当然也包括历史学学者。所以一部分学者对于盟誓的程序很关注，认为盟誓就是仪式，这种解释无疑是对的。《说文解字》："盟，杀牲歃血，朱盘玉敦，以立牛耳。"就这段解释看，完全就是一种仪式行为。《礼记·曲礼》："莅牲曰盟。"《礼记正义》云："莅牲曰盟者，亦诸侯事也。莅，临也。临牲者，盟所用也。盟者杀牲歃血，誓于神也。若约束而临牲，则用盟礼，故云莅牲曰盟也。……盟之为法：先凿地为方坎，杀牲于坎上，割牲左耳，盛以珠盘，又取血盛以玉敦，用血为盟书，成，乃歃血而读书，知坎血加书者。"[3]1266 这个解释更加详细地描述了盟的仪式过程：凿地为坎，即挖一个土坑，然后杀掉牲畜在坎子中，把耳朵割下来放到珠盘，把牲畜的血用玉敦装起来，以血写盟书，盟书写好，即将血抹在嘴上，然后读盟书，读罢盟书，再将其和牲畜一起埋起来。就其过程看，完全是一种仪式。至于民间的盟誓，仪式特征更是明显，杀鸡歃血，发誓赌咒。所以，对于盟誓的性质判定，一种主流的认识是：传统仪式。

由于盟誓要发誓，所以中国从古到今，留下了很多的盟誓文书，于是有一派研究者开展了盟誓的文体研究。在刘勰的《文心雕龙》里，有个文体论的篇目叫"祝盟"，该文对此前古代重要的盟书都有提及，说："夫盟之大体，必序危机，奖忠孝，共存亡，戮心力，祈幽灵以取鉴，指九天以为正，感激以立诚，切至以敷辞，此其所同也。然非辞之难，处辞为难。后之君子，宜存殷鉴。忠信可矣，无恃神焉。"这是就盟誓的誓约部分而言的，因此讨论盟誓这样一种应用文体，也是一种对于盟誓性质的理解。

但是这两种解释，都只是盟誓这样一个大的文化事象中的小环节，并不能达到对于盟誓文化的整体理解。同样过去的研究，多数偏于断代研究，或者相关盟誓事件的个案研究，很少上升到制度层面。或者看到了盟誓的制度属性，但是只是将其视为一种古老的制度形式，对其在整体的国家制度层面的深刻意义还是有些认识不足。

笔者曾经做过关于盟誓的整体研究，出版过一部中国盟誓简史——《盟誓史》[4]。最初，笔者将盟誓定位为一种制度，认为"它是从古老的氏族婚盟开始，一直绵延在整个过去的历史进程中的文化现象"[4]4。后来，笔者又将盟誓表述为："中国盟誓制度从早期国家的根本制度，封建国家管理少数民族的国家制度，到民间社会组织的构建制度，以及关于伦理与信仰的民俗制度，都是一笔宝贵的文化遗产，值得学术界更加深入地进行研究。"[5]盟誓的制度属性是本文讨论盟誓的基本视点。

为什么强调盟誓的国家制度性质呢？除了神圣仪式之外，关键是盟誓制定了制度规范，是有文本的，这样就形成了法典性质的国家规范。同时，盟誓是一次各方的会议，盟誓的文本只是讨论博弈的结果，所以是天子诸侯间的民主与集权的产物，体现出国家管理的鲜明特点，因此，盟誓不是一个简单的仪式所能够涵盖的，而是要从国家制度层面来解读。

二 分封与盟誓的关系

关于中国早期国家的时限，很难得出一个大家普遍认同的看法，一般来说学术界在探讨早期国家的时候以先秦为限，本文也遵循此例。对于盟誓制度来说，秦以前的制度是基于盟誓体制的早期国家制度；秦以后，整体上建立中央集权，但是盟誓制度仍长期存在，或作为边疆管理制度，或作为整体联盟制度，或作为新的政治势力成长的组织制度，都是非常重要的国家与政治体制形式。

我们先以《左传·昭公十三年》中一段春秋时期的晋、齐对话来看当时人们对于盟誓制度的理解：

> 晋人将寻盟，齐人不可。
> 晋侯使叔向告刘献公曰："抑齐人不盟，若之何？"对曰："盟以底信。君苟有信，诸侯不贰，何患焉？告之以文辞，董之以武师，虽

齐不许，君庸多矣。天子之老，请帅王赋，'元戎十乘，以先启行'，迟速唯君。"

叔向告于齐，曰："诸侯求盟，已在此矣。今君弗利，寡君以为请。"对曰："诸侯讨贰，则有寻盟。若皆用命，何盟之寻？"

叔向曰："国家之败，有事而无业，事则不经。有业而无礼，经则不序。有礼而无威，序则不共。有威而不昭，共则不明。不明弃共，百事不终，所由倾覆也。是故明王之制，使诸侯岁聘以志业，间朝以讲礼，再朝而会以示威，再会而盟以显昭明。志业于好，讲礼于等。示威于众，昭明于神。自古以来，未之或失也。存亡之道，恒由是兴。晋礼主盟，惧有不治。奉承齐牺，而布诸君，求终事也。君曰：'余必废之，何齐之有？'唯君图之，寡君闻命矣！"

齐人惧，对曰："小国言之，大国制之，敢不听从？既闻命矣，敬共以往，迟速唯君。"

这是一段理解盟誓性质的具有深刻意义的文献。春秋后期，晋、齐地位发生了很大变化，但是还是两个大的诸侯国。他们都有挟天子以令诸侯的经历，只是此时晋国实力较强，于是发生了晋国召集诸侯盟誓的故事。但是这一动议起初被齐国拒绝了，其理由为：诸侯讨贰，则有寻盟，若皆用命，何盟之有？诸侯集合讨伐有贰心的诸侯国家，则需要盟誓，但是大家都是好好的，没有问题，为什么要盟誓呢？这是齐人的理由，还是国家盟誓的惯例呢？我们从《周礼·秋官》"司寇"的记载中发现有"司盟"一职，明确地写道："凡邦国有疑会同，则掌其盟约之载及其礼仪。"确实齐国人可以拒绝晋国人的盟誓要求，因为制度规定：有疑才会同（会同即盟誓）。

春秋盟誓有多种类型，有诸侯间相关事务的盟誓，有诸侯内部事务的盟誓，更有霸王代表天子召集诸侯的盟誓。这是东周形成的惯例，霸王代表天子主持盟誓事务。既然无"疑"，那盟誓就需要理由。叔向也找出来制度条款："明王之制，使诸侯岁聘以志业，间朝以讲礼，再朝而会以示威，再会而盟以显昭明。"从齐国听后唯命是从的情况看，这也是制度，不是临时杜撰的。聘、朝、会、盟形式是天子管理诸侯的制度，其中会盟带有强制性质，是天子维持诸侯朝贡天子秩序的核心问题。岁聘是上缴贡赋，间朝是修明礼仪，会是宣示天子权威，盟是神前的誓言仪式。晋国主盟，不是岁聘，也不是朝觐，可见盟的意义重大，是需要霸主掌控的。晋人提出寻盟，也就是温盟，就是让诸侯国通过盟誓强调自己的责任，也是怕大家忘记了，所以也可以说是有疑则盟。更重要的是，十多年间，虽然其间有很多小的盟誓，但是昭公元年有一场较大的盟誓，即虢之盟，晋国、楚国、齐国都参加了，距今有十二年了，现在盟一下也是合乎时间规则的。齐人听了叔向的一番话，觉得具有很强的威慑力，所以唯诺连声，赶紧答应了寻盟之事，参与了盟会。叔向的话语权力，很大程度上是来自天子的授权，所以霸主与诸侯的盟誓可以看作天子与诸侯盟誓的一个特别版。这就是著名的平丘之盟，东周盟誓制度的经典表达与现实案例。国有疑盟誓，六年、十二年举行会盟，两种形式，这是我们现在说的国家制度。

天子对诸侯分封时举行盟誓，我们可以从秦国得封诸侯的事例中看出来。秦国由于偏隅西陲，生产力落后，在周初大分封的活动中没有份额。到了周孝王时代，因其西陲和睦，又善养马，周天子遂分一席地为附庸，并嘱咐世世代代为周王养马。那当然是没有参与诸侯盟誓的资格的。可是后来犬戎坐大，加上周幽王无道，秦在关中西周故地就待不住了，便要东迁。《史记·秦本纪》记载了这样一件大事：

> 西戎犬戎与申侯伐周，杀幽王郦山下。而秦襄公将兵救周，战甚力，有功。周避犬戎难，东徙雒邑，襄公以兵送周平王。平王封襄公为诸侯，赐之岐以西之地。曰："戎无道，侵夺我岐、丰之地，秦能攻逐戎，即有其地。"与誓，封爵之。

这次分封有点实用主义味道，也有些形式主义。因为平王封的这块地不在自己手里，应该是被犬戎占领着。但是这对于秦国来说是翻天覆地的大事，因为从此他们正式成为诸侯一员，地位提升了。更为重要的是，他们亲自和周王盟誓了。"与誓，封爵之"，分封与盟誓之一体，在秦国获得诸侯名分的过程中得到了生动的体现。

这样，我们是不是可以说分封就是盟誓呢？或者至少说，分封必有盟誓呢？就此案例看，应该是没有问题。只是因为盟誓发生泛化，不仅天子与诸侯盟誓，诸侯间，诸侯与大夫，民间都有盟誓了，而分封却只是在帝王与诸侯间发生，于是给人的感觉就是分封与盟誓成为两件事。确实，更多的盟誓没有伴随分封，但是分封却有盟誓。

我们再以《史记·秦始皇本纪》中秦始皇统一天下后要不要分封的讨论，就会明白，分封与盟誓的关系是多么紧密：

> 秦初并天下，令丞相、御史曰："异日韩王纳地效玺，请为藩臣，已而倍约，与赵、魏合从畔秦，故兴兵诛之，虏其王。寡人以为善，庶几息兵革。赵王使其相李牧来约盟，故归其质子。已而倍盟，反我太原，故兴兵诛之，得其王。赵公子嘉乃自立为代王，故举兵击灭之。魏王始约服入秦，已而与韩、赵谋袭秦，秦兵吏诛，遂破之。荆王献青阳以西，已而畔约，击我南郡，故发兵诛，得其王，遂定其荆地。燕王昏乱，其太子丹乃阴令荆轲为贼，兵吏诛，灭其国。齐王用后胜计，绝秦使，欲为乱，兵吏诛，虏其王，平齐地。寡人以眇眇之身，兴兵诛暴乱，赖宗庙之灵，六王咸伏其辜，天下大定。今名号不更，无以称成功，传后世。其议帝号。"丞相绾、御史大夫劫、廷尉斯等皆曰："昔者五帝地方千里，其外服夷服，诸侯或朝或否，天子不能制。今陛下兴义兵，诛残贼，平定天下，海内为郡县，法令由一统，自上古以来未尝有，五帝所不及。臣等谨与博士议曰：'古有天皇，有地皇，有泰皇，泰皇最贵。'臣等昧死上尊号，王为'泰皇'。命为'制'，令为'诏'，天子自称曰'朕'。"王曰："去'泰'，著'皇'，采上古'帝'位号，号曰'皇帝'。他如议。"制曰："可。"

秦始皇在讨论国家建制是一种什么样的形态的时候，明确指出六国都是背盟约的主，不能再搞地方诸侯，最高主宰也要更名，这既是更名，更是改变统治机构的本质，即采用中央高度集权的形式，在地方实行郡县制，不再实行诸侯制度。那当然也就没有盟誓了。后来有人提出分封诸子的建议，也被否决。

秦始皇给出自己统一天下的理由就是六国背盟，其实，秦国才是最大的不守盟誓的诸侯国，秦国背盟的事迹不计其数[6]。这时天下已经信义丧失，恢复信用一时很难，所以集权是必然选择。但是缺少信义的国家也是不能长久的，秦王朝数年间便灭亡了，可见缺少信义很难长治久安。

三 盟誓制度在汉代的发展

汉王朝恢复分封制度后，随之而来的就是盟誓的恢复。这其间的逻辑联系一目了然。分封制伴随盟誓制度，或者说，分封与盟誓是一体化的早期国家制度。

刘邦看到秦国速亡，在统一过程中就使用了分土为王的计策。西汉统一后，刘邦分封了同姓王和异姓王，有点像周初的情况。周初的分封是不是也进行了盟誓，没有直接的材料证明。刘邦分封，却进行了两场盟誓，一是白马盟，二是封爵誓。

关于白马盟，现在有很多的研究，证明其在汉初的政治生活中是一件大事，绝非儿戏。《史记·吕太后本纪》记载吕后专权，大臣王陵十分不满，说："高帝刑白马盟曰：非刘氏而王，天下共击之。今王吕氏，非约也。"这是白马盟的内容，仪式和誓词十分简约，但是十分明确。当陈平、周勃伪装同意吕氏为王的时候，王陵又说："始与高帝喋血盟，诸君不在邪？今高帝崩，太后女主，欲王吕氏，诸君从欲阿意背约，何面目见高帝地下？"王陵的话，证明了当时很多人都参与了盟誓。

但后来吕后为了"王诸吕"，分封了很多高祖的功臣进行铺垫，然后给吕氏分封了三个侯王。但他们并没有去封地，而是留在朝廷掌管军权和相国之位，大臣谁也不敢动手。而吕后去世，齐侯便起来造反，反对梁、赵、燕诸吕之王。此时周勃、陈平设计欺骗赵王吕禄说："高帝与吕后共定天下，刘氏所立九王，吕氏所立三王，皆大臣之议，事已布告诸侯，诸侯皆以为宜。今太后崩，帝少，而足下佩赵王印，不急之国守藩，乃为上将，将兵留此，为大臣诸侯所疑。足下何不归印，以兵属太尉？请梁王归相国印，与大臣盟而之国，齐兵必罢，大臣得安，足下高枕而王千里，此万世之利也。"关于这一诡计，我们不去讨论是非。这里提出的"与大臣盟"，而归到诸侯国去，似乎是一个惯例，不然吕禄也不会相信。这里再次增添了一个诸侯分封之国盟誓的案例。汉初去周代不久，盟誓制度之施行，应该是循传统惯例，我们可以以汉代分封制度上推周代制度。

汉代另外的重要盟誓是封爵誓，这是一个典型的分封盟誓一体的仪式与国家制度行为。其誓言在《史记·高祖功臣侯者年表》中记载如下：

　　　封爵之誓曰："使河如带，泰山若厉。国以永宁，爰及苗裔。"始
　　未尝不欲固其根本，而枝叶稍陵夷衰微也。

　　司马迁看后非常感慨。但是这种盟誓与分封合二为一的特点加深了我
们对于盟誓制度的认识。分析以上材料，我们有理由说，盟誓行为在天子
诸侯制度建立与关系处理过程中都起到了重要的支配性作用。当然，盟誓
制度远远大于天子诸侯制度，其组织功能更为深广。

四　天子诸侯秩序与盟誓形式

　　上古时期，天子最高权威的建立也有赖于盟誓。这里先从西周开始讨
论。对于西周的分封仪式，司马迁没有详细记载，只是在《史记·周本
纪》中记载了一个事件："（武王）封诸侯，班赐宗彝，作《分殷之器
物》。"意思很清楚，武王分封诸侯，分赐给他们一些酒器、礼器。这些酒
樽是殷人留下的，武王为此写了一篇文章，名叫《分殷之器物》，记录分
赐的情况。这篇文章没有留下来，只有一个题目，留在《尚书》里，名叫
《分器》。在《左传·定公四年》中这次分赐的内容有所透露，如鲁国分到
了大路、大旂，是车驾、旌旗之类，有的分到酒器，有的分到鼓等。《史
记》为什么就没有记载分封时的盟誓呢？我们从司马迁对于武王登基仪式
那样详细的描述看，如果分封时有盟誓的材料，他一定会记下来。司马迁
之所以能够详细描述登基仪式，应该是《尚书》留下的原始材料较多，而
关于分封的文献遗失，只剩下了一个篇目，他没有办法去多写。我们由此
可以看出司马迁严谨的态度。后来考古发现的南方的商代青铜器，有可能
是这次分器诸侯国带去的宝贝。

　　但是，武王得天下的盟誓却被文献很好地记录下来。《尚书·牧誓》
中记载武王确立地位的第一件大事是会盟诸侯伐纣。这时武王是以天下盟
主的身份在号令诸侯：

　　　　时甲子昧爽，王朝至于商郊牧野，乃誓。王左杖黄钺，右秉白旄
　　以麾，曰："逖矣，西土之人。"王曰："嗟！我友邦冢君，御事、司

徒、司马、司空、亚、旅、师氏、千夫长、百夫长，及庸、蜀、羌、髳、微、卢、彭、濮人。称尔戈，比尔干，立尔矛，予其誓。"

牧野之誓的仪式很详细，司马迁几乎就是原文抄录的。但是像《分器》那样只剩下一个篇目，他就没有办法杜撰。武王是一个领誓的人，左手持着黄钺，右手拿着白牦牛尾的旗帜，先是旗帜一挥，招呼各路诸侯，然后叫他们把盾牌戈矛举起来，跟他宣誓。"尔所弗勖，其于尔躬有戮"，不努力就杀了你们，这是十分严厉的口气，是单方面的训斥。这个誓词体现出的武王的权威，似乎要比其他后代的周王更加强大。无论是牧野之誓，还是登基仪式，武王都将天神祭出，可见盟誓中的神灵见证，在武王的两个仪式中都得到了淋漓尽致的发挥。

天子诸侯秩序的建立，依赖一场标志性的会盟，似乎也是惯例。我们再上溯到商代，商汤登上天下盟主的位置，同样是一场大的会盟，这就是《尚书·汤誓》，即鸣条之誓。汤先是揭露了夏桀的罪行，因为"有夏多罪，天命殛之"，而"予畏上帝，不敢不征"。既然这样去征不就行了，但是关键是得把诸侯带过去。理论上讲，这些诸侯应该还是夏桀的属下，就像周武王带领的诸侯其实应该是商纣王的诸侯一样。但是，商纣王也好，夏桀王也好，都是罪人，是上天要讨伐的。大家对天发誓，就有了新的主宰。而主盟的人也就有了权力：

尔尚辅予一人，致天之罚，予其大赉汝。尔无不信，朕不食言。尔不从誓言，予则孥戮汝，罔有攸赦。

谁给他的权力呢？上天，上帝。这个新的天子就有生杀予夺的大权。同样的故事，在夏启那里，是要讨伐有扈氏。启带着六卿发誓，是恭行天罚，同样是认真作战有赏，消极作战受罚。启通过这样一场盟会誓师，也就完成了最高盟主即天子地位的确立。

夏、商、周三朝天子就是这样通过会盟登上最高殿堂的。而周代还有明确的天子诸侯关系确立的盟誓制度。我们似乎没有理由否认，盟誓是确立最高统治地位的基本形式。

对于中国人与中国历史来说，黄帝地位的确立及其方式是十分重要的事件。《史记·五帝本纪》记载，面对暴虐或者无能的炎帝（蚩尤氏），黄帝征师诸侯，打败了炎帝（蚩尤氏），然后理顺了东西南北的疆土，最后进行了一项仪式：合符釜山。这当然是一场大的盟誓。"黄帝'合符釜山'，是中国盟誓史上的开山大事。"[5]大禹的涂山之会与之有很大的相似性。《史记索隐》："合诸侯符契圭瑞，而朝之于釜山，犹禹会诸侯于涂山然也。"釜山会与涂山会是盟誓的最初形式，也是确立领袖地位的基本形式。

　　于是，我们发现了上古时期，中国早期国家权威建立与天子诸侯关系建构的三种盟誓形式。一是黄帝、大禹的合符形式，通过信物，分剖各持，通过合符，表达一种合作的权力关系和隶属关系。舜的班瑞，同样是一种剖符合符的结盟形式①。这是一种基于神符物质为中心的早期国家管理形式。二是夏启王、商汤王和周武王通过会盟诸侯，神前宣誓的形式确立权威。这种模式偏重誓言和仪典，具有一种单向主导的意味，是一种通过以语言为中心的盟誓与信仰来确立共同体领袖权威的制度形式。三是西周以来的歃血为盟的盟誓形式，通过文书书写，开始了文字符信的时代，也规范了歃血仪式，这种形式一直延续到近现代。在天子与诸侯间维系其隶属关系，盟誓是其基本的管理形式。

　　所以，先秦时期盟誓制度是早期国家制度的核心内容。我们既没有必要将其对译为部落联盟，也没有必要将其解读为酋邦。因为中国的早期国家与美洲和欧洲的早期国家制度是不同的。

五　盟誓制度的深远影响

　　盟誓制度建立了一种以信仰为基础的社会生活规范，因此，盟誓便有了从国家制度下移到民间社会的可能性。从这一点看，用分封制度解释不了中国古代社会家国同构的特点，而盟誓制度却可以。

　　盟誓制度的伦理文化影响、社会信用与信仰的影响，是十分广泛而深远的。盟誓制度并没有因为早期国家结束便退出历史舞台，而是持续推动中国的国家制度与社会制度的发展。

　　第一，作为一种包容性国家体制，它在几大势力处于均势的情况下，国家以盟誓形态保持整体上的稳定，保障社会多元文化的发展。如三国时期、宋辽夏金时期等。假如我们超越那种单一集权模式，从盟誓国家制度的视角看，三国时期就不是国家分裂，而是一种相对稳定的处于盟誓状态的国家形式：魏吴一体，吴国形式上的称臣；吴蜀联盟，武昌盟誓成为制度保障。三国时期，国家整体是一个包容性共同体。澶渊之盟实现辽宋百年的和平，这在中国历史上也是很难得的稳定时期，是盟誓合作制国家形式。而宋金的绍兴之盟，宋对金称臣，金国主导，宋金是统一的国家。对于以盟誓建立起来的稳定体制，需要从中国传统的制度智慧角度来理解，更要把它视为传统国家制度的延续来理解。

第二，在集权体制下，盟誓作为一种管理边疆族群的制度，长期承担着国家安全和地方稳定发展的功能。如汉王朝与匈奴关系的盟誓，唐王朝与吐蕃、南诏地域的盟誓管理，清王朝与蒙古族群的盟誓管理，都是成功的国家管理形式，集权与盟誓并行，这是中国国家制度发展的一大特点。

第三，新起的统治集团以盟誓形式组织发展，无论是各民族内部的统一，还是基层群体组织起来推倒腐败的国家政权，盟誓都起到重要的组织作用。如陈胜吴广起义前的"为坛而盟"，清王朝时期的各种反朝廷的会党，包括推翻清王朝的同盟会，都是以盟誓经营其组织，成为传统中国政治生活中的重要力量。

因此，盟誓作为一种国家制度，在中国传统社会中的作用，及其现实功能，都有很大的认识空间。盟誓制度是早期国家的核心制度，是与集权国家并行的管理制度。这是一种中国学术话语的表述实践，也是恢复中国早期国家本来面目的尝试。

注释

① 《尚书·舜典》："正月上日，受终于文祖。在璇玑玉衡，以齐七政。肆类于上帝，禋于六宗，望于山川，遍于群神。辑五瑞，既月乃日，觐四岳群牧，班瑞于群后。"班瑞就是剖符合符的仪式。

参考文献

[1] 童恩正. 摩尔根模式与中国的原始社会史研究 [J]. 中国社会科学，1988 (3).

[2] 谢维扬. 中国早期国家 [M]. 杭州：浙江人民出版社，1995.

［3］孔颖达．礼记正义［M］．上海：上海古籍出版社，1979．

［4］田兆元．盟誓史［M］．南宁：广西民族出版社；上海：上海文艺出版社，2000．

［5］田兆元．盟誓制度演进及其引申［J］．重庆社会科学，2012（1）．

［6］田兆元，龙敏．秦国崛起与盟誓制度研究［J］．国际观察，2007（5）．

作者简介：田兆元，男，华东师范大学社会发展学院民俗学研究所教授、博士生导师

原文刊于：《中原文化研究》（郑州），2016．3：52～58

等级式贵族专制：中国早期国家的
政治制度及其形成机制

叶文宪

摘　要： 夏商周三代是中国国家的早期阶段，国家形态是复合制国家，政治制度是等级式贵族专制。然而在这种专制制度下，族人对国家事务仍然拥有一定的主权，这是从氏族时代残留下来的国人民主；在天子缺失的特殊时期也出现过贵族共和，不过这只是一个例外。造成中国早期国家政治制度这种特点的原因：一是国家是通过武力征服建立的；二是在国家内部宗族制度仍然牢固地存在，国家机器是直接从宗族的管理机构转化而来的；三是国家控制社会的力量还很有限，只能通过封邦建国的形式建立以城邑为中心、规模不大的部族国家与宗族国家，而等级式贵族专制正是与这种复合制封建王国相适应的。

关键词： 等级式贵族专制；早期国家；政治制度；形成机制

国家是社会的组织形式，政府是国家的管理机器。人类社会并不是一开始就有国家的。在人类社会早期，由于人口稀少、社会结构简单，按血缘组织的宗族或者按地缘组织的聚落就可以行使管理了。随着人口的增长与人类活动范围的扩大，社会分层越来越复杂，宗族与聚落已无法管理结构日益复杂的社会，于是就产生了专门管理社会的机构——国家。社会的复杂化有一个过程，国家的形成也有一个过程。从没有国家到建立国家的过程叫作前国家阶段。前国家阶段的组织形式可以分为部落联盟和酋邦两类。原生国家（在没有先例的情况下建立的国家）的前国家阶段因为无先例可循，所以前国家阶段会非常漫长，如华夏族的五帝时代。而次生国家（在有样板可借鉴的情况下建立的国家）因为可以向邻居学习，所以这个过程就会短得多，如鲜卑、党项、契丹、吐蕃、南诏、女真、蒙古等少数民族所建立的国家。国家刚刚形成后的阶段为早期国家。原生国家的早期阶段发展也非常缓慢，甚至会出现曲折与反复，华夏族的早期国家阶段就经历了夏商周三代。而次生国家的这个阶段可以很短，甚至没有——从前国家的酋邦状态越过国家的早期阶段直接进入成熟的大一统帝国。

国家的构成形式叫作国体，国体的核心问题是中央与地方的权力分配问题。国家的政治制度叫作政体，政体的核心问题是国家的主权属于谁？是多数人掌权还是少数人掌权？抑或是一个人掌权？西方学者根据这一原则把政体划分为个人统治的君主（独裁）政体、少数人统治的贵族（权威）政体和多数人统治的共和（民主）政体三类。

中国国家的形成机制与西方不同，实行的政治制度也与西方不完全一样。中国早期国家的政治制度是等级式贵族专制，但是在这种专制制度下族人对国家事务仍然拥有一定的主权，这是从氏族时代残留下来的国人民主；而在天子缺失的特殊时期也出现过贵族共和，不过这只是一个例外。造成中国早期国家政治制度这种特点的原因：一是国家是通过武力征服建立的；二是在国家内部宗族制度仍然牢固地存在，国家机器是直接从宗族的管理机构转化而来的；三是国家控制社会的力量还很有限，只能通过封邦建国的形式建立以城邑为中心、规模不大的部族国家与宗族国家，而等级式贵族专制正是与这种复合制封建王国相适应的。

一　中国早期国家的等级式贵族专制

先秦时代的夏人、商人、周人原来都处于部族状态，通过互相之间的武力征服先后建立了夏、商、周王朝。夏、商、周三代是华夏族原生的早期国家，虽然当时已经进入了青铜时代，但是相对来说技术水平还很低下，夏后、商王、周天子还没有能力控制幅员辽阔的国土，而只能控制十分有限的区域，所以作为夏王朝遗存的二里头文化的分布范围仅限于豫西晋南。商朝的疆域分为王畿和方国两部分，商王直接管理的区域只有王畿，王畿以外都是各个臣服或敌对的方国的地盘。周天子直接管理的也只是宗周与成周两点之间的区域，而其他广袤的领土都分封给了各个诸侯。这样通过"封邦建国"建立了由王畿与方国、天子与诸侯构成的复合制国家。夏商周的国家形态应该叫作"封建王国"。

夏商周王朝的国家权力并不集中在最高统治者一个人手里，而是通过"授民授疆土"逐级分配给了各级贵族，所以夏商周三代政治制度最大的特点是贵族分权而非天子集权。然而不管是天子还是各级贵族，在他们自己控制的范围之内都是大权独揽的，既没有监督最高首领的酋长会议，也没有作为最高权力机构的人民大会。王畿与方国、天子与诸侯的政体都是集权专制的，只不过这种专制政体是与复合制国家相适应的等级式贵族专制，而不是秦汉以后建立的那种皇帝独裁专制。

夏商周王朝刚刚走出原始社会不久，因此仍然保存着用人作为牺牲来祭祀与殉葬的野蛮行为，甚至有过之而无不及，这种残酷的杀戮曾经被误解为奴隶制度或奴隶社会的一种现象。夏商周王朝还处于国家的早期阶段，族人的主权尚未被完全剥夺，因此在国人身上还残存着有限的主权，而这种有限的主权又常常被误解为人民大会的孑遗。其实国人民主只是等级式贵族专制制度的一种补充，这种奇特的现象只在中国的先秦时代才出现过。

战国时期从李悝、吴起、邹忌、申不害到商鞅所主持的各国变法，长期以来被誉为"变法图强"或"为新兴地主阶级夺权"，其实他们都是代表了希望专制集权的国君向企图继续维持封建分权的贵族夺权。尽管这些改革家们最后大都不得善终，但是这些变法显然是成功的，因为变法以后君权明显地得到了加强。促使君权加强的另一个原因是春秋战国时期持续不断的战争，因为战争需要集权，而战争又是实行独裁专制最好的理由与借口。从战国时期建立的一系列政治制度可以看到，君主集权的专制制度已经在各国先后建立，实施将相制、郡县制、俸禄制、玺符制、上计制等制度的宗旨只有一个——取消封建贵族的特权，使独立的贵族变成听命于国君的官僚，把原来通过"授民授疆土"分散给贵族的权力集中到国君一个人手中。

二　残存的国人民主

民主政体在中国历史上从未真正出现过，但是在先秦时代的国人身上还保留着一点从氏族时代残存下来的族人的主权，这勉强可称为"国人民主"。

在传说中的五帝时代，虽然尧舜禹已经成为掌握生杀大权的最高首脑——帝，但是其他氏族部落首领的权力仍然得到了尊重，所以在决定传位之前他们还要"询四岳"（《史记·五帝本纪》），并且据说他们还设立了"进善之旌、诽谤之木"（《史记·孝文本纪》），"尧置敢谏之鼓，舜立诽谤之木"（《淮南子·主术训》），说明当时族人还是有权参与酋邦政治的。

商周时代王权已经大大加强，但是族氏仍然是社会的基本组织，族人的主权也没有被完全剥夺，所以商王在卜辞中常常要为是否"丧众"而向神灵祈祷，盘庚想迁都也要向贵族和族人反复解释说明（《尚书·盘庚》）。傅说告诫武丁说："惟木从绳则正，后从谏则圣。"（《尚书·说命上》）周厉王推行专利政策，还用卫巫止谤，结果引起国人暴动，迫使厉王奔彘（今山西霍县）。用后世的眼光去看，这一事件的性质绝对是大逆不道的叛乱，但是在厉王奔彘后既没有诸侯派兵勤王，也没有人去迎回厉王，不仅暴动者没有受到追究与惩罚，而且舆论还一边倒地谴责周厉王："天地百物，皆将取焉，胡可专也？所怒甚多，而不备大难，是以教王，王能久乎？"（《国语·周语上》）这种现象在后来帝国时代的独裁专制政体下是不可想象的。

夏、商、周三代都是部族国家，本族人是"国人"，外族人是"野人"。国人参与国家政治的权力是从氏族时代继承下来的，这种政治参与权一直到春秋时代仍然保存着，例如管仲向齐桓公推荐东郭牙时就说："犯君颜色，进谏必忠，不辟死亡，不挠富贵，臣不如东郭牙，请立为大谏之官。"（《管子·小匡第二十》）战国时期齐威王也还能申令全国："群臣吏民，能面刺寡人之过者受上赏，上书谏寡人者受中赏，能谤议于朝市，闻寡人之耳者受下赏。"（《战国策·齐策一》）所以《白虎通·谏净》说："明王所以立谏净者，皆为重民而求己失也。"

《左传》中我们可以看到国君遇到重大的事情都会"朝国人"来征求

他们的意见；国君或大夫还经常要"盟国人"，与国人会盟立誓来争取他们的支持。有时他们对国人的态度还十分恭敬，例如："宋公子鲍礼于国人。宋饥，竭其粟而贷之，年七十以上无不馈诒也。"（《文公十六年》）公子鲍之所以要讨好国人，是因为国人的向背往往能够决定贵族在斗争中的成败，例如"初子驷与尉止争"，"尉止、司臣、侯晋、堵女父、子师仆帅贼以入，晨攻执政于西宫之朝，杀子驷、子国、子耳"，"子蟜帅国人助之，杀尉止、子师仆，盗众皆死"（《襄公十年》）。"郑子孔之为政也专，国人患之……子展、子西率国人伐之，杀子孔而分其室"（《襄公十九年》）。庆封"使卢蒲嫳帅甲以攻崔氏，崔氏堞其宫而守之，弗克。使国人助之，遂灭崔氏"（《襄公二十七年》）。国君或贵族如果得不到国人的支持，那么处境就会很危险，例如卫懿公喜欢养鹤，他甚至让鹤乘坐有华盖的车，于是引起了国人的强烈不满，当狄人伐卫时国人抱怨说"使鹤，鹤实有禄位，余焉能战"，结果"卫师败绩，遂灭卫"（《闵公二年》）。莒纪公偏爱小儿子季佗，并有夺嫡之意，于是太子仆就"因国人以弑纪公"（《文公十八年》）。国人甚至能够把国君或执政者赶走，例如："晋侯、齐侯盟于敛。卫侯请盟，晋人弗许。卫侯欲与楚，国人不欲，故出其君，以说于晋。卫侯出居于襄牛。"（《僖公二十八年》）"莒子庚舆虐而好剑，苟铸剑必试诸人。国人患之。又将叛，齐乌存帅国人以逐之。"（《昭公二十三年》）"陈辕颇出奔郑。初辕颇为司徒，赋封田，以嫁公女，有余，以为己大器。国人逐之。"（《哀公十一年》）正因为国人在国家政治中具有重要的作用，所以国君与贵族都不敢怠慢国人，他们经常要用各种方式来安抚国人，称之为"靖国人"。

国人还常常用歌谣来表达自己的喜怒哀乐，《毛诗》认为《国风》中的许多篇章就是国人讥讽朝政而作的诗篇，例如：《击鼓》是国人怨州吁"用兵暴乱、勇而无礼"；《雄雉》是国人患"卫宣公淫乱不恤国事"；《新台》是国人恶"卫宣公纳伋之妻，作新台于河上而要之"；《二子乘舟》是国人伤"卫宣公二子争相为死而思之"；《墙有茨》是国人疾"公子顽通乎君母而不可道也"；《硕人》是国人闵庄姜"贤而不答，终以无子"；《丘中有麻》是"庄王不明，贤人放逐，国人思之而作是诗"；《缁衣》是武公"父子并为周司徒，善于其职，国人宜之，故美其德"；《叔于田》是国人"刺庄公也"，《遵大路》是"庄公失道，君子去之，国人思望焉"；

《有女同车》是"郑人刺太子忽之不婚于齐"；《褰裳》是"国人思大国之正己也"；《还》是国人"刺哀公好田猎，从禽兽而无厌"；《载驱》是"齐人刺襄公也，无礼义"，"与文姜淫，播其恶与万民焉"；《硕鼠》是"国人刺其君重敛，蚕食于民，不修其政，贪而畏人"；《山有枢》是国人作诗以刺晋昭公"不能修道以正其国"；《扬之水》是刺晋昭公，"国人将叛而归沃焉"；《葛生》是刺晋献公"好攻战，则国人多丧矣"；《小戎》是国人美襄公"备其兵甲以讨西戎"；《黄鸟》是"国人刺穆公以人从死，哀三良而作是诗也"；《无衣》是"秦人刺其君好攻战，亟用兵，而不与民同欲"；《隰有苌楚》是"国人疾其君之淫恣，而思无情欲者也"。像这样用歌谣来表达自己情感和褒贬臧否人物，其实是先秦时代国人参与国家政治、用舆论进行监督的一种方式。

国人拥有的这种主权是从氏族社会里继承下来的，但是到了战国时期，《左传》中常见的这一类记载便渐渐不见了，而到秦汉大一统以后，国人与野人都成了编户齐民。帝国的百姓虽然不是奴隶，但是除了履行缴纳赋税和服徭役、兵役的义务以外已经毫无主权可言了。

三　贵族共和只是一种例外

共和政体在中国历史上只是一种例外，唯一的一次"共和"出现在西周末。周厉王实行"专利"，把原来属于公用的山林川泽据为己有并向国人收税，因此引起了国人的不满。于是厉王又用卫巫止谤，实行特务统治，结果激起国人暴动，厉王仓皇出逃，14 年后死于彘地。在厉王奔彘的 14 年间因为朝廷上没有天子，所以就由周公和召公联合执政，史称"共和"。

亚里士多德把政体分为三类，"即君主制、贵族制（政体）和共和制；这些政体又有三类相应的变体：僭主制或暴君制是君主制的蜕变，寡头政体是贵族政体的蜕变，平民政体是共和政体的蜕变"[1]。现代西方学者把政体划分为君主政体、贵族政体、共和政体或极权（独裁）政体、权威政体、民主政体三类[2]。1979 年版《辞海》把"共和政体"解释为："泛指国家代表机关和国家元首由选举产生的一种政治制度。采取这种制度的国家叫'共和国'。"古今中外都把"共和"定义为"民主"，然而在中国历史上所出现过的这唯一的一次"共和"却是由贵族共同执政的"共和",而并没有"民主"。类似的现象在后世也出现过,例如东晋的"王与马共天下"和北宋的"皇帝与士大夫共治天下"[3]就是这种"贵族共和"的变体。因为在中国"共和"的本意是指"贵族共同执政",所以"中华民国"和"中华人民共和国"都强调了"民",这是有道理的。

四　形成等级式贵族专制制度的机制

(一)　夏、商、周王朝都是通过部族征服建立的

《史记·夏本纪》记载:"帝禹东巡狩,至于会稽而崩。以天下授益。"新出土的西周燹公盨铭文也有"用孚(厥)卲(绍)好益□彭德"句,意思是要继承益的美德[4],但是孟子却说:"益避禹之子于箕山之阴……启贤,能敬承继禹之道"[5]221,所以后来"启代益作后"(朱熹《楚辞集注·天问》)。他们都没说启代益的时候发生了什么事情,但是古本《竹书纪年》却记载了"益干启位,启杀之"。《韩非子·外储说右上》说:"古者禹死,将传天下于益,启之人因相与攻益而立启。"《战国策·燕策一》也说:"禹授益而以启人为吏。及老,而以启为不足任天下,传之益也。启与支党攻益,而夺之天下,是禹名传天下于益,其实令启自取之。"新出土的战国楚竹书《容成氏》简34亦云:"禹于是乎让益,启于是乎攻益自取。"[6]启代益以后"有扈氏不服,启伐之,大战于甘","遂灭有扈氏。天下咸朝"(《史记·夏本纪》)。由此可知,益与启争位的斗争是非常惨烈的。因此有学者认为,陶寺遗址应该是启的都城"文邑",陶寺文化晚期遗存中发现的大量暴力遗迹和夏启代益、开创家天下的夏王朝的史实是相吻合的[7]。然而启传位给太康以后又被东夷族的首领后羿夺取了政权,后羿"因夏人而代夏政",经过中康和相两代由少康杀寒浞及其子浇与豷(《春秋左传集解·襄公四年》),才重新恢复了夏王朝。可见夏王朝的建立与巩固的过程充满了暴力。

夏朝末年夏桀残暴无道,对内"武伤百姓,百姓弗堪"(《史记·夏本纪》),外部"有仍之会,有缗叛之"(《春秋左传集解·昭公四年》),商人首领成汤乘机扩大自己的势力,"汤征诸侯。葛伯不祀,汤始伐之"

（《史记·殷本纪》）。"韦顾既伐，昆吾夏桀"[8]530，"十一征而无敌于天下"[5]148，"汤乃兴师率诸侯，伊尹从汤，汤自把钺以伐昆吾，遂伐桀"，"桀败于有娀之虚，桀奔于鸣条，夏师败绩。汤遂伐三，俘厥宝玉，义伯、仲伯作典宝。汤既胜夏，欲迁其社，不可，作《夏社》。伊尹报。于是诸侯毕服，汤乃践天子位，平定海内。"（《史记·殷本纪》）商汤在征服了一系列部落氏族之后"尽有夏商之民，尽有夏商之地，尽有夏商之财"（《吕氏春秋·分职》），并最终征服夏人建立了商王朝。

周人灭商也经过了长期的准备，据《史记·周本纪》记载，从周文王起就先后"伐犬戎""伐密须""败耆国""伐邘""伐崇侯虎"，并且"作丰邑，自岐下而徙都丰"。武王即位后继续积极备战，先是观兵孟津，后是牧野之战，最终攻克朝歌，纣王自尽，才建立了周王朝。

由此可见，夏、商、周三个王朝都是由一个部族用武力征服了其他的部族和部落以后建立起来的。在用武力建立起来的国家里，征服者没有必要让被征服者享有主权，分封前朝贵族之后为诸侯①只是一种笼络人心的策略而已。

（二）部族内部的"阶级斗争"反而会使国家瓦解

夏商周时代在各个部族内部都存在着平民与贵族的层次分化，在国人与国君、族人与族长之间也存在着斗争，有时候这种斗争还十分激烈，甚至是你死我活的。例如《尚书·汤誓》记载，夏桀时"有众率怠，弗协，曰：'时日曷丧，予及汝皆亡！'"就反映了夏人对夏桀的不满与诅咒。据《史记·周本纪》载，武王伐纣时两军在牧野对阵，"纣师虽众，皆无战之心，心欲武王亟入。纣师皆倒兵以战，以开武王。武王驰之，纣兵皆崩畔纣。纣走，反入登于鹿台之上，蒙衣其殊玉，自燔于火而死。"周厉王时听任荣夷公实行专利，还用卫巫禁止国人批评，结果引起国人暴动，"乃相与畔，袭厉王。厉王出奔于彘"。

夏商周时代的国人是与国君、贵族同族的平民，因此在他们身上还保持着从氏族社会遗留下来的族人拥有的主权。在宗族社会里，国人与国君、贵族处于不同的社会层次，虽然这种层次是按血缘亲疏划分的等级而不是按财产多寡划分的阶级，但是这种不同社会层次之间的斗争也类似于古罗马社会内部在自由富人和自由穷人之间进行的阶级斗争②。然而这种

"阶级斗争"并没有推动社会发展,相反地只会给部族或宗族带来内乱,而这种内乱总是会削弱部族或宗族自身的力量,最终导致本部族或本宗族在族际斗争中失败甚至灭亡,夏桀与商纣的败亡就是最典型的例子,西周也是因为内乱而灭亡的。夏商周时代一直被视为是中国的奴隶社会,但是我们却实在找不到发生在奴隶与奴隶主之间的阶级斗争,更找不到这种阶级斗争推动社会发展的例子。

在夏商周时代,部族和宗族之间的斗争之所以如此重要,是因为在中国即使是在建立了国家,血缘纽带仍然被牢固地保持着,国家是社会上最强大的、在武力上占优势的宗族建立的,而不是"最强大的、在经济上占统治地位的阶级"[9]建立的,宗族组织仍然是社会最重要的结构,而不像古希腊罗马那样让位给了按财产划分的阶级。

夏、商、周王朝是夏人、商人、周人分别建立的国家,因为国家都是由部族建立的,所以在建立国家之后不仅仍然牢固地保持着原有的族氏组织,而且管理社会的国家机器也都是由宗族的管理机构直接转化而来的。

(三) 由宗族组织转变而来的国家机器

夏代因为年代久远,而且缺乏文字记载,我们只知道夏代的部落都称"氏",例如有缗氏、有仍氏、有易氏、有穷氏、有鬲氏、有虞氏、涂山氏、南巢氏等等,连夏王朝的首领也称夏后氏。"后"是领袖的称号,相当于五帝时代的"帝"和后世的"王""天子""皇帝""单于""可汗"。夏后和夏代的部落皆称"氏",透露出了夏代社会仍然保持着宗族组织的信息,但是对于夏王朝国家机器的细节我们了解得非常不清晰,无法详细叙述。

近年来经过学者们的努力,对于商周社会宗族组织的研究已经取得了非常丰硕的成果③。商人和夏人是同时并存的两个部族,商人的祖先契"长而佐禹治水有功"(《史记·殷本纪》),冥是夏王朝的水正,"勤其官而水死"(《国语·鲁语上》)。商人经过几百年的发展逐渐强大起来并取代了夏王朝,但商王朝仍然是一个部族国家。子姓的商族是商代人口最多、力量最强的一族人,他们具有强烈的排外意识,没有血缘关系的外族人只能依附于商人。商人的宗族组织是氏,也叫"宗氏",宗氏之下的分族也叫氏,都有自己的氏名,并且通常用复合氏名来表示同宗族上下级氏族之间的血缘关系。各个宗族都有自己独立的祭祀系统，在这种祭祀系统中直系亲属受到格外的尊重，表明他们实行明确的父系继嗣制。商人以血缘为纽带、集中居住在一些面积很大的固定区域里，因此族名与地名往往合而为一。每个宗族都是独立的经济与政治实体，宗族成员的社会地位、政治地位有明显的分层，贵族和平民的分化是中国式的阶级差别，但是各个宗族又都有自己的公共墓地，贵族和平民不仅血肉相连，而且共同组成了本族的军事武装。

商朝的疆域分为王畿和方国两部分，王畿是商王直接管理的区域，《尚书·酒诰》曰："越在内服，百僚、庶尹、惟亚、惟服、宗工。"这些职官的职司大约可以分为文职、武职、史官和宫廷内务官四类。我们从甲骨文中大体知道文官有"尹"和"臣"两类，他们分管各类行政事务；武官有"马、亚、射、簋、卫、犬"等，他们分管征伐、田猎、禁卫、边防等事务；史官有"卜、史、乍册"等，他们是主管祭祀的官吏；还有"宰"是主管王宫内部事务的。这些官吏虽然各司其职，但是大体可以分为两类，一类管理国家的事务，另一类管理王家的事务，由于王家就是国家，所以王家事务也就成了国家事务。王家事务和国家事务不分，家国同构，政族合一，这是中国早期国家的一个重要特点，究其原因，就是因为国家是由部族建立的，而国家机器本身就是由部族的宗族管理机构转变而来的。方国是贵族们管理的区域，《尚书·酒诰》曰："越在外服，侯、甸、男、卫、邦伯。"从甲骨文中可以知道外服诸侯有侯、伯、诸子、诸妇等等，他们中有的是同姓本家，有的是异姓贵族。《诗·商颂·长发》曰："实维阿衡，实左右商王。"《尚书·君奭》曰："在太甲，时则有若保衡。""阿衡"和"保衡"原来是贵族家内幼儿的保育者和监护人，是履行监护教育青少年国君的长老，后来发展成为国君身边地位最高的辅佐大臣，到西周时称为师与保，即太师与太保。

周王朝及其分封的诸侯国是周人用武力征服了商人及其他原住民后通过大规模移民建立的。姬姓的周人居住在城里，叫作国人，殷遗民及其他被征服的原住民居住在野外，叫作野人。相对国人而言，野人都是庶人，相对野人而言，国人都是贵族。但是在国人中也有贵族与庶人之分，而王族的地位又高于一般的贵族。宗族的制度叫作宗法。以前学者们普遍认为只有贵族有宗法，庶人没有宗法。其实庶人的宗族也一定是有制度的，而且野人的宗族也一定有自己的制度，只不过文献记载的都是贵族的宗法，庶人和野人的宗法没被记载下来罢了。

周人的宗族也是按父系继嗣的。一个本家主干和若干代旁系分支亲属组成一个家族，许多同姓家族聚居在共同的地域内，形成宗族。当宗族发展到一定规模时血缘较远的小宗就会分化出去独立居住，但是仍然以血缘为纽带和大宗保持着政治与信仰上的联系，形成一个大的共同体。周人的贵族宗族有各自的采邑与封土，以一定的规模聚族而居，宫室建筑、手工业作坊和墓地相结合形成城邑，农田散布在城邑的周围。西周实行世袭封土采邑的世族制度，世族制加强了贵族宗族内部的亲族关系，也是世官制的基础。在周天子的朝廷上卿大夫主要都是姬姓贵族，这些贵族世世代代担任朝廷卿士，形成了世官制度。根据文献与金文资料所载，周公、召公、毕公、毛氏、二虢、南宫氏等几家贵族大致在整个西周时代都供职于王廷，呈现出一种稳定的状态。尽管周人在分封诸侯、设立朝官等方面也任用异姓贵族甚至曾经是仇敌的殷遗民，但是在王朝政治中先后发挥过重要作用的诸世族还是以姬姓为主，说明周王朝在核心政权的建设方面仍然是重用本族贵族的。西周时，王是最高级的贵族，王族的社会地位要高于其他贵族，王所在的家族是王族的核心，称为王家，也就是王室。王室有自己独立的政治与经济，但是王室政治与王朝政治是混在一起的，王朝官吏同时也是王室家臣，王室之事也就是国家之事，王室经济也就是王朝经济，因此，西周的王朝仍然具有极其浓厚的家族色彩，这就是所谓"家国同构"的"家天下"。

姬姓周人的人口比他们所征服的子姓商人要少，而周人管辖的范围又极其广大，因此周人一方面容纳了部分殷遗民如微子和其他友好的异姓贵族为卿大夫，另一方面允许没有血缘关系的外族人担任家臣，形成了与商代迥异的家臣制度。这种家臣不是本族的成员，他们以家族的形式依附于家主，父子相继，累世供职于一个贵族家族，所掌的职务也多半是固定的，一般是充当家族的管家。他们通常与家主结成"假血缘关系"，奉家主为"君"，奉其家室为"公室"，以对家主竭力效忠为准则。家臣因受贵族家主的封赐而拥有采邑、土田、民人和奴仆，其身份也应当属于贵族。他们可以自铸青铜礼器，他们的家族也是一个有独立祭祀活动的宗法团体。西周中后期，贵族家内不仅已经具有一套完整的、仿王朝的家臣官职制度，而且有了仿王朝的家朝和廷礼制度，家臣制度趋于严密化和正规化。

王国维先生认为："中国政治与文化之变革，莫剧于殷周之际。"[10]451 除了都邑分处东西以外，"周人制度之大异于商者，一曰立子立嫡之制，由是而生宗法及丧服之制，并由是而有封建子弟之制，君天子臣诸侯之制；二曰庙数之制；三曰同姓不婚之制。此数者，皆周之所以纲纪天下。其旨则在纳上下于道德，而合天子、诸侯、卿、大夫、士、庶民以成一道德之团体。周公制作之本意，实在于此。"[10]453-454 其实，接纳外族人作为家臣才是殷周之际最重要、最深刻的制度差别，因为正是这一制度的推行才促成了春秋战国时期门人、食客、士人、客卿的兴起与宗族之间"高岸为谷，深谷为陵"[8]280 的社会流动，正是在这样一个基础之上中国的国家形态与政治制度在秦汉以后才发生了巨大的变迁。

在司马迁的笔下，夏商周三代甚至连尧舜禹时代都似乎已经是像秦汉那样的大一统王朝了，其实不然。夏商周时代因为人口很少，技术水平也很低下，所以国家的规模都不大。夏后、商王、周天子直接控制的范围只限于王畿，其余广袤的国土只能通过分封的方式交给诸侯们去掌控。在夏代，夏后氏和其他的许多"氏"是并存的；在商代，大邑商之外的地方是外服邦伯的封疆，对此胡厚宣先生和沈建华女士都有详细的论述[11]；在西周，宗周与成周之外是通过分封建立的诸侯国，这些诸侯国是在商代外服邦伯的基础上发展形成的；而且在中国大地上除了夏人、商人、周人以外还同时并存着许多蛮夷戎狄的部落与方国。这些侯伯方国的范围大体就是用城墙围绕而成的一个邑及其近郊，郊之外是外族居住的野，野之外是荒无人烟的林和坰④。商王、周天子和这些通过分封建立起来的林立小国都是部族国家，由它们构成的夏商周王朝既不是平等的诸侯联盟，也不是单一制的统一王朝，而是天子与贵族分权的复合制封建国家，等级式贵族专制政体正是与这样的国体相适应的。

注释

①《史记·周本纪》："乃褒封神农之后于焦，黄帝之后于祝，帝尧之后于蓟，帝舜之后于陈，大禹之后于杞。""封商纣子禄父殷之余民。"伐诛武庚后，"以微子开代殷后，国于宋"。

②马克思在《〈路易·波拿巴的雾月十八日〉第二版序言》中说："在古代的罗马，阶级斗争只是在享有特权的少数人内部进行，只是在自由富人和自由穷人之间进行，而从事生产的广大民众，即奴隶，则不过为这些斗士充当消极的舞台台柱。"（见《马克思恩格斯选集》第1卷，人民出版社1972年版，第599～600页）

③朱凤瀚：《商周家族形态研究》（增订本），天津古籍出版社2004年版；陈絜：《商周姓氏制度研究》，商务印书馆2007年版；刘源：《商周祭祖礼研究》，商务印书馆2004年版；赵艳霞：《中国早期姓氏制度研究》，天津古籍出版社1996年版；李雪山：《商代分封制度研究》，中国社会科学出版社2004年版；何景成：《商周青铜器族氏铭文研究》，齐鲁书社2009年版。本节内容主要依据了这些学者的研究成果，恕不一一注明。

④《尔雅·释地》："邑外谓之郊，郊外谓之牧，牧外谓之野，野外谓林，林外谓之坰。"

参考文献

[1] 亚里士多德. 政治学 [M]. 北京：中国人民大学出版社，2003：117.

[2] 乔·萨托利. 民主新论 [M]. 冯克利，阎克文，译. 北京：东方出版社，1993：184－214.

[3] 张其凡. "皇帝与士大夫共治天下"试析：北宋政治架构探微 [J]. 暨南学报：哲学社会科学版，2001（6）：114－123.

[4] 冯时. 公盨铭文考释 [J]. 考古，2003（5）：63－72.

[5] 杨伯峻. 孟子译注 [M]. 北京：中华书局，1960.

[6] 马承源. 战国楚竹书：二 [Z]. 上海：上海古籍出版社，2002.

[7] 冯时. "文邑"考 [J]. 考古学报，2008（3）：273－290.

[8] 高亨注. 诗经今注 [M]. 上海：上海古籍出版社，1980.

[9] 恩格斯. 家庭、私有制和国家的起源 [M] //中共中央马克思恩格斯列宁斯大林著作编译局. 马克思恩格斯选集：第4卷. 北京：人民出版社，1995：172.

[10] 王国维. 殷周制度论 [M] //王国维. 观堂集林. 北京：中华书局，1959.

[11] 胡厚宣. 殷代封建考 [M] //胡厚宣. 甲骨学商史论丛初集. 石家庄：河北教育出版社，2002；沈建华. 卜辞所见商代的封疆与纳贡 [J]. 中国史研究，2004（4）.

作者简介：叶文宪，男，苏州科技学院人文学院历史系教授

原文刊于：《中原文化研究》（郑州），2013.4：9～16

礼、宗教与中国早期文明的演进模式

曹建墩

摘　要：中国早期文明的演进路径，大致可以分为以世俗政治秩序为核心的中原模式，以及以神权政治为核心的神权模式。良渚、红山文化时期等神权政体走的是无限扩大神权的路径，采取了以个人为取向的政治策略，为了维护贵族统治，在宗教祭祀上消耗大量能量，从而导致缺乏自我更新调整以及应变能力。中原地区在社会复杂化进程中，形成以祖先崇拜为核心的宗教体系并被政治化、礼制化，从而形成繁复的丧葬、祭祀礼仪制度。中原的礼治策略是一种世俗化、理性化的政治治理方式，具有集体取向，其导向为一种道德政治。这种以内聚力、集体协作、伦理道德取向为特征的礼治，更容易整合各族群进而凝聚成更高级的政治团体，在中原地区文明化进程中发挥了非常重要的作用。

关键词：史前社会；礼制；宗教；文明化；道德政治

礼与宗教祭祀的关系，学者探讨很多[1]290-291，"礼"的最初含义是将祭品奉献于神灵，来祈求神灵的福佑，这已是学界共识。上天崇拜与祖先崇拜是早期复杂社会与夏商周三代宗教信仰的核心内容，与之伴随的宗教祭祀在王权与早期国家形成过程中发挥着重要作用，直接影响早期国家结构和政治格局的形成，并影响了上古礼制的性格。本文拟对礼与宗教的关系，以及早期礼制在文明演进中的功能作一探讨。

一　从家为巫史到绝地天通：宗教
祭祀的礼制化

新石器时代的宗教形式主要是鬼神崇拜和巫术信仰。从新石器时代早期到龙山时代，宗教随着从村落到复杂的政治实体演进，也逐渐复杂而政治化、礼制化。宗教的发展也存在区域性差异，以及发展程度的不平衡性。

（一）新石器时代早期（约公元前 7000 年~公元前 5000 年）：家为巫史

新石器时代早期阶段，氏族内部没有发生明显的贫富分化，氏族成员的社会地位基本平等，属于平等的农耕聚落社会[2]69-99。各村落之间语言相通，有大致相同的经济生产模式、宗教信仰、习俗，并有一定的公共礼仪活动。在社会复杂化尚未发生、阶级尚未明显分化的情况下，基于人的宗教崇拜心理，这些原始礼仪对聚落成员的行为有所规范，但尚未形成制度性规定。

此时期，家户（household）是社区中主要的经济单位，也是直接与生态系统发生关系的最基本的社会群体，以家庭为单位或者以聚落为单位的宗教祭祀成为典型的宗教活动形式。如内蒙古兴隆洼文化遗址（约公元前 6200 年~公元前 5200 年）中尚未发现独立于居住区之外的祭祀区，推测当时的很多祭祀活动是在居住区内或室内举行的，少数房屋具有居住兼祭祀的双重功能。兴隆洼文化流行人面雕像，尤其是妇人雕像。白音长汗遗址北区房址（F19）内发现一尊通高 36.6 厘米的石雕妇人像[3]164，应与当时人的祭祀活动与女神崇拜有关，是聚落居民集体供奉的神祇。河北易县北福地遗址数座房址中出土有刻陶假面具，形制大者与真人面部基本相同，小的 10 厘米左右。人形面具四周有小穿孔，眼睛部位镂空，可以佩戴于人面部。推测这些面具是居住区内进行巫教礼仪活动时使用，可能是巫师法器[4]110-134。巫术也是此时期的宗教形式之一。华北和东北地区流行陶塑面具与人面雕像，应与原始巫术有关。从出土巫术法器来看，巫觋应已出现，但尚未挣脱氏族血缘组织，也没有特权，但凭借其巫医、巫术知识技能等获得人的尊崇。

宗教的区域性差异也比较明显。燕山南北与辽西地区的宗教祭祀有使用玉器传统，如白音长汗遗址出土有玉管、玉玦、玉蝉等[5]308-310；宗教崇拜中有陶人面像、妇人像、石雕人像、龙、山顶石圆圈祭祀遗迹等[3]164，尤其是女神像传统悠久而普遍。而黄淮地区的裴李岗文化贾湖遗址（约公元前7000年~公元前5500年）中则有龟灵崇拜以及相关的宗教礼仪活动[6]456-461，祭祀遗存质略无文。

（二）贫富分化与社会复杂化阶段（约公元前5000年~公元前3000年）

大约公元前5千纪，史前文化进入一个转折点，聚落数量急剧增加，人口迅速增长，地区间的文化交流与融合进一步加强，社会开始发生变化。尤其是在公元前4千纪以后，社会等级化的现象普遍出现，血缘组织内成员存在贫富分化，社会结构开始复杂化，体现于考古学上有：出现宏大的礼仪建筑，随葬精美随葬品的贵族墓葬；社会复杂化，修建有围墙的聚落；贵族权力与神权联系；等级化社会组织兴起，各考古学文化区呈现跨越式发展。这一切都意味着社会形态将要发生本质的变化。

此时期，以家庭为中心的巫术祭祀进而扩展至区域性的公共宗教祭祀，地区间的文化互动增强，各种礼仪知识、文化交流也逐渐增加，导致大范围内某些共同信仰的形成[7]。例如，红山文化大型公共宗教性礼仪建筑成为区域性的公共宗教活动中心，而红山文化各地区出土玉器的风格、形制却基本相似，表明红山文化分布范围内具有大致统一的宗教信仰和公共礼仪体系。红山文化祭坛、女神庙、积石冢具有礼仪中心的性质，当时很可能已经出现了比较高级的社会组织形式。红山文化最高层次的辽宁凌源牛河梁坛庙冢遗址，体现了王权与神权的结合。当时为建造巨型公共建筑物调动组织了很大的社会力量，采石、制玉、制陶已有相当专业化的分工，还出现了神职人员等特殊阶层，表明已存在高于氏族部落的政治实体[8]。但是这种政治体统治方式具有强烈的巫术色彩。

原始宗教礼仪也在经历着重组与革新，向制度化、复杂化方向演进，一些发达地区如神权色彩明显的红山文化时期，具有了宗教礼仪体系。红山文化的分布区域内，权贵阶层控制了礼仪玉器的生产，掌控了社会控制权力，并利用宗教来神圣化这种权力。从凌家滩文化的祭坛、墓葬随葬品差异和出土的各种不同用途的玉器，也可以看出这个时期已经出现贫富分化与不同的社会等级，初步有原始祭仪，并且表明一种比较成熟的宇宙观和与之相关的宗教观念形成，与天地沟通的宗教占有特别重要的地位，而神圣的沟通权已被特殊阶层垄断[3]496。

各地的宗教信仰与原始礼仪也存在区域差异。燕山南北与辽西地区的宗教礼仪与信仰延续了更早的传统并有所发展，比如动物崇拜、女神崇拜与祭祀、人面雕像、公共性祭祀场所等。黄河流域仰韶文化的宗教信仰和宗教礼仪具有自己的特征。如河南灵宝西坡遗址和甘肃秦安大地湾遗址都发现有大房子。西坡遗址房址 F105 占地面积 516 平方米，房址 F106 室内面积达 240 平方米，是目前发现的同时期最大的两座单体房屋建筑遗迹[9]12。大地湾遗址 F901 是一座由前堂、后室和东西两个厢房构成的多间式大型建筑，原来面积当在 300 平方米以上[3]236。陕西扶风案板村遗址的3 号建筑面积有 165.2 平方米，周围灰坑内出土不少陶塑人像[3]238。这些面积较大的建筑应是举行大规模公共活动的场所，是礼仪中心。这些考古发现也表明，仰韶文化对大型公共建筑高度重视，重大社会活动、礼仪行为多在公共性建筑内进行，仰韶文化的宗教信仰应是以祖先崇拜为主，祭祖礼仪具有内聚性、氏族向心性特征，具有集体取向。从考古材料看，仰韶文化社会分层程度较低，比较重视社群内部成员的团结与凝聚，而公共礼仪活动非常有利于氏族的团结与凝聚力，大大增强氏族成员的情感认同与集体认同。

（三）新石器时代晚期（约公元前 3000 年～公元前 2000年）：绝地天通

从公元前 3500 年前后开始，黄河中下游、长江中下游和西辽河流域等主要文化区的文明化进程均呈现出加速发展趋势。种种证据表明，已经出现可以控制一定地区和大量人口的政治组织以及掌握了世俗和宗教权力的社会上层。在公元前 3000 年前后，一些文化和社会发展较快的地区开始相继进入初期文明阶段[10]。

此时期是原始宗教的发展演进期，上古"家为巫史"的情况到了龙山文化时期发生了巨大变化。权贵阶层认识到宗教祭祀在巩固领导权、维护社会秩序方面可以发挥巨大作用，因此开始垄断控制宗教祭祀权力，作为宗教信仰的祭祀较早地被纳入礼制体系，与社会等级制结合，成为维持世俗政权的工具。《国语·楚语下》有"绝地天通"的记载：

> 及少皞之衰也，九黎乱德，民神杂糅，不可方物。夫人作享，家为巫史，无有要质，民匮于祀而不知其福。烝享无度，民神同位。民渎齐盟，无有严威。神狎民则，不蠲其为，嘉生不降，无物以享。祸灾荐臻，莫尽其气。颛顼受之，乃命南正重司天以属神，命火正黎司地以属民，使复旧常，无相侵渎，是谓重、黎绝地天通。[11]514－515

张光直先生指出："这个神话的实质是巫术与政治的结合，表明通天地的手段逐渐成为一种独占的现象。就是说，以往经过巫术、动物和各种法器的帮助，人们都可以与神相见。但是社会发展到一定程度之后，通天地的手段便为少数人所独占。"[12]29 颛顼以政治权力整合分散的巫教①，使少数氏族贵族阶层控制了交接上天的权力，通天成为权贵阶层的垄断性权力。上天崇拜在中国早期文明中具有神圣至上的地位，它是世俗王权合法性的终极依据，天的信仰也是社会公权力形成的神圣依据。垄断交接天人的手段是早期社会权贵阶层获得政治权力的重要手段。

从《尚书》记载可以看出尧、舜、禹三位邦国联合政体的首领本身拥有祭祀权、战争征伐权。考古资料也表明，早期复杂社会的王权也是集军事征伐权、宗教主祭权于一身，这是中国文明演进进程中的一大特色。陶寺遗址大墓中发现有宗教礼仪用器玉琮和玉璧，同时还发现有鼍鼓、特磬等礼器，这些器物多与玉石钺共出于大墓中。我们知道，斧钺曾经是军事民主制时期军事首领的权杖，后来演变为王权的象征物[13]1－3，这种随葬品的组合方式，表明墓主人不但拥有军权，也拥有宗教祭祀权。良渚文化遗址中也有玉钺和玉琮（还有玉冠）在同一墓葬中出土，它"是良渚社会宗教与世俗权力密切结合的一个浓缩的反映"[14]293。反山 M12 出土玉钺上刻着神徽[15]，也是良渚文化中神权和世俗权力结合紧密的生动写照。

在早期社会复杂化的背景下，宗教信仰与祭祀仪式可以赋予部族邦国首领一种卡里斯马（charisma）的"圣王"气质，为其政治统治赋予神圣性、合法性。

二　文明演进模式与不同的政治策略

考古材料表明，中国史前文化的发展是多源性的，文明的起源是多中心而又具有一统性。中原地区与周边地区的文明生成模式并不完全相同②，大致可以分为以世俗政治秩序为核心的王权模式，以及以宗教巫术为核心的神权模式[16]。

神权模式以红山文化、良渚文化为代表。赵辉先生指出，自然条件较好的东部、南部地区，社会复杂化和社会分层化程度较高。随着社会等级的确立，这些地区发展出一套复杂的等级象征系统。聚落和聚落群之间也有清晰的等级秩序，社群开始分化。为了维护和巩固这种等级秩序，宗教发挥着至关重要的作用[17]，如红山文化、良渚文化都显示出神权体制复杂化水平之高。早期复杂社会的社会系统相对脆弱，为了维系与强化宗教的意识形态主导地位，统治集团于是花费大量的物力人力建造大规模的祭坛神坛，制作宗教性礼器，举行神秘庄严的祭祀礼仪，将宗教祭祀和意识形态的控制与权力运作结合起来。一般而言，早期复杂社会中的玉礼器、蛋壳黑陶、陶礼器均属于奢侈品，权贵阶层往往在这上面消耗大量的能量（人力、物力、财力等），以显示首领的威望，吸引更多的支持者和追随者。良渚文化的玉璧、玉琮等重要礼器通常装饰繁缛，上雕刻有神像，具有极强的视觉冲击力，可以对人造成心灵的威慑。权贵阶层控制了这些神圣的礼器，可以使民众对其臣服，实现政治控制。更重要的是，玉礼器也是交接上天的法物[18]10-11，对玉璧、玉琮等礼器的占有，就是对交接超自然力权力的占有，是早期权贵阶层沟通人神关系，获取并强化世俗权力的重要方式。综合考古材料，良渚、红山文化等神权政体，其宗教组织即世俗社会的管理组织，走的是无限扩大神权的路径[16]。

南方江汉平原的石家河文化也为宗教巫术迷信所笼罩。位于石家河古城西北部的邓家湾遗址，是一公共宗教祭祀礼仪场所，发现有屈家岭文化期的祭台和大型筒形器遗迹，石家河文化期的套缸遗迹，以及大量陶塑动物、陶人面偶像、红陶杯等。这些罕见遗迹遗物与宗教祭祀有关[19]。石家河古城内西南部的三房湾是另一个宗教祭祀中心，发现有十万件以上的厚胎红陶杯残件[20]227-228,280，表明当时宗教祭祀比较频繁。在石家河古城西印信台遗址发现了人工黄土台基和套缸等遗迹，推测这里属于石家河文化晚期多次进行祭祀活动的特殊场所，也是目前发现的长江中游地区规模最大的史前祭祀场所[21]。石家河文化尤以宗教礼仪玉器为特色。玉器造型丰富，有人头像、飞鹰、猪龙、蝉、璜、管等。玉雕动物应是佩带或缀于某物体上作为一种通神的法器，也可能这些动物形象是石家河先民崇拜神灵的形象。石家河文化中的玉人头像基本都具有"头戴冠帽、菱形眼、宽鼻、戴耳环和表情庄重"的特征，它们可能代表着石家河先民尊奉的神或巫师的形象[3]669。总之，大量考古材料表明，长江中游地区的巫神信仰炽盛，在宗教形态上尚处于原始的灵物崇拜阶段，大量的陶塑、玉雕动物以及人面的盛行，应与这种宗教观念有关。石家河文化代表的是一个巫教气氛浓厚的神权政体，宗教热情和宗教信仰是人群凝聚、社会公共工程修建等集体项目的核心动力，巫教祭祀是重要的政治统治策略。

英国考古学家柴尔德指出，巫术盛行的国家直接破坏的财富远甚于其间接创造出来的财富，对于早期文明社会来说，过度僵化的宗教体制可能会削弱社会的应变能力，并成为阻碍社会发展的桎梏③。良渚文化制作宗教玉器，修建遍布各地的祭坛更是耗费大量的人力、物力资源，不利于财富的积累，从而导致社会发展畸形，削弱社会的自我更新调整以及应变能力。很多学者认为，良渚文化的崩溃消亡，红山文化及石家河文化没有发展至更高阶段的国家形态，极可能与其神权体制有关[22]104-119。

在文明化进程中，中原地区的演进轨迹不同于周边文化的神权模式，具有重实用与重血缘人伦的理性色彩，形成了积极进取、刚健有为、务实内敛的文化性格。高江涛先生曾提出"陶寺模式"的概念，并根据陶寺文化指出其特征之一是文化和社会发展的务实性与世俗性[23]38-46。中原龙山文化的文明演进模式大致可以称为世俗王权模式，有别于以良渚文化为代表的神权模式。

考古学材料表明，仰韶与龙山时代的中原缺少红山文化的坛、冢、女神庙和玉猪龙，没有良渚文化的玉器、大型祭坛、高台墓地，甚至没有屈家岭和石家河那样的玉人玉雕和大型祭祀场所[24]，与周边地区相比，龙山时期的中原社会缺少宗教巫术色彩，缺少大型祭祀遗存考古学记录[25]。从玉礼器看，良渚文化之后散见于中原龙山文化体系的玉琮、石琮，一般形体矮小，纹饰简单，而未见到如良渚玉琮上繁缛的兽面纹；陶寺遗址中出土的玉钺多素面，也未见如良渚钺上的神人兽面纹及鸟纹，宗教色彩已相对淡薄，更重在权力和财富等世俗观念的体现[26]466-477。其中陶寺遗址出土的鼍鼓、石磬和彩绘蟠龙纹彩陶是王室权威的象征性礼器，与石家河文化、红山文化巫术色彩浓厚的礼器不可同日而语。陶寺器物制作多是用于日常生活和生产的陶、石器等，即使与祭祀有关的器具也多是以酒器、食器等容器构成的礼器[27]235-244。

中原文化的世俗化、理性化特征，其形成原因比较复杂，一个重要原因是与中原地区战争频繁有关。一方面，中原地区由于资源相对匮乏，社会分化程度普遍较低，社会的主要矛盾更多体现在聚落之间和聚落群之间的利益冲突，而非社群内部，社群之间的冲突和暴力似乎是其社会生活中的重要内容[25]。另一方面，中原地区处天下之中，自然条件优越，容易吸引周边族群的内迁或入侵[28]，属于四战之地。据《史记·五帝本纪》记载，华夏集团的黄帝与东夷集团蚩尤曾战于涿鹿之野，尧舜邦国联盟曾对三苗、契貐、凿齿、九婴、大风、封豨、修蛇等敌对势力进行征讨[29]93-120。如李泽厚先生指出，事关生死存亡的战争使巫术的非理性成分日益消减，理性因素增强[30]25，同时，中原地区的动荡与冲突，也使中原社会的上层形成一种务实的实用主义态度和开放心态来维护政治秩序；此外，中原乃是东西部两大板块文化的交流融合之地，中原文化吸四方文明之精华，因而具有开阔视野和兼容并包的开放胸襟，这也有助于其理性精神的生长。

考古材料显示，新石器时代曾经灿烂一时的红山文化、良渚文化、凌家滩文化、石家河文化等史前文化，进入龙山时代后种种原因导致政治组织以及文化传统衰落，最终未能跨入更高的国家阶段，而中原腹地的二里头文化则异军突起，最早进入多元一体的王国文明阶段。其原因，学者或从环境和经济因素解释，或从中原的地理区位优势、气候变迁、大禹治水对于社会的整合等各角度作了解释。一般而言，从早期复杂社会演进到文明国家阶段，需要两个基本条件：一是生产力的发展能够生产更多的剩余产品，从而为复杂社会向更高的政治体演进提供物质资源和经济基础；二是在上层建筑领域有进步的制度，即良好的社会制度以及孕育、推进和维护这一新制度的意识形态，本文主要关注后者。在文明化进程中，中原地区采取了一种适合的政治策略，这就是礼治，它是促使中原社会迈入国家阶段的重要因素。这一礼治策略是一种世俗化、理性化的政治治理方式，它是一种集体取向的合作策略。

据学者研究，早期复杂社会的二重过程领导策略有两种，一种是网络策略（network），一种是合作策略[31]。

网络策略是一种个人取向的政治经济策略，它的维系依赖于以个人为中心的统治策略，神权模式的早期政体，如上述红山文化、良渚文化都较多地利用这种政治策略，在宗教上以垄断控制天人交接关系为手段，使少数高级贵族或家族的权力合法化，这种政治策略具有垄断性特征。在这种以个人为中心的统治策略中，神权体制有利于珍贵资源向权力中心阶层集中，促进政治体的迅速发展，但这种策略有很大的不稳定性，政治经济系统具有脆弱性和易于僵化等弊端，难以应对自然灾害的挑战，如红山文化、良渚文化等神权政体都存在这一问题。

合作策略的社会则主要采取集体取向的政治策略，集团利益被置于贵族个人的身份之上，集团内部的差异较小，社会内部成员的团结凝聚可能通过公共礼仪活动，以及通过对公共工程的投入而得以强调[32]229-230。中原龙山文化即采取这种集体取向的政治模式，推行了一种合作性的政治策略。如刘莉指出，龙山时期豫中和豫北地区的遗址极少发现厚葬、特殊的宏伟建筑以及奢侈品，但是有基于集体利益而修建的城，这样的聚落系统可以视为集体取向的政治实体[32]228。

中原地区采取集体取向的合作型政治策略的原因主要有以下几点。首先，中原地区面临着四周族群的威胁，这就要求各社群整合内部社会秩序，协调社群之间的矛盾，相互合作，从而共同对外④。其次，中原旱地农业生产依靠自然降雨，加以各种自然灾害，农业生产不稳定，随着农业的发展，人口剧增与资源生产供应产生紧张，这就要求在农业技术和生产工具不发达的情况下采取适合的政治策略，以组织更多劳力从事农业劳作，从而生产更多的物资。不可否认，中原地区各族群的兼并融合中曾有过鲜血淋漓的战争厮杀，但当中原邦国部族联合体形成后，大规模的战争主要发生在中原与三苗、东夷等周边族群之间。攘外必先安内，这就需要中原政体内部建立稳定的政治秩序以促进生产、调动各种资源，同时必须采取一种务实有效的政治统治策略，以应对周边族群威胁和自然灾害等多重压力。因此，中原各邦国之间的合作联合，强化组织管理是一种务实的选择。实际上，中原地区邦林立，氏族血缘群体聚集，因而中原政体也就比其他文明发祥地（如埃及、苏美尔等）的居民更容易积累处理复杂群体关系的经验和政治能力，并在此基础上形成适合的政治统治方式，即下文所要论述的一种集体合作取向的道德政治（德政）。

需要说明的是，上述两种政治统治策略其实并不是非此即彼的、相互排斥的，而是在一种政体或社会中可以共存的，只不过在史前复杂社会中，中原地区世俗政体和周边神权政体运用的政治策略侧重点有所不同而已。

三 中原早期社会的祖先崇拜 与道德政治传统

氏族血缘组织的存在是认识中国古代礼制，尤其是早期社会礼制与宗教的关键，也是分析中原地区文明化进程的一个重要切入点。中原地区的文明化、国家化进程中，血缘组织并没有随着战争征服以及族群兼并被打散，不同家族或氏族在空间上杂居或插花式分布，反而继续成为国家与社会的基本单元或细胞，这已是古史学界的共识。如侯外庐先生曾指出中国古代文明社会的形成走的是"保留氏族制度的维新的路径"[33]1-17，张光直先生指出，中国国家起源中，城市与以前的氏族聚落具有连续性，社会组织结构中的血缘关系从氏族社会延续下来，包容了新的地缘关系[34]484-496。考古资料也表明，龙山时期的社会是以父权家族为核心的"宗族—家族"结构形态，父权家族内包括多个父系家庭及其子女[3]798。

血缘组织在早期文明进程中并未被斩断，其原因是复杂的，值得注意的是：其一，北方精耕细作的旱作农业生产模式需要农业生产者依附于土地而定居，人口流动性一般不强；再者旱作农业依赖天时，或受到自然灾害影响而具有不稳定性，这都导致生产者以族为单位聚居，以血缘纽带增加凝聚力，共同协作，从而增强应对能力。其二，在史前先民的观念中，血缘关系是最牢靠的，即使是人口迁徙也往往是族群的迁移，如周人先祖古公亶父、商人先祖王亥等迁徙都是族人共同迁徙，这也使血缘组织得以保留下来。其三，早期复杂社会的形成是以征服兼并融合的方式形成政治共同体[24]，其主要目的是获得统一农耕生产的领导权或组织权，从而建立更大的政治体，获得更多的财富，若非特殊情况，一般没必要对被战败族群屠戮殆尽，因此在这一进程中并未采取瓜分豆剖被战败族群的方式，而是保留了氏族基本组织⑤。

经过长时期的兼并战争，从龙山晚期到二里头时期，中原政治体迅速膨胀，规模庞大，如何整合这些大大小小发展不平衡的邦国，以及处理低下的生产力与贵族阶层无节制的贪欲之间的矛盾，便成为早期政治共同体统治阶层首要考虑的问题。也正是由于父权血缘氏族组织的发达，以及社会血亲观念的根深蒂固，早期政治共同体内非常重视以血缘纽带来整合族内关系。由于血缘亲情或族群之间存在姻亲关系，上古中国的政治统治更主要的是依赖一种道德机制，从而形成一种柔性的治理方式——礼治，礼成为社会整合的重要方式。《尚书·尧典》记载尧"克明俊德，以亲九族。九族既睦，平章百姓。百姓昭明，协和万邦。黎民于变时雍"，这种政治治理模式是建立在亲缘基础上的血缘政治模式，其中亲亲之德是其重要的理念，亲亲理念的落实便是礼仪制度。建立在亲缘关系基础上的规范准则，是早期社会"德"的重要内容，经过夏商周三代的发展，进而形成了一种以德礼为核心的治理模式，所谓"以德绥诸侯"（《左传·僖公四年》）、"我求懿德，肆于时夏"（《诗经·周颂·时迈》）、"德以柔中国"（《左传·僖公二十五年》）等表述即体现出这种道德政治的特征。

上文所述的中原地区集体取向的理性策略是一种建立在血缘氏族组织基础上，以祖先崇拜信仰为核心的礼制策略。当然，中原地区的族群邦国也祭祀天和其他自然神，陶寺文化的观象台和《尚书·尧典》《礼记》等文献的记载都表明早期中原社会存在天帝崇拜。但值得注意的是，第一，如商周两代所反映，周代对天的祭祀具有质朴、俭约取向，如《礼记·郊特牲》所言的"至敬不坛""扫地而祭"，祭天只用一只牛牲，至少目前发现的殷商甲骨卜辞中尚见不到祭上帝的记录，种种资料表明，中原政体对上天的祭祀方式具有崇朴尚质的倾向，并不像良渚文化和红山文化以规模巨大的祭坛及玉礼器为特色。第二，史前中原地区的天地山川祭祀为权贵阶层所垄断，而祖先崇拜则具有普遍性，是庶民至贵族阶层的祭祀对象，祖先崇拜才是中原地区信仰的核心。

礼莫重于丧祭。早期社会为了凝聚氏族组织向心力和维护强化社会等级分层体制，祖先崇拜及相关的丧葬、祭祖礼仪是极其重要的方式，这在龙山时期及二里头文化的贵族墓葬、宗庙宫殿建筑、祭祀遗存中都有鲜明而充分的体现。以祖先崇拜为核心的礼仪制度具有信仰、伦理、政治等多重属性，它可以从多方面、多层面为政治秩序的稳定和谐提供支持。祭祖不仅是维护政治权力的仪式，可以构建意识形态权力，而且社会成员基于共同的祖先信仰并参与公共祭祖活动，可以促进共同的文化认同与政治认同，这对于增强贵族阶层与邦国成员的凝聚力，强化宗族成员的血脉联系，具有重要意义。可以说，建立在血缘氏族与祖先崇拜基础上的亲亲、血亲、族类意识与丧祭礼有机凝聚在一起，构成了早期华夏集团具有凝聚力、向心力的深层次精神动力，它是中原地区国家形成的重要助推力。中原社会的祖先崇拜与丧葬祭祖礼仪，其价值取向是集体主义的、理性的，它重视宗教的道德建构功能与人伦秩序建构功能，刻意淡化宗教色彩而强调祭祀的人文意义，这一集体合作取向、理性的礼制导向的是一种道德政治模式，它使早期复杂社会的政体具有一种向心力和凝聚力，在加强亲缘组织的团结，促进集体协作以应对各种挑战方面发挥了至关重要的作用。

因此，建立在集体取向的礼制基础上的社会容易导向一种道德政治。实际上，中原地区有一种渊源久远的道德政治传统。从《尚书》《礼记》文献记载看，上古圣王之所以具有政治威信，取得政治成功，关键是具有人格美德和功业盛德，体现为：圣王能够为民众谋福祉，博施济众，"协和万邦"，"成天下之大功"，具有"法施于民，以死勤事之，以劳定国，能御大灾，能捍大患"的功德，圣王个人且具有可以为百姓所效法的卡里斯马（charisma）式的人格魅力。譬如帝喾能"博施利物，不于其身"[35]120，尧能"以亲九族""平章百姓"，夏禹能"单平水土，以品处庶类者也"；商契能"和合五教，以保于百姓者也"；周弃能"播制百谷蔬，以衣食民人者也"[11]446。可见圣王之德更多的是关注公共权益，具有一种为民众服务的政治美德，这与上文我们强调中原政体政治策略的集体取向是可以相互印证的。而上古社会的祖先崇拜与宗庙祭祀、丧葬制度等礼仪制度又强化了崇德报功、报本反始、"克明俊德"等伦理道德观念，并成为中原社会的核心价值观，反过来又促进道德政治的进一步发展。

中原政体以世俗政治体系来组织整合宗教祭祀，并利用宗教信仰来建构用以稳固世俗政体的伦理道德、价值观、意识形态。宗教祭祀从属并服务于世俗政治导致宗教祭祀的理性化、礼制化，这是复杂社会向早期国家演进中宗教的重要特征，也是中原早期社会礼制的重要特征。

总之，建立在氏族基础上的中原农耕民族，其以内聚力、集体取向为特征的政治策略更容易联合凝聚各邦国部族形成更高级的政治团体，中原之所以在邦国林立的史前时期异军突起，较早迈入文明国家，这种理性的礼治传统和务实的礼治策略起到了重要作用。

注释

①徐旭生先生认为颛顼"属于华夏集团，但是受东夷集团的影响很大"，参见徐旭生《中国古史的传说时代》（增订本），文物出版社 1985 年版，第 74～86 页。

②韩建业将早期文明演进分为"中原模式"、"东方模式"和"北方模式"，参见韩建业《原史中国：韩建业自选集》，中西书局 2017 年版，第 180～193 页。

③转引自陈淳《文明与国家起源的理论问题》，载于《考古学的理论与研究》，学林出版社 2003 年版，第 227～228 页。

④魏兴涛认为，龙山时期中原城址的出现是中原集团与其他集团（如东夷）冲突的反映。参见魏兴涛《中原龙山城址的年代与兴废原因探讨》，《华夏考古》2010 年第 1 期，第 49～58 页。

⑤这种策略方式作为一种传统在西周灭商分封时仍然沿用，如周天子封鲁国时赐给"殷民六族""殷民七族"，封晋国时赐有"怀姓九宗"（《左传·定公四年》）。

参考文献

[1] 王国维. 释礼 ［M］∥王国维. 观堂集林：第 1 册. 北京：中华书局，1959.

[2] 王震中. 中国古代国家的起源与王权的形成 ［M］. 北京：中国社会科学出版社，2013.

[3] 中国社会科学院考古研究所. 中国考古学·新石器时代卷 ［M］. 北京：中国社会科学出版社，2010.

[4] 河北省文物研究所. 北福地：易水流域史前遗址 ［M］. 北京：文物出版社，2007.

[5] 内蒙古自治区文物考古研究所. 白音长汗：新石器时代遗址发掘报告 ［M］. 北京：科学出版社，2004.

[6] 河南省文物考古研究所. 舞阳贾湖 ［M］. 北京：文物出版社，1999.

[7] 李新伟. 中国史前玉器反映的宇宙观：兼论中国东部史前复杂社会的上层交流网 ［J］. 东南文化，2004（3）：66－71.

[8] 苏秉琦. 辽西古文化古城古国：兼谈当前田野考古工作的重点或大课题 ［J］. 文物，1986（8）：41－44.

[9] 中国社会科学院考古研究所，河南省文物考古研究所．灵宝西坡墓地 [M]．北京：文物出版社，2010．

[10] 李新伟．"最初的中国"之考古学认定 [J]．考古，2016（3）：86－92．

[11] 徐元诰．国语集解 [M]．北京：中华书局，2002．

[12] 张光直．美术、神话与祭祀 [M]．沈阳：辽宁教育出版社，2002．

[13] 林沄．说王 [G] //林沄．林沄学术文集．北京：中国大百科全书出版社，1998．

[14] 谢维扬．中国早期国家 [M]．杭州：浙江人民出版社，1995．

[15] 浙江省文物考古研究所反山考古队．浙江余杭反山良渚墓地发掘简报 [J]．文物，1988（1）：1－31．

[16] 李伯谦．中国古代文明演进的两种模式：红山、良渚、仰韶大墓随葬玉器观察随想 [J]．文物，2009（3）：47－56．

[17] 赵辉．以中原为中心的历史趋势的形成 [J]．文物，2000（1）：41－47．

[18] 张光直．考古学专题六讲 [M]．北京：文物出版社，1986．

[19] 严文明．邓家湾考古的收获：代序 [M] //石家河考古队．邓家湾．北京：文物出版社，2003．

[20] 石家河考古队．石家河遗址群调查报告 [G] //四川大学博物馆，中国古代铜鼓研究会．南方民族考古：第5辑．成都：四川科学技术出版社，1992．

[21] 孟华平，等．石家河遗址考古勘探发掘取得重要成果 [N]．中国文物报，2017－02－10（05）．

[22] 赵辉．良渚文化的若干特殊性：论一处中国史前文明的衰落原因 [G] //浙江省文物考古研究所．良渚文化研究．北京：科学出版社，1999．

[23] 高江涛．中国文明与早期国家起源的陶寺模式 [G] //中国社会科学院考古研究所夏商周考古研究室．三代考古：五．北京：科学出版社，2013．

[24] 曹兵武．中原史前文化的优势：中国早期文明研究札记之一 [J]．中原文物，2001（4）：43－45．

[25] 赵辉．中国的史前基础：再论以中原为中心的历史趋势 [J]．文物，2006（8）：50－54．

[26] 高炜．陶寺文化玉器及相关问题 [G] //解希恭．襄汾陶寺遗址研究．北京：科学出版社，2007．

[27] 高炜．龙山时代的礼制 [G] //《庆祝苏秉琦考古五十五年论文集》编辑组．庆祝苏秉琦考古五十五年论文集．北京：文物出版社，1989．

[28] 武津彦．略论河南境内发现的大汶口文化 [J]．考古，1981（3）：261－265．

[29] 徐旭生．中国古史的传说时代：增订本 [M]．北京：科学出版社，1960．

［30］李泽厚．说巫史传统［M］．上海：上海译文出版社，2012.

［31］BLANTON R，et al. A dual-processual theory for the evolution of Mesoamerican civilization［J］. Current Anthropology，1996，37（10），1－14.

［32］刘莉．中国新石器时代：迈向早期国家之路［M］．北京：文物出版社，2007.

［33］侯外庐．中国思想通史［M］．北京：人民出版社，1957.

［34］张光直．中国青铜时代［M］．北京：生活·读书·新知三联书店，1999.

［35］王聘珍．大戴礼记解诂［M］．北京：中华书局，1983.

作者简介：曹建墩，男，河南大学历史文化学院副教授、博士生导师

原文刊于：《中原文化研究》（郑州），2020. 1：30～37

先秦时期陶、玉、青铜三大礼器谫论

李玲玲

摘 要：先秦时期是陶、玉、青铜三大礼器的形成、发展和辉煌时期。陶、玉礼器均由新石器时代中晚期平等农耕时代的祭器转化而来，其在新石器时代晚期的中心聚落时期登上礼器舞台，并呈现对峙趋势，表现出各有主导的中心区域：黄河流域以彩陶礼器为主导，反映了祖先崇拜的意识形态发展历程；南方长江流域和北方辽河流域以玉礼器为主导，呈现出神灵崇拜的神秘和威严。到新石器时代末期早期国家的龙山时代，礼器在北方以黄河流域为中心的地区表现为陶、玉礼器的融合并重，南方依然以玉礼器为主导。夏商周王国建立以后，随着权力的集中与统一，代表新兴王权特质的青铜礼器迅速崛起和普及，占据了礼器的主导地位，成为国之重器，陶、玉礼器成为附属礼器。

关键词：先秦；陶礼器；玉礼器；青铜礼器

先秦时期，是礼的形成期，是后世礼的源头阶段。作为礼的物质载体的礼器是礼研究的重要内容。古代礼器种类多种多样，有陶器、玉器、铜器、骨器、漆木器、象牙、瓷器等，但在先秦时期形成完整体系且占据主导地位的当属陶、玉、青铜三大类。这三类礼器有完整的发展演变史，最早可追溯至新石器时代晚期，均成熟完善于先秦时期。本文意在探讨先秦时期陶、玉、青铜三大礼器发展形成的过程及三大礼器不同的文化内涵，其中对三大礼器发展阶段的界定以王震中先生早期聚落和国家形态演进过程即聚落三形态说和国家三形态说为基础[1]。

一　礼器的产生环境及其特征

礼器作为礼的物质载体，必然伴随着礼的产生而出现。从古代社会的发展来看，礼的本质在于"区分"，即区分贵贱等级和神圣日常，以此来界定社会的分层，规范社会成员的行为。因此，在人类社会出现社会分层和等级之后，具有后世礼制意义的礼的初期形态便随之出现。与后世的礼制功能一样，早期的礼在划分社会等级和阶层、维护等级秩序上起着重要作用，有着广泛的影响力和制约力，只是不如后世的礼制全面、完善而已。早期的礼产生后，作为其具体物质载体即在专用场合和专属人群中使用以区分和规定等级阶层的礼器便随之产生。从目前的考古资料来看，这一时间段便是新石器时代中晚期，即距今 6000 年至 5000 年之间。从这一时期的聚落遗址来看，此时已经进入中心聚落形态阶段，在聚落布局上出现了中心聚落和普通聚落的差别，聚落之中出现了核心家庭与普通家庭的区别，即社会出现了分层与分化、等级与不平等、贫富分化和权力集中。不管是黄河流域，还是长江流域，或是北方辽河流域，中心聚落均明显地表现出以下特点。

首先，聚落内的墓葬出现了大、中、小不同的规格，且规格越高随葬品越丰富，一些随葬品丰富的大墓中，存在明显表示身份象征的器物。如河南灵宝市西坡村仰韶文化庙底沟遗址有一座 4 岁小孩的墓葬，随葬品有 12 件，包括陶器、骨器、象牙器等，最特别的是 3 件玉钺[2]103，明显是一种表示身份等级的特殊器物，尽管墓主人只是一个孩子，却有着特殊的身份和地位。安徽凌家滩文化大墓中随葬有极其丰富的玉石器，其中玉版、玉钺、玉人体现着当时特殊阶层的存在及当时人的宗教观、宇宙观。黄河流域下游的大汶口文化遗址墓葬中呈现出鲜明的贫富分化，各聚落遗址中墓葬规格的差异和特殊随葬品的存在均能说明当时的聚落已经有了特殊阶层和社会不平等现象存在。

其次，这一时期的聚落遗址中出现了城址、特殊规格的殿堂式建筑或超大型祭坛，承担着大范围聚落群的祭祀中心、指挥中心，甚或是组织中心、管理中心的重要职能。如黄河流域中上游仰韶文化中晚期的甘肃秦安大地湾遗址中出现大型的殿堂式建筑承担当时的祭祀中心、管理中心、军事指挥中心等职能；辽河流域红山文化遗址的牛河梁女神庙、积石冢和东山嘴祭祀遗址远离村落，影响周边大范围的聚落群；长江流域大溪文化的屈家岭前期城头山遗址出现有堆土城墙，城内有大型祭坛。这些城址和大型祭坛的存在展示着文明社会前夕或迈入邦国文明之前的社会形态和类型。

最后，这一时期的聚落遗址表现出明显的中心聚落到普通聚落层层拱卫的局面，聚落内部也存在着核心家庭和普通家庭的不平等。中心聚落往往规模大，聚落遗址中有多种手工业作坊、大型墓葬、大型特殊建筑遗存等。而其周边地区分布的普通聚落往往规模小，遗址类型单纯，墓葬以中小型墓葬为主。聚落内部从房屋的结构、遗存物的多寡等也反映出核心家庭与普通家庭的区别。

从上述聚落考古的遗存可知，这一时期与6000年前平等的农耕聚落时期相比，社会出现了分层、等级和贫富分化，那么，维护这种等级分层的制度必然会产生和固定下来，也就是说古礼在此时产生，礼器也随之出现。在距今5000年前即邦国时期，古礼的范围更加扩大，礼器的种类也有了一定变化。

礼器作为礼的物质载体，是由早期人类在祭祀活动中使用的专属器物发展而来的，因此，礼器与礼在本质上是一致的，即用来区分和标志等级和阶层，器以藏礼，器作为维护一种约定俗成的社会秩序的物质体现而存在，因此礼器的具体特征为：垄断性，即具有标志身份和社会等级的意义；普及性，即具有广泛的影响力和文化穿透力；标识性，即形态规范，使用场合和功能相对固定。

二 先秦陶、玉、青铜礼器的发展历程

从上述特征来审视礼器，再对照各地发掘的考古资料，可以清晰地看出先秦时期陶、玉、青铜三大礼器的产生及发展历程。

在平等的农耕聚落时期礼器是不存在的，只有各种祭天祈年等祭祀活动中广泛使用的专属或是相对固定的器物，这些专属器物被赋予一定的宗教内涵和神圣意义。随着社会的发展，进入中心聚落时期，社会出现了不平等和贫富分化，出现了中心聚落和普通聚落、核心家庭和普通家庭等社

会分层和等级。等级的出现和权力的集中，使祭祀用的神器性质有了变化，并且随着族群的交流融合，相互间的影响加深，具有相同内涵的重要祭祀器物的影响范围日益扩大，在相距遥远的不同族群中都能看到相同或类似的器物，这说明影响范围较大的礼已经出现。古礼产生后，这些早期的祭祀专属器物由于长期存在的神圣性和专属性而自然转化为礼器。因此探讨礼器的发展必然从早期的祭祀专属器物即祭器谈起。

在人类社会处于早期相对平等的农耕社会时，即距今 12000 年至 6000 年之间，我国各地区分布的大大小小不同的族群和部落逐渐进入农耕定居阶段。由于生存环境的恶劣和生产力的低下，部落成员共同生产、平均分配，社会处于相对平等时期。这一阶段人类的意识形态开始逐渐发展，从万物有灵，到巫师的出现，再到祭天祈年祈求丰收的祭祀仪式的普遍存在，专用于巫师和祭祀仪式的祭器也随之出现。这种祭器最初以与人们日常生活极为密切的陶器为主，个别地区因矿物资源丰富，以陶器和玉石器为祭器，但整体来看，在礼器的早期阶段，祭器以陶器为主。在黄河流域表现为彩陶，南方长江流域有白陶，北方辽河流域则为玉石器。如河北武安磁山遗址大量出土的石磨盘、石磨棒、石斧、石铲、陶盂、陶支脚、陶三足器等器物，多是成组出现，有一定的组合形式和放置方式[3]42,52；西安半坡遗址和临潼姜寨遗址均出土有人面纹样和鱼纹图案的彩陶，人面纹样只绘制在彩陶盆里面，且常作为葬具使用，专用特点非常明显，应是作为某种祭祀符号而存在[3]57-58,[4]；湖南洪江高庙遗址发现有大量祭祀坑和表面戳印有八角星、凤鸟和獠牙兽面图案的陶器[5]；内蒙古兴隆洼文化诸多遗址出土有陶杯、石斧等器物，并且都有不少精美玉器发现，它们是目前中国发现的年代最早的玉器[3]85-86。这些有着特殊图案、特殊纹饰的早期精美陶器和玉器与日常生活器物相比，明显具有一定的特殊性和专属性，在当时的社会生活中应充当着祭器的角色。

到距今 6000 年至 5000 年间，人类社会进入了初步不平等的中心聚落时期，社会出现了分层，聚落外和聚落内均出现了等级和社会分层。一旦社会出现等级和分层，则必然会出现维护这种等级和分层的制度，以稳定这种社会分层。因此，早期的礼，也可以说是古礼在此时开始登上历史舞台，作为古礼的载体和见证，礼器也随之出现，并且其区分等级阶层、维护社会秩序的作用随着权力的高度集中和贫富分化的加剧而不断加强。此时的礼器有彩陶礼器和玉礼器两大类，并有分庭对峙的倾向，但这种对峙不是绝对的，不是说彩陶礼器盛行的地方没有玉礼器，或是玉礼器盛行的地方看不到彩陶踪迹，而是不同的区域或是以彩陶礼器为主导，或是以玉礼器为主导。具体来说整个黄河流域以彩陶礼器为主，北方辽河流域因受黄河流域彩陶文化的影响出现彩陶礼器与玉礼器并存的局面，但彩陶礼器种类单一，以彩陶筒形器为主，玉礼器形式多样，地位较重。而南方地区此时却是玉礼器为主导。

此时，黄河流域中上游为仰韶文化中后期，盛行的礼器为彩陶，即仰韶文化庙底沟期的彩陶，器形规整，图案规范，标识性强，影响极其广泛，文化穿透力极强。在黄河流域以彩陶为主导礼器的同时，个别地区也有玉礼器的踪迹。黄河流域下游为大汶口文化中晚期，盛行的礼器以陶器为主，包括彩陶、白陶、黑陶，同时并存的还有玉石礼器，主要为玉钺、石钺，其中陶鬶为其标志性礼器，影响范围非常广泛。而且大汶口时期的陶礼器已经形成了一种等级制度。首先，陶器以鬶、高柄杯、背壶、镂孔豆、瓶、觚形器等酒器为主；其次，酒器与其他生活用器的组合配置关系确立完成；最后，按死者生前地位安排随葬器物，并有固定的器物组合关系，不同地位有不同的规定，等级鲜明[3]122,129,130。在辽河流域，祭祀场所已经远离村落，影响周边不同聚落，公共权力和垄断公共权力的特殊阶层已经形成。礼器以精美的玉器为主，代表性的玉礼器是玉猪龙及璧、双联璧、三联璧、箍形器、勾云形器等造型特殊的玉器[6]，彩陶为辅，代表礼器为彩陶筒。彩陶筒在红山文化遗址的祭坛、女神庙等附近都有发现，显示着红山文化与同时期仰韶文化彩陶之间的联系。此时南方地区的礼器则是以玉礼器为绝对主导。如安徽凌家滩遗址的众多出土物中以玉器占绝大多数，其中的玉龟、玉版、玉钺、玉人、玉璜等器物或有着鲜明的宗教内涵或标志着墓主人的身份地位，是当时用以区分社会等级阶层的重要礼器[7]。崧泽文化和良渚文化早期的遗址，如江苏张家港东山村崧泽文化遗址也出土有大量玉石器，有大型石钺、石锛，崧泽文化中的玉璜、玉钺及其他众多玉器，玉钺、石钺等标识身份的礼器多出土于大型墓葬，具有明显的礼器性质。

到距今 5000 年以后，历史进入考古学上的龙山文化时代。这一时期是早期国家的形成阶段，族群和族群间、聚落和聚落间的交流、征战、融合、冲突达到了第一个顶峰时期，古礼也随着族群间的交流呈现出大范围的融合趋势，即整个黄河流域的古礼一体化，这种一体化在考古学文化形态上表现为陶玉礼器并行辉煌。此时整个北方地区的礼器出现陶礼器和玉礼器并重的局面，而南方地区则依然是玉礼器为主。如山西襄汾陶寺遗址中出土的礼器就是陶器和玉器并重，重要的礼器有彩绘云雷纹陶壶、蟠龙纹陶盘、玉钺、石钺、鼍鼓、石磬等。玉礼器的地位与仰韶时代相比得到了极大加强，这与龙山时代族群间的交流征战融合密切相关。龙山时代正是我国古史传说的三皇五帝时期，族群间征战不断，交流加强，黄河流域中游的族群兼收并蓄，吸取东方齐鲁地区的酒礼等级制，又融合南方地区玉礼器军权神权的威严内涵，使黄河流域再次位于时代前列，率先形成了实力强大影响深远的早期邦国，并引领着后世千年的历史发展潮流。而此时的长江流域则一直保持着自己原有的玉器传统，把玉礼器代表的古礼体系发展到了顶峰，其代表便是良渚文化。良渚文化聚落群不像同时期的陶寺遗址有明显的城墙，但其大大小小的聚落群构成了以莫角山为中心，反山、瑶山、武进寺墩和苏州草鞋山、福泉山遗址聚落群层层递减的格局，已经构成了古国形态。整个良渚文化玉礼器的发展达到了高峰，玉钺、玉璧、玉琮、玉斧、冠型器、令牌等玉礼器大量出现，如作为礼仪用器的矮体玉琮，代表军阶的高体玉琮，指代性别的冠型器等。但玉礼器过于脱离日常生活，过分渲染神灵的威严与权势，凸显神权的力量，这可能也正是造成古玉文化在之后迅速衰落，被黄河流域融合性古礼所取代的重要原因之一[3]89。这一阶段可以说是陶礼器和玉礼器发展成熟占主导地位的阶段。虽然这一时期铜器在某些地区已经出现，但多是一些红铜物件、小型的装饰品和工具，铜容器极少，并未对陶礼器和玉礼器的地位产生影响。

随着铸铜技术的发展，铜器作为新的生产力和生产工具的代表登上历史舞台，地位日益重要，迅速取代了陶器和玉器的主导地位，成为夏商周时期最主要的礼器形态。这一阶段虽然以铜礼器为主导，陶礼器和玉礼器依然占据重要地位，但明显附属于青铜礼器，多作为青铜礼器的补充组合存在，而且国之重器也均是青铜礼器。青铜礼器之所以能够独大，一是因为其本身的坚固、珍贵和稀缺，二是因为它的包容性。青铜礼器不仅借鉴了陶器的器形，而且吸收了玉礼器和陶礼器的标志性纹饰，蕴含了陶礼器尊宗敬祖的崇敬性和玉礼器神灵威仪的神圣性的双重礼制内涵。

夏代是青铜礼器的创制期，此时虽然青铜礼器出现，但是由于原料和技术等多方面原因，种类不多，往往与陶礼器、玉礼器等共同组成礼器群，青铜礼器单独配置成套的很少，陶礼器和玉礼器仍占据着重要地位。青铜礼器以酒器爵为主，另有斝、盉和个别铜鼎，与陶礼器形成的常见礼器组合主要有铜爵（或加铜斝）与陶盉、漆觚的组合，或是铜爵与陶爵、陶盉组合。常见的玉礼器有柄形饰、圭、璋、钺、戚、戈、刀等。多种礼器共同构成礼器群是夏代礼制的重要特征[8]107。商代时，青铜礼器有了极大的发展，开始占据礼器的主导地位。青铜礼器仍以酒器造型为主，主要有鼎、簋、觚、爵、斝、角、尊、卣、盉、觯等，并形成了以觚、爵、斝为核心的组合形式，青铜礼器单独配置完整礼器组合在大墓中已经成为常制，陶礼器与青铜礼器补充形成完整礼器组合的已多见于中小型墓葬，并且很多小型墓只有陶礼器没有青铜礼器，鲜明地表现出青铜礼器的地位上升，陶礼器地位的下降。玉礼器依然是贵族和特权阶层的标志，主要有钺、璧、璜、玦、戈、刀、柄形饰等，但在礼器的重要性和国之重器方面此时已让位于青铜礼器。到西周时期，周王朝对商代礼制进行了改造，融入了周人的传统习俗和意识形态，青铜礼器开始以盛食器为主，酒器退缩。其礼器组合形式是：鼎、俎是按奇数组合，表现周天子至高地位的形成；簋、簠、豆、铏、壶是接二、四、六、八的等差形式递增（或递减）。进入春秋战国，激烈的兼并战争使各诸侯国难以承担制造青铜器所需的大批人力、物力，青铜器的昂贵价格也使得当时各诸侯国难以支撑，因此青铜礼器开始式微。春秋战国前期，青铜器虽然还鼎盛一时，但已经到了鼎盛之末期，到战国后期青铜器在很多时候成为象征性的器物或者是明器[9]4-5。

纵观先秦时期的礼器发展历程可知，青铜礼器在夏商周时期从创世、辉煌到没落走过了一个完整的发展历程；陶礼器的鼎盛地位出现于夏王朝建立之前，之后地位便日益下降，在商代以后让位于青铜礼器，成为普通民众的随葬器物；玉礼器则从其产生之日起就因其珍贵性而打上了等级和阶层的烙印，一直都是特权阶层的专属器物，或奉献神灵或把玩观赏，但其作为礼器的辉煌更多地体现于先秦时期。后世礼制的发展与先秦时期已经有所不同，虽然维护等级阶层、社会秩序的功能不变，但后世更注重靠制度和国家体系来维护社会的运转，而不单单靠一些重要礼器来维持，礼器所产生的震慑和规范作用已远不如先秦时期。

三　先秦礼器演变与社会意识形态的变化

　　作为区分等级阶层的礼器最早形成于中心聚落时期，在中心聚落雏形时期最早形成的礼器为仰韶文化彩陶，其中心位于黄河流域的黄土高原地区，这一时期周边其他地区深受彩陶文化的影响，并且在黄土高原彩陶礼器盛行的地区，玉器踪迹较少。彩陶是人们日常生活中最常用的器具，其作为礼器的重要用途就是作为陪葬物，专用性显著，可以说陶器作为礼器主要是早期人类事死如生观念的具体反映，体现着早期人类对逝者的怀念和对祖先的尊崇。人们用日常器具作为陪葬品，大量地埋入墓葬，并以一些特殊纹样的彩陶作为葬具，目的在于期待逝去的先人依然能够享用到在世时所用的器物，并以特殊纹样的葬具为媒介获得新的生命或力量，因此陶礼器更多地体现出祖先崇拜的内涵。

　　到典型中心聚落时期，社会分化程度进一步加深，由身份性的阶等社会发展到经济性的阶层社会，贫富分化进一步加剧，原始宗教的发展与社会阶层和等级紧密结合，祭祀权为高等级人群专有，与之相关的便是礼器观念的进一步明确和影响范围进一步扩大。这一阶段黄河流域彩陶文化所体现的祖先崇拜意识继续发展，公共权力的发展，垄断阶层力量的强大，对祖先的崇拜由人格化向神格化发展，祭祀的规模更加扩大，出现大型祭坛和用于祭祀的特殊建筑物，而用于祭祀的陶礼器之器类与器型也在不断增加。与陶礼器反映祖先崇拜意识并行的是在北方辽河流域和南方长江流域盛行的玉礼器反映的神灵崇拜意识，并且这一阶段凸显神权强大力量的玉礼器甚至超越彩陶礼器的锋芒，彩陶在这些玉礼器高度发达的地区虽然存在，但其地位远低于玉礼器。玉礼器凸显神权和神灵意识，主要体现于玉礼器本身的神圣性、珍稀性上。玉礼器不像陶礼器脱胎于人们的日常生活用器，它从产生之日起就是与大众生活脱离的神圣器物，彰显着身份和等级，被赋予一种沟通神灵的特质。玉礼器被广泛运用于祭祀和墓葬，甚至南方地区出现大量玉器陪葬的"玉殓葬"，都说明了玉礼器这一神圣特质。再加上玉礼器的特殊造型，如象征军事权力的玉钺、内圆外方象征天地的玉琮、具有军阶指示的玉人、用于占卜的玉龟玉签、显示宇宙观的玉版等，玉器以这些特殊的造型和极具神圣意味的纹饰成为沟通天地人神的特殊器物，成为神灵的中介和特殊地位、特殊阶层的象征。南方长江流域和北方辽河流域的玉礼器与黄河流域的彩陶礼器遥相对应，凸显着这些地区神权的威严和神圣。

到龙山文化时，随着各地区族群之间交流融合的进一步加深，早期国家纷纷形成，而且彼此间的交流更加频繁。这一时期礼器出现了融合现象，黄河流域曾经以彩陶礼器为主导的地区，随着战争、交流和融合，吸收了玉礼器的神权权威，结合自身的族权权威，出现了陶礼器和玉礼器并存的局面。这也说明陶礼器和玉礼器所蕴含的祖先崇拜和神灵崇拜的意识形态在黄河流域甚或是北方地区出现融合现象，并且两种意识形态融合产生的凝聚力使北方地区形成了强大的族群联盟并产生了早期国家。但此时南方地区良渚文化中玉礼器独占鳌头的局面并没有太大改变，神权崇拜发展到了登峰造极的地步，过于注重神秘的神权，过度神化和虚化，无法汲取其他族群文化的精髓，最终盛极必衰，辉煌的古玉文明彻底衰落，被黄河流域融合两种意识形态后的强大力量所取代。历史的发展证明，正是黄河流域的包容、吸纳和融合，才能使该地区的早期国家更有效地扩张势力，迅速崛起，发展成为统一的王朝国家。

到夏商周王朝时期，国家建立，权力高度集中，形成了鲜明的难以逾越的社会等级和阶层。礼作为一种制度正式形成，而礼器作为礼制的载体，更是在社会生活中发挥着重要的象征作用。此时的礼器中又加入了新的成员青铜礼器。青铜礼器自诞生之日起，由于其稀缺性，就烙上了深深的等级烙印，成为统治阶级的专属物品和祭祀祖先神灵的专属器物。到商代，青铜器完全占据礼器体系的主导地位，陶礼器和玉礼器成为陪衬。青铜礼器能够在夏商周时期成为礼器的主导在于它是一种融合型器物，吸收了陶礼器的诸多造型，又引入了玉礼器神秘威严的纹饰，同时把两者所蕴含的祖先崇拜意识和神灵崇拜意识相结合，成为夏商周时期融合族权、神权、军权在内的王权的象征，成为国之重器。陶、玉、青铜三大礼器的发展历程与彼此消长，从物质的层面清晰体现出公共权力的发展历程，彰显着族权、神权、军权再到三位一体的王权发展历程，即彩陶代表着族权，玉礼器代表着神权与军权，青铜礼器代表着融合三者的王权，青铜礼器在夏商周三代的主导地位，正彰显着王权力量的逐渐强大。

参考文献

[1] 王震中. 中国古代国家的起源、发展与王权形成论纲 [J]. 中原文化研究, 2013 (6).

[2] 王震中. 中国古代国家的起源与王权的形成 [M]. 北京：中国社会科学出版社, 2013.

[3] 卜工. 文明起源的中国模式 [M]. 北京：科学出版社, 2007.

[4] 中国科学院考古研究所, 陕西省西安半坡博物馆. 西安半坡 [M]. 北京：文物出版社, 1963.

[5] 贺刚. 湖南洪江高庙遗址考古发掘获重大发现 [N]. 中国文物报, 2006 - 01 - 06.

[6] 邓淑苹. 20世纪中国古代玉器考古研究的发展与成果 [J]. 燕京学报, 2005 (新十九期).

[7] 安徽省文物考古研究所. 凌家滩：田野考古发掘报告之一 [R]. 北京：文物出版社, 2006；安徽省文物考古研究所. 安徽含山县凌家滩遗址第五次发掘的新发现 [J]. 考古, 2008 (3).

[8] 中国科学院考古研究所. 中国考古学：夏商卷 [M]. 北京：中国社会科学出版社, 2003.

[9] 李玉洁. 黄河流域的青铜文明 [M]. 北京：科学出版社, 2010.

作者简介：李玲玲，女，河南省社会科学院历史考古所助理研究员

原文刊于：《中原文化研究》（郑州），2014.4：15～20

三代礼制传统与华夏文明的连续性

曹建墩　　赵梓伊

摘　要：礼治模式是夏商周三代政治治理的根本模式。礼是多层面、多维度的复杂政治文化体系，兼具政治、宗教、道德等属性，它可以从多方面为王权政治提供合法性论证和技术支持，从而保障王权秩序的稳定，整合社会关系，促进共同的文化与政治认同。三代的礼制传统既包括外显的礼仪、制度，也蕴含有内在的精神传统，比如敬天法祖及衍生出的崇德报功、报本反始等道德观念，以及从祖先崇拜基础上生发出的血亲意识、宗族共同体意识、人伦孝道等观念。礼制精神经过礼乐教化，内化为社会成员的集体意识，成为社会成员共同的文化认同。因此，建立在礼基础上的早期国家既是一个政治、文化共同体，也是一个道德共同体。礼制的深层次精神传统内化为华夏民族的文化基因，它深入契合并形塑了华夏民族的思维模式、行为模式，可以说，礼制文明构成了华夏文明演进具有连续性的深层次根基。

关键词：三代；礼制传统；礼治模式；文明；连续性

在复杂社会向早期国家演进中，中原地区政体创造性地将宗教祭祀、丧葬、建筑居室、礼器等政治化、等级化，整合成一套政治性的统治策略，创造出一套政治统治技术，并注入了政治理念与人文理念，形成一种影响深远的政治治理模式，即礼治模式。这种政治技术渗透于早期国家的物质、精神、仪式、艺术等各个方面，形成发达的礼制体系和礼制传统。中国文明演进的一大特征是其延续性，这与礼制传统密不可分，本文拟对早期国家的礼制传统与早期文明的延续性作一论述。

一　早期国家的礼治模式

先秦礼制的形成是一个动态的过程，经过多元化的邦国时期礼仪雏形，到夏商时期的发展演进，进而到西周逐渐形成成熟的周礼体系。周礼是史前文化、夏商礼制的集大成者，它是西周时期各种典章制度、礼仪规范、精神原则的总称，内容相当广泛，包括政治、经济、军事、社会生活、伦理道德等各方面的规章制度和行为规范，以及吉、凶、军、宾、嘉礼等不同的礼节仪式，体现了中国古代政治治理的基本理念，是严格的政治准则和社会生活的规范。

（一）三代礼的架构

经过长期的发展，早期中国形成了融宗教于政治的政教合一的政治架构，它以天命为信仰支撑，发展出隆重的祭天礼仪；以祖先崇拜与血缘亲情为情感纽带，发展出复杂的丧葬、祭祖礼仪；它整合了神权秩序、世俗政治社会秩序，发展出系列的朝聘觐见、宴飨、乡饮酒礼等礼仪。这种复杂的礼制网络是物质（礼物）、典章制度（礼制）、礼的践履（礼仪）、伦理思想（礼义）等多层面的统一体，兼有政治、宗教、伦理道德等多重属性，而政治性是礼制的根本属性。早期中国的礼制，实质是以特定原则建构起来，具有一定强制力的制度规范，礼制的建立大大增强了王权的控制力，从而建构出一套以王权为核心，尊卑有序、贵贱有等、职分有别的政治社会秩序。

血缘组织在早期社会文明化、国家化进程中的存在，导致三代礼制的一个重要特征是其血缘性格。血缘组织与政治控制相互结合，发展至西周，形成了建立在宗族基础上的家国同构的宗法政治体系，它以伦理主义为特征[1]63，重视自然的血缘亲情具有的向心力、凝聚力在政治中的作用。在这一政治架构中，宗法等级与政治等级相互结合的等级关系，渗透到周代政治的方方面面，贯穿周礼的各个方面，建构出一套"政治符号"。其中，体现在考古学上的聚落、都邑、宫殿建筑、陶礼器、玉礼器、青铜礼器等构成了权力象征丛体。尤其青铜礼器、玉礼器等更是周礼体系的物质形态体现，它是最集中的物质形态表达。按照等级不同，礼器有数量、质地、形制、颜色、纹绘等细节的不同，各类之间又有组合之不同。周代社会，一方面通过"车马舆服""礼器"等礼仪象征符号表征政治层级，另一方面这些礼仪符号又进一步维系了这种宗法政治等级。孔子说："唯器与名不可假人，君之所司也。"（《左传·成公二年》）名分与礼制象征物成为政治统治的工具。

制度性规范也体现为举行的礼仪上。礼仪规范是仪式层面的各种规范。礼仪规范渗透进周人生活的方方面面，规范着周人的行为，形成具有周礼特色的行为模式与思维模式。礼是国家意识形态的体现，有其内在的礼制精神，传统礼学称之为礼义。周礼渗入了周统治阶层的意识形态，如亲亲尊尊、孝悌、男女有别、朋友有信等伦理原则规范，使周礼具有鲜明的伦理主义特征。

（二）礼制的多层次多维度功能

大略而言，上古礼制可以分为两类。其一，以宗教信仰为核心的祭祀礼制，这是一种处理人神关系、祭祀天地鬼神的礼制；宗教祭祀的理性化、政治化、礼制化，这是三代社会礼制的重要特征。《国语·楚语》"绝地天通"的记载反映出少数氏族贵族阶层控制了交接上天的权力，通天成为权贵阶层的垄断性权力[2]29。根据此说，则宗教祭祀的政治化可以上溯至史前时期。三代社会，统治阶层将宗教信仰与政治组织、政治分层体系结合，以世俗化的政治体系来组织整合宗教祭祀，并利用宗教信仰来建构世俗政体的意识形态。宗教的信仰、仪式、神职人员等被整合到世俗政治制度中，成为世俗政治组织的组成部分，并不具有独立性，从而成为服务王权政治的工具。其二，处理民事的礼制，例如外交朝聘、人际交往等礼制规范。下面从政治、社会、文化等角度论述礼制的功能。

第一，三代的政治结构是一种以王权为核心的等级结构。三代社会的礼制是王权政治的产物，并反过来促进王权政治的形成与成熟。据学者研究，三代的国家结构是一种复合制国家结构，中央王朝下有邦国、属国与盟国；王权既直接统治着本邦（王邦），也间接支配着臣服或附属于它的若干邦国。王邦对于其他属邦就是"国上之国"，其他属邦则属于王朝中的"国中之国"[3]248-265。在此国家结构下，王权与地方邦国属国之间既有君臣从属关系，也有联盟与博弈，因此王权必须建立一种较为稳定的制度规范来协调贵族阶层内部权力分配，来处理调节贵族阶层内部的政治、社会、物质资源分配，从而建立稳定的政治秩序。这些协调权力分配、调节资源分配的制度体系即礼制。

宗教神权与军权是早期王权的两大来源与基础。由于早期文明起源的血缘性格，早期王权是宗教主祭权、族权与军事征伐权的三位一体，所以最高统治者必须掌控宗教主祭权、军事权以及王族权，从而确保王权的权威与稳固。因此，作为政治上层建筑，礼必须处理好这几个方面的关系，以确保政治权力架构的稳定。实际上，礼是上古时期王权政治建构自身合法性的主要方式，而且礼的作用是多维度复合性，从多层面为王权政治的合法性提供依据。从功能上，礼可以赋予王权政治以合法性、正当性，从仪式、意识形态上为王权政体提供合理性论证，并维护这种等级秩序的稳固。譬如，郊祀不仅仅是一种宗教性、礼仪性的表达形式，它更是一种政治性的典礼。在上古中国，天命是君王权力合法性的终极来源，祭天是天子的专利，只有最高统治者才有资格祭天，对祭天权的垄断可以彰显王权的神圣性与至上性，是王权合法性与正当性的象征。而且，天子通过对天人交通权的独占，也就牢牢控制了阐释天命的话语权。夏商周三代正是通过祭祀天神、祖先等神灵的神圣仪式，以达到建构王权秩序和君臣、男女、长幼等伦理秩序，从而实现以王权为核心的政治秩序的稳定性，所以李泽厚先生将整个祭祀系统概括为"宗教、伦理、政治三合一"[4]64-65。

第二，礼制具有社会整合功能，传统中国社会是以礼作为整合力量的。礼适应了上古时期的经济政治形态。三代时期，由于农耕经济的脆弱性，生产工具和生产技术的不足导致资源相对匮乏，日益增长的人口与资源的匮乏产生矛盾，需要凭借制度体系和思想观念意识形态来调整资源的分配。早期社会主要依靠柔性的礼制来调控资源分配，以协调社会矛盾，因此，礼制实质是一种调节资源分配的规范制度，如《荀子·礼论》说："先王恶其乱也，故制礼义以分之，以养人之欲，给人之求，使欲必不穷乎物，物必不屈于欲，两者相持而长，是礼之所起也。"基于资源分配的协调机制，礼重视人的社会身份的"辨异"与政治等级的"别"，礼制秩序即建立在别与分的基础上。《荀子·非相》云："人道莫不有辨，辨莫大于分，分莫大于礼。"社会群体有分别，是社会秩序得以建立的前提，在古人看来，这甚至是人与禽兽的根本差异，也是确保社会政治资源"合理"分配的基础。《左传·僖公二十二年》云："为礼卒于无别，无别不可谓礼。"所谓别，《荀子·礼论》概括为："贵贱有等，长幼有序，朝廷有位，男女有别，贫富轻重皆有称。"《礼记·坊记》谓之"夫礼者，所以章疑别微以为民坊者也。故贵贱有等，衣服有别，朝廷有位，则民有所让"。在早期社会，这种秩序体系即以王权为核心的政治秩序，它是一种金字塔式的差等结构。礼仪制度分别人伦，目的是确保人类社会可持续发展，而不至于让人类为了私欲在彼此争斗中走向毁灭。亲亲、尊尊是三代礼的核心原则，是统治阶层为了平息对财富资源的争夺，避免内部争斗而采取的原则，所谓"礼达而分定"即点明了礼的这种政治功能。

但礼制的本质虽是"分"，但其目的是实现社会群体之"合"，以和合之道维持"分"。随着私有制、阶级与国家的产生，礼制的发展与演进就在这一分一合之间：无分别则无以合，无以组成社会团体；无合而仅仅靠别，则社会等级秩序也难以持久。需要提出的是，早期社会礼的凝聚性主要依赖血缘之情，这也是后来儒家强调亲亲之情、孝道的重要原因。建立在亲亲基础上的礼可以促进血缘亲情的和合关系。比如，宴飨礼可以凝聚宗族或政治集团成员之间的亲密关系，促进政治秩序的和谐。如《周礼·春官·大宗伯》所说："以饮食之礼，亲宗族兄弟；以飨燕之礼，亲四方宾客。"

第三，三代国家随着版图的扩张，礼乐文明也不断向周边播迁，统一性的礼乐制度促进了不同族群的融合，促进了各族群之间的文化认同和政治认同。

夏、商、周三代，以礼乐为核心的文化体系也向周边强势辐射。二里头文化向周边地区的文化扩张，体现在器物上，主要是陶质酒礼器（如爵、斝、盉、觚）、玉质礼器（如圭、璋），而少见日用普通器具。这就是说，二里头都邑对周边地区的文化输出，主要是向对方传播属于上层建筑领域的礼制及其礼制载体[5]138。商王国建立后，也向东方、南方扩张，并将先进的礼乐文化向周边传播[6]243。周朝立国，推行封建制，广封宗亲与异姓功臣。西周推行的封建制度，除了"以藩屏周"，具有强化王权的功能外，其实也是一种特殊形式的"文化殖民"，它将周人的价值观与意识形态渗透到各个封国，从而确立周礼在政治与文化上的主导地位。在"溥天之下，莫非王土；率土之滨，莫非王臣"（《诗经·小雅·北山》）的意识中，华夏诸国保持了对周王室的政治认同，奉之为天下共主；在文化上，宗周王朝通过各种礼典来强化孝悌、男女有别、尊老等伦理规范与意识，周礼及其蕴含的意识形态为各国贵族阶层所认同，周礼成为政治认同、文化认同的符号。周代礼乐空间上的播迁，也就是传统上所谓的推行"王化"，表现为周文化从中央向四周其他民族不断渗透扩散，并与当地文化融合，最终形成了华夏文化共同体。周礼促进了周王朝统一的文明化进程，礼是华夏族群价值观、意识形态的体现，构成了华夏族自我认同的核心。

综而言之，礼治模式是三代政治的根本模式①。《礼记·经解》《荀子·富国》都提出礼以"正国"，《国语·鲁语上》云："慎制礼以为国典。"礼在三代是治国之本，是一种高明的政治运作策略，实践中也是一种行之有效的政治技术和社会协调控制机制。由于礼是多层面、多维度的复杂政治文化体系，兼具政治、宗教、道德等属性，故礼可以从多层面、多维度为王权政治提供理论论证，从而保障王权秩序的稳定。三代时期，礼更是实现社会整合的主要手段，并且在三代文明由中原向周边扩张中，礼制促进了社会成员的共同政治和文化认同。

二 礼制传统是华夏文明连续性的深层次根基

《论语·为政》曰："殷因于夏礼，所损益可知也。周因于殷礼，所损益可知也。"夏、商、周三代的礼制经过发展演进，至于西周达到了较高的礼制水平，比如，体现在考古学上，青铜礼乐器、玉礼器等礼制物化标志，都邑布局、宫殿建筑、祭祀、丧葬制度等，以及蕴含于礼物和礼制背后的深层次礼制精神，这些成为独具中国特色的三代礼乐文明的重要内容。礼制具有制度与文化的双重属性，虽然三代王朝的政治体系因为种种原因崩溃导致王朝的转换，但是礼制体系的结构、深层次价值观、制度理念、信仰体系却一以贯之，这也使礼制的形式细节虽有变革，但是文化精神具有一贯性，所谓"三代之礼，一也"②，从而形成延续性的礼乐文化传统。夏、商、周三代国家的礼制传统深刻地影响了华夏文明的发展演进，从三代国家的礼乐文明看，值得注意的有以下几点。

（一）农耕文明的生成语境与礼乐文明的敬天、法天传统

中国上古时期非常重视天文历法，因为农耕民族的农业生产需要历法的指导，以遵循节气的变化；国家需要测定星辰位置和日月五星运行规律，占卜吉凶以行政。中国上古时期即有观测天文制定历法的实践③。2002年陶寺遗址中期小城内曾发现古观象台基址（编号ⅡFJT1），据学者研究，初步判定陶寺观象台与圭表，可以得到20个节令的太阳历，包括二分二至、气候变化的节点、祭祀节日、粟黍稻豆农时[7]362-392。这一发现印证了《尚书·尧典》记载史前时期"历象日月星辰，敬授人时"的可信性。中国古代天文学从产生之始即与祭天以及对天的宗教崇拜密不可分，上古天文观测既是取法天象活动，也是"通天""礼天"的手段[8]94。据学者研究，殷商卜辞记载的出入日祭礼即带有测度日影的早期天文学观察性质[9]33-40，为商王室所专擅。在先民看来，历法乃是天之垂象，是天道的呈现，历法的制定与颁布往往为部族首领控制，后来又往往为天的代言人君王所控制并颁行。天时历法是君权神授的天命象征，观象授时既是一个王朝行使政治职能的重要政务，也是宣布其政权神圣性、合法性的政治活动。

对天人交通权力的独占，是三代帝王获取王权的手段[10]384-400，也是巩固王权的重要方式。至迟在夏代，祖先崇拜已与天帝信仰结合。《左传·哀公元年》记载少康中兴后，"复禹之绩。祀夏配天，不失旧物"。祀夏配天，指祭祀上天并以夏后氏的先祖配祀。商周时期的宗教观念中，祖先神可以宾于天，在天帝左右[11]1021。周代的郊祀常以始祖后稷配食，又因文王始受天命，故祭祀明堂以文王配祭。其目的是宣示对祭天权力的独占，也就是说祭天只可以具有功德的王族始祖配祀，其他姓族不可染指，其政治功能在于宣示王权的至上性、唯一性、神圣性以及道德性，以此宣示王权具有天经地义的合法性。

从敬天和观天的宗教天文活动中产生了"钦若昊天""法天"的思想，《尚书·尧典》记载的"钦若昊天"与"历象日月星辰"天文活动，表明上古华夏集团的敬天意识渊源久远。在古人看来，上天以启示垂象的方式影响人类社会，人文化成必须观察天文，象类万物之情。《周易》"贲"卦之《彖辞》曰："刚柔交错，天文也；文明以止，人文也。观乎天文，以

察时变；观乎人文，以化成天下。"所谓人文，即礼乐典章制度等。人文之礼，无疑其终极之渊源是天。

总之，观天象、授民时的天文历法在上古政治中发挥着极其重要的作用，这种传统及其衍生的敬天、顺天、法天思想对后世礼乐制度与思想文化影响深远，是华夏文明延续性的深层次根基之一。

（二） 血缘组织在文明化进程中保持、强化并政治化

血缘组织在文明化进程中保持、强化并政治化，从而导向一种道德取向的宗法礼治模式，发展到周代，礼制与道德相互结合，使礼具有道德性。史前部族之间的兼并战争，目的是获得统一农耕生产的领导权或组织权，从而增加对劳力资源的控制，建立起纳贡体系以积累更多的社会财富。因此，在中原地区文明化、国家化进程中，血缘组织并没有随着战争征服以及族群兼并而被打散，不同氏族或家族在空间上可能是杂居或插花式分布，反而继续成为国家与社会的基本单元或细胞，这基本已成为古史学界的共识[12]13。侯外庐先生曾提出中国古代文明的形成，走的是"保留氏族制度的维新的路径"[13]1-17。考古资料也表明，龙山时期的社会是以父权家族为核心的"宗族—家族"结构形态，父权家族内包括多个父系家庭及其子女[14]798。早期国家尤其是商周时期族的活跃体现为：农耕生产以族为单位，军事组织以族为单位，燕饮饮食等社会活动以族为单位，等等。建立在血缘组织与祖先崇拜基础上的丧葬、祭祖礼制发展到周代，进一步伦理化、政治化、理论化、体系化，并衍生出崇德报本、报本反始等道德观念。张光直先生指出，东方式的国家起源中，城市与以前的氏族聚落也有连续性，社会组织结构中的血缘关系从氏族社会延续下来，包容了新的地缘关系。因此，东方式的国家起源的特点是连续性的[15]484-496。

血缘组织的存在以及根深蒂固的血亲意识、族类意识是认识中国古代礼制，尤其是早期文明社会中礼制的关键。父权血缘组织的发达以及血亲观念④，导致早期政治共同体非常重视以血缘纽带整合人伦关系，主要依赖一种道德性的约束体制，从而形成一种柔性的政治治理方式，由此礼而不是刑罚成为重要的社会整合方式。由于早期社会组织的血缘性格，建立在血缘宗族基础上的华夏政治实体具有家国同构的特点，国家的治理与宗族的治理具有同构性。《尚书·尧典》记载尧"克明俊德，以亲九族；九

族既睦，平章百姓；百姓昭明，协和万邦；黎民于变时雍"，这种由敦睦家族到协和万邦的治理模式是建立在血缘情感基础上的，亲亲之德是血缘政治的基本理念。华夏集团内部更多的利用亲亲宗法原则，依赖血浓于水的血缘关系以及拟血缘关系来密切社群关系，凝聚人心，进行社会整合，由此上古社会在文明化、国家化过程中就形成了一种以德礼为核心的宗法政治治理模式。西周、春秋时期的怀柔天下，"以德绥诸侯"（《左传·僖公四年》），"我求懿德，肆于时夏"（《诗经·周颂·时迈》），"德以柔中国"（《左传·僖公二十五年》）等表述即体现出这种治理模式的特征。

至于西周，周人将之发展为一种德治主义的德政理论。王国维先生《殷周制度论》指出"殷周之兴亡，乃有德与无德之兴亡。故克殷之后，尤兢兢以德治为务"[16]479。西周时期政治理念的创新乃是将人事意义上的德与天命相关联，将德视作获得天命的依据，天命有德，只有敬德、顺德、慎德方可以获得天命。但是德无形而需要落实于实处，将德付诸政治实践中，就是礼治。《左传·文公十八年》载："先君周公制周礼，曰：'则以观德，德以处事。事以度功，功以事民。'"也就是说，德是立身处事的行为准则，而礼是将德付诸具体可行的行为规范，是德的外在表现形式。要之，宗周社会的德治主义，具体体现为礼治主义。

（三）崇尚文德的礼乐教化模式

周代德治主义的治国模式，体现为崇尚礼乐教化的礼治。礼治的一个重要内容是以礼乐教化天下。周人所言的"文化"，即指以礼乐文德、文教化成天下，从而使民德归于淳朴。《周易·贲·彖》谓："刚柔交错，天文也。文明以止，人文也。观乎天文，以察时变；观乎人文，以化成天下。""人文"指的是诗书、礼乐、典章法度等；"化"，指的是教化、教导天下百姓并使之改变，"成"指实现文治昌明。文明之化，便是文化。"人文化成"的核心在于强调文德礼教。礼乐教化主要是通过礼仪的展演，使百姓耳濡目染，教育百姓以敦睦人伦，培养民众的道德意识。周人的贵族教育主要是人伦道德与礼乐教育，通过教育，将周人的价值观内化为贵族子弟的内在道德意识，并外发为合乎礼道之文。周代的礼乐教化模式，影响深远，后世历代王朝都重视对百姓的教化，将礼仪规范向日常朴素的生活普及，从而移风易俗，敦睦风俗。

三代的礼制传统既包括外显的礼仪、制度，它构成了一个王朝的制度传统，代表了制度文明；也有内在的精神传统，在复杂社会与早期国家演进中，统治阶层的意识形态构成了一种精神传统，意识形态又熔铸于以宗教祭祀、丧葬、社会交往礼仪等为内容的礼制体系中。这种精神传统包括敬天法祖的观念以及衍生出的崇德报功、报本反始等道德观念，还有从血缘祖先崇拜基础上生发出的血亲意识、宗族共同体意识、人伦孝悌等观念。这些礼制传统经过礼乐教化的链条，内化为社会成员的集体意识，成为社会成员共同的文化认同，从而形成深层次的思想文化传统。

三　华夏文明延续性的礼制机制

汉代以后的中国古代社会，虽然朝代有更迭，但各代制礼作乐均以周礼为基础，从而礼制结构具有高度的稳定性，礼乐典章制度、礼仪程式具有高度的延续性与传承性。如《周官》中的官制设计在古代一直是政府机构设置的主要蓝本，《仪礼》记载的礼仪也成为后世王朝礼仪的重要蓝本。虽然不排除一些朝代在礼制的枝节方面进行修改和完善，但礼制的指导思想、基本架构与礼仪程式都存在复古倾向，与周礼具有同质性。以周礼为基础的礼仪制度为什么能够在中国延续几千年之久？我们认为下面几点因素发挥了重要作用。

第一，天命有德、以德配天的敬天保民观念是周礼的思想基础，也是贯穿西周以降中国古代社会的重要政治理念。这一理念将政治统治的合法性奠基于人事上的保民和爱民上，具有浓厚的民本主义特质。《左传·襄公二十六年》说："古之治民者，劝赏而畏刑，恤民不倦……礼之大节也。"也就是说爱民仁政是礼的体现。这种德政理念进而发展为儒家成熟的仁政思想。西周时期德的提出，不仅使礼乐文明超越了狭隘的族类意识，扩展了礼的空间，而且使德治成为帝制中国的政治理念，具有跨越时空的影响力，德治思想是华夏民族提出的引导社会发展进步的精神文明成果。

第二，建立在宗法等级制度基础上的周礼，造就了血缘政治的稳定性。三代之礼是建立在脆弱的农耕经济基础上，适应中原农耕文明特点的政治文化体系，相较于战争与刑罚等刚性措施，礼制是一种成本较小的治理方式，它采用一种柔性的、诉诸血缘亲情的宗法礼制来维系社会成员的团结，敦睦人伦，建立公序良俗，取得了显著的效果。秦汉以后，虽然政治社会结构发生了很大变化，但宗法礼制的基本原则，如亲亲、尊尊、长长和男女有别等伦理规范，在后世小农经济的土壤中并未发生改变，反而得到巩固和强化，历代政府对于礼教高度重视，均表明礼治是适用传统社会的一种治理模式。

第三，作为萃史前文化之精华、集三代礼制之大成的周礼，不仅仅是一种政治上层建筑，而且是一种社会行为规范，是一种蕴含道德人文精神的文化体系，礼仪内蕴的尊敬谦让、尊老爱幼、尊师敬长、敬让体贴他人的人文精神，具有跨越历史的适用性。古代人际交往以谦让为重要的践履原则，讲究"自卑而尊人""自谦而敬人"，强调与人交往时要谦卑自持，尊敬对方。《礼记·曲礼上》说："夫礼者，自卑而尊人。虽负贩者，必有尊也，而况富贵乎?"尊敬他人的礼制精神具有持久的生命力。此外如尊老爱幼、尊师敬长、敬让体贴他人、勤劳节俭等美德具有跨越时空的普遍适用性，对于提高华夏民族的人文素养具有重要意义。

结　语

综上所论，三代文明的标志文明形态——礼乐文明在当时是一种先进的文明形态。建立在礼基础上的早期华夏国家既是一种政治共同体（政统），也是一种文化共同体（文统），如果按照王国维的说法，也是一种道德共同体（道统）。周礼影响深远，它奠定了中国古代政治意识形态的基本格局，也奠定了后世帝国礼制的基本格局。

经过后世的逐渐丰富发展，礼成为"中国文化之总名"[17]14，是中华民族极其重要的文化基因，是中国文化的根本特征与标志。法国启蒙思想家孟德斯鸠从政治统治的角度指出，"把宗教、法律、风俗、礼仪都混在一起。这四者的箴规，就是所谓的礼教。中国统治者就是因为严格遵守这四种礼教而获得成功"，而且，"中国人的生活完全以礼为指南"[18]313,316。法国汉学家、耶稣会士加略利（Jean-Marie Callery）也指出："礼是中国人所有思想的集中体现……中国人的情感靠礼仪得到满足，他们的责任靠礼仪来实现，他们的善恶靠礼仪来评判，人与人之间的自然关系，主要是礼仪上的联系。一言以蔽之，这是一个由礼仪来控制的民族。"[19]171这些"他者"的观察与论述，也充分说明礼是流淌在华夏民族血液中的基因，华夏文明的延续性与礼有着密切关系，即由礼制传统和礼治意识构成的礼仪文明构成了华夏文明延续性的根基。

注释

①虽然礼刑并用，但刑从属于礼，刑是礼制的保障。

②《礼记·礼器》："三代之礼一也，民共由之，或素或青。夏造殷因。"

③参见冯时《中国天文考古学》，社会科学文献出版社 2001 年版。

④何炳棣先生说："只有在累世生于兹、死于兹、葬于兹的最肥沃的黄土地带，才有可能产生人类史上最高发展的家族制度和祖先崇拜。"参见何炳棣《读史阅世六十年》，广西师范大学出版社 2005 年版，第 442 页。

参考文献

[1] 谷川道雄. 中国中世社会与共同体 [M]. 马彪，译. 北京：中华书局，2004.

[2] 张光直. 美术、神话与祭祀 [M]. 沈阳：辽宁教育出版社，2002.

[3] 王震中. 论商代复合制国家结构 [G] //王震中. 重建中国上古史的探索. 昆明：云南人民出版社，2015.

[4] 李泽厚. 说巫史传统 [M]. 上海：上海译文出版社，2012.

[5] 中国社会科学院考古研究所. 中国考古学·夏商卷 [M]. 北京：中国社会科学出版社，2003.

[6] 邵望平. 夏商西周淮夷文明初论 [G] //邵望平. 邵望平史学、考古学文选. 济南：山东大学出版社，2013.

[7] 何驽. 陶寺中期观象台实地模拟观测资料初步分析 [G] //科技部社会发展科技司，国家文物局博物馆与社会文物司. 中华文明探源工程文集：社会与精神文化卷：1. 北京：科学出版社，2009.

[8] 江晓原. 天学真原 [M]. 沈阳：辽宁教育出版社，2007.

[9] 宋镇豪. 甲骨文"出日""入日"考 [G] //文化部文物局古文献研究室. 出土文献研究. 北京：文物出版社，1985.

[10] 张光直. 中国古代王的兴起与城邦的形成 [G] //张光直. 中国考古学论文集. 北京：生活·读书·新知三联书店，1999.

[11] 赵伯雄. 周人的先王崇拜 [G] //陕西历史博物馆. 西周史论文集：下. 西安：陕

西人民教育出版社，1993.

[12] 王震中. 中国古代国家的起源与王权的形成 [M]. 北京：中国社会科学出版社，2013.

[13] 侯外庐. 中国思想通史 [M]. 北京：人民出版社，1957.

[14] 中国社会科学院考古研究所. 中国考古学·新石器时代卷 [M]. 北京：中国社会科学出版社，2010.

[15] 张光直. 中国青铜时代 [M]. 北京：生活·读书·新知三联书店，1999.

[16] 王国维. 殷周制度论 [M] ∥王国维. 观堂集林：卷10. 北京：中华书局，1959.

[17] 邹昌林. 中国礼文化 [M]. 北京：社会科学文献出版社，2000.

[18] 孟德斯鸠. 论法的精神 [M]. 张雁深，译. 北京：商务印书馆，1978.

[19] SMITH A H. Chinese Characteristics [M]. Fleming H. Revell Company. 1894.

作者简介：曹建墩，男，河南大学历史文化学院副教授、博士生导师；赵梓伊，女，北京立容学院副院长

原文刊于：《中原文化研究》（郑州），2019.2：28～34

论中国早期文化互动及华夏民族
多元一体格局的早期演进

刘俊男

摘　要： 从地下考古材料来说，从大约距今 18000 年至 4000
年之间，长江中游地区自彭头山文化、高庙文化，至大溪文化、
屈家岭文化、石家河文化一直是中国的经济、文化、宗教等领先
地区之一，是华夏文化的最早发祥地，并长期向四周尤其是向北
传播。长江下游地区上山文化、跨湖桥文化、河姆渡文化，直到
良渚文化，有很高的文化成就，与长江中游、北方地区也多有互
动。中国北方地区新石器时代到来的时间比南方略晚，但也有其
独特的文化魅力，裴李岗文化、磁山文化旱作农业成熟，仰韶文
化、红山文化在中国上古也盛极一时，其中仰韶文化影响北至内
蒙古，南至长江。其后，陶寺文化、石峁文化以其强劲的活力登
上历史舞台，并与江汉地区屈家岭、石家河文化争夺中原。南北
两大生业区及区域内部各有其文化特色，相互交流并共同促成了
中华民族多元一体格局的形成。

关键词： 中国早期；文化交流；文化融合；多元一体格局

本文的"中国早期文化"指现中国境内自新石器时期至铜石并用时代
的文化。从考古遗存来看，中国早期文化互动，虽然包括各文化区内部的
文化交流与互动、东西文化的交流与互动，但本文更多的是指中国南北稻
作、旱作两大区文化的互动、冲突与融合。关于南、北文化互动，学界已
有较多研究成果，本文拟在前人研究基础之上，对南北区域间的文化互动

及早期文明演进历程再作梳理与概括。

根据学术界的一般看法，新石器时代早期从出现磨制石器开始，至大约公元前 7000 年结束，新石器时代中期大约从公元前 7000 年至公元前 5000 年，新石器时代晚期大约从公元前 5000 年至公元前 3000 年，具体到各个地区则有些微差别和变动。

一　新石器时代早中期江汉地区文化对周边的影响及中原与北方同时期文化的互动

中国南、北地区自距今 200 万年起就有众多旧石器时代人类生活的遗迹，中国最早的农业出现于大约 2 万年前的湘赣地区，最早的陶器也出现于 2 万年前的湘桂赣等南方地区。至距今 10000 至 7000 年的浙江上山文化、跨湖桥文化已有较为发达的早期农业与制陶业，并最早出现漆器、船等器具。中原及北方地区大约在距今 10000 年前后进入新石器时代。自从进入新石器时代，中国境内农业生产与社会组织的发展有个由南而北的演进过程。长江下游地区与中游地区本在农业起源上大体相似，但上山文化与跨湖桥文化，跨湖桥文化与河姆渡文化之间有中断，因此，长江中游地区新石器时代早期文化对下游有着持续的影响。

关于江汉地区新石器时代早期文化向四周推进的过程，可从地下考古遗存看出[①]。河南舞阳贾湖遗址发掘报告将贾湖文化分为三期九段，第一期含一至三段。张弛的《论贾湖一期文化遗存》将贾湖遗址第四段归入第一期，并称此类文化为贾湖一期文化。他分析了裴李岗文化与贾湖一期文化的异同后认为裴李岗文化乃至人群，应来自贾湖一期，贾湖一期文化因子是裴李岗文化的主要源头。并认为，在裴李岗文化时代，农业最发达的地区为裴李岗遗址分布区，即以郑州为中心的河洛地区，这显然与其前身贾湖一期文化的农业发展程度相关。另外，分布在豫西地区的贾湖一期文化——班村类型的主体器物与关中地区老官台文化相似。老官台文化的年代与班村类型的年代相接，在关中地区至今找不到文化源头，很可能是班村类型的后续文化。山东地区后李文化的年代与裴李岗文化相当，估计也来自南方文化系统。并认为黄河中下游地区公元前 6000 年以降的新石器时代中期文化主要是长江流域与淮汉地区人群北进的结果。他还认为贾湖一期遗存陶器群与北方类似东胡林遗存的距今万年以上的陶器群不是一个传统，其釜与钵的陶器群搭配是长江中游地区一直延续下来的古老传统。生业形态也是长江中下游地区新石器时代晚期以前的传统。因此贾湖一期文化遗存应是南方人群向北扩张的结果。而该区域贾湖一期遗存之前的大岗一类细石器文化遗存在距今 10000 年之后退缩到豫中，在距今约 8600 年后完全退出华北南部地区[1]。笔者赞同张教授的上述观点，认为这应是新石器时代文化早期南方文化向北推进的第一个浪潮。

北方地区发现有距今万年左右的新石器时代文化。目前东北地区发现的最早的新石器时代遗址是吉林白城双塔遗址。西辽河地区新石器时代早期的文化遗存有小河西文化及时代稍后的兴隆洼文化、赵宝沟文化。此外，北京市门头沟区斋堂镇发现有东胡林遗址，河北省保定市徐水区有南庄头遗址，也都是距今万年左右的新石器时代早期遗址。

北方地区的考古学文化相互之间有交流影响，且与中原地区的同时期文化有互动。如小河西文化应与双塔遗址有一定关联，其陶器显示出一定的相似性，且均不见农业迹象。兴隆洼文化则与中原文化有较多联系，开始出现粮食遗迹，其陶器纹饰中的之字纹对中原地区产生了影响，因为我们发现河南郏县水泉遗址第三期文化的之字纹与兴隆洼文化类似，该遗址晚期年代在距今 8000 年至 7800 年间，比兴隆洼文化最早的年代距今 8200 年略晚。因此，裴李岗文化与北方兴隆洼文化是互有影响的。兴隆洼文化之后的赵宝沟文化则保留了更多东北方文化因素，如几何纹。关于河南北部地区的裴李岗文化、河北磁山文化与东北西辽河地区文化间的联系，可参见张渭莲、段宏振的《中原与北方之间的文化走廊》中的相关内容[2]190-201。

二　新石器时代中晚期高庙文化、大溪文化对四周的影响及中原与北方地区文化的互动

新石器时代中晚期，区域间的文化交流十分频繁，甚至有较多的人群迁徙现象。贺刚通过对陶器器型、纹饰及符号等的对比研究，认为以八角星图像为代表的高庙文化对岭南桂江流域、环洞庭湖区、鄂西峡江地区、陕西汉中和关中地区、鄂东地区、长江下游地区作了共时性传播，对以后

的崧泽文化、良渚文化、大汶口文化、小河沿文化、马家窑文化等作了历时性传播。他认为发源于湘西沅水地区的高庙文化，东传至洞庭湖区，再传至黄河下游与长江下游地区，最后达于辽西与黄河上游地区[3]378-450。

贺先生在总结高庙文化外传的原因时说："高庙文化中的那些飞鸟、獠牙兽面、太阳和八角星等图像，以及承载这些图像的精美白陶制品和构成这些神灵图像的篦点纹装饰工艺，之所以能有如此巨大的辐射力与穿透力，跨越时空的藩篱，被如此广大地域范围内不同时代不同文化背景的人群所接受，这个内在的力量之源就是宗教！高庙文化的对外传播正是伴随着这一文化的主人所创造的宗教观念的对外传播而传播的。"[4]笔者赞同贺先生的论述。

关于大溪文化的对外扩张，徐祖祥有专门论述，他将大溪文化划分为早、晚两大期，认为在大溪文化晚期时，该文化向外扩张，形成鄂东地区螺蛳山类型、汉水中游地区曹家楼类型[5]。大溪文化遗址多出土石钺等武器，与之后长江中游前后相承的屈家岭文化、石家河文化多葬陶器日用品有所区别，从这些事实来看，从事稻作的大溪文化民族也有对外扩张的历史。

黄河中下游地区贾湖一期至裴李岗文化之后出现的考古学文化有仰韶文化、后岗一期文化、北辛文化、大汶口文化等。西辽河地区是赵宝沟文化、红山文化。这些不同区域文化之间都互有交流和影响，尤以仰韶文化庙底沟类型时期影响范围最为广泛，北达内蒙古中南部，南达长江，东与山东大汶口文化相接，西达甘青地区，东北影响至辽河流域的红山文化。

关于后岗一期文化与周边文化的互动，张忠培有系列专文研究，他认为后岗一期分布范围扩展至最大，华北平原、河套地区、山东半岛均有后岗一期文化存在，其中心区在山东境内而不是豫北、冀南。该论述认为仰韶时代的黄河流域就已经形成了以华渭、泰沂为中心的西、东两大集团[6]。

内蒙古中南部地区，在庙子沟文化之前的文化，主要是由仰韶文化与当地文化结合而形成的，严文明认为其是仰韶文化沿黄河北上并与当地土著人融合的结果②。

三 新石器时代晚期及青铜时代早期长江流域 文化对周边的影响及北方地区的文化互动

　　大约在距今5600年至5300年之间，长江中下游地区的凌家滩文化、屈家岭文化强势崛起，并对北方地区产生强烈影响。关于凌家滩文化对西辽河红山文化的影响，可参见朱乃诚《红山文化兽面玦形玉饰研究》《论红山文化玉兽面玦形饰的渊源》等文。他认为红山文化晚期玉器中最具特征的是玉兽面玦形饰，其祖形是远在南方千余公里之外的安徽含山凌家滩遗址98M16号墓出土的玉虎形环。不唯如此，红山文化晚期其他一些文化含义相当厚重的玉器，如玉人、玉箍形器、双联璧、玉凤、丫形器等，其渊源都与凌家滩文化有关[7]。

　　朱先生认为公元前3300年前后，主要分布在辽西地区的红山文化晚期，出现了"坛、庙、冢"，开始盛行制作并使用礼仪玉器，表现出高度发展的文化成就。对这些高层次文化遗存在辽西地区突然出现的历史背景及其原因，目前尚在探索中。他认为应与凌家滩文化有关系："凌家滩文化遗存，目前所知其年代在公元前3600年前至公元前3300年前后。已大面积发掘的含山凌家滩遗址，发现了面积近3000平方米的红烧土块铺装的广场、面积约1200平方米的祭坛墓地，以及中国'玉殓葬'和礼仪用玉的肇始阶段的现象，出土了近千件玉器。这些文化成就突出地表明了凌家滩文化遗存是同时期诸考古学文化中发展程度高、意识观念复杂，其发展水平居于我国公元前3500年前后文化发展的前列。"[8]并明确指出："凌家滩玉器与红山文化晚期玉器中存在着相同的现象，不可能是凌家滩文化遗存与红山文化晚期之间的同时期的文化互相交流影响的产物，更不是凌家滩文化遗存接受了红山文化晚期影响的结果。而最大的可能则应是红山文化晚期承袭了凌家滩文化遗存的发展的结果。即红山文化晚期玉兽面玦形饰以及玉人、玉凤、玉箍形器、双联璧等与凌家滩玉器相同的器形，应是凌家滩文化遗存的玉器在红山文化晚期的发展演变的结果。"[8]

　　关于屈家岭文化、石家河文化对北方地区的影响，可参见何驽的《陶寺文化谱系研究综论》[9]408-435。何先生列举了屈家岭文化到达今山西省垣曲古城东关遗址的陶器证据。笔者的《石家河文化的北渐及其对豫中西地区的影响》，论述了距今约5500年至4000年的屈家岭文化、石家河文化的对外传播与影响，认为屈家岭、石家河、后石家河文化的年代分别为公元前3600年至公元前2800年、公元前3000年至公元前2300年、公元前2400年至公元前1900年。屈家岭文化曾领先周边文化数百年，其影响所及至于今天山西省。之后的石家河文化向北扩张至河南漯河郝家台一带，对王湾三期文化前期有较大影响。后石家河文化主要来源于石家河文化，并使王湾三期后期文化与之渐趋一致。二里头文化是在王湾三期后期文化的基础上发展而来的。笔者通过对《偃师二里头——1959年~1978年考古发掘报告》公布的二里头遗址第一期所有器物的型式进行分类统计，发现与长江中游石家河文化相似的器物约占总类型的62%，与二里头文化外围北、东、西三方邻近文化相似的器物约占14%，其自身新因素约占24%。而石家河文化比王湾三期早期文化早约300年，王湾三期文化区至王湾三期文化后期才慢慢被石家河文化的这些器物同化[3]。因此，二里头文化的终极来源当在长江中游地区。

　　一般认为许宏是中原中心论者，然而，许先生在总结学术界的研究成果后指出，二里头文化是南方文化由南而北演进的结果。他认为，从龙山文化末期开始，以嵩山东南麓为大本营的煤山类型文化因素已开始陆续向北渗透甚至穿插在王湾类型的分布区中。其传布的路线似乎是沿嵩山东侧北上，经由郑州地区而进入嵩山北麓王湾类型腹地的。而"新砦类遗存"，正是煤山类型与王湾类型相互碰撞、整合的开始。就目前的资料而言，在嵩山南北的文化整合过程中，煤山类型可能居于更为主动的地位。对二里头陶器的文化因素分析也表明，二里头文化除了继承嵩山南北区域龙山文化的共有因素之外，承袭煤山类型的特征性因素相对也要多于王湾类型的因素。所以，在嵩山南北的文化由各自独立而走向整合的过程中，煤山类型显然扮演着更为重要的角色。总体上看，二里头文化中的所谓外来因素，多可从王湾三期文化中找到源头，可以认为它们大多是"垂直"继承自中原当地龙山文化的，二里头人不大可能是在二里头文化崛起时才从外部"挺进中原"的，它只是在一个新的高度上接续和整合了龙山时代逐鹿中原的"群雄"的文化遗产[10]104-105。

　　关于大汶口晚期至龙山文化城址源头问题，许先生指出："值得注意的是，前述淮河流域的尉迟寺类型的两处城邑位于海岱地区的西南，滕州西康留城邑位于鲁南，尧王城和丹土城邑则地处鲁东南沿海地区，位置均偏南。堆筑城垣技术、城垣底部铺垫石块的做法，以及城垣上建筑的存在，都显现了与长江流域聚落建筑风格的相似之处。"[11]77 言外之意，这些城址的文化源头在南方长江流域，或者说，主持建城的贵族来自南方长江流域。

因此，如果将时间扩展到早于二里头文化的时段，地域不局限于中原，那么，二里头文化的源头与长江流域是有密切关系的，这与笔者所持意见完全一致。

江汉地区屈家岭文化、石家河文化不仅向北、向东影响周边地区，而且还向西影响甚至迁徙至成都平原，演变成宝墩文化。在拙文《宝墩文化来源研究》中，我们从陶器器型与纹饰对比的角度分析，认为宝墩文化遗存一期中共有的 17 种典型陶器类型，以及陶器上的纹饰都可从长江中游的三峡东邻地区找到源头。宝墩文化遗址与峡江东部地区的锁龙遗存相似，都是高庙文化、大溪文化的继承者。其原因可能是屈家岭文化、石家河文化由汉水以东地区开始兴起，将原大溪文化居民排挤到峡江地区，并进而使得部分大溪文化后裔远迁成都平原。过去一些研究者认为虞舜驱逐三苗至三危，三苗人再沿岷江向南进入成都平原，现在看来，这种设想可能于时间不合，因为尧舜禹时代大约距今 4300 年，而宝墩文化的形成证明早在距今 4500 年之前，由此可见，三峡东邻地区的先民早于尧舜禹时代就到成都平原繁衍生息了。马家窑文化、营盘山文化受周边各种文化的影响，部分陶器类型及纹饰也来源于三峡东邻地区[12]。

屈家岭文化时期，中国境内各文化区出现了城邦林立的现象，江汉、江淮下游、中原、西北地区都出现了城邦，有的还出现了区域性的霸国。西辽河地区出现了神邦。在这些城邦之中，南方长江流域的文明水平显得更胜一筹。如出现了屈家岭文化城邦与霸国、良渚文化城邦与霸国。此时，屈家岭文化、凌家滩文化强势向北部、东部地区扩张，促使仰韶文化迅速向河南龙山时期文化过渡，大汶口文化迅速向龙山文化转变，也使成都平原出现了宝墩文化。至后石家河文化，江汉地区的主体民众渐渐北移至河南地区。良渚文化曾在当地形成了强大的早期文明，出现了城邦甚至霸国，红山文化也出现了神邦。这两种文化消失后，当地出现了短暂的文化断层。

良渚文化虽在当地消失，但其人口可能移徙至周边地区，各地出现的良渚文化因素是很好的证据。西辽河地区的红山文化与内蒙古中南部庙子沟文化有较多相似之处，如房屋布局、灶的形式、陶器式样等。庙子沟文化与老虎山文化虽有断层，但仍有一些相似之处，可能是文化自身进步所致。因气候等原因，老虎山文化在当地消失后，其民众部分南下，与晋陕地区原居民融合形成了陶寺文化、齐家文化（石峁文化）等。随后，北部地区的陶寺文化、石峁文化（或归结为齐家文化）在距今约4300年至4000年间强势崛起，与南方的石家河、后石家河文化南北对峙，从而在中国形成了南北文化争夺中原的现象。最终在中原地区形成了夏、商、周核心文化王朝。从此，北部中国在晋陕一带形成了一支强大的半农半牧民族。

四 南北民族争夺中原与中原政治中心的形成

历史发展到距今4300年前后，我国东北、东南地区的文化走向衰落，长江中游石家河文化为代表的南方民族与黄河中游陶寺文化、石峁文化为代表的北方民族两大势力相互争斗，争夺中原。这种争夺早在约4800年前即已开始。

山西至内蒙古一带的400毫米等降水量线，是农业和游牧两大民族的地理分界。在距今约4800年至3800年间，出现了南北两大民族争夺晋南的现象。首先是屈家岭文化进入晋南，其次是长城以北的游牧文化南下晋南，然后双方进行了拉锯战，形成南北文化逐鹿中原的景象。

（一）屈家岭文化北上晋南

从考古遗存看，屈家岭文化向四周扩张，向北扩展到山西境内。屈家岭文化、石家河文化以石家河古城为中心将文化向四周辐射。向北影响至黄河两岸的庙底沟二期文化，例如，山西垣曲东关遗址、河南偃师滑城遗址、陕西商县紫荆遗址等都受到它的影响。从何驽的《陶寺文化谱系研究综论》[9]408-435中所列东关遗址庙底沟二期文化早、中、晚三期与屈家岭文化、石家河文化同类器物比较中可以看出，屈家岭文化、石家河文化对庙底沟二期文化有着重要影响，以致二者的众多陶器几无差别，这些器物是长江中游常见而北方地区新出的。东关遗址的遗物与屈家岭文化至石家河文化早期的遗物很相似,河南境内众多同时期遗址也类同于屈家岭文化,这说明南方屈家岭文化率先占领或影响了中原。从文献上说,大约相当于《左传·昭公元年》所载的"迁实沈于大夏"时期。

(二) 长城及以北地区先民南下晋南,形成陶寺一期文化

陶寺文化及陶寺古城遗址的发现是当代考古的重大事件。陶寺文化是局限于晋南局部地区的古文化,何驽认为陶寺文化早期约为公元前 2300 年至公元前 2100 年,中期约为公元前 2100 年至公元前 2000 年,晚期约为公元前 2000 年至公元前 1900 年[④]。按碳十四测年,陶寺早期年代还可上推至公元前 2500 年前。在四方文化交会于陶寺的情况下,判别某期文化的属主,除了考察生产、生活器具之外,应更多地看大型墓葬所体现的信仰及其标志物。因为生产、生活器具与陶寺当地的地理环境相关,也与当地广大民众的生活习性有关,而"信仰"相对持久,则可帮助辨认其统治者之起源地。由考古资料可知,陶寺早、中、晚期文化虽然同属于一个文化的三个时期,但其统治者当有所不同。

何驽将陶寺文化早期因素与该地早一时期庙底沟二期文化晚期典型因素对比,发现陶寺文化继承庙底沟文化因素的只占 21.91%,而 78.09% 为新因素,因而得出结论说:"陶寺文化早期遗存是从庙底沟二期文化母体中分离出来并结合其他文化因素而独立发展的一个新文化。"[9]418

这种新文化的创造者是谁,我们可从其出土遗物来判断。陶寺遗址早期大墓出土的彩绘"蟠龙"陶盘是判明统治者族属的重要信息,因为它是族众心理崇拜的体现。从红山文化陶片上的纹饰(图 1:2[⑤]、3[⑥])可判断其与陶寺"龙盘"的密切关系。红山文化与陶寺文化都处在 400 毫米等降水量线的附近,其文化近似。

从陶寺遗址出土的一些早期石农具、陶器、粮窖及城址可知其农业性质,这反映的是原居民的生活方式。而出土较多游牧民族常用的细石器[⑦],则说明其又有游牧性质,当与北方南下的游牧文化有关。因此,陶寺遗址当是半农半牧(或猎)的文化。以 M3015 号大墓为例,共出土 178 件随葬品,其中陶器 14 件,木器 23 件,玉、石器 130 件(内含石镞 111 件),骨器 11 件,另有 30 件被扰动,且发现在灰坑[13]45。可知,大部分是猎狩及

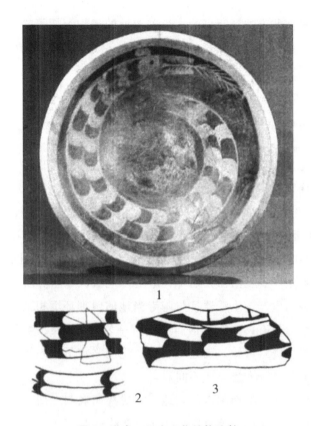

图1 陶寺、红山文化纹饰比较

1. 陶寺遗址朱绘"龙"纹
2、3. 红山文化彩陶"龙"鳞纹

肉食器具（镞、小刀、小锥等）。审视东、南方农业地区的古遗址，虽然也偶见石镞，但极少用于随葬，且早期小墓随葬品一般是1至2件细石器。这说明，陶寺遗址除了统治者来自北方外，广大民众也多来自北方，应为使用细石器的猎狩族群。

另外，苏秉琦、董琦认为陶寺文化是长城及以北地区的文化与中原文化结合的产物。田广金、郭素新以"大青山下斝与瓮"为题，专门论证了北方长城地区南下的文化因素，指出："其（陶寺文化）主要文化因素如彩绘龙纹、三足器与燕山以北和河曲地带有关。"他们认为北方长城地区在距今4700年至4300年有过发达的城址文化，包括海生不浪文化与老虎山文化等。约距今4300年开始，北方河套地区的岱海周围石城群、大青山南麓石城群消失，可能南下了，陶寺早期古城始兴。气候的变冷是北方长城地区文化南下晋南的主要原因[14]。

再说，陶寺遗址早期排列有序的 5 座大墓出土的重要遗物，表明墓主身份应是当地连续主政的五位大贵族或首领，而这不可能是与之大体同时的尧、舜之墓。因为"尧以楚伯受命"⑧，其地在楚，虞舜也是由尧之远亲升为天子的，且天子均只有一代，不可能有五代君主⑨。

《竹书纪年》："（尧）七十六年，司空（禹）伐曹、魏之戎，克之。"《吕氏春秋·召类》："禹攻曹、魏、屈骜、有扈，以行其教。"从这些材料分析，尧七十六年时曾派大禹攻打古"魏"，又根据西周、春秋时的"魏"皆因居古"魏"地（即今山西南部）而称魏，因此我们推断，在大禹打败古魏之前，陶寺之地不可能是尧、舜、禹的政治中心，待大禹攻打古魏国之后，即在陶寺地区开始建都，因而此地被称为大夏（或西夏）。

林春溥的《古史纪年》曰："《广韵》云：魏州名夏，观扈之国，盖魏与扈其初本为戎有，及禹灭之后，乃以封其支庶耳。"从文献记载看，在大禹灭戎之前，晋南大夏之地曾有一个古魏国。

此"魏"，笔者推断可能就是古书中的鬼方。鬼、魏，字形繁省不同，音同在微部，甲骨文中有"鬼方"，无"魏"字。西周、春秋时又各建有新魏国，因而古老的魏国后裔便称为鬼方。鬼方在商武丁征伐之后散处大西南，居住在与鬼宿对应的地域，即甘陕直至云贵一带。王玉哲的《中华远古史》中也有关于鬼方地望的论断，与笔者的分析正相吻合。他列举了春秋时隗姓之赤狄为鬼方后、怀即隗之讹、《史记·殷本纪》中的"九侯"即鬼侯等五个证据，然后得出结论说："综此五证，我们说商、周时的鬼方地域在晋中南部，可以说信而有证了。"[15]378-379有些学者根据卜辞中地理的系联方法，也提出鬼方的地望应在晋南⑩。鬼方在晋南，而周时的魏国也在晋南，说明魏与鬼方有关联。鬼方其实多名，是我国北方强大的少数民族。王国维说：

> 我国古时有一种强梁之外族，其族西自汧、陇，环中国而北，东及太行、常山间，中间或分或合，时入侵暴中国。……其见于商、周间者，曰鬼方、曰混夷、曰獯鬻，其在宗周之季，则曰猃狁。入春秋后，则始谓之戎，继号曰狄。战国已降，又称之曰胡，曰匈奴。综上

诸称观之，则曰戎、曰狄者，皆中国人所加之名；曰鬼方、曰混夷、曰獯鬻、曰猃狁、曰胡、曰匈奴者，乃其本名。而鬼方之方、混夷之夷，亦为中国所附加。当中国呼之为戎狄之时，彼之自称决非如此，其居边裔者，尤当仍其故号，故战国时，中国戎、狄既尽，强国辟土，与边裔接，乃复其本名呼之。[16]296

综上，我们认为，陶寺文化早期应为半农半牧（或猎）、以北方地区南下民族占统治地位的文化，可能就是禹所伐的古"魏"，或云鬼方前身。鬼方后代或为隗，或为魏。

（三）南方贵族北进晋南，形成陶寺遗址第二期（中期）文化

在陶寺中期小城内发现了一片墓地和一座大墓ⅡM22。此处墓地对了解陶寺遗址变迁起到了关键性作用。它与早期大墓及其墓地茔域不同，暗示陶寺文化中期城址对早期城址的替代并非孤立现象。

ⅡM22随葬品反映出中期大贵族的丧葬礼制大为改观，早期大墓常见的陶器群和陶、木、石礼器群不见于ⅡM22。ⅡM22主要崇尚玉器、彩绘陶器和漆器，彩绘陶器包括小口圆肩盖罐、折肩罐、双耳罐、深腹盆、大圈足盆、红彩草编篮等，漆器包括箱、豆、标杆、钺柄等，它们可能组成陶寺中期新的礼器群。该墓的葬具为整根大木挖成的船形棺，与其他大墓的非木葬具不一样。上述变化暗示陶寺早中期之间，尽管陶寺城址继续作为王都聚落而存在，但是统治集团（家族）有所变化[17]178-179。

陶寺中期"新文化因素"的来源可从出土的玉器、葬具及器物的纹饰等得到启示。

首先，"陶寺文化中较有特色的篮纹中间夹有细密的横丝，这种纹饰在早期不见，中晚期则明显增加"[18]97。审视龙山文化时期全国各地的陶器篮纹纹饰，我们发现，造律台文化、山东龙山文化、后岗二期文化都不以篮纹为主，而陕甘地区的齐家文化以篮纹和绳纹为主，伊洛地区的王湾三期文化以拍印的篮纹、方格纹、绳纹为主①。篮纹是屈家岭文化中数量居第二的纹饰，是石家河青龙泉三期中最主要的纹饰[19]203-204。于是，我们认为这种纹饰应当是受屈家岭文化、石家河文化影响所致，并通过伊洛河流域影响到陶寺及三苗所迁之西羌地区。

其次，陶寺中期大墓的船棺为南方流行的葬具，主要分布在武夷山至四川、贵州一带。陈明芳说："悬棺葬起源于盘瓠系统苗瑶中的一些部落。《隋书·地理志》曰：'盘瓠初死，置之于树，乃以竹木刺而下之。'……大量的实地调查资料表明，悬棺葬突出的特点是葬地必然选择依山傍水的地理环境和船形棺的使用。这两个特点反映出悬棺葬与居住在江河湖海的民族密切相关。这种葬俗是海洋民族心理素质的反映。"[20]15-16她认为，悬棺葬与土葬只是葬式的不同，而船形棺则是一致的。至今，船形棺在南方还有众多发现。

从地下墓葬看，屈家岭文化土葬墓发现有木质葬具，如湖北沙洋县城河新石器时代遗址发现的 112 座墓葬中有 70% 使用了独木棺或板棺等葬具[21]。良渚文化大型墓的木葬具多腐烂，唯福泉山 M139 保存有独木船形棺。良渚文化中型墓虽也多有葬具，但葬具不完整，仅有用独木剖制而成的棺底板，无棺盖[22]291-310。石家河文化也有此类发现。如湖北石首市走马岭遗址 M11，"墓底有木质葬具的腐烂痕迹"[23]，邓家湾石家河文化遗址 M78 底部残存一些木灰，推测部分墓葬可能用木质葬具[24]244-245。与陶寺中晚期文化大体同时及稍后的齐家文化也流行船棺葬。这些都反映的是南方水乡民族的传统。这种文化与来自南方的"三苗"有关。古史多载，舜"窜三苗于三危"，齐家文化区应当是三苗文化分布区。《后汉书·西羌传》云："西羌之本，出自三苗，姜姓之别也。其国近南岳（注：衡山也），及舜流四凶，徙之三危，河关之西南羌地是也。"[25]1939可见，迁于三危的"三苗"其始居地也在长江中游。

最后，ⅡM22 大墓内玉琮的整体形制更似湖南安乡度家岗石家河文化墓地出土的玉琮，如"图 2：5"与"图 2：12"所示。相对于玉琮起源地良渚文化同类器而言，石家河文化玉琮射部开始变短，没有兽面纹，而代之以简单的线条，陶寺中晚期的玉琮（陶寺文化早期没有玉琮出土，中晚期的玉琮大多难分是中期还是晚期，故一并叙述）则继承了石家河文化玉琮的特点，甚至变得更简单，有的干脆没有射部，也无纹饰（图二：4、5、11、12）。因此，陶寺玉琮显然来自南方，并受江汉地区同类器的影响。

更能说明问题的是兽面玉牌饰。朱乃诚说："检视长江中游以外地区至今发现的距今 4000 年以前的玉器，在中原地区的山西襄汾陶寺遗址发现

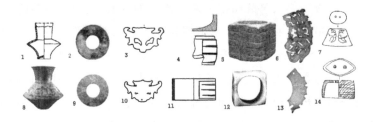

图 2　陶寺文化与石家河文化器物比较

1. 肖家屋脊壶形器（H392：1）；2、6. 孙家岗玉璧、玉龙形璜（M9：3、M14：3）；3. 六合玉兽面（W9：1）；4. 枣林岗玉琮（WM41：4）；5. 度家岗遗址采集玉琮；7. 三房湾陶铃（T2⑤：4）；8. 陶寺早期陶壶；9、10、12、13. 陶寺玉璧、玉兽面、玉琮、玉璜（M22：18、M22：135、M22：129、M22：131）；11. 陶寺玉琮（M3168：7）；14. 陶寺采集铃形陶器

的兽面玉牌饰与石家河的兽面玉牌饰属同类器型。"朱先生以为石家河晚期文化（或称后石家河文化）兽面玉牌（图 2：3）是由陶寺玉兽面（图 2：10）传入的[26]40-49。此说代表了当时学术界很多学者的观点。不过，朱先生五年后作了纠正，认为这是后石家河文化影响至陶寺文化的结果。朱先生认为陶寺文化玉器的文化传统大概有五种。

第一，红山文化晚期玉器的传统。如玉骨组合头饰中的小玉璧。或许还有其他玉器，如方形玉璧等，尚待识别。

第二，良渚文化与广富林文化玉器的传统。如方柱体的刻纹滑石琮。其他各种玉琮都应是良渚文化玉琮在中原地区的繁衍发展。还有玉璧，主要是那种完整而较厚重的圆形大玉璧，亦是良渚文化的传统。

第三，石家河文化晚期玉器的传统。如玉兽面、玉虎头。而玉璧、玉璜上的扉牙装饰，也可能与石家河文化晚期玉器有关。

第四，大汶口文化玉器的传统。如玉牙璧等。

第五，陶寺文化传统的玉器。这类玉器的种类与数量，在陶寺文化玉器中占有绝对优势。如多璜联缀组合玉璧、带扉牙玉璧、"金玉璧环"、边缘厚不足 0.1 厘米的极薄玉璧、无射部的方形光素短琮、扁平长条形双孔玉钺与双刃玉钺、由大玉刀改制的各种形制的玉钺、侧边有楔形凹槽的玉石钺、出内的玉石钺、横向双孔石钺、端部两侧有楔形凹口的玉石钺、窄长条形斜刃石刀、多孔大头石刀、双刃铲形刀、大玉刀、尖首玉圭、玉骨组合头饰、玉梳形器以及绿松石片贴附腕饰与手镯等[27]31、37。

　　笔者赞同朱先生的上述观点而又有所不同。我们认为，良渚文化在4300年前已经消失，源于良渚文化的玉琮是通过后石家河文化才传入陶寺的。检视陶寺文化玉琮，上面已经没有兽面纹了，其整体形态更类似后石家河文化玉琮。至于多璜联缀组合玉璧，带扉牙玉璧（亦即玉璇玑）最早也当来自屈家岭文化，可见于湖北保康穆林头遗址屈家岭文化墓葬M26。发掘报告指出，此前，玉牙璧最早发现于山东大汶口文化晚期，后在山东、辽东、陕西等地的龙山文化及湖北后石家河文化时期都有发现。而此次的发现又将湖北玉牙璧出现的年代提早到了距今4800年至4500年的屈家岭文化晚期[28]。笔者认为屈家岭文化的校正年代为距今约5500年至4800年，各地发展有些不平衡，与石家河文化年代有些交叉，此报告未按校正年代，他们在比较其他地区的同类器时也未按校正年代，因此该报告指出屈家岭文化玉牙璧比其他各地出土的更早。

　　从目前考古资料来看，玉璧本是源于大溪文化的。大溪遗址发现了中国最早的玉璧M121：3，从出现时间上说，玉璧是江汉地区大溪文化遗产，其他地区的玉璧时代略晚。顺便一提，大溪遗址还发现一种内孔边缘有领的玉璧式装饰器，与龙山时代众多遗址发现的有领玉瑗比较类似，或即此类器的源头或雏形，在大溪遗址称之为双环形耳饰。据发掘报告所记："双环形耳饰十四件。呈滑轮状，分四式。Ⅰ式：五件。M199：1，石质，黑色，扁平圆形，两面有宽边，一面大，一面小，中穿孔。大的一面外缘刻成锯齿形。最大径4厘米（图二一，6）……Ⅲ式：二件。M101：26，石质，黑色，两面宽边外移，中间穿孔，一面边缘刻划弧形圈四道。"[29]唯大溪遗址发掘的为石质、骨质等，与后世有领玉瑗形制稍有差别。

　　从时间上说，后石家河文化距今约4400年至4000年[12]，共测BK84071、BK84066、BK84069、BK84052四个标本的树轮校正年代分别为公元前2405±175年、公元前2280±140年、公元前2240±170年、公元前2165±105年[13]，而陶寺文化中期所测可供参考标本ZK1086、ZK1150、ZK1085、ZK1102的树轮校正年代分别为公元前2130±95年、公元前2095±95年、公元前2080±95年、公元前1820±130年，距今约4200年至4000年[9]424。后石家河文化是由本地发展而来，而且玉兽面（《石家河文化玉器》中称之为虎头）在石家河文化晚期发现极多，而陶寺文化中期与早期文化明显不同，显然是外来的。陶寺玉兽面应当来自后石家河文化。

此外，如图二所列，玉璧、玉璜、陶铃也有某种程度的相似，只是陶寺文化器物比后石家河文化的更简陋，尤其玉璧内径与外径的比例关系极为相似，而良渚文化玉璧的内径要小一些。

那么陶寺中期文化的统治者是谁？陶寺中期城址较大（280万平方米），约距今4100年至4000年，与夏王朝前期禹、启、太康正合（据夏、商、周断代工程年表，夏开始于公元前2070年，又据《竹书纪年》禹在位45年，启在位16年，太康即位不久被后羿驱逐至河南，夏前期在晋南共计约70年）。因此，陶寺中期大城可考虑为夏禹及启所建。《竹书纪年》："帝启元年癸亥，帝即位于夏邑。大飨诸侯于钧台。诸侯从帝归于冀都。"ⅡM22大墓的墓主可能为夏启，因为史载大禹葬会稽，太康失国而退居河南，则只有夏启可能葬于此。《艺文类聚》卷六二有 "《归藏》曰：昔者夏后启筮，享神于晋之墟，作为璿台于水之阳"[30]1118。《归藏》传为商代古书，关于夏启的记载是最古而又最明确的。所以陶寺之地古称大夏，大约是因为夏启曾在这里建都。

（四）西北之有穷氏、寒浞戎狄文化占领晋南

据考古发掘报告，陶寺晚期，宫毁城移，杀壮丁、淫妇女、毁宗庙、扰祖陵，带有强烈的暴力色彩，宫殿区改成了玉石器、骨器加工区⑪。由此可知，陶寺中、晚期社会发生较大变动，其文化当有不同的属主。另外，陶寺晚期的小口高领折肩罐、双大耳罐等同甘青地区齐家文化很相似。由此可推断，陶寺晚期文化含有来自西方的戎狄文化因素。从文献可知，太康失国，来自穷石的有穷氏后羿及其佞臣寒浞曾先后代夏而王，因此，晚期文化可能是夷羿有穷氏（与寒浞）文化与夏后氏之复合文化。

《左传》卷二九有："昔有夏之方衰也，后羿自鉏迁于穷石，因夏民以代夏政。"晋杜预注："禹孙太康淫放失国，夏人立其弟仲康，仲康亦微弱，仲康卒，子相立，羿遂代相，号曰有穷，鉏，羿本国名。"不过，杜预将几个"羿"混淆，对有穷、鉏两个地名的地望解释有误，他以后世之地名当之。能够保存于后世的地名，大都是后裔们所居之地，他们从先祖所居地迁出，先祖之地因无人居住便可能湮没。

据文献记载，"羿"并非仅有一人。伪《书·五子之歌》："太康尸位，以逸豫灭厥德，黎民咸贰，乃盘游无度，畋于有洛之表，十旬弗反。

有穷后羿因民弗忍，距于河，厥弟五人御其母以从，徯于洛之汭，五子咸怨，述大禹之戒以作歌。"宋代林之奇的《尚书全解》曰："案《左氏传》襄四年，有夏之方衰也，后羿自迁于穷石，然则穷者，有羿之国名也，其曰有穷者，如云有扈也。后羿，盖羿是穷之君也。唐孔氏引贾逵说文之言以谓羿帝喾射官也，羿之先祖世为先王射官，故帝赐羿弓矢使司射。《淮南子》曰：尧时十日并出，尧使羿射九日而落之。《楚辞》'羿焉彃日，乌焉解羽'，此言虽不经，要之，帝喾时有羿，尧时亦有羿，则羿是善射之号，非复人之名字。据先儒之意，盖谓凡善射者皆谓之羿。此有穷之君亦善射，故以羿目之，非是名也，此说为可信。案孟子曰，逢蒙学射于羿，尽羿之道，思天下惟羿为愈已，于是杀羿，此逢蒙所杀之羿，盖又别是一羿，非有穷之羿也，有穷之羿乃为寒浞所杀，非见杀于逢蒙也，以是知羿非有穷之君，盖是善射之称也。"⑤于是，我们可以大略知道，有穷氏后羿并不是东夷之羿。我们宜用先秦史料来加以考证。

其所谓"迁于穷石"之"穷石"，应当在晋地西北。范三畏说："《括地志》：兰门山一名合黎，一曰穷石山，在删丹县（今甘肃省山丹县——引者注）西南七十里。……《离骚》'夕归次于穷石兮，朝濯发乎洧盘'，注引《山海经·海内西经》郭注：《淮南子·地形训》'弱水出穷石'，穷石今之西郡删丹。……今按兰门穷石即祁连冷龙岭。"[31]吕思勉的《中国民族史》说："羿迁穷石，果即此弱水所出之穷石者，则当来自湟、洮之间。其地本射猎之区，故羿以善射特闻，而其部族亦强不可围也。太康此时，盖失晋阳而退居洛汭。"吕思勉还说："如左氏所载，羿代夏政，少康中兴之事，据杜注，其地皆在山东。设羿所迁穷石果在陇蜀之间，则杜注必无一是处。惜书阙有间，予说亦无多佐证，不能辞而辟之耳。"[32]30-32

笔者以为，"穷"国，从"窮"字而论，持"弓"之"身"于洞"穴"之下，应当是西北地区住窑洞而持弓猎狩之国度，其人善射。在今山西省西北面还有一个地名叫穷桑，也与"穷"有关。罗泌在《路史》卷三云："《拾遗记》言穷桑者西海之滨也，地有孤桑千寻，盖在西垂少昊之居，梁雍之域。"《山海经·海外西经》在轩辕之国的北面有"穷山"，曰："轩辕之国在此穷山之际……穷山在其北，不敢西射，畏轩辕之丘。"

根据这些先秦古籍，穷石应该在今山西省西北至甘肃、青海之间，很像石峁、齐家文化所在地。

有学者认为后石家河文化玉器可能受石峁石雕的影响。笔者以为，石峁文化石雕在石峁文化中晚期（距今约4000年至3800年）才使用，比后石家河文化出玉器的遗址（距今约4200年至4000年）约晚200年，而且它不应是早期神殿残物利用。因为，镶嵌工艺是石峁文化特色，与其藏玉于墙，用玉奠基之俗相合，而且出土的石雕极大部分完整无损，个别倒置可能是晚期维修所致。再说，其北墙还有二组眼睛石雕，双眼是两块石头同时镶嵌于墙的，若为残物利用，两只眼睛怎么会处于同一水平线，共同构成一对？石峁文化石雕及玉器可谓全盘吸收了后石家河文化玉器风格与器形，而后石家河文化不见石峁牛、马、蛇等石雕类型，因此，它们是单向历时传播而不是双向同时互动的。

从陶寺文化晚期城毁宫移，且文化因素明显带有甘肃、青海地区齐家文化（石峁文化与齐家文化近似）因素的情况，可以判断此文化为西北之戎狄文化。前文已述大禹夏文化与迁于西羌的"三苗"文化的关系。陶寺晚期与齐家文化相似则很好理解，因为大禹本出于西羌，而西羌之夷羿与夏禹有同盟关系，是夏的部下，其利用太康游猎百日不归而发动政变，"因夏之民以代夏政"，其建立的文化当然也是夏文化，所以何驽先生说陶寺晚期与中期文化无多少变化，只是宫毁城移，不再是政权中心。其宫殿变成了制玉、制石作坊，表现出典型的游牧文化区特征。

从陶寺文化早、中、晚三期文化特色大不相同及文化特点可以判断，这里曾分别由南北两方统治者轮流统治，而广大人民仍旧生活在本地，因此其三期文化又具相似性。

（五）东下冯二里头文化占领晋南

陶寺文化晚期之后，在山西又出现了东下冯遗址，遗址面积约25万平方米。遗址内发现有二里头时期的灰坑、房屋、墓葬、沟槽、水井、陶窑等遗迹，出土物包括陶器、蚌器、骨器、铜器、石器、卜骨等。此外，还发现二里岗时期城址，城址南部呈曲尺状，保存较好，城外环有护城壕。二里岗时期城墙等众多遗迹的发现，显示了东下冯遗址在夏商时期延续存在的特殊意义。其年代约为公元前1900年至公元前1500年。主要分布于河南、湖北地区的二里头文化占领了晋南，说明南方文化又占领了山西南部。

从以上论证可知，距今 4800 年至 3800 年，南方农业与北方半农半牧（或半猎）两个民族就已逐鹿中原，从此，南北文化便渐趋融合。当然，这并不意味着中原就是某政权的发祥地。世界文明古国大都在北纬 30 度左右，中国也不例外，早期文明也首先出现在长江流域，但中国的情况与世界其他文明古国有所不同，北方还有强大的半农半牧（或半猎）民族，如荤粥、匈奴、突厥、女真、蒙古等，南北民族争取中原并皆欲统治对方。因此，夏、商、周以来，无论是北方还是南方的统治者，其强大之时，大都以中原为政治中心。

世界两大强势文化，一为发源于两河流域的苏美尔文明，约 5300 年前兴起于西亚，然后再到希腊、罗马，再推及西班牙、葡萄牙、英国，即从北纬 30 度推至北纬 35 度，再到北纬 40 度地区。另一个强势文化即中华文明，5300 年前兴于长江流域，后推广至北纬 35 度左右的黄河流域，再推广至北纬 40 度的北方地区。尽管北方地区早就有人类生存，也创造了辉煌的上古文化，但作为强势"国家"（文明）的中心大体是由南向北发展的。这可能是个大趋势。

总之，从地下考古材料来说，从大约 18000 年至 4000 年前，江汉地区自彭头山文化、高庙文化，至大溪文化、屈家岭文化、石家河文化一直是中国的经济、文化、宗教等领先地区之一，是华夏文化的最早发祥地，并长期向四周尤其是向北传播。长江下游地区上山文化、跨湖桥文化、河姆渡文化，直到良渚文化，有很高的文化成就，与长江中游、北方地区也多有互动。中国北方地区新石器时代到来的时间比南方略晚，但也有其独特的文化魅力，裴李岗文化、磁山文化旱作农业成熟，仰韶文化、红山文化在中国上古也盛极一时，其中仰韶文化影响北至内蒙古，南至长江。其后，陶寺文化、石峁文化以其强劲的活力登上历史舞台，并与江汉地区屈家岭文化、石家河文化争夺中原。南北两大生业区及区域内部各有其文化特色，相互交流并共同促成了中华民族多元一体格局的形成。

注释

①张弛：《论贾湖一期文化遗存》，《文物》2011 年第 3 期，第 46～53 页。
②严文明：《内蒙古中南部原始文化的有关问题》，载内蒙古文物考古研究所编《内蒙

古中南部原始文化研究文集》，海洋出版社 1991 年版，第 7～16 页。

③刘俊男：《石家河文化的北渐及其对豫中西地区的影响》，《中原文物》2013 年第 1
期，第 23～39 页，第 2 期《作者来信》有更正。

④何驽：《陶寺文化遗址——走出尧舜禹"传说时代"的探索》，《中国文化遗产》2004
年创刊号，第 59～64 页。

⑤郭大顺：《红山文化》，文物出版社 2005 年版，第 131 页。

⑥郭大顺：《良渚红山逐鹿中原》，载中国良渚文化博物馆编《良渚文化论坛》（第一
辑），1999 年内刊。

⑦中国社会科学院考古研究所山西工作队、临汾地区文化局：《1978～1980 年山西襄汾
陶寺墓地发掘简报》，载解希恭主编《襄汾陶寺遗址研究》，科学出版社 2007 年版，
第 51～53 页。中国社会科学院考古研究所山西工作队等：《山西襄汾陶寺城址 2002 年
发掘报告》，载解希恭主编《襄汾陶寺遗址研究》，科学出版社 2007 年版，第 153～
156 页。

⑧汉代许慎的《淮南鸿烈解·兵略训第十五》，元代梁益的《诗传旁通》卷十四，宋代
罗泌的《路史》卷二十七，清代程大中的《四书逸笺》卷六。

⑨关于尧帝的政治中心在南方详拙著《长江中游地区文明进程研究》第五章中有关
"帝尧"的论述。刘俊男：《长江中游地区文明进程研究》，科学出版社 2014 年版，
第 319～338 页。

⑩陈梦家：《殷墟卜辞综述》，中华书局 1988 年版，第 275 页；李学勤：《殷代地理简
论》，科学出版社 1959 年版，第 75 页。

⑪张江凯、魏峻：《新石器时代考古》，文物出版社 2004 年版，第 226、134、223、
217、240 页。

⑫何介钧：《长江中游新石器时代文化》，湖北教育出版社 2004 年版，第 205 页。张江
凯、魏峻：《新石器时代考古》，文物出版社 2004 年版，第 246 页。

⑬北京大学考古系碳十四实验室：《碳十四年代测定报告（七）》，《文物》1987 年第 11
期，校正年代在文物出版社 1982 年版的《考古工作手册》中查得。

⑭何驽等：《襄汾陶寺城址发掘显现暴力色彩》，《中国文物报》2003 年 1 月 31 日，第
1 版。严志诚、何驽：《山西襄汾陶寺城址 2002 年发掘报告》，《考古学报》2005 年
第 3 期。

⑮（宋）林之奇：《尚书全解》，文渊阁四库全书本。

参考文献

[1] 张弛. 论贾湖一期文化遗存 [J]. 文物，2011 (3)：46－53.

［2］张渭莲，段宏振．中原与北方之间的文化走廊［M］．北京：文物出版社，2015．

［3］贺刚．湘西史前遗存与中国古史传说［M］．长沙：岳麓书社，2013．

［4］贺刚，陈利文．高庙文化及其对外传播与影响［J］．南方文物，2007（2）：51－60＋92．

［5］徐祖祥．试论大溪文化的变迁［J］．四川文物，1997（1）：9－14．

［6］张忠培，乔梁．后冈一期文化研究［J］．考古学报，1992（3）：261－280．

［7］朱乃诚．红山文化兽面玦形玉饰研究［J］．考古学报，2008（1）：15－38．

［8］朱乃诚．论红山文化玉兽面玦形饰的渊源［J］．文物，2011（2）：47－54．

［9］何驽．陶寺文化谱系研究综论［G］∥解希恭．襄汾陶寺遗址研究．北京：科学出版社，2007．

［10］许宏．何以中国：公元前2000年的中原图景［M］．北京：生活·读书·新知三联书店，2016．

［11］许宏．先秦城邑考古［M］．北京：金城出版社，西苑出版社，2017．

［12］刘俊男，李春燕．宝墩文化来源研究［J］．中华文化论坛，2019（2）：136－144＋160．

［13］中国社会科学院考古研究所山西工作队，临汾地区文化局．1978～1980年山西襄汾陶寺墓地发掘简报［G］∥解希恭．襄汾陶寺遗址研究．北京：科学出版社，2007．

［14］田广金，郭素新．大青山下䍃与瓮：读苏秉琦先生《中国文明起源新探》的启示［J］．内蒙古文物考古，1997（2）：24－28＋43．

［15］王玉哲．中华远古史［M］．上海：上海人民出版社，2003．

［16］王国维．鬼方昆夷猃狁考［G］∥王国维．观堂集林：外二种．石家庄：河北教育出版社，2001．

［17］中国社会科学院考古研究所山西队，山西省考古研究所，临汾市文物局．陶寺城址发现陶寺文化中期墓葬［G］∥解希恭．襄汾陶寺遗址研究．北京：科学出版社，2007．

［18］中国社会科学院考古研究所山西队，等．山西襄汾县陶寺遗址Ⅱ区居住址1999～2000年发掘简报［G］∥解希恭．襄汾陶寺遗址研究．北京：科学出版社，2007．

［19］何介钧．长江中游新石器时代文化［M］．武汉：湖北教育出版社，2004．

［20］陈明芳．中国悬棺葬［M］．重庆：重庆出版社，1992．

［21］彭小军，范晓佩，黄文进，等．湖北沙洋县城河新石器时代遗址王家塝墓地［J］．考古，2019（7）：16－28＋2．

［22］吴诗池，等．从出土文物谈良渚的民俗［G］∥良渚文化博物馆．良渚文化论坛．

北京：中国文化艺术出版社，2003.

[23] 荆州市博物馆，石首市博物馆，武汉大学历史系考古专业．湖北石首市走马岭新石器时代遗址发掘简报［J］．考古，1998（4）：16－38＋101－104.

[24] 石家河考古队．天门石家河考古报告之二：邓家湾［M］．北京：文物出版社，2003.

[25] 范晔．后汉书［M］．李贤，注．北京：中华书局，1999.

[26] 朱乃诚．长江中游地区早期"龙"文化遗存的来源［G］∥河南博物院．河南博物院建院80周年论文集．郑州：大象出版社，2007.

[27] 朱乃诚．时代巅峰冰山一角：夏时期玉器一瞥［G］∥中华玉文化中心，中华玉文化工作委员会．玉魂国魄：玉器·玉文化·夏代中国文明展．杭州：浙江古籍出版社，2013.

[28] 湖北省文物考古研究所，保康县博物馆．湖北保康穆林头遗址2017年第一次发掘［J］．江汉考古，2019（1）：49－54＋2＋129.

[29] 范桂杰，胡昌钰．巫山大溪遗址第三次发掘［J］．考古学报，1981（4）：461－490＋551－558.

[30] 欧阳询．艺文类聚［M］．北京：中华书局，1965.

[31] 范三畏．崦嵫考（附穷石、昧谷）：楚辞解诂之六［J］．西北师大学报：社会科学版，1998（4）：1－6.

[32] 吕思勉．中国民族史［M］．北京：东方出版社，1996.

作者简介：刘俊男，男，重庆师范大学历史与社会学院教授

原文刊于：《中原文化研究》（郑州），2021.5：20～31